本書係清華大學自主科研計劃課題
“新出簡牘帛書與古文字疑難解讀”之研究成果

新出簡帛與古文字
古文獻研究續集

趙平安 著

商務印書館
创于1897 The Commercial Press

2018 年 · 北京

圖書在版編目(CIP)數據

新出簡帛與古文字古文獻研究續集/趙平安著.—北京：商務印書館,2018
ISBN 978-7-100-16088-9

Ⅰ. ①新… Ⅱ. ①趙… Ⅲ. ①簡(考古)—中國—文集 ②帛書—中國—文集 Ⅳ. ①K877.54-53 ②K877.94-53

中國版本圖書館CIP數據核字(2018)第097091號

新出簡帛與古文字古文獻研究續集
趙平安 著

商 務 印 書 館 出 版
(北京王府井大街36號 郵政編碼100710)
商 務 印 書 館 發 行
北京市藝輝印刷有限公司印刷
ISBN 978-7-100-16088-9

2018年6月第1版　　開本850×1168 1/32
2018年6月北京第1次印刷　　印張14 7/8
定價:48.00元

序　一

趙平安教授的新書《新出簡帛與古文字古文獻研究續集》成稿，要我作一小序，這是我第四次爲趙平安教授的論著撰序了。以前有我的序的三部書，按照出版次第，是 1993 年河北大學出版社的《隸變研究》、2009 年商務印書館的《新出簡帛與古文字古文獻研究》和 2012 年上海古籍出版社的《秦西漢印章研究》；而如果依趙平安教授的研究次第來排，後兩書的先後應該顛倒過來，以《秦西漢印章研究》接續《隸變研究》之下。這樣，大家容易看出，趙平安教授二十多年來研治中國古文字學，是由秦漢文字著手，然後在這樣的堅實基礎上，趁着大量材料新發現的有利契機，不僅拓寬了秦漢文字研究的範圍，隨之上溯先秦，直至殷商西周，取得了令人矚目的一系列成果。

在爲《新出簡帛與古文字古文獻研究》作的序言中，爲了説明趙平安教授治學途徑的優長，我曾引述著名古文字學家陳夢家先生的一段話，當時限於篇幅，未及詳述。由於這段話是對我一個人講的，又頗關重要，我想應該在這裏比較詳細地敘説一下。記得那是在 1953 年，中國科學院考古研究所剛從馬市大街 38 號遷至王府大街 9 號今址。一天，我獨自處在工作室内，陳先生自門外進來，很嚴肅地對我説，你們學古文字的方法是不對的，應該先學秦漢文字,然後學春秋戰國文字,這麽才能去學商代西周的文字。説實話,我那時聽了很不理解,甚至還有些反感,因爲我自己就是從甲骨文學起的,從而聽了這番話只能唯唯而已。過了幾十年後,回憶陳夢家先生的這段話,才體會出其間的真知灼見,得到其中藴含的教益。

中國的古文字源遠流長,自上古萌芽,有悠久的歷史,經過了殷商、西周、春秋戰國,以至秦統一文字,可以劃分爲幾個大的發展階段,而我們的整理和研究工作,就是要根據各個不同階段古文字的演變規律,辨識文字,説明其在該階段中具有形、音、義方面怎樣的特點。如能自殷商以下都能解説得連續貫通,才是古文字研究的極致。陳夢家先生講的,由秦漢所謂"今文字"逐段上溯古文字,即是要做到這樣的貫通,因此乃是理想的入學門徑和研究方法,值得我們後學仔細體味學習,而趙平安教授多年治古文字學,次第實與之暗合。

過去像我自己這樣學習古文字的,大多是自學甲骨文開始,這也是有一定必然的緣由的。大家瞭解,中國古文字學是歷史相當悠久的學科,其萌生可早到西漢,到兩宋而告大成,在學術界有了基本的地位。宋代正是朝野都對青銅器非常重視的時候,當時的古文字研究最突出的乃是青銅器銘文,即商周金文的輯録考釋。這種傾向一直繼續到清代,學者們大都是借傳統的《説文》之學去釋讀金文,尤其是西周時期的長篇最受推重。

到清末的公元1899年,殷墟出土的甲骨文被發現和鑒定,這爲古文字學開拓了一個新世界。這一發現意義重大,影響深遠,大大改變了古文字學的面貌,從甲骨文著手研習古文字學,於是蔚然成風。甲骨文是殷商文字,下距秦漢所謂"今文字"可謂遥遠。特别是戰國時期,《説文》描寫爲“文字異形”的,長期没有得到必要的研究。這樣的情形包括秦代至漢初尚未完全脱去戰國文字影響的文字,也是材料散碎稀少,研究不易深入。

然而新的轉機終於來了,這便是二十世紀七十年代以來簡牘帛書的重大發現。一系列全新的文物,毫不誇張地説震動了學術界。例如郭店、上博、清華等楚簡,睡虎地、嶽麓、北大等秦簡,馬王堆等西漢簡帛,先後涌現,多不勝數,這就給古文字學的新發展提供了全新的契機,形成了新的潮流。

趙平安教授一貫站在這一潮流的前列,凡讀到他的《新出簡帛與古文字古文獻研究》和這本新書《續集》的讀者,都能看到這一點。我於此推薦趙平安教授的新著,並和大家同樣期待他有更多更新的著作問世。

李學勤

2017 年 4 月 11 日

序　二

春節期間接到趙平安先生的一封郵件，説他的一本新的論文集即將結集出版，讓我在書前寫一篇序。我一時被驚到，心想我和平安先生是同輩，學問又難以望其項背，怎敢佛頭著糞？於是建議他另找學界大佬，便没有答應。不想過幾天他又打電話來，百般強調就得我寫，意思更是強加爲“捨我其誰”。我這人嘴笨，又以駁人面子爲大難，一時竟無言以對，恍惚中就答應了下來。回過神來就後悔了，可是一言既出，也實在不好再追，於是就只好硬着頭皮率爾操觚了。

這本《新出簡帛與古文字古文獻研究續集》，是平安先生從2008年以來所寫的論文中選取編輯而成的，與作者2009年在商務印書館已出版的《新出簡帛與古文字古文獻研究》一書構成了姊妹篇。全書共收論文近50篇，資料的時代跨度從商代甲骨文到東漢簡牘，可以説囊括了整個出土文獻與古文字研究領域；既有嚴密的考釋文章，也有學術史的回顧，又有對名家研究成果、研究成就的評價。我粗看一過，雖然有的文章還需多看幾遍，要慢慢領會消化，但即便這樣，也已經明顯地感覺到這本書的内容真是包羅萬象，精彩紛呈，勝意如雲，新見迭出。

要想成爲出土文獻與古文字研究領域的名家，必須具有熟練掌握所有分支資料的志向和氣度。尤其涉及到形體，更是需要對從甲骨到漢簡的所有字形及其演變和規律下過功夫，對已釋字和未釋字有全盤的瞭解，頭腦中存儲了大量的字形素材，並對絶大部分字形的演變有着自己獨到體悟的人才堪稱名家。依我看平安先生就做到了這一點。看過此書，相信讀者會跟我一樣有這樣的感覺，即平安先生運用資料手法純熟，字形考釋中對比資料信手拈來，易如反掌；提出證據時東搜西討，皆爲我用；得出結論時縱橫捭闔，毫無窒礙。這絶非短時間的工夫所能至，必須孜孜矻矻，多年寢饋其中的人才能做到。

平安先生考釋文字的功夫是大家公認的，之前曾有考釋甲骨文“失”“鞫”及從“昏”諸字的精彩觀點，在這本書中，他又考釋了很多新字，其中如釋甲骨文中的“稽”，區分戰國文字中的“京”和“亭”，釋楚簡的“瑟”，釋清華簡中的“耕”，釋睡虎地秦簡中的“乳”等，大都言之成理，結論可信，可謂一言既出，舉座擊掌。他在分析文字、考釋文字的過程中，善於捕捉古文字歷時的演變綫索，將從甲骨到秦漢諸時段的文字貫通繫聯；眼觀六路，視通八方。他對字形敏感，對演變規律和構形特點掌握到位，因此才會頻頻得手，屢有斬獲。他不光考釋文字，還不斷抉發文字演變中的各種規律和現象，通過總結和歸納，再反饋到考釋中。如他在《“盈”字何以從“夃”》一文中，總結了以下的規律：

> 會意字的部件多以形表意，因此部件的形義與字義往往密切相關。這是我們對會意字的基本認識，特别是古文字階段的會意字尤其如此。但是應該看到，即使在先秦時代，有的部件的形義與字義無關，部件通過字形記録的假借義參與構形。這就要求我們説文解字時既要忠實於字形，又不能拘泥

於字形，要多一些語言學的眼光。

這是很重要的一個理論闡釋。

在分析構形規律和演變條例時，他能把工作做得非常細密。如在分析“蘇”字時，指出“蘇”字所從之“艸”，實際就是“每”字上部“中”形裝飾繁化的結果；在區别“京”和“亭”時，指出戰國文字中“又”往往可以寫成“十”，而“十”又往往可以變爲“乇”；如以清華簡《厚父》爲例談戰國文字中值得注意的現象；對長沙五一廣場東漢簡牘文字構形現象的詳細分析等等，都可以視爲他注意古文字演變規律和演變條例總結和歸納的佳證。

平安先生興趣廣泛，對與出土文獻與古文字研究相關的諸學科始終保持着一定的關注度，這從他的文章中能夠充分體會到。這本論文集中除了考字釋詞類的文章外，還有一些有關文獻學角度的論述，如《〈楚居〉的性質、作者及寫作時代》《試析清華簡〈説命〉的結構》等，均能體現平安先生的開闊視野和深厚學養。

平安先生在歷史所工作多年，又深受李學勤先生熏陶，故寫文章也富有史識，能從看去平常的文字中發掘出珍貴的史料。這本集子中的《〈厚父〉的性質及其藴含的夏代歷史文化》和《兩條新材料與一個老故事——“炮烙之刑”考》兩篇可以視作這方面的代表。一個以語言學爲主要根底的學者，最忌諱的就是墨守字詞，一直在文本中打轉，最難以擺脱的就是始終跳不出文本本身，除了字詞再無話可説的窘境。而平安先生能夠始於字詞並跳出字詞，提升到一個更開闊遼遠的空間，這不能不説是一個成功的學術蜕變，一個華麗的學術轉身。

平安先生文章的另一大優點，不知是否也是受到李學勤先生的熏陶或感召，那就是短小精幹，清新明快。寫文章主要是給讀者看的,要考慮到讀者中有初學者,有外行者,而過於冗長專業的文章,的確不便於讀者的學習和領會,這也是出土文獻與古文字研究難以大衆化和向社會展示的一個頑疾。要知道,在當今的社會,任何學問都有向社會展示的責任和必要,不被全社會瞭解和關注的學問,是没有發展前途的。

平安先生小我好幾歲,卻早就是學界的資深學者了。這一方面跟他出道早有關,另一方面也與他多年來沉穩低調,愛惜羽毛,一心向學,成就卓著有關。近些年平安先生在行政職務和社會兼職工作繁忙的餘暇,仍然能保持學者本色,不改初心,默默地奉獻力量,付出辛勞,整個學術界都看在眼裏,記在心上。這本論文集可以算作他學術路途中的一掬清泉,既滋潤了自己,又沾溉了學界。而我作爲學界的一分子,當然也會受到沾溉之恩。受恩就要有回報,我的回報就是不顧前文所説有佛頭著糞之虞,不揣謭陋地寫下的這篇序。

劉　釗

2017 年五一節序於

上海書馨公寓索然居

目　录

新出簡帛與古文字考論

新出簡帛與古文獻研究

評論及其他

新出簡帛與古文字考論

釋花東甲骨中的“痒”和“稽”

《殷墟花園莊東地甲骨》是繼小屯南地甲骨以後一次最爲重要的發現。這批甲骨中有不少新見字，具有十分獨特的研究價值，一經公佈，便引起了甲骨學者的高度關注。截至目前，大部分新見字已經釋出，只有少數尚有待進一步的商榷。本文要討論的“痒”和“稽”就是其中的兩個。它們的釋出，對於研究商代的疾病和耕種有一定的參考價值。

一、痒

花園莊東地甲骨有下面一條卜辭：

其宅北室，亡？（《花園莊東地甲骨》3.17）

其中，《花東》的編著者考釋説：

> 𦽙，本作，新見字。該字形象人腹部有疾，臥於床上，身體下有草鋪墊，下腹亦用草覆蓋。該字有疾病、災禍之意。第17辭（即《花》3.17）“亡𦽙”，義與“亡禍”相近。[①]

① 中國社會科學院考古研究所編著：《殷墟花園莊東地甲骨》第六册，雲南人民出版社，2003年，第1557頁。

黄天樹先生不同意這個解釋，把它釋爲寒。他説：

根據字形和辭例，這個新見字很可能就是“寒”字。《説文·宀部》：“寒，凍也。从人在宀下，以茻覆之，下有仌。”過去，有關“寒”字的資料最早只見於西周銅器銘文中……（字）跟《説文》和西周銅器“寒”字相比，省去了“宀”旁。古文字從“宀”不從“宀”往往無别。例如：甲骨文“宿”字既可以寫作“象‘人’睡在‘宀’下的‘簟席’上”，也可以省去“宀”，寫作“象‘人’睡在‘宀’下的‘簟席’上”。這種省去“宀”旁的“寒”字也見於新出土的上博簡中。[①]

黄先生把這個字和“寒”字聯繫起來，極具啓發性。不過徑釋爲寒，“”旁得不到合理的解釋，古今寒字無有從“”者。從情理上講，殷人關心的是會不會得疾病災禍，天氣炎熱並不是他們關注的重點。我認爲，這個字應分析爲從疒和寒兩部分。

字的左邊是寒。從目前掌握的古文字資料來看，《説文》對寒字構形的解釋總體上是正確的。和小篆比起來，古文字中寒的形態更加豐富。如金文中有省“仌”者（寒姒鼎），戰國竹簡有省“宀”者（上博簡《緇衣》6.20），睡虎地秦簡有省去兩中者（《日書》甲50背）。金文所從人身有加“止”作“企”者（克鼎），戰國竹簡所從人有作“身”者（上博簡《緇衣》6.20）。因此僅從古文字中寒字形體的内證來看，把所從釋爲寒就完全可以成立。寒字本從茻，這裏作，和戰國燕璽莫或作（《古璽彙編》5498）一樣。

① 《讀契劄札記（三則）》，《陸宗達先生百年誕辰紀念文集》，中國廣播電視出版社，2005年，第310頁；又載《黄天樹古文字論集》，學苑出版社，2006年，第219—226頁。

字的右邊是疒。

甲骨文中的疒一般作，但在合體字中情況會發生相應變化。如，裘錫圭先生認爲是“疒身二字的合體，可以看作疒身之疒的專字，也可以看作疒身二字的合文”①。其中的身所含人形是疒和身共用的成分。所從身情形與之相似。古文字中，疒有直接省作、者②。因此無論從合文的角度還是從文字演變的角度看，字的右邊都可以理解爲疒。

全字可以有兩種理解。如果看作兩個字，可讀爲疒寒，是指因爲寒冷而得病。如果看作一個字，可以看作寒病的專字，相當於後世的⿸疒辛字。《説文·疒部》：“⿸疒辛，寒病也。从疒，辛聲。”以後一種可能性較大。

如果看作寒病專字的話，中的“身”應該兼具表音的作用。身在真部書紐，辛在真部心紐，韻部相同，聲紐也相近，古書中辛聲字和身聲字可以通用。如《禮記·祭義》：“烖及親。”《釋文》：“本亦作‘烖及於身’。”《大戴禮記·曾子人孝》作“災及乎身”。

二、稽

花園莊東地甲骨中有一個作

(183.11)　(266.1)　(266.3)

之形的字。整理者釋爲采，解釋説：“新見字。象人採摘禾穗之

① 《讀〈安陽新出土甲骨及其刻辭〉》，《考古》1972年第5期；又載《古文字論集》，中華書局，1992年，第331—335頁。

② 參看高明、涂白奎編著：《古文字類編》（上），上海古籍出版社，2008年，第745—762頁。

形，屬整體會意……《説文》：采‘禾成秀也，人所以收。从爪禾’。該字正合此意。”[1]姚萱博士從辭例的角度否定了這一説法，認爲該字表示的“都是‘到’‘及’‘至’一類的意思”，把它改釋爲“及”[2]。我覺得姚萱博士對該字用法的理解是正確的，但對字形考釋則有可商。甲骨文及字有繁簡兩體，分别作、之形，當中都有人形，與此字從禾有明顯區别。二字不可能是同一字。我認爲此字可能是稽的初文。

稽字秦漢時期作：

（秦簡《爲吏之道》5）

（馬王堆帛書《經法》004）

（新嘉量二）

據劉釗先生研究，“‘稽’字構形的演變過程是：本來作從禾從又，是個會意字，也就是從禾從又的‘杋’應該是‘稽’字初文。後來在初文上加‘旨’聲，變成了形聲字‘稽’，所從之‘又’又訛混成與其形音皆近的‘尤’”[3]。劉釗先生指出“禾”爲稽之初文是十分正確的。

西周金文中有一字作：

（《集成》5411.1）

（《集成》5411.2）

（《集成》5411.2）

① 中國社會科學院考古研究所編著：《殷墟花園莊東地甲骨》第六册，雲南人民出版社，2003年，第1632頁。

② 《殷墟花園莊東地甲骨卜辭的初步研究》，綫裝書局，2006年，第115—120頁。

③ 《“稽”字考論》，《中國文字研究》第六輯，廣西教育出版社，2005年。

劉釗先生認爲,“從結構上看,這個字有與‘稽’字存在某種聯繫的可能”[1]。態度十分謹慎。此字雖是摹本,但結構依然清晰。當分析爲從秇,旨聲,可視爲稽的較早的寫法。

我們知道,甲骨文丮可以寫作,也可以寫作、之形。因此,從形體上講,把《花東》這個字看作稽的初文是非常合適的。“𥝌”字大約本來從“丮”從“禾”,“丮”省作“又”,遂從“又”從“禾”,由於“支”“又”通作,又從“支”從“禾”作。從“尤”從“禾”的寫法則是在從“又”從“禾”寫法基礎上訛變而來的。這樣看來,“𥝌”中的“禾”原本只是禾的異體而已。古文字中的禾象禾結穗之形。字形向來有兩種寫法:一種禾穗向左,一種禾穗向右。後來禾穗向左的成爲主流。甲骨文“𥝌”字從禾,《銀雀山漢簡》882 稽從禾,尚存古意。但是秦漢時代絕大多數的稽所從“𥝌”禾穗已經向右。許慎已經不知道禾的真正含義,解釋爲“木之曲頭止不能上也”。又爲了統繫相關諸字,把它設立爲部首。

從稽的初文可以推知稽的本義。《尚書・梓材》:“惟曰:若稽田,既勤敷菑,惟其陳修爲厥疆畎。”蔡沈《書集傳》:“稽,治也。”楊筠如《尚書覈詁》:“按稽乃‘稭’之假,《廣雅》:‘稭,種也。’《集韻》:‘稭,一作穡。’”王念孫《廣雅疏證》引《玉篇》云:“稭,種麥也。”《集韻・脂韻》:“稭,麥下種也。”大約本指種,特指種麥。稽的本義應爲種,和埶構形相似。《尚書・梓材》即用本義。

花東卜辭稽用爲“至”,如:

1. 其稽五旬□。

三旬。

---

① 《“稽”字考論》,《中國文字研究》第六輯,廣西教育出版社,2005 年。

弗稽五句。(266)

2. 乙丑卜,[㝉]⧄宗,丁稽乙亥不出獸(狩)。

乙丑卜,丁弗稽乙亥其出。子𠧩(占)曰:庚、辛出。(366)

3. 癸巳卜,自今三旬又(有)至南。弗稽三旬,二旬又三日至。

亡其至南。

出自三旬迺至。(290)

解釋爲"至",辭例十分通暢。類似用法,傳世文獻也不乏其例。如《莊子·逍遥遊》:"之人也,物莫之傷,大浸稽天而不溺。"陸德明《經典釋文》引司馬云:"稽,至也。"《莊子·徐無鬼》:"大信稽之。"成玄英疏:"稽,至也。"《晉書·后妃傳論》:"南風肆狡,扇禍稽天。"唐杜審言《南海亂石山作》:"漲海積稽天,群山高業地。"這些用法和甲骨文的用法一脈相承。

後記:本文由疛和稽兩則考釋組成,曾提交中國文字學會第五届年會(2009 年 8 月 19 日至 23 日,武夷山)。其中釋⧄爲稽是在姚萱博士論文預答辯(首都師範大學,2005 年)時提出的觀點,方稚松《殷墟甲骨文五種記事刻辭研究》(首都師範大學博士論文,2007 年;綫裝書局,2009 年)曾加以引用。劉釗、洪揚、張新俊《新甲骨文編》(福建人民出版社,2009 年)也釋爲稽,與拙文不謀而合。請參看。

(原載陳偉武主編《古文字論壇(第一輯):
曾憲通教授八十壽慶專號》,中山大學出版社,2015 年)

“京”“亭”考辨

“京”字發展演變的主脈，從甲骨文到楷書，一貫而下，十分清晰，可以用圖式描寫如下：

（《合集》4630）——（《合集》33694）——（《陶彙》6.48）——（《説文》小篆）——京（楷書）

在小篆以前，字的中部往往加上一横或兩横，但下部一直没有多大變化。下部三豎保持不變，可以看作“京”字主流寫法的基本特徵。

對字形結構的分析，目前仍然存在分歧，但已呈現趨同的態勢——都認爲和某種建築有關①。《説文》説它從“高省”②，不一定準確，但它主體部分和“高”確實相同。

除主流寫法以外，“京”字還有一些異體，中間和右邊豎畫發生了比較大的變化。如《上博簡（五）》中多次出現“京”，作（《三德》7、21）之形。《三德》21辭例不全，7“皇天弗京”“上帝弗京”，李零先生將“京”讀作“諒”，文意順暢③。《清華簡（壹）》中“京”作（《楚居》2）、（《楚居》2）、（《楚居》4）之形，與“宗”連用，做地

---

① 李圃主編：《古文字詁林》第5册，上海教育出版社，2002年，第535—542頁。

② 許慎：《説文解字》，中華書局，1998年，第111頁。

③ 李零：《三德釋文與注釋》，《上海博物館藏戰國楚竹書》（五），上海古籍出版社，2005年，第293頁。

名。“季連……先處于京宗。穴熊遲徙於京宗。”“至熊狂亦居京宗。”整理者認爲:“京宗,地名,疑與荆山之首景山有關。”①《山海經·中山經·中次八經》:“荆山之首曰景山。”景山稱京宗,李家浩先生有一個説明:

“景”從“京”得聲,故二字可以通用。例如《漢書·高惠高后文功臣表》“高景侯”,《史記·高祖功臣侯者年表》“高景”作“高京”,裴駰《集解》引徐廣曰“京”一作“景”。古代稱泰(太)山爲岱山,或曰岱宗。《書·舜典》“歲二月,東巡守,至於岱宗”,僞孔傳:“岱宗,泰山,爲四岳所宗。”《後漢書·孝安帝紀》延光三年二月辛卯“幸太山,柴告岱宗”,李賢注:“太山,王者代告之處,爲五獄之宗,故曰岱宗。”《楚居》把景山稱爲“景宗”,猶古書把岱山稱爲“岱宗”,因其爲荆山之首故名。葛陵村楚簡甲三.11、24號説:

□昔我先出自郿(顓)追(頊),宅茲沂(沮)、章(漳),以選遷(遷)凥(處)……

董珊説“郿追”當讀爲“顓頊”,甚是。這跟《楚辭·離騷》《大戴禮記·帝繫》《史記·楚世家》等所説楚人出自顓頊相合。沮、漳二水發源於荆山,而景山(京宗)又是荆山之首。

於此可見,《楚居》説季連等先處於“京宗”,跟葛陵村楚簡説顓頊居於沮、漳是一致的。②

---

① 清華大學出土文獻研究與保護中心編,李學勤主編:《清華大學藏戰國竹簡(壹)》,中西書局,2010年,第183頁注[一五]。

② 李家浩:《談清華戰國竹簡〈楚居〉的“夷宅”及其他——兼談包山楚簡的“琓人”等》,《出土文獻》第二輯,中西書局,2011年。

李家浩先生的説法是很有説服力的。

上述“京”字異體豎畫上加一短横，而且向左或向右斜曳。在豎筆上加點或横畫是古文字常見的作風。戰國時期韓國的平肩空首布京或作（《中國歷代貨幣大系·先秦貨幣》389）、或作（同上，391），或作（同上，385），三種寫法同時存在，足以説明“京”字中間豎筆可以加横。豎筆斜曳也是古文字中常見的現象。古文“就”，從亯從京，一般情況下“京”字中間作垂直的豎筆，如（鄂君啓節），可是郭店簡《六德》1 作，豎筆向右斜曳，《包山》221 作，豎筆向左斜曳。“就”字所從京中筆的變化，和上述“京”字異體的變化是平行的。

應該説上述“京”字異體的變化還不算太大，辨識起來還不算太難。另有幾種異體，情況就不太一樣了。如郭店簡有字作（《語叢一》33）之形。文例是“禮生於莊，樂生於”，曹方向先生贊成隸作京，讀爲諒。他説：

> B（）所在《語叢》簡文“樂生於京”，或可按照 C（）字讀作“諒”，訓作誠、信。試看《禮記·樂記》：禮樂不可斯須去身。致樂以治心，則易、直、子、諒之心油然生矣。易、直、子、諒之心生則樂，樂則安，安則久，久則天，天則神。簡文“樂生於諒”，是《樂記》“易、直、子、諒之心生則樂”的另一種表述，它相對比較簡單：《樂記》提到了四種“心”能生成“樂”，而簡文只提到其中之一。不過，兩者的基本精神還是一致的，“諒”一般解作誠、信，它和易（“和易”）、直（“正直”）、子（“慈愛”）都是内心修養的優良品質。上面的引文段落結束後，《樂記》還有這樣一段話：

> 致禮以治躬則莊敬，莊敬則嚴威。心中斯須不和不樂，而鄙詐之心入矣；外面斯須不莊不敬，而易慢之心入矣。故樂也者，動於内者也；禮也者，動於外者也。
>
> 禮、樂分主内外，固然是儒家學派極其常見的言論。值得關注的是簡文"禮生於莊，樂生於諒"，和上面這兩段引文的精神也是基本一致的。《樂記》大段的篇幅都是在討論、闡發"禮、樂"和"修齊治平"的關係，而簡文則是高度的概括。①

曹先生的説法是可以信從的。

《清華簡（貳）》有字作（《繫年》9）、（《繫年》10）之形，簡文曰："晉文侯乃逆平王于少鄂，立之于京師。三年，乃東徙，止于成周，晉人焉始啓于京師，鄭武公亦政（正）東方之諸侯。"關於"京師"，董珊先生考證説：

> 我認爲京師是指晉都鄂。
>
> 晉公䀇説："我皇祖唐公膺受大命，左右武王，敬□百蠻，廣司四方，至于大廷，莫不史（事）公。［王］命唐公，戌〈成（定）〉宅京師，□□晉邦。"這個京師就應該是唐叔虞的始封地，即鄂（《史記索隱》），至燮父徙晉，晉穆侯徙絳（翼），晉姜鼎："魯覃京師，辥我萬民。"晉姜是晉穆侯夫人，此時的晉都已經不是京師了，但應是晉的祖先宗廟所在地，銘文"魯覃京師"的意思應該是説晉姜的美德聞達於京師的宗廟。從前的一些學者，包括我自己，曾提出晉公䀇"京師"是晉國都的觀點。《繫年》可以大大加強這個看法。

① 曹方向：《小議清華簡〈繫年〉及郭店簡中的"京"字》，簡帛網，2012年1月2日。

"京師"屬晉,還可以據另外兩種西周金文加以證明。克鎛、克鐘"遹涇,東至于京師",《繫年》第16章:"明歲,厲公先起兵,率師會諸侯以伐秦,至于涇。"可見涇與晉都京師之間存在交通路綫。多友鼎講獫狁伐京師,武公命多友靖之,其中所提到的地"荀""楊塚""邢(霍)"等也多可以考訂在山西中南部,所以多友鼎之"京師"也在晉。

……

據《史記》,唐叔虞之舊封在"鄂",金文稱"京師",京師即鄂。①

董珊先生的説法是很正確的。

由到、由到主要是所謂高形省去右下豎筆,這也有例可循。曹方向先生舉、(包山簡49)和、(望山簡2.13)爲例,已足以説明問題。

總之,目前看來,把郭店簡、上博簡、清華簡中的上述諸字釋爲"京",從字形和文例兩方面都能解釋圓通。

由郭店簡的、清華簡的很容易聯想到戰國陶器上的下列兩組字:

第一組:(《古陶文彙編》6.120)、(同上,6.121)

第二組:(同上,3.61)、(同上,3.14)

第一組寫法的陶器出自鄭州商城遺址東北角②。過去李家浩

① 董珊:《讀清華簡〈繫年〉》,復旦大學出土文獻與古文字研究中心網,2011年12月26日。

② 《鄭州金水河南岸工地發現許多帶字的戰國陶片》,《文物參考資料》1956年第3期;河南省文物工作隊第一隊:《鄭州白家莊遺址發掘簡報》,《文物參考資料》1956年第4期;牛濟普:《鄭州、滎陽兩地新出戰國陶文介紹》,《中原文物》1981年第1期。

先生曾據同地所出的或作把和認同爲一個字,是很有道理的[①]。但字是“京”字,不是“亭”字,因而不能把它們認同爲“亭”字。字形結構和郭店簡、上博簡幾乎相同,應釋爲“京”。“京”,地名。《國語·楚語上》:“昔鄭有京、櫟。”韋昭注:“京,莊公弟叔段之邑。”《左傳·隱公元年》:“請京,使居之。”杜預注:“京,鄭邑。今滎陽京縣。”《史記·項羽本紀》:“(楚)與漢戰滎陽南京、索間,漢敗楚,楚以故不能過滎陽而西。”鄭國的京,在今河南滎陽縣東南約 20 里,在鄭州商城西約四五十里,今名京襄城。1977 年,鄒衡先生和于曉興先生前往調查,從其北墻及其附近的文化層看,主要是漢代的,很少見到東周遺物[②]。這批陶器爲京地所製造,故標示“京”。但鄭州商城與京襄城相去較遠,兩者難以認同。考慮到京襄城很少見到東周遺物,頗疑鄭州商城就是東周京的故地。鄭州商城的北部和東北部,在商文化之上,普遍地發現了東周文化層;商城有的墻段顯然經過了東周時期的修補,可以證明鄭州商城曾經被東周時期的人們利用過[③]。這些證據可以支持京有遷徙的説法。鄭幽公時期,韓武子攻佔鄭國,殺害了幽公。後來幽公之弟繻公復國。康公二十一年,韓哀侯率軍攻佔鄭國,鄭國滅亡,國土併入韓國。因此鄭州商城所出陶文應屬於戰國時期的韓國陶器。二字陶文“京昃”的“昃”、“京羌”的“羌”是京地工匠的

---

① 俞偉超:《秦漢的“亭”、“市”陶文》轉引,《先秦兩漢考古學論集》,文物出版社,1985 年,第 139—140 頁。

② 鄒衡:《論湯都鄭亳及其前後的遷徙》,《夏商周考古學論文集》,文物出版社,1980 年,第 199 頁注[2]。

③ 河南省博物館、鄭州市博物館:《鄭州商代城址試掘簡報》,《文物》1977 年第 1 期。

名稱。

第二組寫法中，第一形居多，第二形是第一形的演變（把點拉成短橫）。它的上部和之類相近，下部與之類相近，也應該釋爲京字。以往學者把它和第一組字看作一個字的不同寫法，是有道理的。京有穀倉的意思。《管子・輕重丁》：“有新成囷京者二家。”尹知章注：“大囷曰京。”《史記・扁鵲倉公列傳》：“黄氏諸倩見建家京下方石，即弄之。”裴駰《集解》引徐廣曰：“京者，倉廪之屬也。”《急就篇》第二十章：“門户井竈廡囷京。”顔師古注：“京，方倉也。”《廣雅・釋宫》：“京，倉也。”王念孫疏證引《説文》：“圜謂之囷，方謂之京。”穀倉正是齊陶文的主要用法①。請看下面文例：

華門陳棱三左里敀京豆（《古陶文彙編》3.6）

□□陳□三左里敀京豆（同上3.8）

昌櫅陳北左里敀京豆（同上3.38）

□□□北左□敀京豆（同上3.8）

王孫陳棱再左里敀京區（同上3.12）

誾陳齎三立事左里敀京區（同上3.35）

昌櫅陳南左里敀京區（同上3.27）

陳棱左敀京區（同上3.14）

華門陳棱三左里敀京釜（《陶文圖錄》2.10.4）

陳棱再立事左里敀京釜（同上2.11.1）

這些陶文都是鈐印在陶器上的，雖有繁簡不同，但格式統一，是齊

---

① 齊陶中個別京用作人名，如《陶彙》3.61“東古棱之圖里人京光”。這類陶文屬於里籍類，和《陶彙》3.153“蒦圆南里人鹿”、3.193“蒦圆匋里人豆”、3.200“蒦圆匋里人丹”同類。

陶中最重要的類型。據格式完整者分析,包括某地某某立事歲,左里敀(或分南北),“京”,量器名稱。某地是立事者的里籍,某人是立事者的私名,立事歲指即任之年。左里敀是立事者手下分管制陶工匠居位區的佐官[①]。或省作左敀,與之相對的是右里敀,可能都是設於齊都臨淄的。豆、區、釜是器類的名稱。齊陶四量豆、區、釜、鍾,齊陶中都有出現[②]。

《陶彙》3.47“陳華句莫廩敀京釜”和上述陶文屬於同一大類,“句莫廩”和《陶彙》3.39“陳予立事歲平陵廩釜”之“平陵廩”相當,廩指機構而言,《陶彙》3.1“陳楠三立事歲右廩釜”、3.31“陳[illegible]右廩京釜”,《璽彙》0313“平阿左廩”,左廩、右廩皆機構名。敀應是陳華手下分管句莫廩制陶工匠的佐官。《陶彙》3.2“陳[illegible]立事歲安邑京釜”,安邑可視爲安邑廩敀的省略。

我們理解,齊國陶文往往由陳氏集團的人士監造,在齊都由左里或右里製造,或左廩右廩製造,在地方由地方的廩製造,京則是置用的地方。京和左里右里、左廩右廩以及地方的廩之間,應有隸屬關係。《陶彙》3.16“王孫陳棱右敀均京區”,均是具體的京名。但一般情況下只説京,不出具體的京名。

1977年,河南登封陽城遺址發現“陽城倉器”“倉”“左倉”等陶文[③],1983年在河南滎陽故城發現“滎陽廩”“滎陽廩陶”等陶文[④],

---

① 李零:《齊燕邾滕陶文的分類與題名格式》,載周進集藏、周紹良整理、李零分類考釋:《新編全本季木藏陶》,中華書局,1998年,第1—18頁。

② 吴振武:《試論齊國陶文中的“鍾”和“溢”》,《考古與文物》1991年第1期。

③ 李先登:《河南登封陽城遺址出土陶文簡釋》,《古文字研究》第七輯,中華書局,1982年。

④ 李先登:《滎陽、邢丘出土陶文考釋》,《古文字研究》第十九輯,中華書局,1992年。

分别是陽城倉和滎陽廩製造陶器的標記。這點和齊國陶文頗爲相似。

《金石書學》第九號第 20 頁所錄陶璽①,施謝捷先生斷爲齊璽。他將印文釋爲"左掌客亳",並指出"掌客"見於《周禮・秋官・司寇》,掌接待四方賓客②。這個所謂"亳",和上述齊陶文的"京"寫法屬於一路,也應釋爲京,理解爲穀倉。這是左掌客屬下的京所使用的官印。

《古璽彙編》0225 號爲③,應釋爲"維口京之璽","維口"爲京名。從文字風格看,也是一枚齊國官印。

《舟山錢幣》1995 年第 1 期公佈一枚鋭角布新品種,黄錫全先生釋爲"亳百涅"④。這枚東西屬於戰國早期的韓國貨幣⑤,"亳"應釋爲"京"。上面已提到,京本來屬於鄭。春秋中晚期的鄭國空首布,爲京地製造,其中"京"作。這表明兩種異

① 《金石書學》第九號,日本京都藝文書院,2004 年,第 20 頁。

② 施謝捷:《古璽彙考》,安徽大學博士學位論文,2006 年,第 33 頁。

③ 此條由博士生楊蒙生提示,謹此致謝。

④ 黄錫全:《介紹一枚鋭角布新品種"亳百涅"》,《舟山錢幣》1995 年第 1 期。

⑤ 吴良寶:《中國東周時期金屬貨幣研究》,中國社會科學出版社,2005 年,第 172—174 頁。

體的“京”字只是戰國文字的寫法。《中國貨幣發展史》第 61 頁著録一枚平首平肩弧襠布,作之形,其形制與河南嵩山出土的微聳肩弧襠空首布(《先秦貨幣通論》第 95 頁)相似,其中京字寫法與鄭國空首布一路,年代剛好介乎兩者之間。

《説文》:“京,人所爲絶高丘也。从高省,丨象高形。”丨象徵高,表示離開地面。京大概是底部離開地面的建築物,或許本義就是表示囷京的。漢代出土的陶倉,有些形制和京相同,而且上面有自名京。如西安三兆 M3 西漢晚期墓葬,出土 5 件陶倉,帶醬黄釉,有墨書題記,分别爲“粟一京”“黍粟一京”“大麥一京”“大豆一京”“麻一京”[①]。器物作等形。其中“京”就是倉的意思。“黍粟一京”是説“黍和粟一倉”,“大豆一京”是説“大豆一倉”。這類陶倉頗能折射出“京”的構形本義。

需要説明的是,兩組異體的“京”,過去或釋爲亳。亳字商代甲骨文一般作,變體作(《甲骨文編》第 245 頁),早期金文一般作(《金文編》374 頁),變體作(《金文編[四版]校補》第 59 頁)。甲骨文中的“亳”用爲地名,亳地的社稱爲亳社。《英國所藏甲骨集》2524:“癸丑,王卜貞:旬無憂?在十月又一。王征夷方。

① 西安市文物保護考古所:《西安東漢墓》,第二編第二十三章,第三編第二章,文物出版社,2009 年。

在亳。”亳在征夷方的路綫上。亳社見於傳世文獻。考察商代的亳應結合這兩點進行。《左傳·定公六年》,陽虎“盟國人於亳社”,哀公四年魯“亳社災”,丁山據此認爲:“魯國的亳社,儒者既傳爲‘亡國之社’,當然是商代的大社。亳社在魯,可見魯國在殷商時代也有亳稱了。”[①]《史記·殷本紀》謂:“湯始居亳。”《書序》説:“湯始居亳,從先王居。”甲骨文的亳應在魯國的範圍内尋繹。至於《尚書·立政》有“三亳”之稱,孔疏引皇甫謐説,以爲“三亳”,“三處之地,皆名爲亳,蒙爲北亳,穀熟爲南亳,偃師爲西亳。古書亡滅,既無要證,未知誰得旨矣”[②]。傅斯年辯證地解釋了多個亳地的問題,“亳者乃商人最初之國號,國王易其居,而亳易其地,原來不是亳有好些個,乃是亳王好搬動”[③]。丁山先生認爲亳“象艸生臺觀之下形”[④]。指出亳下從艸,是很正確的。戰國時期比較可靠的亳字作𠅘,見於《睡虎地秦墓竹簡·日書甲種》,文例爲“田亳主以乙巳死,杜主以乙酉死”。整理小組注釋説:“杜主,《史記·封禪書》:‘於杜亳有三杜主之祠、壽星祠,而雍菅廟亦有杜主。杜主,故周之右將軍,其在秦中,最小鬼之神者。各以歲時奉祠。’索隱云:‘秦甯公與亳王戰,亳王奔戎,遂滅湯社。皇甫謐亦云:周桓王時自有亳王號湯,非殷也。’又引徐廣云:‘京兆杜縣有亳亭。’”[⑤]無論從字形

① 丁山:《盤庚遷殷以前商族踪迹之追尋》,《商周史料考證》,國家圖書館出版社,2008年,第25頁。

② 孔穎達:《尚書正義》卷十七,阮元校刻《十三經注疏》,中華書局,1980年,第232頁。

③ 傅斯年:《夷夏東西説》,《民族與古代中國史》,河北教育出版社,2002年,第19頁。

④ 丁山:《商周史料考證》,第27頁。

⑤ 睡虎地秦墓竹簡整理小組:《睡虎地秦墓竹簡》,文物出版社,1990年,第227頁。

還是文意看，把釋爲亳都是合適的。由此看來，戰國時期一般寫法的“亳”和“京”的異體還是有所不同，把“京”字異體釋爲“亳”字形上有一定障礙。但是“京”“亳”相混的情況也確實存在，而且古籍已有先例。《春秋・襄公十一年》：“公會晉侯、宋公、衛侯、曹伯、齊世子光、莒子、邾子、滕子、薛伯、杞伯、小邾子伐鄭。秋，七月，己未，同盟於亳城北。”杜注：“亳城，鄭地。”《左傳・襄公十一年》：“夏，鄭子展侵宋。四月，諸侯伐鄭。己亥，齊大夫光、宋向戌，先至於鄭，門於東門。其莫，晉荀罃至於西郊，東侵舊許；衛孫林父侵其北鄙。六月，諸侯會於北林，師於向。右還，次於瑣。圍鄭。觀兵於南門，西濟於濟遂。鄭人懼，乃行成。秋，七月，同盟於亳。”《公羊傳》和《穀梁傳》記此事作：“秋，七月，己未，同盟於京城北。”惠棟《九經古義・公羊上・襄公十一年》云：“京，鄭地，在滎陽，隱元年《傳》謂之京城大叔是也。亳城無考。此傳寫之訛，當從《公》《穀》是正。”陳立《公羊義疏》云：“《公》《穀》及《服氏》皆作‘京城北’，於義爲得。作亳者，字之訛。按《説文》，亳從高省，乇聲。京亦從高省，象高形。篆文相似，故易混。”王國維《説亳》於“鄭地之亳”下注曰：“《公》《穀》作‘京城北’，《公羊疏》謂《服氏經》亦作‘京’。今《左氏經傳》作亳，殆字之誤也。”就是其中的顯例。

把“京”字的異體釋爲“亳”，除了字形上的障礙外，主要還是文例講不通[①]。

至於釋“亭”的説法，也是行不通的。目前已經確釋的戰國時期的“亭”字很少。與《説文》小篆一路的寫法見於秦系，都是從高

---

① 吴振武：《談左掌客亭陶璽——從構形上解釋戰國文字中舊釋爲“亳”的字應是“亭”字》，中國古文字會第十八次年會論文，2010 年 10 月 22—23 日，北京。

省，丁聲。六國文字中的亭字，吴振武先生在《談左掌客亭陶璽——從構形上解釋戰國文字中舊釋爲"亳"的字應是"亭"字》一文中舉了 8 例，我們確認其中 5 例爲"亭"，3 例爲"京"。現將六國文字中確認的亭字移録如下：

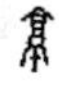亭佐郤之戈"亭差（佐）"（《珍秦齋藏金【吴越三晉篇】》49—71）

越王者旨於睗戈甲"戜□郭（亭）侯（候）"（《殷周金文集成》11311）

越王者旨於睗戈乙"戜□郭（亭）侯（候）"（同上 11310）

古璽"童（鐘）麗（離）亭璽"（《璽彙》0279）

封泥"□□亭璽"（《考古》2005 年第 9 期第 68 頁）

第 3 例是第 2 例的省體。這類亭明顯不是從高省。應分析爲從亯，丁聲。"亯"，吴大澂《説文古籀補》以爲"象宗廟之形"，未必是。但象某種建築之形，是可以肯定的。亭本身是建築，故用"亯"作形符。丁和亭古音相近，亭以丁爲聲符。這種寫法的丁字，過去只在偏旁中見到。如沇兒鐘、《説文》古文等。單用的丁字，見於楚文字。如《清華簡（三）·芮良夫毖》作，《赤鵠之集湯之屋》作①。《芮良夫毖》："君子而受柬萬民之咎，所而弗敬，卑之若童（重）載以行崝險，莫之扶道（導），其由不邋（攝）丁。"丁讀爲停。《赤鵠之集湯之屋》："其一白兔不得，是始爲埤（陴），丁者（諸）屋，以禦白兔。"丁訓爲當。從《芮良夫毖》看，戰國文字借丁表示亭。

① 參看李學勤：《關於清華簡中的"丁"字》，收入《初識清華簡》，中西書局，2013 年。

看來亭從丁聲不是偶然的現象。六國文字的亭字,很可能先借丁字表示,然後在借字上加形符高構成的。

2012 年 10 月 21 日

附記:2009 年 8 月召開的中國文字學會第五屆年會,我事先報的論文題目是《釋戰國文字中"京"的一種異體》,主要是想利用楚簡資料改釋山東、河南出土的戰國陶文。後來因爲"京"與"亳"的關係一時没有理清,臨時换成了一篇釋花東卜辭的文章。此後,陸續讀到吴振武、曹方向等先生的大作,又接觸到清華簡中的新資料,受到鼓舞和啓發,遂撰成此文提交 2012 年 10 月在復旦大學召開的中國古文字研究會第十九次年會。會上和會下蒙李學勤、林澐、郝本性等先生提出寶貴意見,在此謹表示衷心的感謝。

(原載《復旦學報(社會科學版)》2013 年第 4 期)

戰國文字"噬"的來源及其結構分析

在清華簡《别卦》中，有一卦名作（簡 7）之形，整理報告隸定爲"𡖅"，分析説：

> 王家臺秦簡《歸藏》作"筮"，今本《周易》作"噬嗑"，"筮""噬"都是月部禪母字。"𡖅"應分析爲從 𠚕（齒）從又欠聲，"欠"爲談部溪母字，與月部禪母的"筮""噬"可以通假。談月旁轉（參看《漢語音轉研究》，第二三六—二三七頁），溪禪亦有通轉之例（參看《古今聲類通轉表》，第五一頁）。①

王子楊先生在《關於〈别卦〉簡 7 一個卦名的一點看法》一文中②，認同整理報告的隸定，把它和曾侯乙樂器銘文中的（磬・C53・下・7）、（磬・C53・下・7）以及郭店簡中的（《語叢四》19）、上博簡中的（《周易》33）等相關諸字聯繫起來，認爲是同一個字的不同寫法。曾侯乙樂器銘文中的（磬・C53・下・7）、（磬・C53・下・7），裘錫圭、李家浩先生解释道："上部的左旁應是'𠚕'的異體。'䇂'即《説文》'讀若愆'的'辛'字省體。'愆'、

---

① 清華大學出土文獻研究與保護中心編，李學勤主編：《清華大學藏戰國竹簡（肆）》，中西書局，2013 年，第 134 頁。

② 復旦大學出土文獻與古文字研究中心網，2014 年 1 月 9 日。

‘遣’讀音極近，所以‘昔’字加注‘辛’聲。”讀爲“衍”[①]。郭店簡《語叢四》的字，李零、孟蓬生、王寧等先生釋爲噬[②]。上博簡《周易》的字，與之相對的今本作噬[③]。基於上述諸字的形體和用法，王子楊先生分析説：

> 回過頭看《別卦》⿱⿰齒欠又字，顯然是省去了郭店簡、曾侯乙編磬“⿱辛言”左邊表聲的“㕣”(元部)，又增益“又”旁，亦即“噬”字。關於字形下部增益“又”旁，可能表意，表示動作義。亦可能是“止”之訛變。從“欠”從“齒”，“齒”的主要功能就是咬齧，噬咬之意昭然，亦即“噬咬”之“噬”的表意初文。如此，《別卦》卦名“⿱⿰齒欠又”本來就是“噬”之本字，跟王家臺秦簡《歸藏》、今本《周易》卦名完全相合，就不必以音近輾轉相通來解釋了。

王子楊先生把“⿱⿰齒欠又”看作“噬”的異體的意見是正確的。事實上，我們在整理的時候也是這麼看的。只是這個問題比較複雜，整理報告限於體例和篇幅未能展開，僅從音理上解釋“欠”旁，揭示“欠”和“噬”在語音上的聯繫而已。現在借王文發表的機會，談談我們對這個字以及相關問題的看法。

從戰國時期“噬”字的異體來看，顯然是一種比較原始的寫法。卦名起源很早，古今相承，戰國時期保持一些較原始的寫法是

① 裘錫圭、李家浩：《曾侯乙墓鐘、磬銘文釋文與考釋》，《曾侯乙墓》(上)，文物出版社，1989年，第553—554頁。

② 李零：《郭店楚簡校讀記》，《道家文化研究(郭店楚簡專號)》第17輯，三聯書店，1999年，第481頁；孟蓬生：《郭店楚簡字詞考釋》，《古文字研究》第二十四輯，中華書局，2002年，第406—407頁；王寧：《釋郭店楚簡中的“噬”與“澨”》，簡帛研究網，2002年8月27日。

③ 馬承源主編：《上海博物館藏戰國楚竹書(三)》，上海古籍出版社，2003年，第181頁。

很自然的。

《甲骨文合集》(以下簡稱《合集》)6664 正有兩組對貞卜辭:

甲申卜[㱿]貞:□[父]乙[降]。

[甲申]卜㱿]貞:不隹[父]乙[降]。

乙酉卜爭貞:隹父乙降。

貞:不隹父乙降。

其中“”“”二形,都從幽從又作,爲同字異體。過去由於《合集》拓本不清晰,二字往往被誤摹。《合集》6664 正即《殷墟文字丙編》(以下簡稱《丙編》)114,陳年福先生已據清晰的《丙編》拓本重新摹寫了釋文[①],現據陳先生釋文改正。

《甲骨文字詁林》(以下簡稱《詁林》)按語指上揭第三辭:“(誤摹,實爲)當爲災咎之義。”[②]陳年福先生隸作“敼”,據《字彙補》“敼,音義與𣪊同”,《康熙字典》“敼,《龍龕》同𣪊”,釋爲𣪊[③]。

我們認爲,“”“”實際上就是《别卦》的前身,是“噬”的本字,卜辭讀爲“孽”。“噬”在月部禪母,“孽”在月部疑母,音近通用。“齧”是月部疑母字,有學者證明“噬、齧”一字之分化[④],可以幫助説明月部禪母與疑母的關係。《左傳·昭公十年》:“蘊利生孽。”孽即災害。降孽就是降災的意思。《玉笥集》卷一有“疾雨狂風天降孽”、《梧溪集》卷六有“玄宗末年天降孽”,用法相同。《詁

① 陳年福:《甲骨文形同形似字考釋一則》,復旦大學出土文獻與古文字研究中心網,2009 年 7 月 4 日。

② 于省吾主編:《甲骨文字詁林》,中華書局,1996 年,第 916 頁。

③ 敼字出現很晚,實際是“𣪊”的訛體。據訛體爲説是靠不住的。

④ 孟蓬生:《郭店楚簡字詞考釋》,《古文字研究》第二十四輯,中華書局,2002 年,第 406—407 頁。

林》按語推斷爲"災咎"義,大致是準確的。

甲骨卜辭又有"來齒""來入齒"及"降齒":

……降。十三月。(《合集》17298)

……禾帚……㞢降。(《合集》17297)

辛巳卜,爭貞:其㞢來。

貞:亡來。

王固曰:吉。亡來。(《合集》17301)

……嬉,其㞢來。(《合集》17078)

癸未卜,爭貞:旬亡𡆥。

王固曰:㞢求(𡆥)。

三日乙酉夕丙戌,允㞢來入。(《合集》17299)

姚孝遂先生在《詁林》按語中解釋道:"'亡來齒'爲'吉','㞢來齒'曰'嬉',曰'㞢祟(今釋求)'。"[1]"齒"用爲傷害、禍孽義。陳年福先生認爲,甲骨文這類表示不祥之義的"齒"字很可能用爲"齧"字,"齧"與"孽"古音相同,當讀爲"孽"。並舉下列卜夢卜辭"齒、孽"對文作爲佐證:

丁亥卜爭貞:王夢,隹。(《合集》11006)

……夢,隹㞢(齒)。(《合集》17457)

貞:王夢,隹之孽。二月。

貞:王夢,不隹之孽。(《合集》13507)

……夢,不隹孽?(《合集》17465)

---

① 于省吾主編:《甲骨文字詁林》,中華書局,1996年,第2150頁。

我們認爲陳年福先生的這一説法是可取的。上文提到齧噬一字，因此這個字也可以看作噬字。齒作名詞表示牙齒，作動詞表示噬或齧。《論衡・論死》：“今人死，手臂朽敗，不能復持刀，爪牙墮落，不能復齧噬，安能害人？”《正字通・口部》：“嚙，俗齧字。”[①]這個齧字當是在嚙字初文（作齒形）上加口形構成，不應看作齧的俗字。

由上看來，噬字大約最初用齒形來表示，爲了與記錄名詞的齒區别，又在象形齒上加“又（手）”來彰顯齧噬的意思。把手放在口裏，是幼兒常見的動作，表示齧噬很貼切。

弄清了噬的來源，戰國時期噬字的結構就不難分析了。𢿥應分析爲“𣪠”和“欠”兩個部分。“欠”究竟是形符還是聲符，目前看兩種可能性都存在。有些以欠爲形符的字多少與齧噬有點關係[②]，所以把欠看作噬的形符也不是不可以。但考慮到𢿥中“𠚕”或“𣪠”已經能夠明確地表達噬的意思，再在原字上加形符“欠”必要性不大，所以還是把“欠”看作聲符更好一些。春秋早期邿造遣鼎和邿遣簋的遣字[③]，由“辵歖”或“足歖”兩部分構成，欠是加在𠳋上的聲旁。郭店簡《性自命出》“身欲靜而毋譴”，陳偉先生指出：“譴，原釋文隸定從言從欠之字。通過與郭店簡《語叢四》21號、包山簡139號背面的‘遣’字對照，我們曾推斷此字應是從𠳋從欠，應釋爲‘遣’，簡書中似應讀爲譴。‘毋譴’，即不致獲罪。”[④]甚是。“歖”很早就是一個比較固定的組合。“𠳋”是元部溪母字，“欠”是

① 《集韻・巧韻》：“齩，亦作齧、咬。”這個齧是齩的異體，與齧（齧）爲同形字關係。

② 許慎：《説文解字》，中華書局，1963年，第180頁。

③ 字形解釋可參看郭沫若《兩周金文辭大系考釋》，上海書店出版社，1999年，第194—195頁。

④ 陳偉：《郭店竹書别釋》，湖北教育出版社，2002年，第200頁。

談部溪母字，聲紐相同，韵母主要元音相同，古音很近。因此，“歆”實際上是一個雙聲符字。這樣看來，應如孟蓬生先生那樣分析爲從㓜歆聲爲妥①。在曾侯乙編鐘銘文中，或省變爲(308・3A)、(320・3A)，省去形符㓜，僅剩下雙聲符部分（右邊“欠”訛變爲“卩”），這樣省略也在一定程度上暗示了“歆”作爲獨立單元的地位。

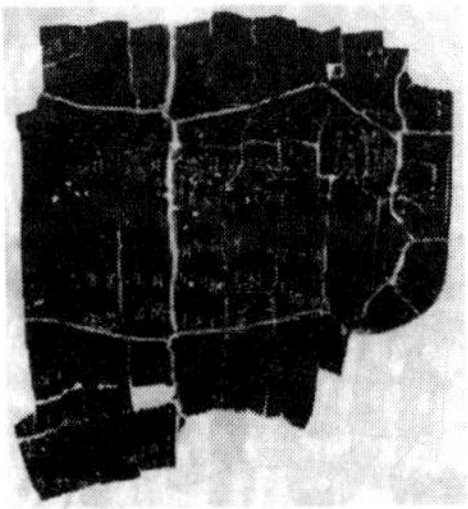
《丙編》114

郜造遣鼎

郜遣簋

（原載《古文字研究》第三十輯，中華書局，2014 年）

① 孟蓬生：《郭店楚簡字詞考釋》，《古文字研究》第二十四輯，中華書局，2002 年，第 406 頁。

戰國文字的來源考辨

戰國文字中的，用例很多，歸納它的寫法，主要有以下幾類：

a. （上博簡《緇衣》12）

b. （上博簡《柬大王》1）、（上博簡《彭祖》8）、（郭店簡《語叢四》11）

c. （上博簡《容成氏》7）、（《九店》44）、（上博簡《慎子》6）、（郭店簡《緇衣》43）

裘錫圭先生爲郭店簡《老子乙》17 號簡加的按語説：“簡文此字是‘向’之訛體，讀爲‘鄉’。此字又見《緇衣》43 號、《魯穆公問子思》3 號、《尊德義》28 號、《語叢四》15 等簡，後三者的字形與‘向’較近。‘向’本從‘∧（宀）’，變從二‘∧’。簡文‘輪’字所從的‘侖’旁上部或變從（《語叢四》20 號簡），與此相類。”①湯餘惠、吴良寶二位先生同意裘先生所説“簡文此字是‘向’之訛體”，並將其訛變過程描寫爲：

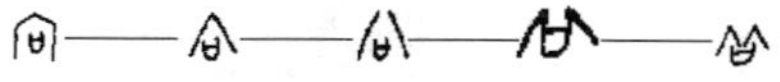

“即‘宀’旁由‘∧’離析呈‘八’，與下面的‘’形組合，再重新分裂

① 荆門市博物館：《郭店楚墓竹簡》，文物出版社，1998 年，120 頁注釋[二八]。

所致。”[1]冀小軍先生則認爲是“皿”字。他説：

> “皿”字形體有如下的變化：
>
> (《殷契卜辭》798)——(盟弘卣“盟”字所從)——(鄀公鼎“盂”字所從)——(盛季壺“盛”字所從)——(《古陶文舂錄》5·2)——(《説文·木部》籀文“盤”字所從)
>
> 按：從字形看，《説文》籀文“盤”字所從的無疑是古文的寫法。如果與相比，只是下面多出了一横。然而，“皿”字自古就有將下面一横收縮的寫法，如：
>
> (《殷墟文字甲編》2473)(皿方彝)(皿字布)
>
> 因此，出現這樣的字形是可以理解的。
>
> “皿”是陽部明紐字，在楚簡中讀爲“鄉”“向”或“卿”。“鄉”“向”是陽部曉紐字，“卿”是陽部溪紐字。“溪”“曉”同系，關係密切(“卿”本是“饗”字的初文，也是“鄉”“向”所從出的母字)。“明”“曉”二紐在上古有特殊關係，互通的例子比較常見……因此，把“皿”讀爲“鄉”“向”或“卿”，在語音上是合理的。[2]

王寧先生認爲此説有可商榷之處。他指出：“‘’應當是甲骨文中的‘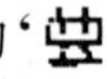’字之形變，此字或寫作‘’、‘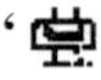’，在卜辭中就用爲‘向’。”[3]

---

① 湯餘惠、吴良寶：《郭店楚簡文字拾零(四篇)》，《簡帛研究二〇〇一》上册，廣西師範大學出版社，2001年，第200頁。

② 冀小軍：《釋楚簡中的字》，簡帛研究網，2002年7月21日。

③ 王寧：《申論楚簡中的“向”字》，簡帛研究網，2002年8月15日。

其實，上述幾種説法都是有問題的。陳松長先生曾討論過《語叢四》11 號簡中的。認爲“向”字從未有過從的寫法，不同意把此字釋爲“向”[①]。陳先生的看法是有道理的。向字從甲骨文到隸楷，演變脈絡十分清晰，按許慎的説法，就是“從宀從口”。從公開發表的資料看，戰國時期比較可靠的向字主要見於三晉。如韓國兵器九年鄭令矛作，廿三年襄城令矛作，魏國方肩方足方跨布作，作爲地名，或加邑作。一類的寫法目前似乎只見於楚文字。除楚簡外，楚金文和璽印也有。如萍廬藏公廚右官鼎作，《古璽彙編》3293 一枚私璽作。這種現象表面上有利於向、一字的説法，其實不然。在剛剛整理完的《清華大學藏戰國竹簡（叁）》[②]中，《説命上》1 號簡作，《良臣》5 號簡作。雖説《良臣》可能是鄭人所作，可能受到三晉文字的影響，但其通篇用楚文字書寫是可以肯定的。何以偏偏留下三晉文字的向字（可能還有“百”字），而不把它替换成楚國通行的字呢？這是令人感到奇怪的。我們覺得，、目前顯示出來的地域上的差異，不足以説明二者一字、同一來源，而只能説明楚文字用表示向而已。完全可能是一個假借字。和向一樣，皿和的演進序列也很清楚，皿比較簡單，不煩贅述。字裘先生有專門討論，請參看裘先生文章[③]。總之，字進不了向、皿、的演進序列，不可能

① 陳松長：《郭店楚簡〈語叢〉小識（八則）》，安徽大學古文字研究室編：《古文字研究》第二十二輯，中華書局，2000 年，第 260 頁。

② 清華大學出土文獻研究與保護中心編，李學勤主編：《清華大學藏戰國竹簡（叁）》，中西書局，2012 年。

③ 裘錫圭：《釋殷墟卜辭中的“”、“”等字》，《第二屆國際中國古文字研討會論文集》，香港中文大學，1993 年，第 73—94 頁。

是向、皿和字。它的來源，有必要重新探索。

隨着資料的逐漸豐富，目前已經知道戰國文字的可用爲向、鄉、卿、香等字[①]。這幾個字韻部相同，聲組都是喉牙音，古音很近。這是破解此字來源的關鍵綫索。綜合它的讀音和形體兩方面的情況，我們認爲此字可能和甲骨文以下諸字有關。

甲骨文有字作

英 658 賓組	合 18280 賓組	合 918 正 賓組	合 17871 賓組	合 20280 自組	合 728 賓組	合 20546 自組	合 560 賓組	合 20280 自組
								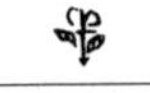
合 1905 賓組	合 18281 賓組	合 1284 賓組	合 550 正 賓組	合 21021 自組	合 776 正 賓組	合 21400 自組	合 18296 賓組	合 21021 自組

合 14436 賓組	合 18286 賓組	合 6401 賓組	合 787 賓組	合 15428 自賓間	合 14 賓組	合 2302 自賓間	合 18297 賓組	合 21021 自組

合 15440 賓組	合 18293 賓組	合 15051 正 賓組	合 903 反 賓組	合 2934 賓組	合 190 正 賓組	合 712 賓組	合 15052 賓組	合 2934 自組

① 劉信芳：《楚簡帛通假彙釋》，高等教育出版社，2011 年，第 408—409 頁；白於藍：《戰國秦漢簡帛古書通假字彙纂》，福建人民出版社，2012 年，第 714 頁。

	合 6 賓組		合 1667 賓組		屯 994 歷組		合 31928 無名組
	合 22187 午組		合 21512 午組		合 20397 賓組		合 2627 賓組
	合 2628 賓組		合 32251 歷組		合 36535 無名黃間		合 36529 黃組
	屯 2613 黃組		合 36346 黃組		合 36347 黃組		合 36349 黃組
	合 36511 黃組		合 36515 黃組		合 36517 黃組		

（摘自《新甲骨文編》219—221 頁）

之形。形態非常豐富，最繁的寫法和最簡的寫法差别巨大。然而此字總體係由繁到簡的演變趨向卻是十分清楚的。具體演變過程可構擬如下：

d. 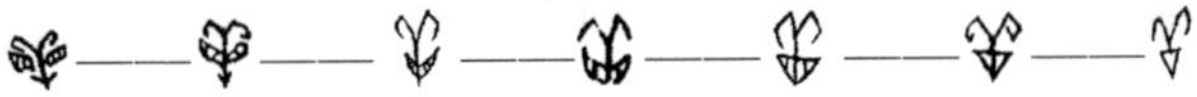

e. 

f. 

f列或加“口”，是無名黄間和黄組卜辭的特點[①]。我們認爲，戰國文字中的，就是由甲骨文上述字形演變來的。它可能是在的基礎上演變而來，也可能是在的基礎上省掉中部而來的。如果屬於前者，下的口形就是由“目”省簡而來，如果屬於後者，口形就是由羡符變來的。要之，甲骨文此字的末端可以和戰國文字中對接起來。

根據戰國文字中的語音綫索，基本上可以讀通甲骨卜辭。

戰國文字中此字多用爲“向”，卜辭中此字多數情況下可以讀爲“尚”。向、尚韵部相同，古書通用。《吕氏春秋·先識覽》“向摯”，《通鑒外紀》作“尚摯”。《文選》謝靈運《初去郡詩》：“畢娶類尚子。”李注：“嵇康《高士傳》曰：‘尚長字子平。’范曄《後漢書》曰：‘向長字子平。’”上博簡《彭祖》中的“毋向樹”，季旭昇先生讀爲“毋尚樹”[②]。

貞：呼尋册。

貞：勿～(代替的寫法，下同)呼尋册。(《合集》10171正)

尋訓“用”[③]。

---

① 朱芳圃説：“苜下增口，乃晚期文字，義與苜同。”《殷周文字釋叢》卷中，中華書局，1962年，第116頁。

② 季旭昇：《〈上海博物館藏戰國楚竹書(三)〉讀本》，萬卷樓圖書股份有限公司，2005年，第253頁。

③ 李學勤：《續釋“尋”字》，《故宫博物院院刊》2000年第6期。

戊午卜,賓貞:王比沚戠伐土方,受有佑。(《合集》6417)

⊠貞;沚戠爯册,王比,伐土方,[受]有佑。

□□□,㱿貞:沚戠爯册,王勿～比。五月。(《合集》6401)

“爯册”卜辭又作“偁册”,是奉舉王命册封的意思。

貞:勿～告于祖辛。(《合集》947 正)

壬戌卜,爭貞:勿～告於上甲。三月。(《合集》1169)

告,表示祝告。

癸亥卜,賓貞:勿～用百羌。(《合集》299)

丁亥,貞:弜～酒久伐。

丁亥,貞:于甲酒伐。(《合集》32251)

勿～隹乙亥酒下乙,十伐又五,卯十牢。四[旬又一日乙亥不酒,雨]。

乙卯卜,㱿貞:来乙亥酒下乙,十伐又五,卯十牢。二旬又一日乙[亥不]酒,雨。

乙丑卜,㱿[貞:來]乙亥酒[下乙],十伐又五,[卯]十牢。乙亥不酒,[雨]。(《合集》903)

酒是祭名,久、伐是用牲的方法。

勿、弜的用法很相似,都是表示意願的[①]。因此,“勿～”“弜～”可以看作一類的用法。“～”讀爲尚,作副詞,用在動詞前,表示事情的繼續或殘存的狀態。可譯成“還”“還是”或“仍然”等[②]。表示

① 裘錫圭:《説“弜”》,《古文字研究》第一輯,中華書局,1979 年。

② 何樂士等:《古代漢語虚詞通釋》,北京出版社,1985 年,第 477 頁。

意願的否定詞和“尚”連用，見於西周金文。西周早期叔趱父卣：“唯汝倏其敬乂乃身，毋尚爲小子。”“毋尚”與“勿尚”“弜尚”結構用法都很相似。

癸亥卜，爭貞：我黍，受有年。

貞：勿～黍，受有年。弗其受有年。（《合集》787）

“黍”是種黍的意思，名詞用爲動詞。

叀乙亥酒。

勿～乙亥酒。（《合集》903 反）

“叀”是語氣副詞。“乙亥”是“酒”的時間狀語，和“酒”構成一個謂詞性的成分，因而它和“勿＋尚＋動詞”結構本質上是一樣的。

乙亥卜，賓：侑于上甲五牛。

侑于上甲五牛。

十牛。

勿～十牛。（《合集》10125）

貞：勿～三牛。（《合集》14735 正）

這裏的“十牛”“三牛”相當於“用十牛”“用三牛”，可以看作動詞謂語的省略。卜辭表示用牲時，一般是用動詞的。因此，“勿尚”仍可看作是修飾動詞的。下面情況也應看作“～”後省略了動詞謂語。

貞：勿～于南庚。（《合集》965 正）

貞：翌乙卯勿～于唐。（《合集》1284）

勿～于下乙。（《合集》1673）

張政烺先生已經指出了這一點，是很正確的。

壬寅卜，殼貞：自今至於甲辰，子商翦基方。

壬寅卜，殼貞：子商不～翦基方。（《合集》6571）

壬午卜，賓貞：伲不～執多臣逸羌。（《合集》627）

……亥卜，王貞：……狩麋，不～擒。七月。（《合集》10377）

己巳卜，王：壬申不～雨。二月。（《合集》13021）

“不～”就是“不尚”，“不”表示“不會”的意思。

己酉，貞：王亡～擒土方。（《屯》994）

“亡”的用法相當於“不”。

前面不加否定詞的“～”很少見。主要包含兩種情形，一種是與“日”構成詞組。

癸亥卜，貞：旬。一月。昃雨自東。九日辛未大采，各云自北，。延大風自西，剌云，雨，毋～日……　《合集》21021

壬戌卜，雨。今日小采允大雨，延，～日隹啓。（《合集》20397）

……～日大啓，昃亦雨。（《合集》20957）

連劭名、張政烺先生都認爲“～日”是表示時間概念的專用語。從上述第二例看，“～日”應當在“昃”之前，昃即日側。陳夢家先生《殷虛卜辭綜述》中説：“《既夕禮》‘日側’注‘昳也，謂將過中’。”①卜辭正午叫作“中日”。如卜辭有“中日至昃。”因此可以推斷“～

① 陳夢家：《殷虛卜辭綜述》，中華書局，1988年，第230頁。

日”還在“中日”之前。陳夢家先生説:“(～)疑即晌或餉,即午時食餉之時。《淮南子・天文篇》正中之前爲隅中。西周金文令鼎‘王大耤農于淇田,餳,王射’,餳或即餉。”[1]“～日”就是“晌日”,指“中日”之前的一段時間。

另一種是不和否定副詞連用,也不和“日”構成詞組。如:

> [庚]戌卜,出貞:～侑于祖辛,二月。(《合集》22962)
>
> □辰卜,㱿貞:……～燎十豕,羊卯……(《合集》15642)
>
> 貞:～受年。(《合集》9797)

“～”也可以理解爲“尚”。

如果上述分析可信,甲骨文此字所從羊,可能還兼具表音的作用。“向”“羊”韻部相同,聲紐同爲喉音。上文已提到“向”通“尚”,而古書中“祥”可通“常”。《儀禮・士虞禮》:“薦此常事。”鄭注:“古文常爲祥。”“向”“羊”是可以間接通用的。

“～”字羅振玉釋爲羊[2],可是它的形體和用法都與羊明顯有别。郭沫若先生評價道:“苜字舊釋爲羊,揆以文義無一可通。”他認爲,“此當釋眀若瞿之古文。”[3]但眀、瞿何以從羊,也難以解釋。

過去比較多的人把它釋爲苜,讀爲蔑。孫詒讓曰:“此當爲苜字。《説文・苜部》:‘苜,目不正也。从𦫳目……讀若末。’此𦫳即,下从之異文。”[4]連劭名、張政烺先生都曾專文申論孫詒讓

① 陳夢家:《殷虚卜辭綜述》,中華書局,1988年,第230頁。
② 羅振玉:《增訂殷虚書契考釋》中,1927年,第27頁。
③ 郭沫若:《殷契粹編考釋》,文求堂,1937年,第12頁。
④ 孫詒讓:《契文舉例》卷下,吉石庵叢書本,1917年,第9頁。

的説法[①]。近年研究結果表明，苜並不是一個獨立起源的字，而是一個截取分化字。劉釗先生認爲是從眉分化出來的，季旭昇先生認爲是從蔑分化出來的[②]。考慮到苜、眉韻部稍有距離，而苜、蔑上古同音，我們傾向於季先生的觀點。

餘下的問題是，這個字應如何隸定？由於秦“書同文”時字被廢棄，現代没有傳承字與之對應，隸定此字只能根據當時的寫法。若依據前端字形，可隸定爲苚，若依中端字形，可隸定爲盖，若依末端字形，可隸定爲[illegible]。隸定此字戰國時期的寫法，應寫作[illegible]。

（原載《深圳大學學報（人文社會科學版）》2013 年第 1 期）

① 連劭名：《甲骨文“苜”、“[illegible]”及相關的問題》，《北京大學學報》1981 年第 6 期；張政烺：《殷契苜字説》，《古文字研究》第十輯，中華書局，1983 年。

② 劉釗：《古文字構形學》，福建人民出版社，2011 年，第 128 頁；季旭昇：《説文新證》，福建人民出版社，2010 年，第 300 頁。

説“盾”

盾字小篆作(《説文》小篆),古隸作(睡虎地秦簡《效律》16.2),今隸作(熹平石經《春秋·文十四年》),小篆以下,演變序列十分明晰。關於它的字形分析,學者主要有形聲、會意、會意兼形聲三種意見。持形聲説的,分爲兩撥。或分析爲從目、聲或厈省聲[①],或據甲骨文(《甲骨文編》2.24)分析爲從、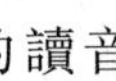聲。以爲是循字,演變爲,是循的古文,表示盾的讀音[②]。持會意説的,或分析爲從從目,以爲象盾之側視形,象盾之握,目象盾之用[③],或據師旅簋認爲由側面人形變來[④]。會意兼形聲説以于省吾先生爲代表,也是從師旅簋出發,認爲中的是盾的象形,應分析爲從人,亦聲[⑤]。

上述説法幾乎到了挖空心思的程度,但要麽是據訛變的篆文爲説,要麽是據誤釋的古文字爲説,雖然不乏閃光的東西,但都或多或少地存在一些問題。

現今知道,與篆隸盾有直接形體演變關係的盾字可以追溯到

① 丁福保編纂:《説文解字詁林》,臺北商務書局,1966年,第1469—1471頁。

② 林義光説,收入《説文解字詁林》,第1469—1471頁。

③ 《説文解字詁林》,第1469—1471頁。

④ 黄德寬主編:《古文字譜系疏證》,商務印書館,2007年,第3733—3734頁。

⑤ 于省吾:《説盾》,《古文字研究》第三輯,中華書局,1980年,第3頁。

戰國早期。曾侯乙墓竹簡有字作（簡 3）、（簡 30）、（簡 101）之形，裘錫圭、李家浩先生注釋説：“‘戲’，即‘瞂’字或體，《玉篇·盾部》：‘瞂，扶發切，盾也。《詩》曰“蒙瞂有苑”。本亦作“伐”。鄭玄云：“伐，中干也。”戲，同上。’據此，‘戲’似應分析爲從‘盾’‘伐’省聲。”①

另一字作（簡 78）、（簡 10）、（簡 103）之形，往往與韡連用，裘錫圭、李家浩先生隸作韬。何琳儀先生解釋説：“韬，從韋，盾聲。韜之異文。《篇海》：‘韬，同韜。’《説文》：‘韜，劍衣也。從韋，舀聲。’隨縣簡韬，讀韜。《廣雅·釋器》：‘韜，弓藏也。’”②蕭聖中先生認爲：“簡文‘韬’當通‘盾’，‘韡’從雍聲，‘雍’在影紐東部，而‘龍’在來紐東部，二字音近，‘韡韬’疑即《詩》‘龍盾’。《詩》傳所解‘畫龍其盾’似誤。據簡文，韡韬與鞻鞅等同記，當是馬器，頗疑是飾於馬面之當盧。”③劉信芳先生則認爲：“韡韬有可能是車具，疑韬讀爲‘軝’，如‘軝’亦作‘韬’，知從盾聲之‘韬’可以讀爲‘軝’。古代車制，車轂用圓木製成，是車承重運行的關鍵部位，故於車轂之末以革纏束，稱之爲‘軝’或‘約’，亦即簡文所謂‘韬’。”④韬在簡文中的用法，也許還有待進一步探索，但把字隸作從韋從盾，已是大家一致的意見。

曾侯乙墓竹簡戲和韬所從盾的寫法，顯然應是小篆盾的來

① 湖北省博物館：《曾侯乙墓》（上），文物出版社，1989 年，第 506 頁。

② 何琳儀：《戰國古文字典》，中華書局，1998 年，第 1334 頁。

③ 蕭聖中：《曾侯乙墓竹簡釋文補正暨車馬制度研究》，科學出版社，2011 年，第 51 頁。

④ 劉信芳：《曾侯乙墓竹簡劄記六則》，《中國文字學報》第四輯，商務印書館，2012 年，第 69 頁。

源。換句話説，□應是由□演變來的。

曾侯乙墓竹簡作爲偏旁的□，對於理解盾字的結構很有幫助。我們認爲盾是由象形盾和聲符允兩部分構成的。

象形盾最早的形態，見於甲骨文和早期金文。羅振玉在考釋小臣宅簋時首先釋出了金文中的盾字。他説：

> 此彝文字極精，前人未著録，文有曰“白錫小臣宅畫□戈九易金車馬兩”。□字不可釋。且丁尊且丁上、父乙尊父乙上並有□字。秉□父乙爵秉下亦有□字，《攈古録》著録秉□鼎秉下作□，册册父乙彝秉□字作□。□父庚尊亦有□字。烏程周氏藏一卣，文曰“秉□丁”，又作□。父乙卣父乙上有□字，器文則作□。又爵文有作□者，且丁尊鼎、父乙尊並有□，象人一手執戈，一手執盾形。洛陽近出乙戈盾鼎，其文合作□。又有兩彝，一作□□□，一作□。合諸文考之，雖有□□□之殊，予以爲皆象形盾字也。①

羅先生實際上非常明確地指出了金文中填實的□和空廓的□都象盾形，都應釋爲盾。于省吾先生也有類似的意見，他説：

> 甲骨文的盾字作□□□□，均作長方形或方形。商代金文的□字習見（《金文編》附録），象一手持戈，一手持盾形。其所持之盾作□□□□等形。商代金文和西周早期金文的盾字作□□□□……等形，《金文編》均誤入於附録。以上所引早期古文字中盾字的形體和前引安陽出土的實物相驗證，吻合

① 羅振玉：《遼居乙稿》，1931年石印本，第25—26頁。

無間。[1]

于先生聯繫甲骨，結合考古資料，進一步確定了等形都應釋爲盾。

羅、于兩位先生的釋法主要是從形體出發的。而從音上明確這類字形爲盾的是林澐先生。他從彧簋的中找到了語音上的支撑。彧簋用爲盾，于省吾先生認爲是“豚甲”合文，豚讀爲盾[2]。《金文編》隸作豚讀爲盾[3]。林澐先生認爲，是盾的繫增字，左下所從爲（盾之象形）的演化，豚爲聲符[4]。所注的豚聲正好説明了的讀音。

從此以後，把釋爲盾的象形字便成了定論。

象形的盾字後來分兩路演變。一路演變爲十，如林澐先生所舉的古和戎字：

古	 父己卣	 盂鼎	 墻盤	 中山王壺
戎	 卣文	 盂鼎	 師同鼎	 多友鼎

另一路演變爲。西周中期師旋簋有字作，左下于省吾先

① 于省吾：《説盾》，《古文字研究》第三輯，中華書局，1980 年，第 3 頁。

② 同上，第 4 頁。

③ 容庚編著，張振林、馬國權摹補：《金文編》（第四版），中華書局，1985 年，第 669 頁。

④ 參林澐：《説干、盾》，《古文字研究》第二十二輯，中華書局，2000 年，第 93—95 頁。

生、劉昭瑞先生都以爲象盾之形，無疑是正確的。上部于先生以爲從人，劉先生以爲厥聲，釋爲䪼①。在認真比對字形後，我們認爲劉先生的看法是可取的。厥在月部見母，圭在支部見母，月部見母字和支部見母字可以通用。如鴂通鴂②，即其例。釋爲䪼，音理無礙。所從中部作兩横，與篆隸從"目"一致。竪筆下半省去，符合象形盾的演變軌跡。我們看的異體，知道其中可作，也可作，上下兩短竪可以省去③。

曾侯乙墓竹簡盾字盾形和相似，只是中部作一横，竪筆移位到右側而已。中部作一横和某些象形的盾寫法一致，竪筆移位到右側是爲了字勢的需要。

分析出了中的象形部分，剩下的部分就容易解決了。

甲骨文允作：(《合集》6057 反)　　金文作：(《班簋》,《集成》04341)

中的與甲骨文、金文允字相似，可釋爲允。

允和盾古音很近，兩字可以通用。如《漢書・敘傳》："成帝季年，立定陶王爲太子，數遣中盾請問近臣，稺獨不敢答。"顏師古注："盾讀爲允。《百官表》云：'詹事之屬官也。'"《望山楚簡》2.2 有"龍杭"，整理者認爲杭當爲楯，"似當指車闌，即車箱的欄杆"④。由於允盾古音很近，允可作盾的聲符。

---

① 劉昭瑞：《説錫》,《考古》1993 年第 1 期。

② 高亨纂著：《古字通假會典》，齊魯書社，1989 年，第 446 頁。

③ 王心怡：《商代圖形文字編》第 255 號，文物出版社，2007 年，第 115—116 頁。

④ 湖北省文物考古研究所、北京大學中文系：《望山楚簡》，中華書局，1995 年，第 114—115 頁。

盾本爲象形字，但形聲的結構也很早就出現了。西周中期的㦰簋，即在盾形基礎上加豚聲作[1]。遁的異體作遯[2]，盾、豚作聲符通用，故豚可以作盾的聲符。和一樣，盾也是在象形盾的基礎上加聲符，只是所加聲符不同而已。比較而言，允字字形簡單，符合簡化原則，所以後來從允聲的一路流傳下來。

屈指算來，曾侯乙墓竹簡發表已經二十餘年了，但盾字的結構一直得不到合理的解釋。這原因是多方面的。其中重要的一條，就是對曾侯乙墓竹簡文字的特點認識不夠。曾簡文字是迄今爲止書寫年代最早的竹簡文字，保留了不少早期的寫法。如肯作（簡1）、（簡122），鄭作（簡142）、（簡203），鄬作（簡33）、（簡68），箙作（簡2）、（簡29），韔作（簡1）、（簡102）等，比一般戰國文字的寫法要古得多。允字戰國文字一般作（郭店簡《成之聞之》25）、（郭店簡《成之聞之》36）之形，與小篆的寫法比較接近，與曾簡盾字所從相差較遠，所以不敢果斷加以認同。

附記：本文曾提交“國學研究論壇·出土文獻與漢語史研究”國際學術研討會（中國社會科學院，2012年11月3—4日），並在會上宣讀。

（原載《吉林大學社會科學學報》2014年第1期）

---

① 參林澐：《説干、盾》，《古文字研究》第二十二輯，中華書局，2000年，第93—95頁。
② 高亨纂著：《古字通假會典》，齊魯書社，1989年，第132頁。

"盈"字何以從"夃"

《説文·皿部》:",滿器也。从皿夃。"徐鉉等曰:"夃,古乎切。益多之義也。古者以買物多得爲夃,故从夃。"[①]《慧琳音義》十二引作:"器滿也。從皿從夃,夃亦聲。"[②]字形結構解釋很早就有會意和會意兼形聲兩種版本。

要弄清盈字是會意還是形聲,必須從夃字説起。

《説文·夊部》夃字,字頭篆文作。大徐本:"夃,秦以市買多得爲夃。从乛从夊,益至也。从乃。《詩》曰:'我夃酌彼金罍。'"[③]小徐本無"从乃"二字[④]。"从乛从夊,益至也",《通志》引作:"從夊從乃,乃益至也。"[⑤]《六書故》云:"盈從此。乛古文及字。唐本《説文》曰:'益至也。從乛,蓋至也。'"[⑥]後世或取"从乛从夊"之説[⑦],解釋爲"相及而至"[⑧];或取"从乃从夊"之説,解釋爲"徐徐而益至也"[⑨]。過去據小篆爲説,對夃字的解釋大抵如此。

---

① 許慎:《説文解字》,中華書局,1963 年,第 104 頁。

② 轉引自李圃主編:《古文字詁林》第 5 册,上海教育出版社,2002 年,第 212 頁。

③ 許慎:《説文解字》,中華書局,1963 年,第 114 頁。

④ 徐鍇:《説文解字繫傳》,中華書局,1987 年,第 105 頁。

⑤ 轉引自桂馥:《説文解字義證》,上海古籍出版社,1987 年,第 459 頁。

⑥ 戴侗:《六書故》,上海社會科學院出版社,2006 年,第 177 頁。

⑦ 王筠:《説文句讀》,上海古籍書店,1983 年,第 692—693 頁。

⑧ 湯可敬:《説文解字今釋》,嶽麓書社,1997 年,第 738 頁。

⑨ 段玉裁:《説文解字注》,上海古籍出版社,1981 年,第 237 頁。

近年來，由於戰國簡帛文字的新資料，使我們對夃字有了更多的認識。

1. ，根據相關卜筮祭禱簡文例的比勘，可以釋爲羖[①]。

2. 郭店簡《六德》16 的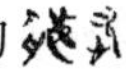，據文例可以讀爲股肱[②]。這類從肉旁的股字又見於秦家嘴楚簡[③]、清華簡等處[④]。

3. 上博簡《周易》9 中，馬王堆帛書《周易》與它相對應的字作盈[⑤]，清華簡《繫年》123 簡中盈字異體作[⑥]。

根據有關綫索，多位學者主張把、、分别隸作羖、股、汲[⑦]。

但是對於夃字的來源，有不同的理解。

我在《關於夃的形義來源》一文中，主張夃是股的本字：

所謂夃其實就是股的初文。本爲指事字，是在側面人形

---

① 孔仲温：《望山卜筮祭禱簡“𤸰𦙶”二字考釋》，載《第一屆國際訓詁學研討會論文集》，1997 年 4 月 19—20 日，第 819—831 頁；劉信芳：《望山楚簡校讀記》，載《簡帛研究》第二輯，廣西教育出版社，1998 年，第 35 頁。

② 此説由我在 2000 年提出，由廖名春先生率先引用。參看廖名春：《郭店楚簡〈六德〉篇校釋》，載《清華簡帛研究》第一輯，清華思想文化研究所，2000 年 8 月，第 74 頁。

③ 蘇建洲：《釋楚文字的“股”字》，復旦大學出土文獻與古文字研究中心網，2013 年 1 月 27 日。

④ 清華大學出土文獻研究與保護中心編，李學勤主編：《清華大學藏戰國竹簡（叁）》，中西書局，2012 年。

⑤ 季旭昇：《上博三周易比卦“有孚盈缶”“盈”字考》，簡帛研究網，2005 年 8 月 15 日。

⑥ 清華大學出土文獻研究與保護中心編，李學勤主編：《清華大學藏戰國竹簡（貳）》，中西書局，2011 年。關於字，一般分析爲從水從盈，我認爲應分析爲從皿從汲。上博簡《周易》汲字，應如有的學者所説，分析爲之省形。

⑦ 季旭昇：《上博三周易比卦“有孚盈缶”“盈”字考》，簡帛研究網，2005 年 8 月 15 日；侯乃峰：《説楚簡“夃”字》，簡帛網，2006 年 11 月 29 日。

股的部位加指事符號“o”，表示股的意思。指事符號寫得草率一點變作匸。秦文字繼承了甲骨文一類草率的寫法。楚文字中指事符號作♡，是草率寫法的進一步演變。人形上從匸的寫法近於“止”，從♡的寫法近於“女”，“女”和“止”往往訛混。由於字形變化，原來的表意意圖不顯，便在旁邊加形符月（肉）。加旁後的增纍字分六國系和秦系。包括楚系在内的六國系，秦“書同文”時被廢。秦系傳承了下來，母字被殳同化，成爲從月（肉）殳聲的形聲字。秦系股的增纍字中母字被同化，主要是近於“止”的形體訛變爲“又”，“止”“又”訛混古文字數見不鮮。①

這一解釋比較好地説明了和從夃的緣由——做聲符，因而爲許多學者所信從。但是對於盈字爲什麽從夃，我們未能給予充分的説明。

爲了解決這一問題，袁瑩專門寫了一篇文章——《説“夃”字的兩個來源》②，指出指事字“脛”是夃字的另一個來源。應該説，異源合流的現象在漢字演變中是普遍存在的，但説盈所從夃來源於指事字脛，目前看來，很大程度上還只是一種推測。

有的學者堅持盈所從夃是企字訛變的説法③。這種説法和袁説一樣，都是爲了從音理上解決盈爲什麽從夃的問題。其實也只

① 趙平安：《關於“夃”的形義來源》，《中國文字學報》第二輯，商務印書館，2008年，第21頁。

② 袁瑩：《説“夃”字的兩個來源》，《簡帛語言文字研究》第五輯，巴蜀書社，2010年，第120—132頁。

③ 此説最早由何琳儀、程燕等學者提出，陳劍等加以推闡，爲楊蒙生所取。參楊蒙生：《釋“夃”小史》，《出土文獻》第四輯，中西書局，2013年，第172—176頁。

是一種揣測。

有的學者認爲盈所從可能是姓字之省[①]。可是迄今爲止，我們還没有見到這樣寫法的姓字。

還有的學者從古文字一字異讀的角度來理解盈中的夃，認爲它可以讀夃(古乎切)，也可以讀盈(以成切)[②]。

前面提到，盈有會意和會意兼形聲兩種説法。會意兼形聲的説法比較晚出，並没有什麽堅確的依據。何况，會意兼形聲本質上也還可以看作會意。

盈應該是一個會意字。現在我們終於明白，夃其實是以假借義參與盈字的構成。

王力先生在《同源字典》裏，論證沽、酤、賈是一組同源字[③]。這三個字都屬魚部見母，都有“買賣”的意思。夃與沽、酤、賈聲韻相同，可以通假。

盈和嬴都是耕部喻母字，音近可以通假[④]。二字都有“有餘”“多出”的意思。表示這　意義時，過去一般把它們看作通假字。如《九章算術・盈朒》：“今有共買物，人出八，盈三，人出七，不足四。”實際上盈和嬴完全符合同源字的條件，也可以看作一對同源字。

《左傳・僖公二十七年》：“蔿賈尚幼”，杜預注：“蔿賈，伯嬴，孫叔敖之父。”蔿賈名賈字嬴，嬴通嬴[⑤]，名字意義相因。

---

① 李零:《死生有命，富貴在天——〈周易〉的自然哲學》，三聯書店，2013 年，第 103 頁注 2。

② 何景成:《試釋甲骨文的“股”字》，《古文字研究》第二十八輯，中華書局，2010 年。

③ 王力:《同源字典》，商務印書館，1982 年，第 124—125 頁。

④ 高亨纂著:《古字通假會典》，齊魯書社，1989 年，第 49 頁。

⑤ 同上，第 50 頁。

由上面的論證可以知道,㚒的假借義"買賣"和盈的"有餘""多出"義是有關係的。明白了這一點,春秋晉荀盈字伯㚒[①],《説文》曰"秦人以市買多得爲㚒",《玉篇》引《論語》曰"求善價而㚒諸",就很好理解了。原來,這些㚒用的都是假借義。

會意字的部件多以形表意,因此部件的形義與字義往往密切相關。這是我們對會意字的基本認識,特別是古文字階段的會意字尤其如此。但是應該看到,即使在先秦時代,有的部件的形義與字義無關,部件通過字形記録的假借義參與構形。這就要求我們説文解字時既要忠實於字形,又不能拘泥於字形,要多一些語言學的眼光。

很希望有人對先秦時期以假借義參與構形的會意字做一系統整理,使我們對先秦時期會意字的認識有一個新的提升。

(原載《出土文獻》第六輯,中西書局,2015 年)

① 朱駿聲:《説文通訓定聲》,武漢市古籍書店,1983 年,第 858 頁。

“箴”字補釋

戰國文字中有一個用爲“箴”的字，寫作如下之形：

 （～尹、～令）鄂君啓車節（《集成》12110—12112）

 （～尹、～令）鄂君啓舟節（《集成》12113）

（～尹）曾侯乙墓竹簡 152、171、211

（～尹）新蔡葛陵簡零 271

（右佐～）戰國燕國箭鏃刻銘（《集成》10452）

（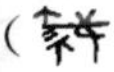）（左佐～）戰國燕國箭鏃刻銘（《集成》11902＝10453）

一般隸定爲𢧵。釋爲箴，最早是商承祚先生考釋鄂君啓節時提出來的。他在羅長銘先生釋緘的基礎上指出：

> 𢧵，羅氏釋爲“緘”，形近而義未諦。毛公鼎緘字作咸，郗公鼎諴字作諴，各省去咸字的一部分。此諴所從之“个”，既非“午”字，又非“才”字，而爲“竹”字之省。因此，不能寫訂爲“裁”或“栽”，乃是從竹的“箴”字。①

由於釋箴的説法有一定字形依據，又能説通文例（“箴佐”即教

① 商承祚：《鄂君啓節考》，《商承祚文集》，中山大學出版社，2004 年，第 315 頁。原載《文物精華》第二集，文物出版社，1963 年。

誨輔佐,“佐箴”與“ 箴佐”同義[①],“箴佐”在燕國箭鏃刻銘中作爲官名。“箴令”“箴尹”等官名可與古書對照,是可以坐實的),目前已爲絶大多數學者所接受。

羅長銘先生指出㦰字的寫法最早可以追溯到春秋晚期金文[②],作如下之形:

(餘命汝~佐卿)叔夷鎛(《集成》285.4)

(餘命汝~佐正卿)叔夷鐘(《集成》274.2)

在古文字中,戌、戊、戈作爲偏旁,有繁簡演變關係,有些字的異文,可從戌,也可從戊或戈,因此羅先生的指認是很正確的[③]。陳劍先生懷疑此字應讀爲箴,也是可以信從的[④]。

因此從來源來看,㦰字本來不是從戈,也不是從戊,而是從戌的。

西周金文有字作如下之形:

毛公鼎(《集成》02841)

一般釋爲緘,把戌看作咸的省聲。

咸在甲骨金文中極常見,由戌、口兩部分組成,罕見省去口形者。從溯源的立場來看,㦰應分析爲從个從𢦔。𢦔可能是一個會意字,從其繁體㦰來看,本由糸、戌兩部分構成。戌是斧鉞類武器[⑤],從糸從戌,表示“緘”的意思。古漢語中“緘”主要有名動兩種

① 宋華強:《楚文字資料中所謂“箴尹”之“箴”的文字學考察》,《古文字研究》第二十九輯,中華書局,2012年,第606頁。

② 殷滌非、羅長銘:《壽縣出土的“鄂君啓金節”》,《文物參考資料》1958年第4期。

③ 宋華強:《楚文字資料中所謂“箴尹”之“箴”的文字學考察》,《古文字研究》第二十九輯,中華書局,2012年,第603—604頁。

④ 同上,第606頁轉引。

⑤ 葉玉森謂象古兵器之形,高鴻縉謂“戌爲廣刃之勾兵,形似斧”,參看陳初生:《金文常用字典》,第1178頁,陝西人民出版社,2004年。

用法，表示"捆東西的繩子"或"封緘"。國之大事，在祀與戎，用一種常見的兵器和繩子的組合來表示"緘"的意思，其實是不難理解的。

戍也作爲構字部件出現。如都公諴鼎(《集成》02753)和《集篆古文韻海》2.29 ，應分析爲從言戍聲或咸聲，是作爲聲符使用的。

上博五《君子爲禮》簡 10 有字作：

(昔者仲尼～徒三人)

整理者隸定爲"篯"，未加説解①。蘇建洲先生指出此字與鄂君啓節、包山簡中的"戠"字形體相近②。宋華強先生指出這才是貨真價實的箴字③。我們認爲這個字確實應該看作箴字，是戠的流變。

戠上的个多數學者看作竹的省略，其實不然。陳劍先生把它看作意符④，是可取的意見。宋華強先生以爲尖(鐵)的本字，我則認爲很可能是"達"的本字，像春秋戰國時期達字所從的子聲符，也是"達"的初文，像治病的針砭⑤。勸諫也是某種程度的治病救人，因此个(達)在表示勸諫的篯(箴)字中做意符。由於个的形體和竹字所從很相似，被誤解爲竹之省略，後來繁化爲竹字頭。

這種演變，和古文字中(班簋，《集成》4341)作(《說文》小

① 張光裕：《〈君子爲禮〉釋文注釋》，馬承源主編：《上海博物館藏戰國楚竹書(五)》，上海古籍出版社，2005 年，第 260 頁。

② 蘇建洲：《初讀〈上博五〉淺説》，簡帛網，2006 年 2 月 18 日。

③ 宋華強：《楚文字資料中所謂"箴尹"之"箴"的文字學考察》，《古文字研究》第二十九輯，中華書局，2012 年，第 605 頁。

④ 同上，第 607 頁。

⑤ 趙平安：《"達"字"針"義的文字學解釋——從一個實例看古文字字形對詞義訓詁研究的特殊重要性》，《語言研究》2008 年第 2 期。

篆)相似。緐,《説文》解釋爲:“馬髦飾也。从糸,每聲。”段玉裁曰:“馬髦,謂馬鬣也,飾亦裝飾之飾,蓋集絲滌下垂爲飾曰緐,引伸爲緐多,又俗改其字作繁。”蘇,《説文》解釋爲:“白蒿也,从艸,緐聲。”這種寫法也見於《秦漢印典》一·十·147(作),文獻一般寫作蘩。《詩·召南·采蘩》“于以采蘩”陸德明《釋文》:“蘩,本亦作緐。”所謂蘇字,其中的艸,實際是就着“每”上類似中形的裝飾繁化的結果。漢印中的蘩作(《秦漢印典》一·叢147)、(《虚無有齋摹輯漢印》0319),也能幫助説明這一點。這類現象在古文字中其實是不鮮見的。

因爲箴上的竹系基於誤解的繁化,所以在箴的早期用法中,找不到它和竹有關的用法[①]。

䜁在春秋戰國時期是表示勸諫的箴的本字,是一個從个、戜(緘)聲或戚聲的字。它既可以單用,也可以作爲構字部件來用,作構字部件時,形體往往省略成𢦏[②]。如:

　(郾侯䡍畏天愛人,䜁教□□)[③]　郾侯䡍彝(《集成》10583)

　(肙䜁)荆門左塚3號楚墓漆梮[④]

　(一周䜁)仰天湖楚簡36

① 箴主要有縫衣工具、治病工具、插刺、規勸等用法,表示竹名的箴(jiān)是籈的省體,與箴(zhēn)是同形字,詳《集韻》。

② 陳劍把𢦏看作是䜁的省略(説見宋華強:《楚文字資料中所謂“箴尹”之“箴”的文字學考察》,《古文字研究》第二十九輯,中華書局,2012年,第607頁),十分正確。

③ 釋文從董珊:《戰國題銘與工官制度》,第79頁。

④ 黄鳳春、劉國勝:《記荆門左塚楚墓漆梮》,張光裕主編《第四屆國際中國古文字學研討會論文集》,香港中文大學中國語言及文學系,2003年。

 （□味戲亓（其）□） 子彈庫楚帛書朱欄墨書殘片[①]

上述字例，第一、二例宋華強先生讀爲箴[②]，第三例劉國勝先生讀爲椷[③]，最後一例徐在國先生釋爲鹹[④]。前三例用爲一級字符，可以分别看作從口、從人，戠省聲或㦰省聲，最後一例用爲二級字符，是在聲符中作子聲符，可分析爲從夕、戠省聲或㦰省聲。戠（㦰）、㦸（㦸）兩系字讀音都與“咸”有關，後來往往成系統地被“咸”所取代。情況與戰國文字中古文“犢”與“賣”相似。

（原載《青銅器與金文》第一輯，上海古籍出版社，2017 年）

---

① 李零：《簡帛古書與學術源流》，三聯書店，2004 年，圖版六。

② 宋華強：《楚文字資料中所謂“箴尹”之“箴”的文字學考察》，《古文字研究》第二十九輯，中華書局，2012 年，第 606 頁。

③ 劉國勝：《楚喪葬簡牘集釋》，科學出版社，2005 年，第 130、136 頁。

④ 徐在國：《楚帛書詁林》，安徽大學出版社，2010 年，第 946 頁。

再論所謂倒山形的字及其用法

關於戰國文字中倒山形的字，李學勤先生和郭永秉先生已有專文討論[①]。李先生釋爲“丁”，以爲是丁字的一種異體，郭先生釋爲“覆”，以爲用倒山形來表示傾覆的“覆”。我在《“京”“亭”考辨》[②]一文中，曾暫從李先生釋丁說，來解釋戰國文字中其中一系亭的構形。

這個倒山形的字，由於字形奇特，一開始就引起了我的強烈關注。但對究竟應釋爲何字，心中充滿疑惑。如果釋爲丁，不好解釋它和填實三角形丁字的關係。因爲同時期的丁字一般作填實的三角形。譬如在《清華大學藏戰國竹簡（肆）·筮法》[③]中，第二節《得》出現了所謂倒山形的字，第二十五節《天干與卦》出現了用爲天干的丁，寫法明顯不同。如果釋爲覆，字形上不好落實，也與戰國文字的用字習慣相衝突。《上海博物館藏戰國楚竹書（七）·鄭

---

① 李學勤：《關於清華簡中的“丁”字》，收入《初識清華簡》，中西書局，2013 年，第 186—188 頁；《釋清華簡中倒山形“覆”字》，“清華簡與《詩經》研究”國際會議，香港浸會大學，2013 年 11 月 1—3 日。

② 趙平安：《“京”“亭”考辨》，《復旦學報（社會科學版）》2013 年第 4 期，第 87—92 頁。

③ 清華大學出土文獻研究與保護中心編，李學勤主編：《清華大學藏戰國楚竹簡（肆）》，中西書局，2013 年。

子家喪》[1]“鄭子家遉(顛)退(覆)天下之豊(禮)”、《清華大學藏戰國竹簡(伍)·厚父》[2]“真(顛)復(覆)厥悳(德)”,清華簡另外一篇未公佈的告神辭“傎(顛)遐(覆)乓典,咸替百成”,覆都是借復(退、復是復的異體字)或遐(報之增纍字)表示。寫法與習見的“遉退”也不相同。

我過去從釋丁説,主要是從讀音上來考慮的。

其實,在整理小組討論的時候,我曾懷疑這是亭的專字。通過較長時間的思考,我認爲釋爲亭可能是一種比較好的選擇。

《清華大學藏戰國竹簡(伍)·殷高宗問於三壽》有一個寫作形的字,對於确定倒山形字的讀音十分關鍵。李學勤先生分析説:

> 清華簡《殷高宗問於三壽》通篇有韻,有句云:“厭非(必)平,惡非(必)”,末一字原爲從“聖”從“”,係雙音符字。[3]

這個字與前面的“平”押韵,是極爲重要的信息。由於聖與平音近,這個字的形體分析只有兩種可能性,要麽是雙聲符字,要麽是形聲字。李學勤先生把它看作、聖皆聲的雙聲符字,郭永秉先生把它看作從、聖聲的形聲字。不管怎麽理解,這個字與平、聖音近是可以肯定的。

戰國文字中有一個釋爲亭的字,作

> 亭佐郤之戈“亭差(佐)”(《珍秦齋藏金【吳越三晉篇】》

① 馬承源:《上海博物館藏戰國楚竹書(七)》,上海古籍出版社,2008年。

② 《清華大學藏戰國楚竹簡(伍)》,中西書局,2014年。

③ 李學勤:《關於清華簡中的“丁”字》,收入《初識清華簡》,中西書局,2013年,第187頁。

49—71）

越王者旨於睗戈甲“戜□郭（亭）俟（候）”（《殷周金文集成》11311）

越王者旨於睗戈乙“戜□郭（亭）俟（候）”（同上 11310）

古璽“童（鐘）麗（離）亭璽”（《璽彙》0279）

封泥“□□亭璽”（《考古》2005 年第 9 期第 68 頁）

等形[①]。字的上面從亯[②]，下面和顯然是一個字。這個字只能分析爲從亯從，或從亯聲。從這個字和的構形讀音看，我認爲應釋爲亭的專字，很可能是亭的象形初文。上舉合體亭字是在專字上加形符亯構成的。

在古文字中，亭字的出現是比較晚起的事情，這可能和亭這種建築出現、流行不太早有關。已經確認的亭字，最早出現於東周。過去主要有兩系寫法，一系是上面所舉的吴越文字，一系是秦文字。秦文字亭都是從高省、丁聲[③]，或曰從亠、丁聲[④]。其中丁字早期作填實的三角形，後來填實的三角形筆畫化，慢慢向《説文》小篆寫法靠攏。是東周時期另一系亭的寫法，目前看至少楚系文字如此。它和秦系的寫法來源不同，和吴越一系的寫法關係密切，吴越一系的寫法是在其基礎上增纍而成的。吴越文字和楚文字的這種差異，是由於東周時期各系文字發展不平衡造成的。我們知道，

① 吴振武：《談左掌客亭陶璽——從構形上解釋戰國文字中舊釋爲“亳”的字應是“亭”字》，中國古文字研究會第十八次年會論文，2010 年 10 月 22—23 日，北京。

② 亯是某種建築的象形。

③ 許慎：《説文解字》，中華書局，1998 年，第 110 頁。

④ 李學勤主編：《字源》（中），天津古籍出版社、遼寧人民出版社，2012 年，第 474 頁。

楚文字中保留了一些較早較古的寫法，常爲人們所津津樂道。的出現又爲我們提供了一個鮮活的實例。從結果看，吴越和楚系的亭字後來都消失了，只有秦系的亭字傳承下來，沿用至今。

更爲重要的是，把釋爲亭，相關文例都能得到很好的理解。

《清華大學藏戰國竹簡(叁)·芮良夫毖》："君子而受柬萬民之咎，所而弗敬，卑之若童(重)載以行崝險，莫之扶道(導)，其由不邋(攝)亭。"這裏的亭讀爲停。整理報告説："邋，即躐，通攝。《後漢書·崔駰傳》：'則躐纓整襟，規矩其步。'李賢注：'《史記》曰：攝纓整襟。華嶠書躐作攝也。'引申表示收斂。"①攝停就是勒住韁繩停下來。

《清華大學藏戰國竹簡(叁)·赤鵠之集湯之屋》："其一白兔不得，是始爲埤(陴)，亭者(諸)屋，以禦白兔。"整理報告："埤，疑讀爲陴，《説文》：'城上女牆。'"②這裏指一般的牆。王筠《説文解字句讀·阜部》："陴，《左傳》言守陴者是女牆，言登陴者則是城垣之通名。"亭讀爲屏，亭和屏都是耕部字，聲紐一在定母，　在並母，兩紐有通轉之例③。屏有擋義。漢代車前擋泥的物件叫"屏泥"，即用此義。"亭者(諸)屋"結構和《禮記·王制》"屏之四方"相似，是把白兔擋在屋外的意思。

《清華大學藏戰國竹簡(伍)·殷高宗問於三壽》："厭非平，惡非。"是因爲字不易識或容易和形近字混淆而加注聲符，鄔可晶先生讀爲傾④。對於這一段的文意，郭永秉先生有一個很好

① 《清華大學藏戰國楚竹簡(叁)》，中西書局，2012年。

② 同上。

③ 黄焯：《古今聲類通轉表》，上海古籍出版社，1983年，第254頁。

④ 郭永秉：《釋清華簡中倒山形"覆"字》轉引，"清華簡與《詩經》研究"國際會議，香港浸會大學，2013年11月1—3日。

的解釋：

> “厭”，即滿足，與“惡”相對。“非”，不應讀“必”，而應讀“匪”，“匪”字可訓“彼”(《左傳·襄公八年》杜預注；《隸續·平輿令薛君碑》：“匪威匪仁，寬猛以濟。”)，出土文字資料中，侯馬盟書“麻夷非(匪)是”、上博簡《曹沫之陣》“非(匪)山非(匪)澤，亡有不民”皆爲其例。“厭非(匪)平，惡非(匪)傾”，意思就是滿足公平持正，厭惡顛傾不平。《荀子·君道》：“衡石、稱縣者，所以爲平也；上好傾覆，則臣下百吏乘是而後險。”《新書·道術》：“據當不傾謂之平，反平爲險。”都是把治政、爲人中的“平”和“傾”“覆”“險”對立而言的。簡文的“惡匪傾”與《君道》“好傾覆”意思相反，後者正是荀子所反對的。[①]

郭先生的説法正確可從。

《清華大學藏戰國竹簡(肆)·筮法》第二節《得》：“見亭譽(數)，乃亦㝵(得)。”這裏的亭似可讀爲頂。頂和亭都從丁聲，音近通用。《方言》卷六、《廣雅·釋詁一》：“頂，上也。”段玉裁《説文解字注》：“頂，引伸爲凡在最上之稱。”整理報告：“卦例左上爲兑，而本篇下文第二十五節《天干與卦》中兑爲丁。兑卦在本篇有特殊意義，凡言‘數’似皆與兑卦出現的位置有關。”[②]極是。“見頂數”即是説見兑卦在最上面。

(原載《深圳大學學報(人文社會科學版)》2014年第2期)

---

① 郭永秉：《釋清華簡中倒山形“覆”字》，“清華簡與《詩經》研究”國際會議，香港浸會大學，2013年11月1—3日。

② 《清華大學藏戰國楚竹簡(肆)》，中西書局，2013年。

上博簡釋字四篇

一、《君人者何必安哉》中“瑟”的一個變體

《上博簡(七)·君人者何必安哉》裏,有所謂“竽𣢖”一詞,其中甲本作:

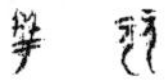

乙本作:

從表面看,“竽”後一字是從兩“元”。整理者隸作𣢖,疑“元”聲,讀爲管[1]。因爲𣢖疑似從“元”,“竽”“管”又都是樂器,所以整理者的釋法被廣爲接受,至今無人質疑。

其實仔細想來,這種釋法並不是没有問題。從字形看,隸作𣢖不成字。從搭配關係看,“竽”“管”雖都爲樂器,卻罕見連用。

我們認爲這個字當釋爲瑟,是瑟的一個變體。戰國文字中的瑟字是劉國勝先生考釋出來的[2],並不斷爲新的材料所證實。最

---

① 馬承源主編:《上海博物館藏戰國楚竹書(七)》,上海古籍出版社,2008 年,第 198 頁。

② 《曾侯乙墓 E61 號漆箱漆書文字研究——附“瑟”考》,載《第三屆香港中國古文字學國際學術研討會論文集》,香港中文大學,1997 年。

近又有學者找到了甲骨文中的瑟字[1]。

這樣一來,瑟的演進序列便基本明晰。瑟本爲象形字,甲骨文作(《花東》130)、(《花東》372)等形,《説文》所收古文作,與甲骨文近似。《説文》所收古文是戰國文字中一個比較近古的寫法,多數情況下,春秋戰國時期的瑟發生了劇烈的變化,原字不復象形,綴加聲符"必",成爲形聲字。

戰國時期,瑟的形態十分豐富。其中最複雜的寫法是形聲結構,作(包山簡 260)。省去聲符作(望山簡 M2. 47)、(望山簡 M2. 49)之形,進一步省作(郭店簡《性自命出》24)、(郭店簡《六德》30)等形。很顯然,"竽"後一字的結構,和類同。考慮到瑟字構件可以寫作,因此它有一個異體從横置的兩,訛變爲、,是完全可能的。

竽是管樂中最進步的類型之一,佈管於匏内,各管端裝簧,利用簧片和管中氣柱的共振作用發音。先秦至漢,竽在器樂合奏中既是主要的旋律樂器,又是諸樂的定音標准,居於重要的地位。《韓非子・解老》:"竽也者,五聲之長者也。故竽先則鐘瑟皆隨,竽唱則諸樂皆和。"由於竽瑟配合使用的關係,古書中兩字常連用。《莊子・胠篋》:"擢亂六律,鑠絶竽瑟,塞瞽曠之耳,而天下始人含其聰矣。"《楚辭・九歌・東皇太一》:"疏緩節兮安歌,陳竽瑟兮浩倡。"《楚辭・九章・招魂》:"竽瑟狂會,搷鼓鳴些。宫庭震驚,發激楚些。"《韓非子・外儲説左上》:"子産相鄭,簡公謂子産曰:'飲酒不樂也。俎豆不大,鐘鼓竽瑟不鳴,寡人之事不一,國家不定,百姓

① 徐寶貴:《殷商文字研究兩篇》,載《出土文獻與古文字研究》第一輯,復旦大學出版社,2006 年。

不治，耕戰不輯睦，亦子之罪。子有職，寡人亦有職，各守其職。”《史記·樂書》：“然後鐘磬竽瑟以和之，干戚旄狄以舞之。”《蘇秦列傳》：“秦成，則高臺榭，美宫室，聽竽瑟之音。”《漢書·禮樂志》：“竽瑟鐘磬員五人，皆鄭聲，可罷。”又：“九歌畢奏斐然殊，鳴琴竽瑟會軒朱。”《急就篇》卷三：“竽瑟空侯琴築箏。”《資治通鑒·漢紀三十六》：“先帝時所賜呼韓邪竽瑟空侯皆敗。”皆其證。

二、《武王踐阼》“曼”字補説

《上博簡（七）·武王踐阼》第 2 號簡有一個作形的字，整理者隸作託，括注爲“冕”[①]。復旦大學出土文獻與古文字研究中心研究生讀書會從整理者的隸定，括注中除“冕”外，加了“帽”字，並且在兩字後都打了問號[②]。北京大學的劉雲先生認同把該字釋爲“冕”，以爲所謂“乇”是“屯”的省變，在字中充當聲符[③]。

我覺得道個字應釋爲“曼”。戰國楚簡中曼作：

（郭店簡《老子乙本》12）　（上博簡《性情論》37）

（上博簡《昭王毁室·昭王與龔之脽》1）　（上博簡《曹沫之陳》10）

其中《曹沫之陳》10 的“曼”中部有羨畫。“曼”的基本構件是“冃”

① 馬承源主編：《上海博物館藏戰國楚竹書（七）》，上海古籍出版社，2008 年，第 152—153 頁。

② 復旦大學出土文獻與古文字研究中心研究生讀書會：《〈上博七·武王踐阼〉校讀》，復旦大學出土文獻與古文字研究中心網，2008 年 12 月 30 日。

③ 劉雲：《説上博簡中的從“屯”之字》，復旦大學出土文獻與古文字研究中心網，2009 年 1 月 5 日。

“目”和“又”。《武王踐阼》2 的從“冃”“目”，和曼相同，區别在於曼從“又”，從“乇”。

大家知道，戰國文字中的“又”往往可以寫作“十”，而“十”之類的寫法有時可以寫作“乇”。如（币，《璽彙》0152）作（《璽彙》0159）、（宅，郭店簡《成之聞之》34）、（郭店簡《成之聞之》33）就屬於這種情況。因此把“又”寫作“乇”其實是完全可以理解的。

《武王踐阼》的這個“曼”字確應如整理者讀爲“冕”。曼、冕上古聲母韻部相同，讀音很近。古書中“曼”聲字和“免”聲字多相通之證[①]。《吴命》第 5 簡“或又（有）軒轉之賞[②]，或又（有）斧戉（鉞）之愄（威）”，“軒轉”即“軒冕”，亦是“曼”“冕”相通輔證。

上博簡《天子建州》甲本 7 和乙本 6 中有一個“肩”字，分别作、之形。當中也有所謂“乇”形，劉雲先生把它和聯繫考慮，以爲是“屯”的變形，做肩的聲符[③]。我們以爲所謂“乇”是“攴”省變的結果。戰國時期有一作（析君戟）、（新蔡簡乙四：61）、（上博簡《君子爲禮》7）等形的字，前兩形宋華强先生隸作㪗，分析爲從攴肩聲，讀爲肩[④]。後一形季旭昇先生徑釋爲肩[⑤]。他們二位的釋讀正確可從。《天子建州》中的、可以看作是㪗的訛變。

---

① 高亨纂著：《古字通假會典》，齊魯書社，1989 年，第 155—156 頁。

② 復旦大學出土文獻與古文字研究中心研究生讀書會：《〈上博七・吴命〉校讀》，復旦大學出土文獻與古文字研究中心網，2008 年 12 月 30 日。

③ 劉雲：《説上博簡中的從“屯”之字》，復旦大學出土文獻與古文字研究中心網，2009 年 1 月 5 日。

④ 宋華强：《由新蔡簡“肩背疾”説到平夜君成所患爲心痛之證》，簡帛網，2005 年 12 月 7 日；《新蔡簡“肩”字補正》，簡帛網，2006 年 3 月 14 日。

⑤ 季旭昇：《上博伍芻議（下）》，簡帛網，2006 年 2 月 18 日。

古文字中“攴”“又”通用[1]，所以畝中所謂“乇”也可以理解爲經由“又”訛變而來的，和《武王踐阼》“曼”字情形相似。

三、《吴命》7號簡“業”字

《上博簡(七)·吴命》第7號簡有“答曰：‘三大夫辱命於寡君之業。’”一句。業字，整理者云：“讀爲僕，僕从業聲，可以相通。僕，謙辭，用於第一人稱。”[2]學者大多信從。只有劉剛先生發表過不同意見。他説：“業字應該視爲辛字變體，在《吴命》中可以讀爲介。介是官職名，舊注訓爲‘賓副’，多負責邦國間交往時的外交辭令。”[3]

所謂業字，原簡作：

我認爲應該釋爲“業”。

1997年春，焦志勤先生在河北南部(臨近河南省北界)的古鄴城遺址拾得一件半瓦當和一件殘陶量，上面有印章戳記，作：

拓本

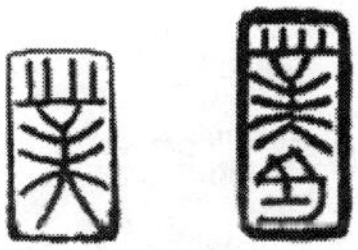

摹本

---

① 何琳儀：《戰國文字通論(訂補)》，江蘇教育出版社，2003年，第231—232頁。

② 馬承源主編：《上海博物館藏戰國楚竹書(七)》，上海古籍出版社，2008年，第321頁。

③ 劉剛：《再説業字》，復旦大學出土文獻與古文字研究中心網，2009年1月8日。

王蘊智和焦智勤先生分别釋爲“業”和“業市”[①],是很正確的意見。“業”即是“鄴”。“鄴”先借“業”爲之,後加“邑”旁。

二十世紀七十年代出土的中山王壺有一字作:

學者都釋爲“業”,銘辭“以内絶卲(召)公之業”,“業”指基業、功業。這個“業”字下加“口”,爲羨符,是戰國文字中常見的現象[②]。

“業”字許慎《説文解字》訓“大版”,是指古代懸鐘架子上的鋸齒狀物。字較早寫作:

(昶伯□鼎)

從兩“業”。曾憲通先生解釋説:“於兩個並立人形之上分别益以‘业’形,表明植於兩旁之銅人(即銅虡)所舉者乃筍上捷業如鋸齒之大版,可見金文較之古文更加切合業字造字之本義。”[③]董蓮池先生把它解釋爲“兩人形虡頭頂大版之象”,更爲直接[④]。根據曾侯乙墓編鐘架子,可以大體推知“業”字象形初文應作:

進一步抽象爲:

這就和昶伯□鼎的寫法差不多了。所以曾憲通、董蓮池先生的説

① 王蘊智:《釋競業及與其同源的幾個字》,《中國文字》新廿四期,1998 年;又載《東南文化》2001 年第 5 期;焦智勤:《鄴城戰國陶文研究》,《古文字研究》第二十四輯,中華書局,2002 年。

② 何琳儀:《戰國文字通論(訂補)》,江蘇教育出版社,2003 年,第 217—218 頁。

③ 曾憲通:《從曾侯乙編鐘之虡銅人説“虡”和“業”》,《曾侯乙編鐘研究》,湖北人民出版社,1992 年;又收入《古文字與出土文獻叢考》,中山大學出版社,2005 年。

④ 董蓮池:《釋兩周銅器銘文中的“業”字》,載《吉林大學古籍整理研究所建所十五周年紀念文集》,吉林大學出版社,1998 年。

法是完全可以信從的。

西周金文中的偏旁也從兩“業”。“業”大約先從兩“業”，是一個複體的襯托象形字[1]。後省一半作“業”。《吴命》中和昶伯業鼎所從相同，比鄴城陶文和中山王壺“業”字中部稍簡，可以肯定是“業”字。它的用法應與中山王壺近似。“辱命於寡君之業”是説在我們君王的事上有辱使命。

四、談《容成氏》“覍”的一種異體

《上博簡（二）·容成氏》談到武王伐紂時説：

> 武王於是虖（乎）素完（冠）弅（冕）以告吝（閔）於天，曰：受爲無道，閩者（諸）百眚（姓）。至約者（諸）侯，絶穜（種）侮眚（姓），土玉水酉（酒），天將誅焉。吾（戲）天畏（威）之。（第52—53簡）

其中“完（冠）弅（冕）”之釋，是整理者李零先生的意見[2]。“完（冠）弅（冕）”原簡作：

前一字從冃從元、元亦聲[3]，是冠字，没有疑義。後一字李零先生隸作弅，分析爲“从弁从元”，括注爲冕[4]。黄德寬先生認爲：“當讀

---

① 趙平安：《漢字表意分析中的五種技巧》，《語文學習與研究》1988年第8期；《漢字與繪畫在表意技巧上的相互融通》，《語文建設》1996年第7期。

② 馬承源主編：《上海博物館藏戰國楚竹簡（二）》，上海古籍出版社，2002年，第291—292頁。

③ 季旭昇：《説文新證》上册，藝文印書館，2004年，第613頁。

④ 馬承源主編：《上海博物館藏戰國楚竹簡（二）》，上海古籍出版社，2002年，第292頁。

‘弁’，從‘元’乃蒙‘冠’字而類化訛變。”[1]新近出版的《上海博物館藏戰國楚竹書（一～五）文字編》則直接把它放到冕下[2]。字構形特別。諸位先生都只是點到爲止。究竟應該如何分析，需要做進一步的討論。

在望山二號墓所出楚簡中，筭字作：

望山 M2.35　望山 M2.48

“完（冠）兗（冕）”的兗字和此字下面所從寫法相近（一個從元，一個從兀，元、兀爲一字之分化。詳下文），顯然應當是同一個字。因此望山楚簡中的筭字可以看作是釋讀兗的關鍵。

本文的討論就從望山楚簡中的筭字開始。除望山楚簡的這類寫法外，筭字還有下面一些寫法：

信陽楚簡 M2.13　包山楚簡 259　包山楚簡 259

包山楚簡 258　包山楚簡 258　天星觀楚簡遣策

筭下所從即是覍字，朱德熙先生據天星觀楚簡首先指出這一點[3]，頗具卓識。依《説文》：“覍，冕也，周曰覍，殷曰吁，夏曰收。从皃，象形。，籀文覍，从廾，上象形。或弁字。”[4]弁是覍的或體，所以筧可以寫作筭。筧字所從和單獨使用的覍一樣，形態都比較豐富。關於單獨使用的覍可參看下列諸形：

包山楚簡 240　包山楚簡 245　郭店楚簡《五行》32

① 黄德寬：《戰國楚竹書（二）釋文補正》，《學術界》2003 年第 1 期。

② 李守奎等：《上海博物館藏戰國楚竹書（一～五）文字編》，作家出版社，2007 年，第 380 頁。

③ 據李家浩《釋“弁”》轉引，《古文字研究》第一輯，中華書局，1979 年。

④ 許慎：《説文解字》，中華書局，1963 年，第 177 頁。

郭店楚簡《性自命出》32　上博藏楚簡《柬大王泊旱》6

郭店楚簡《性自命出》43　戰國玉璜箴銘[1]

從單獨使用的覍字和篢字所從偏旁看，覍下從“又”，“又”訛變爲“人”。值得注意的是，有的還保留由“又”到“人”的過渡形態[2]，彌足珍貴。從“人”的寫法，後來成爲主流的寫法，一直下傳。

我們知道，在古文字裏做偏旁時，“人”和“元”可以通作。如寇字，是從宀從攴從元的會意字。戰國時期作：

侯馬盟書 96:8　睡虎地秦簡《日書乙種》130　七年邦司寇矛

《古陶文彙編》4.50　《古璽彙編》0086　《古璽彙編》0069

所從“元”又作“兀”，又作“人”。從寇字看，望山簡篢字所從覍把下面的“人”形寫作“兀”（這類“兀”字的形態，和望山簡 M2.49、61、62、包山簡 263、264 冠所從“兀”相同），是完全可以理解的。而且由於“兀”和“元”形音義俱近，係一字之分化[3]，從“兀”和從“元”相同，所以《容成氏》中的覍（下從元）應該徑直隸作覍。

“冠覍”即古書中的“冠弁”。《周禮·春官·司服》：“凡甸，冠

---

① 裘錫圭：《戰國文字釋讀二則》，《于省吾教授百年誕辰紀念文集》，吉林大學出版社，1996 年；李學勤：《釋戰國玉璜箴銘》，《于省吾教授百年誕辰紀念文集》。

② 趙平安：《釋甲骨文中的和》，《文物》2000 年第 8 期；《釋楚國金幣中的“彭”字》，《語言研究》2004 年第 4 期；《從咢字的釋讀談到咢族的來源》，《中國文字學報》第一輯，商務印書館，2006 年。

③ 參看何琳儀：《戰國古文字典》下册，中華書局，1998 年，第 1015 頁；季旭昇：《説文新證》上册，藝文印書館，2004 年，第 30—31 頁。

弁服。"鄭玄注:"甸,田獵也。冠弁,委貌。其服緇布衣,亦積素以爲裳,諸侯以爲視朝之服。"孫詒讓《周禮正義》:"孔廣森云:'《左傳》:責衛侯不釋皮冠;楚靈王雨雪皮冠;右尹子革夕,王見之,去冠。皮弁可釋可去,則必別有一物加於冠上矣。'按:皮弁蓋猶方相氏之蒙熊皮。孔謂別有一物,加於冠上,其説近是。……田事玄冠,上加皮冠,有所敬,則釋之,猶兵事韋弁,上加冑,有所敬則免之矣。"[①]錢玄等曰:"按田獵加皮冠,或所以禦風塵雨雪。孔、孫説可信。"[②]《周禮・春官・司服》:"凡兵事,韋弁服。"鄭玄注:"韋弁,以韎韋爲弁,又以爲衣裳。《春秋傳》曰'晉郤至衣韎韋之跗注'是也。今時伍伯緹衣,古兵服之遺色。"[③]依《周禮》,兵服和田服有別,這反映的大概是後世的制度。在武王伐商的時代,情況恐未必如此。古代田獵和軍旅活動,有着非常密切的關係。平時在田獵的過程中,可以寓有軍事活動的内容。在作戰凱旋時,每每舉行大蒐,藉以炫耀武功,簡閲車馬徒衆。《周禮》有大司馬之職,於四時教民習戰陣,都是通過狩獵活動來進行的。鄭玄注曰:"兵者凶事,不可空設,因搜狩而習之。凡師出曰治兵,入曰振旅,皆習戰也。四時各教民以其一焉。"[④]從商代晚期的甲骨卜辭看,情況也是如此[⑤]。由於田獵和軍事關係密切,可以肯定,在早期階段,田服和兵服應該是合一的,田服即兵服,兵服即田服。因此,周武王著"素冠弁"出征是完全可以理解的。"素"是白色。《吕氏春秋・上農》:

---

① 孫詒讓:《周禮正義》第六册,中華書局,1987年,第1641頁。

② 錢玄、錢興奇:《三禮辭典》,江蘇古籍出版社,1998年,第536頁。

③ 孫詒讓:《周禮正義》第六册,中華書局1987年,第1635頁。

④ 同上,第2299頁。

⑤ 姚孝遂:《甲骨刻辭狩獵考》,《古文字研究》第六輯,中華書局,1981年。

"庶人不冠弁。"高誘注："弁，鹿皮冠。《詩》云：'冠弁如星。'"對這個冠弁，歷來爭議頗多[①]。實際上，它和《周禮》的冠弁一脈相承。大約冠弁後來由田獵和軍事用途演變爲貴族使用的東西。

我們曾考證，皃字的源頭是甲骨文中的。本從從廾，"廾"省作"又"，"又"訛變爲"人"。字上部分很可能是笲的本字[②]。笲是一種盛物的竹器，有提梁。這樣看來，皃的構形本來和帽子無關。皃字當帽子講，應當屬於假借。上博簡《容成氏》的這個例子，不僅印證了皃確實借來表示帽子的意思，而且由於它跟"冠"連用，受其影響，皃字形已顯示出被類化的跡象。當皃字下面變爲"人""兀"或"元"以後，很容易引導人們從象形的角度來理解整個字形，把字上理解爲帽子之形。若參照這類皃字的形體，我們認爲，《説文》對小篆皃的形義的解釋，也是有它一定的理據的。

皃和冕（免是冕的象形初文，冕是免的增纍字，是在"免"的基礎上纍加"冃"形）來源不同，是不同的兩個字。但它們韻部相同，聲紐發音部位相同，都有帽子的意思，所以王力先生把它們看作同源字[③]。古書中，皃和冕也有不少通用的例證[④]。因此皃和冕可以認爲是同源通用字。這樣看來，整理者把㚇括注爲冕，多多少少有一些道理。但皃、冕畢竟是不同的字，冠皃和冠冕畢竟是不同的詞（古書既有冠皃又有冠冕），不能簡單加以認同，更不能混

① 王利器：《吕氏春秋注疏》第四册，巴蜀書社，2002年，第3058頁。

② 趙平安：《釋甲骨文中的和》，《文物》2000年第8期。

③ 王力：《同源字典》，商務印書館，1982年，第582頁。

④ 高亨纂著：《古字通假會典》，齊魯書社，1989年，第155頁。

爲一談。特別是從文字演變的角度看,把隸作𡿺,完全不足取。應該直接隸作覍,理解爲表示帽子的覍。

這樣看來,黄德寬先生的釋法應當是正確的。

(原載《簡帛》第四輯,上海古籍出版社,2009 年)

釋上博簡《成王爲城濮之行》中的"叟"字

在上博簡第九册《成王爲城濮之行》[①]篇中，有一個疑難字，寫作如下之形：

a. （甲本簡 2）

b. （甲本簡 1）

c. （乙本簡 1）

它們用法完全相同。其中 a 形是簡體，b、c 形是增纍字，是在 a 形的基礎上加辵旁。b 形的中部略有省變。

關於這個字，學者多有討論[②]，影響比較大的有兩種意見。一種是整理小組提出的，隸定爲"叟"或"遚"，釋爲"受"[③]；一種是曹錦炎先生提出來的，依據整理者的隸定，釋爲"搜"[④]。這兩種意見，各有各的理據，也各有各的問題。釋爲受，問題是文例講不通，

---

① 馬承源主編：《上海博物館藏戰國楚竹書（九）》，上海古籍出版社，2012 年。

② 曹錦炎：《説上博竹書〈成王爲城濮之行〉的"搜師"》，簡帛網，2014 年 3 月 12 日。

③ 馬承源主編：《上海博物館藏戰國楚竹書（九）》，上海古籍出版社，2012 年，第 144、146、147、151 頁。

④ 曹錦炎：《説上博竹書〈成王爲城濮之行〉的"搜師"》，簡帛網，2014 年 3 月 12 日。

釋爲搜，問題是字形缺乏依據。從下文可知，a、b、c 表示的應該是與“治”一類的意思。而“叟”是隸變過程中出現的字①。

我們認爲，上述説法都不可從，這個字應釋爲甹。

我曾在李家浩先生《釋弁》②一文的基礎上，先後釋出甲骨文的㞢、楚國金幣中的㱿和漢晉印章中的甹③，比較清晰地描寫出㞢的演變譜系。

簡式：

 A1 →  A2 →  A3

A1《前》7.38.1；A2 師訇簋，《集成》4321；A3《侯馬盟書》77：4

先在空處加一横，然後豎筆貫穿横筆到底部。這種寫法，秦代書同文時廢棄了。

繁式：

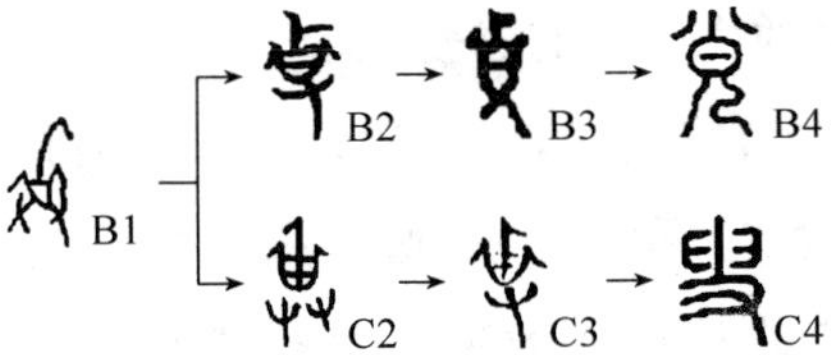

① 從古文字叟的字形看，宀下本從火或水，這個特點一直保持到秦漢時期，參見詹鄞鑫《釋甲骨文“叟”字》(《語文論叢》第 5 輯，上海教育出版社，1997 年，第 58—65 頁)、趙平安《從甹字的釋讀談到甹族的來源》(《中國文字學報》第一輯，第 92—99 頁，商務印書館，2006 年)。徐灝《説文解字注箋》説它“隸變作叟”，是正確的意見。我們不能據後出訛變字形來釋讀古文字。

② 李家浩：《釋“弁”》，《古文字研究》第一輯，中華書局，1979 年，第 391—395 頁。

③ 趙平安：《釋甲骨文中的“”和“”》，《文物》2000 年第 8 期，第 61—63 頁；《釋楚國金幣中的“㱿”字》，《語言研究》2004 年第 4 期，第 35—37 頁；《從甹字的釋讀談到甹族的來源》，《中國文字學報》第一輯，商務印書館，2006 年，第 92—99 頁。

B1《合集》8501 反；B2 信陽楚簡 2.07；B3 戰國玉璜箴銘①；B4《説文》卷八皃；

C2 師酉簋，《集成》4288、4289；C3《侯馬盟書》1.21；C4《説文》卷六㝵

至小篆分化爲皃和㝵。演變爲皃的一路，上部空處加横，兩邊裂開，下部廾省作又，又訛變爲人②。演變爲㝵的一路，上部同簡體之變，而後從中裂開，下部廾省作又。

《成王爲城濮之行》中的 a 形應當屬於㝵字從《侯馬盟書》到小篆的中間環節。㝵字《漢書・司馬相如傳・上林賦》：“此不可以揚名發譽，而適足以㝵君自損也。”《史記・司馬相如傳》作“貶”。《禮記・玉藻》“立容辨卑，毋讇”鄭玄注：“辨，讀爲貶，自貶卑。謂磬折也。”可見㝵、辨音近，㝵可以讀爲辨。甲骨文□是㝵的簡體，“下□”讀爲“下辨”，也提供了很好的證明③。簡文“㝵”(或遉)與“師”連用，共出現 3 次：

1. 子旻(文)遉帀(師)於□，一日而䆪(畢)，不敫(抶)一人④。(甲本簡 1)

2. 君王命余遉帀(師)於□，一日而䆪(畢)，不敫(抶)一

---

① 裘錫圭：《戰國文字釋讀二則》，《于省吾教授百年誕辰紀念文集》，吉林大學出版社 1996 年；李學勤：《釋戰國玉璜箴銘》，《于省吾教授百年誕辰紀念文集》。

② 滕壬生：《楚系簡帛文字編》，湖北教育出版社，1995 年，第 362—363 頁。

③ 趙平安：《釋甲骨文中的“□”和“□”》，《文物》2000 年第 8 期，第 61—63 頁。

④ 敫，讀作“抶”，是網友“不求甚解”(即沈培)在《上博簡〈成王爲城濮之行〉重編簡釋》一文中提的意見。該文發表於簡帛網論壇，2013 年 1 月 5 日。此點蒙蘇建洲先生提示，謹此致謝。

人。(乙本簡 1—2)

3. [子]玉𡋀帀(師)出之㚇,三日而戜戜(畢),漸(斬)三人。(甲本簡 2)

𡋀(或遌)統統讀爲辨。辨師猶言辨兵。《史記·仲尼弟子列傳》:"臣聞之,慮不先定,不可以應卒;兵不先辨,不可以勝敵。"這段話又見於《越絶内傳陳成恒第九》和《吴越春秋·夫差内傳》,《越絶内傳陳成恒第九》與之相同,《吴越春秋·夫差内傳》作"臣聞慮不預定,不可以應卒;兵不預辨,不可以勝敵"。"慮不先定,不可以應卒;兵不先辨,不可以勝敵"是古代用兵常語,形式多變,但萬變不離其宗。"慮不預定,不可以應卒;兵不預辨,不可以勝敵"與之只有個别用字的不同,形式最爲接近。《鄧析子·無厚篇》則作"慮不先定,不可以應卒;兵不閑習,不可以當敵",形式上差别較大,但表達的意思則很一致。由此可知,"辨兵"和"習兵"意思相近。不少學者已經指出,《左傳·僖公二十七年》"楚子將圍宋,使子文治兵於睽,終朝而畢,不戮一人。子玉復治兵於蔿,終日而畢,鞭七人,貫三人耳",可與簡文對讀,知簡文"辨師"和《左傳》"治兵"相對。可見,讀"𡋀"(或遌)爲"辨"十分合適。"辨師"就是"習兵""治兵"。

(原載《簡帛》第九輯,上海古籍出版社,2014 年)

釋清華簡《命訓》中的"耕"字

清華簡第五輯中有一篇《命訓》,共15支簡,内容連屬,是一篇相對完整的古書,有下面一段文字:

> 撫之以惠,和之以均,斂之以哀,娱之以樂,訓之以禮,教之以藝,正之以政,動之以事,勸之以賞,畏之以罰,臨之以中,行之以權。權不法,中不忠,罰[不服],[賞]不從勞,事不⿱⿰來聿田,政不成,藝不淫,禮有時,樂不伸,哀不至,均不一,惠必忍人。凡此,物厥權之屬也。
>
> 惠而不忍人,人不勝[害,害]不知死,均一不和,哀至則匱,樂伸則荒。禮[無時]則不貴,藝淫則害于才,政成則不長,事⿱⿰來聿田則不攻,以賞從勞,勞而不至,以[罰從]服,服而不釮,以中從忠則尚,尚不必中,以權從法則不行,行不必法,法以知權,權以知微,微知始,始以知終。①

其中⿱⿰來聿田寫作:

(第13簡) (第14簡)

---

① 清華大學出土文獻研究與保護中心編,李學勤主編:《清華大學藏戰國竹簡(伍)》,中西書局,2015年,第126頁。

整理報告依樣隸定，未加注釋[①]。程浩先生有專文討論，以爲從來聲，讀爲理[②]。

在整理小組内部討論時，我曾提出㽠應即耕字，但當時只是隨口一説，未能展開。現試作論證如下。

戰國時期的耕，已知主要有以下幾種寫法：

第一，作，郭店《窮達以時》第 2 簡“舜△于鬲(歷)山”，裘錫圭先生按語“疑即‘耕’字之異構”[③]。《墨子・尚賢中》“古者舜耕歷山”、《史記・五帝本紀》“舜耕歷山”，與簡文適相對照。裘先生按語自己雖冠以“疑”字，實際文從字順，已爲學界廣泛接受。

第二，作，見於郭店《成之聞之》第 13 簡“戎(農)夫務食不強△，糧弗足矣”，多釋爲耕，對結構認識則各不相同[④]。黄德寬、徐在國先生分析爲從“田”“爭”省，以爲耕之異體[⑤]，比較接近事實。劉釗先生《郭店楚簡校釋》即從此説[⑥]。“爭”字從“口”的寫法，看似突兀，其實是有淵源的。西周金文《班簋》所從“爭”右下加“口”，就是這類爭的前身。“口”是羨符。

---

① 清華大學出土文獻研究與保護中心編，李學勤主編：《清華大學藏戰國竹簡(伍)》，中西書局，2015 年，第 126 頁。

② 程浩：《釋清華簡〈命訓〉中對應今本“震”之字——兼談〈歸藏〉、〈筮法〉的“震”卦卦名》，《出土文獻》第六辑，中西書局，2015 年。

③ 荆門市博物館：《郭店楚墓竹簡》，文物出版社，1998 年，第 146 頁。

④ 黄德寬、徐在國：《郭店楚簡文字考釋》，《吉林大學古籍整理研究所建所十五周年紀念文集》，吉林大學出版社，1998 年，第 103 頁；周鳳五：《郭店楚簡識字劄記》，《張以仁先生七秩壽慶論文集》，學生書局，1999 年，第 356 頁；白於藍：《〈郭店楚墓竹簡〉釋文正誤一例》，《吉林大學學報》1999 年第 2 期，第 91 頁；李零：《郭店楚簡校讀記》，《道家文化研究(郭店楚簡專號)》第 17 輯，三聯書店，1998 年。

⑤ 黄德寬、徐在國：《郭店楚簡文字考釋》，《吉林大學古籍整理研究所建所十五周年紀念文集》，吉林大學出版社，1998 年，第 103 頁。

⑥ 劉釗：《郭店楚簡校釋》，福建人民出版社，2003 年，第 140 頁。

第三，作，上博《周易》第 20 簡“不△而穫”，馬王堆帛書本、今本作“不耕穫”，阜陽漢簡本作“不耕穫”，對應耕。一般認爲此字從“井”，“爭”聲，是“耕”字異體①，無疑是正確的。

第四，作，上博簡《柬大王泊旱》第 23 簡“爲人臣者亦有△唬（乎）”，有學者以爲用爲“諍”，指“諫諍”②。《荀子·臣道》：“有能進言于君，用則可，不用則死，謂之爭。”《吕氏春秋·功名》：“爭其上之過。”注：“爭，諫也。”《孝經·諫諍》：“昔者天子有爭臣。”注：“爭，謂諫也。”爭和諍是古今字的關係，諍字出現較晚，如果考慮到這些因素，我們説用爲“爭”或“諍”，可能更準確一些。從字形看，是之省體，十分明顯。

第五，作，清華簡《保訓》第 4 簡“昔舜舊作小人，親△于鬲（歷）茅，恐救（求）中”，説“舜親耕于歷茅”，和例 1 講的是同一件事情。“歷茅”爭議頗多，應理解爲“歷山草茅”③或“歷山之茅”④，讀爲丘不合用字習慣，訓爲丘則是出于對嵍字故訓的誤解⑤。，整理報告隸作劯，定爲耕之異體⑥。正確可從。

第六，作，郭店《緇衣》第 11 簡“上好仁，則下之爲仁△先人”，今本《緇衣》作“爭”。字從禾爭省，馮勝君先生認爲應釋爲耕，是耕字異體⑦，是很正確的意見。

---

① 徐在國：《上博楚簡文字聲系》，安徽大學出版社，2013 年，第 1946 頁。

② 劉樂賢：《讀上博（四）劄記》，簡帛研究網，2005 年 2 月 15 日。

③ 趙平安：《〈保訓〉的性質和結構》，《光明日報》2009 年 4 月 13 日。

④ 李零：《讀清華簡〈保訓〉釋文》，《中國文物報》2009 年 8 月 21 日。

⑤ 參看季旭昇主編：《清華大學藏戰國竹簡（壹）讀本》，藝文印書館，2013 年，第 87—88 頁。

⑥ 清華大學出土文獻研究與保護中心編，李學勤主編：《清華大學藏戰國竹簡（壹）》，中西書局，2010 年，第 145 頁。

⑦ 馮勝君：《郭店簡與上博簡對比研究》，綫裝書局，2007 年，第 116—117 頁。

綜合以上耕的各種寫法看，耕本是從爭構形的。它所從爭像從兩手持力（耜），或認爲是耕的本字①，可備一説。第1、2種寫法在爭上加“田”，第3、4種寫法在爭上加“井”，第6種寫法在爭上加“禾”，第5種寫法是在爭上同時加上“田”和“井”，可以看作是第1、2種寫法和第3、4種寫法的牽合②。加“田”和“禾”是形符，加“井”可以看作形符，也可以看作聲符③。爭旁可以省形，寫成單手持力（耜）之形（第6種寫法右下一筆中部加點，實際是又的省體），甚至把兩手都省去，僅剩下力（耜）形。爭旁也可以加羨符“口”，但比較少見。《命訓》中的𤰈可以看作第1和第6種寫法的牽合，只是把“禾”换成“來”④，把“田”挪到右下角而已。如果

---

① 關於爭字的形義來源，可參看賈文：《説甲骨文“爭”——古代的耦耕》，《中國歷史文物》2005年第3期；馮勝君：《郭店簡與上博簡對比研究》，綫裝書局，2007年，第116頁。據我們觀察，戰國時期，秦文字用“爭”表示爭，楚文字則用爭、静、耕（𤱶、稃）等表示爭。楚文字用“爭”表示爭見於清華簡《繫年》，作（第76簡）、（第78簡）之形，與静、耕（𤱶、稃）中完整的爭寫法略同，只是右下的“又”形位置上移，“又”上又加了飾筆而已。如依“爭”是耕之本字説，“爭”用爲爭應屬假借，如依傳統説法把“爭”看作爭奪的爭的本字，“爭”用爲爭就屬本用。從楚文字“爭”的構形看，還是作爲耕的本字比較好。楚文字用静、耕表示爭都應屬假借。爭字增纍爲𤱶、稃具有一定的系統性，單用如此，做偏旁也是如此，如《包山簡》140、161 諍從稃聲（參看李守奎、賈連翔、馬楠編著《包山楚墓文字全編》，上海古籍出版社，2012年，第96頁）。這種現象很值得注意，很可能是因爲楚人對爭的構形本義比較清楚，爭字被增纍爲𤱶、稃、𦓴等形，後來𤱶、稃、𦓴等部分取代了爭的功能，𤱶、稃、𦓴等字流行而爭字竟較少使用。

② 關於古文字牽合，可參看吴振武：《戰國文字中值得注意的一種構形方式》，《漢語史學報專輯（總第三輯）——姜亮夫、蔣禮鴻、郭在貽先生紀念文集》，上海教育出版社，2003年；江學旺：《淺談古文字異體糅合》，《古漢語研究》2004年第1期。

③ 許慎説：“耕，犁也。從耒，井聲。一曰，古者井田。”（《説文解字》，中華書局，1998年）因此井可以做耕的形符，也可以做耕的聲符。

④ 古文字中來和禾做偏旁時可以通用，甲骨文的例子參劉釗《古文字構形學》（修訂本），福建人民出版社，2011年，第42頁；東周時期的例子可參看湯志彪《三晉文字編》，作家出版社，2013年，第690—707頁。

做平面分析，可以分析爲從來、從田、從爭，爭亦聲。如果把它看作在類寫法基礎上增纍而成，應分析爲從來、從畤，稈亦聲。如果看作在類寫法基礎上增纍而成，應分析爲從田、從稈，稈亦聲。等將來有了更多的材料，我們就能得出符合事實的終極的結論。

需要説明的是，第 6 種寫法的耕字和戰國時期嘉的一種異體結構基本相同。戰國文字中有一種嘉字作（清華簡《保訓》第 7 簡）、（清華簡《耆夜》第 4 簡）、（《耆夜》第 6 簡）、（清華簡《芮良夫毖》第 20 簡）、（清華簡《殷高宗問於三壽》第 25 簡）之形，它是嘉的一種簡體。嘉字最早見於商代甲骨文，從力從从（或木）從豆作[①]。兩周金文中，字形變化較大，來（或木）的部分與豆形緊密結合，除了保有從"來"的寫法外，還出現了從禾從中的寫法以及其他一些變體。力的部分上面多增纍爪形，下面加口形。爲了字勢的需要，爪形和口形的位置有時也可以調整。從中的寫法與豆形結合，就與壴形發生混同。力旁附上口就成了加字[②]。《説文》解釋嘉字"美也。从壴，加聲"[③]，是就後起義和訛變了的字形爲説。嘉應是稼的本字。嘉，歌部見母字，稼，魚部見母字，兩聲字可以通假。如《詩經・小雅・節南山》"家父"，《漢書・古今人表》作"嘉父"。《春秋・桓公十五年》"天王使家父來求車"，《儀禮・士冠禮》賈疏引"家父"作"嘉甫"。是其佳證。《詩經・魏風・伐檀》"不稼不穡"毛傳："春種曰稼，秋斂曰穡。"《周禮・地官・遂師》"巡其稼

① 參看劉釗等：《新甲骨文編》，福建人民出版社，2009 年，第 291 頁。

② 容庚編著，張振林、馬國權摹補：《金文編》，中華書局，1985 年，第 328—329 頁。

③ 許慎：《説文解字》，中華書局，1998 年，第 102 頁。

穡”顔師古注“耕種曰稼”。稼的本義是耕種的意思，本作嘉，應分析爲從手持力從禾(或木)豆聲(侯部定母)。後世豆聲往往省略。在目前所見到的戰國簡帛文字裏，嘉字多不從豆形，主要有、(清華簡《皇門》第2簡)、(上博簡《用曰》第11簡)等寫法。是在金文寫法基礎上省“豆”形，是在寫法上加“力”，大概是爲了強化“加”表音的功能。省“口”增“又”，“又”可以看作爲了字勢需要增加的羨符。在侯馬盟書中，嘉字異體極多，幾乎涵蓋了嘉的各種寫法，對這些異體稍加梳理，比較容易整理出嘉的演進序列[①]。由嘉的演進序列看來，耕的第六種寫法和嘉的類寫法應是同形字的關係。

把啓釋爲耕，可以從文例得到檢驗。

見於《逸周書》的《命訓》篇，内容與清華簡中的這篇竹書大致相合，其文云：

> 撫之以惠，和之以均，斂之以哀，娱之以樂，慎之以禮，教之以藝，震之以政，動之以事，勸之以賞，畏之以罰，臨之以忠，行之以權。權不法，忠不忠，罰不服，賞不從勞，事不震，政不成，藝不淫，禮有時，樂不滿，哀不至，均不壹，惠不忍人。凡此，物攘之屬也。
>
> 惠不忍人，人不勝害，害不如死。均一則不和，哀至則匱，樂滿則荒，禮無時則不貴，藝淫則害于才，政成則不長，事震則寡功。以賞從勞，勞而不至；以法從中則賞，賞不必中；

① 湯志彪編著：《三晉文字編》，作家出版社，2013年，第690—707頁。

以權從法則行，行不必以知權。權以知微，微以知始，始以知終。[①]

簡文的㬱，傳本寫作震。

從語音上看，耕是耕部見母字，震是文部章母字。文部和耕部字多通假、替换、通轉之例。如奠（文部）通鄭（耕部）[②]、通定（耕部）[③]，云（文部）通營（耕部）[④]，振（文部）通敻（耕部）[⑤]、正（耕部）[⑥]、整（耕部）[⑦]，頎（文部）通傾（耕部）[⑧]，精（耕部）通謹（文部）[⑨]等，屬通假。形聲字澱、淀通用，澱從殿（文部）聲，淀從定（耕部）聲[⑩]；矜、慬通用，矜從令（耕部）聲，慬從堇（文部）聲[⑪]。作爲形聲字的聲符，云（文部）和殸（耕部）可以替换。如清華簡《四誥》“配享茲馨香”，馨字作從香云聲。王念孫疏證《廣雅》，指出正（耕部）、准（文部）一聲之轉[⑫]。這些都是典型的例子。《命訓》簡本“正之以政，動之以事”，傳本作“震之以政，動之以事”，以“震”（文部）代“正”（耕部），可以看作《命訓》版本系統中文、耕相通的内

① 黄懷信等：《逸周書彙校集注》，上海古籍出版社，2007 年，第 20—40 頁。
② 王輝：《古文字通假字典》，中華書局，2008 年，第 366—367 頁。
③ 高亨纂著：《古字通假會典》，齊魯書社，1989 年，第 88 頁。
④ 白於藍：《戰國秦漢簡帛古書通假字彙纂》，福建人民出版社，2012 年，第 892 頁。
⑤ 同上，第759 頁。
⑥ 朱駿聲：《説文通訓定聲》，武漢市古籍書店，1983 年，第 794 頁。
⑦ 同上。
⑧ 張儒、劉毓慶：《漢字通用聲素研究》，山西古籍出版社，2002 年，第 958 頁。
⑨ 張麗萍：《〈敦煌漢簡〉通假字整理及語音研究》，簡帛網，2015 年 2 月 28 日。
⑩ 張儒、劉毓慶：《漢字通用聲素研究》，山西古籍出版社，2002 年，第 546 頁。
⑪ 同上，第 552 頁。
⑫ 王念孫：《廣雅疏證》卷第一上，上海古籍出版社，1983 年，第 15 頁。

證。見母和章母亦關係密切，古書亦多通轉之例[①]。因此耕通震是很可能的。傳本《命訓》震解釋頗多爭議，但從文義看，理解爲動或治[②]，可能是正確的。震可以表示動的意思，震讀爲振，可以訓爲治。

（原載《深圳大學學報（人文社會科學版）》2015 年第 3 期）

① 黄焯：《古今聲類通轉表》，上海古籍出版社，1983 年，第 45—46 頁；楊劍橋：《論端、知、照三系聲母的上古來源》，《語言研究》1986 年第 1 期；陳初生：《上古見系聲母發展中一些值得注意的綫索》，《古漢語研究》，1989 年第 1 期。

② 程浩文以爲朁字簡文中表示治理的意思。參看程浩：《釋清華簡〈命訓〉中對應今本"震"之字——兼談〈歸藏〉、〈筮法〉的"震"卦卦名》，《出土文獻》第六輯，中西書局，2015 年。

清華簡第六輯文字補釋(六則)

《清華大學藏戰國竹簡(陸)》[1]收錄有關春秋史事的文獻五種,三種是關於鄭國史事的,即《鄭武夫人規孺子》《鄭文公問太伯》和《子産》,一種是關於秦、楚史事的,即《子儀》,一種是關於齊國史事的,即《管仲》。這幾篇文獻的基本情況,李學勤先生已有專文介紹[2]。讀者可以參看。

《清華簡(陸)》雖是有關春秋的文獻,整理難度仍然不小。有些問題可能需要較長時間的沉澱。現在把一些私見寫在下面,供大家參考。其中有些意見是在參與整理過程中提出過的,有的意見則是最近的新的體會。

一

《清華簡(陸)·管仲》簡 26 有一字作:

整理報告隸作彗,注[六〇]:"彗,疑讀爲'祟'。《太玄·干》'君子

① 清華大學出土文獻研究與保護中心編,李學勤主編:《清華大學藏戰國竹簡(陸)》,中西書局,2016 年。

② 李學勤:《有關春秋史事的清華簡五種綜述》,《文物》2016 年第 3 期。

以解祟也’，范望注：‘猶禍也。’按祟本指鬼神之禍，此爲引申義。”①

慧字見於《上博一・性情論》簡38，作，一般隸作慧，認爲是把“慧”“快”兩個字糅合在一起②，讀爲快。

比較兩字的字形，不難發現，其中有明顯的差異。字字上所從兩個偏旁皆曲首，收筆都往右斜曳，字下從攴。慧字所從彗字上兩個偏旁中筆都垂直，字下從攴。字不當釋爲“彗”。

諦審字形，此字應是從攴、從兩毛構成。其中毛字寫法與《古璽彙編》1833毛、上博簡《緇衣》簡14毷所從寫法相同。它可能是敄的異體字。敄字見於《包山簡》58、曾侯乙簡9，從攴、毛聲③。敄作𢿧，屬於增繁同形偏旁的現象④。簡文讀爲“冒”。冒在幽部明母，毛在宵部明母，兩字可以相通。如《文選・七發》：“冒以山膚。”李注：“冒與芼，古字通。”

讀爲冒，驗諸文例，十分通暢。簡文曰：“既敝（蔽）於貨，𢿧𠟭（亂）毁常。既㝵（得）亓（其）利，昏宗（彖）以行。”其中“冒亂”一詞，傳世文獻習見。如《尚書・泰誓上》：“沉湎冒色。”孔傳：“冒亂女色。”劉向《説苑・指武》：“分爲五選，異其旗章，勿使冒亂。”《後漢書・郎顗傳》：“《易》内傳曰：‘久陰不雨，亂氣也，《蒙》之《比》也。蒙者，君臣上下相冒亂也。”冒亂毁常的用法，約與《後漢書・郎顗

---

① 清華大學出土文獻研究與保護中心編，李學勤主編：《清華大學藏戰國竹簡（陸）》，中西書局，2016年，第117頁。

② 徐在國：《上博楚簡文字聲系（一一八）》，安徽大學出版社，2013年，第2815—2816頁。

③ 何琳儀：《戰國古文字典》，中華書局，1998年，第328頁。

④ 何琳儀：《戰國文字通論》（訂補），江蘇教育出版社，2003年，第213—215頁。

傳》相近。

二

《清華簡(陸)·子産》簡19有一字作：

整理報告隸作⿱芰心，注[六〇]："⿱芰心，疑從支聲，讀爲'剢'，《説文》：'裂也。'在此讀爲分裂離散之義。"①

這個字應當分析爲從心、從芰兩個部分。芰是癹的訛體字。

《子産》篇整理報告認爲："篇文作者或抄寫者可能與鄭國有一定關係。"②是很正確的。該篇文字藴含着明顯的三晉文字風格。如下列諸字，與一般楚文字不同，卻能在三晉文字裹找到對應關係：

> (臺，簡7)字，與三孔布寫法幾乎無異(貨系2479三孔布)。
>
> (達，簡13)字，與温縣盟書WT1K17:131屬於一路。
>
> (簡28)與晉公盆(集成10342)寫法相同。
>
> (宅，簡7、8)與晉公盆(集成10342)寫法相同。

這大概是因爲《子産》最早形成於鄭國的緣故。鄭國滅於韓，文字屬於晉系範疇。《子産》後來雖然轉寫爲楚文字，但仍然保留着部分原來的寫法——即晉系文字的特徵。

① 清華大學出土文獻研究與保護中心編，李學勤主編：《清華大學藏戰國竹簡(陸)》，中西書局，2016年，第142頁。

② 同上，第136頁。

芟字的寫法也要放在這種背景裏看。楚文字癹一般作之形①。芟與楚文字癹明顯不同，卻與三晉文字相類。三晉文字癹往往從攴從址，作：

侯馬一五六：二二 閔(藺)癹(癹)②

結構與"芟"頗爲相似，只是所從址變成艸而已。址字變成艸在三晉文字中是有先例的。田煒在考釋上博五《弟子問》第5簡字時説：

> 侯馬盟書中有一個寫作的字，在盟書中用爲人名，和、是一字異體，其中右部"登"旁的寫法和完全相同。在古文字中，"止"旁常常會訛變成形近的"屮"旁，如西周金文"前"字或作(兮仲鐘)，或作(善鼎)；戰國文字"歲"字或作(陳章壺)，或作(《古璽彙編》0798號璽"𤻙"字所從)等等，皆其例。鄧公盨"登"字寫作，《古璽彙編》3722號璽"登"字作，上部的"癶"也都訛變成類似"艸"的形體。據此，我們認爲應該釋爲"登"。③

可見，址變成艸，不僅頻見於三晉文字，而且在整個古文字中也是比較普遍的現象。這樣看來，我們把芟上的艸看作址的訛字應該是合理的。

戰國文字中癹往往與廢相通。如郭店《老子丙》："古(故)大道

① 李守奎：《楚文字編》，華東師範大學出版社，2003年，第87—88頁；饒宗頤、徐在國等：《上博藏戰國楚竹簡字彙》，安徽大學出版社，2012年，第612頁。

② 湯志彪編著：《三晉文字編》，綫裝書局，2013年，第189頁。

③ 田煒：《上博五〈弟子問〉"登年"小考》，簡帛網，2006年3月22日。

癹安(焉),又(有)息(仁)義。”今本和帛書本癹作廢。類例甚多,不煩一一例舉[①]。

𢡀從心從癹,很可能是“廢”的專字。廢字從心,可與(悖,《子産》29)字從心類比。簡文:“句(苟)我固善,不我能𤔔(亂),我是㠩(荒)䛐(怠),民屯𢡀然。”屯訓皆,𢡀然即廢然。《史記·淮陰侯列傳》:“項王暗惡叱咤,千人皆廢,然不能任屬賢將,此特匹夫之勇耳。”孟康曰:“廢,伏也。”張晏曰:“廢,偃也。”用法與簡文相仿佛。

三

《子産》篇有一個隸作虘形的字,原形作:

(簡 1)　(簡 15)　(簡 26)　(簡 27)

注[一]分析爲“從貝,虍聲”[②]。我們認爲此即《説文》“鬲屬。从鬲,虍聲”的鬳。鬳中的鬲本爲甗之象形,在演變的過程中,訛變爲“貝”形[③]。從貝虍聲的鬳見於燕系和楚系文字,在戰國時期使用比較普遍。簡文寫法猶與《璽彙》3506 酷似,而 3506 有學者認爲是楚文字寫法[④]。簡文中用爲獻。睡虎地秦簡《日甲·歲》:“九月楚鬳馬,日七夕九。”《日甲·毀棄》:“鬳馬、中夕、屈夕作事東方,皆吉。”鬳皆讀爲獻。

① 白於藍編著:《戰國秦漢簡帛古書通假字彙纂》,福建人民出版社,2012 年,第 495 頁。

② 清華大學出土文獻研究與保護中心編,李學勤主編:《清華大學藏戰國竹簡(陸)》,中西書局,2016 年,第 139 頁。

③ 何琳儀:《戰國古文字典》,中華書局,1998 年,第 1010—1011 頁。

④ 同上,1998 年,第 1010 頁。

簡 1:“昔之聖君取虘(獻)於身,勉以利民,民用信之。”

簡 15:“前者之能役相其邦家,以成名于天下者,身以虘(獻)之。”

“取獻於身”是説從自己身上拿來奉獻,“身以獻之”即“以身獻之”,是“取獻於身”的另一種説法。

簡 26:“爲民型程,上下維輯,野三分,粟三分,兵三分,是爲虘(獻)固,以助政德之固。”“型程”指有關規定。“野”與“邑”相對,“野三分”是對野的奉獻額度的規定,“粟三分”“兵三分”是對野賦税、兵役的規定。“獻固”是固定的奉獻。

簡 27:“虘(獻)勛和憙,可用而不㔁大國,大國固肯作其謀。”勛字從力員聲,又見於簡 17“勛勉救善”,可讀爲“勤勉救善”。此處讀爲損。員字讀爲損見於郭店簡《老子乙》:“學者日益,爲道者日員。員之或員,以至亡爲也。亡爲而亡不爲。”今本員作損。獻本身就意味着損,故獻損連用。勛也可讀爲捐,《漢書・貨殖傳》:“唯毋鹽氏出捐千金貸。”表示捐獻、捐助。但上古時這個用法很少。㔁通寓[①],表示居住,或通虞,表示欺騙[②]。簡文是説,如果能平和快樂地奉獻,國家用度足夠又不居於大國之間(或國家用度足夠卻不欺騙大國),大國固能成其謀略。

四

《子産》簡 7 有字作:

① 高亨纂著:《古字通假會典》,齊魯書社,1989 年,第 326 頁。

② 同上,第 327 頁。

整理報告隸作⿱宀丵,注[二六]:"'⿱宀丵'字从'丵',有省筆,在此讀爲見母元部之'建'。"[①]這個字變形太甚。我們認爲它是(郭店簡《緇衣》16)、(新蔡簡零:189)的進一步省變。字中部分上下各省一筆就成了上面的樣子。我們曾經指出,在隸變過程中,字形變化最突出的部分往往是字的中部[②],實際上更早的古文字演變也是如此,這是因爲字的中部的變化對字的框架輪廓影響不大的緣故。與之具有相同聲符的字,戰國文字多見,讀音和"從""宗""簪"等字相近,陳劍先生已有系統深入的討論[③]。根據他的研究,這個字也見於西周時期的盂卣,可以隸作宔。其中間部分是琮的象形,象形琮字已見於甲骨文,用爲人名、地名或國族名,當讀爲崇。簡文可以讀爲崇:"子産不大其宅域,不崇臺寢,不飾美車馬衣裘。"可謂文從字順。

五

《子儀》篇有字作:

(簡 16)

我們在整理的時候直接隸作殹,括注爲"也"[④]。這個字的右旁應該是攴字的寫訛。其演變與同篇簡 11 (縣)所從攴相同。殹字

① 清華大學出土文獻研究與保護中心編,李學勤主編:《清華大學藏戰國竹簡(陸)》,中西書局,2016 年,第 140 頁。

② 趙平安:《隸變研究》,河北大學出版社,2009 年,第 52 頁。

③ 陳劍:《釋"琮"及相關諸字》,載《甲骨金文考釋論集》,綫裝書局,2007 年,第 271—316 頁。

④ 清華大學出土文獻研究與保護中心編,李學勤主編:《清華大學藏戰國竹簡(陸)》,中西書局,2016 年,第 129 頁。

戰國竹簡一般從攴作，因此把釋爲殹從字形看是有依據的。從文例看釋爲殹讀爲“也”也很合適。

的右邊頗類“印”。對殹字來講，“印”客觀上有表音的作用。印是抑的本字，屬職部影母字，殹是支部影母字，古音很近，可以通假。上博簡《子羔》：“三王者之作也，皆人子也，而其父賤而不足稱也歟？殹亦成天子也歟？”陳劍讀爲抑，是很正確的[1]。類例尚多，可參看白於藍《戰國秦漢簡帛古書通假字彙纂》[2]。

如是，字爲“變形音化”又增加了一個生動的事例。

戰國時期的殹和抑關係非常密切。這不由得使我們聯想到甲骨文中的語氣詞“抑”。甲骨文這個字自從李學勤先生指出用爲句末疑問語氣詞以來[3]，在學界已逐漸形成共識。但關於它的來龍去脈一直懸而未決。考慮到秦文字的語氣詞殹後來都轉寫爲“也”，也許甲骨文中“抑”並不像人們想象的那麽神秘，它可能就相當於後世的“也”。

六

《太伯》篇有字作：

（太伯甲 5）

---

① 陳劍：《上博簡〈子羔〉、〈從政〉篇的竹簡拼合與編聯問題小議》，簡帛研究網，2003 年 1 月 8 日。

② 白於藍編著：《戰國秦漢簡帛古書通假字彙纂》，福建人民出版社，2012 年，第 353 頁。

③ 李學勤：《關於師組卜辭的一些問題》，《古文字研究》第三輯，中華書局，1980 年，第 39—43 頁。

(太伯乙 5)

整理報告直接隸作盾[1],十分正確。

此字當分析爲和兩個部分。是盾的象形字。其寫法和西周中期師旋簋所從相近,只是在竪筆上加一横而已,符合古文字演變的通例。即户字,是在象形盾字基礎上綴加的形旁。户和盾形、義俱近。比如甲骨文的肇字,由戈和盾構成,表示"攻擊""打擊"一類的意思。到了金文,盾形基本上都變成了户形[2]。這是形近變化的結果。劉熙《釋名・釋宫室》:"户,護也。所以謹護閉塞也。"《説文解字・户部》:"户,護也。半門曰户。"用護訓户,是揭示户的語源的聲訓。户的形狀和功能和盾有相似性,所以可以用户作盾的形符。過去見到的古文字盾字,在象形盾的基礎上加聲符允、豚的比較多,加形符的比較少,因此這種寫法彌足珍貴。

我們曾經指出,在象形盾的基礎上加允聲的寫法是《説文》小篆盾的前身[3]。現在看來,這種可能性當然不能排除。不過從字的構形看,小篆盾的寫法也很有可能是之類寫法省變的結果。

(原載《出土文獻》第九輯,中西書局,2016 年)

① 清華大學出土文獻研究與保護中心編,李學勤主編:《清華大學藏戰國竹簡(陸)》,中西書局,2016 年,第 119、125 頁。

② 参方稚松:《殷墟甲骨文五種記事刻辭研究》,綫裝書局,2009 年,第 45—61 頁。

③ 趙平安:《説盾》,《吉林大學學報》2014 年第 1 期。

清華簡第七輯字詞補釋(五則)*

清華簡第七輯收錄反映春秋史事的文獻四種,分别是《子犯子餘》《晉文公入於晉》《趙簡子》《越公其事》①。各篇經專人分頭整理,集體討論,最後由主編審閲定稿。應該説,整理報告整體達到了比較高的水準。但是由於時間倉促,加之受到整理報告特定要求的局限,也還有不少需要完善和推進的地方。

下面就其中五條,談一點個人意見,向大家請教。

一、"某之女"當指"梅伯介紹的鬼侯的女兒"

《子犯子餘》:"就受(紂)之身殺三無殆(辜),爲爙(炮)爲烙,殺某之女,爲桊(桎)檡(梏)三百。"(簡 12)

注[五〇]:"某,音在明母之部,讀爲滂母的胚,《爾雅·釋詁》:'胎未成。'《墨子·明鬼下》'刳剔孕婦',孫詒讓《間詁》引皇甫謐《帝王世紀》:'紂剖比干妻,以視其胎。'或疑讀爲'梅',梅之女,即

---

* 本文爲國家社科基金重大招標項目"先秦兩漢訛字綜合整理與研究"(批准號:15ZDB095)和清華大學自主科研計劃課題"新出簡牘帛書與古文字疑難解讀"的階段性成果。

① 清華大學出土文獻研究與保護中心編,李學勤主編:《清華大學藏戰國竹簡(柒)》,中西書局,2017 年。

梅伯之女,紂時有梅伯,《楚辭·天問》:'梅伯受醢。'《韓非子·難言》:'故文王説紂而紂囚之……梅伯醢。'""梅之女"這種結構,慣常的理解就是梅伯之女,可是古書未見紂殺梅伯之女的説法,故整理報告取第一説。

《淮南子·俶真訓》:"逮至夏桀、殷紂,燔生人,辜諫者,爲炮烙,鑄金柱,剖賢人之心,析才士之脛,醢鬼侯之女,菹梅伯之骸。"高誘注:"鬼侯、梅伯,紂時諸侯。梅伯説鬼侯之女美好,令紂妻之,女至,紂以爲不好,故醢鬼侯之女,菹梅伯之骸也。一曰紂爲無道,梅伯數諫,故菹其骸也。"①根據高誘的説法,梅之女,可以理解爲梅伯介紹的鬼侯之女。名詞加之加名詞這類偏正結構,兩者之間的關係是極其複雜的。

二、"爲爊(炮)爲烙"顯示"炮""烙"當爲兩種不同的東西

2002年發表的上博簡《容城氏》中,有下面一段文字:

> 於是乎作爲九成之臺,寘(置)盂炭其下,加圜木於其上,思(使)民道之,能遂者遂,不能遂者,内(墜)而死,不從命者,從而桎梏之。於是乎作爲金桎三千。既爲金桎,又爲酒池,厚樂於酒,溥夜以爲淫,不聽其邦之政。(簡44—45)②

整理者注釋説:"以上講紂爲'炮格之刑'。古書言此多以銅柱

① 張雙棣撰:《淮南子校釋》,北京大學出版社,1997年,第237頁。

② 馬承源主編:《上海博物館藏戰國楚竹書(二)》,上海古籍出版社,2002年,第284—285頁。

爲格(如《六韜》佚文、《荀子·議兵》《韓非子·喻老》《吕氏春秋·過理》),與此不同。'格'或作'烙'。"①

《子犯子餘》也講道:

> 就受(紂)之身殺三無殆(辜),爲燷(炮)爲烙,殺某(胚)之女,爲桊(桎)梏(梏)三百。(簡12)

注[四九]説:"燷,從櫜聲,缶聲,讀爲'炮'。爲炮爲烙,指炮烙之刑,也作'炮格'。《荀子·議兵》:'紂……爲炮烙刑。'《史記·殷本紀》:'紂乃重刑辟,有炮格之法。'"②

這兩則新資料,講的都是商紂王的炮烙之刑。

2004年,我發表過一篇小文,叫作《〈容城氏〉所載"炮烙之刑"考》③。當時我據上博簡《容成氏》指出:

> 商紂的炮烙之刑應包括:"作爲九成之臺",就是修築一高臺;"加圜木於其上",在高臺上架一根圓木;"置盂炭其下",在臺下放置銅盂和炭。根據盂的特點,炭大概是置於盂中的。人在圜木上走,不摔下去便罷,如果摔下去,就會掉進盂裏,不是摔死就是被燒灼而死。這就是商紂的所謂"炮烙之刑"。④

文章對長期爭論不休的"烙"進行了考證,認爲就是《容城氏》中的"盂",是盛炭的器具。但對炮字没有提出什麽意見。

---

① 馬承源主編:《上海博物館藏戰國楚竹書(二)》,上海古籍出版社,2002年,第284頁。

② 清華大學出土文獻研究與保護中心編,李學勤主編:《清華大學藏戰國楚簡(柒)》,中西書局,2017年。

③ 《上博館藏戰國楚竹書研究續編》,上海書店出版社,2004年。

④ 同上。

清華簡《子犯子餘》使我們對炮格之刑的認識又有新的推進。它很明確地告訴我們,所謂炮烙,“炮”和“烙”都是名詞,炮烙不是偏正結構,而是並列結構。烙相當於盂,炮相當於《容成氏》中的“圜木”。這個“圜木”,古書也叫金柱、銅柱。“木”和“柱”是同一種東西的不同叫法[①]。

三、“弉”與甲骨文“置”爲一字

《子犯子餘》:“者(胡)晉邦又(有)禍(禍),公子不能弉(止)女(焉),而走去之,毋(毋)乃猷(猶)心是不跌(足)也虐(乎)?”(簡1—2)

曰:“子若公子之良庶子,晉邦又(有)禍(禍),公□□□弉(止)女(焉),而走去之,毋(毋)乃無良左(左)右也虐(乎)?”(簡3—4)

注[六]:“弉,從廾,之聲,讀爲同音的止,《詩·玄鳥》‘維民所止’,鄭玄箋:‘止,猶居也。’與下文問蹇叔‘公子之不能居晉邦’意同。”整理報告的解釋是可以貫通文例的。

弉,原作、之形,確實由廾和之兩部分組成。它和同篇出現的“寺”字在字形和用法上都有明顯的區別,不可能是同一個字。此字係首見,我們認爲它和甲骨文置應該是同一個字。

甲骨文“置”作:

合 19896 自組　合 1989 賓組　英 365 賓組

---

① 參看趙平安:《兩條新材料與一個老故事——“炮烙之刑”考》,第二屆文獻語言學國際學術論壇,2006 年 10 月 31—11 月 1 日,北京語言大學。

合 32419 歷組　合 23603 出組　合 27589 無名組

一般隸作⿱𦥑冂,裘錫圭先生解釋説:"字應該分析爲從'𦥑',从'冂',從'之'聲或'止'聲。'之'、'止'二字古音同聲母同韻部,所以作爲聲旁可以通用。從字形看,'冂'當象器物的架座,從'𦥑'從'冂'可以解釋爲象徵以兩手置物於架座。從字音看,'之'、'止'與'置'的古音也很接近。所以'⿱𦥑冂'應該是置立之'置'的本字。"①卜辭屢見"⿱𦥑冂鼓""⿱𦥑冂庸鼓"的説法,商器己酉戍铃彝有"⿱𦥑冂庸"的説法,《詩經·商頌·那》有"置我鞉鼓"的説法,⿱𦥑冂置用法相同。由於字形解釋正確,又能得到文例支持,因此裘先生的意見獲得了廣泛認可②。甲骨文⿱𦥑冂字較晚出現的從廾從之的寫法,和《子犯子餘》構件相同,只是前者兩隻手在之字上面,後者兩隻手在之字下面。而這種差異,在異體字中很常見③。置可以訓止。《文選·嵇康〈與山巨源絶交書〉》"足下若嬲之不置"吕向注:"置,止也。"《資治通鑒·周紀五》"毋置之"胡三省注:"置,止也。"簡文置除理解爲止外,還可以理解爲"棄置"或"處置"。

四、貴當爲貫字

《晉文公入於晉》:

命曰:"以孤之舊(久)不㝵(得)繇(由)式(二)晶(三)夫:

---

① 裘錫圭:《甲骨文中的幾種樂器名稱》,《裘錫圭學術文集·甲骨文卷》,復旦大學出版社,2012 年,第 38 頁。

② 李宗焜編著:《甲骨文字編》,中華書局,2012 年,第 276—277 頁;劉釗主編:《新甲骨文編》,福建人民出版社,2014 年,第 464 頁。

③ 李宗焜編著:《甲骨文字編》,中華書局,2012 年,第 329—346 頁;劉釗主編:《新甲骨文編》,福建人民出版社,2014 年,第 142—153 頁。

（大夫）以攸（修）晉邦之政，命訟訧（獄）敂（拘）執睪（釋）遾（折），責母（毋）又（有）貿（弁），四垟（封）之内皆肰（然）。"（簡1—2）

注［五］："折，訓爲'斷'。《書·吕刑》：'非佞折獄，惟良折獄。'貿疑讀爲弁，《説文》：'舉也。'"所謂貿原作[illegible]，可能是貫字。《説文》説實從貫，國差𦉜實字所從與之酷似。責可以理解爲職責、責任，如《尚書·金縢》："若爾三王是有丕子之責於天，以旦代某之身。"《史記·張耳陳餘列傳》："貫高曰：'所以不死一身無餘者，白張王不反也。今王已出，吾責已塞，死不恨矣。"貫，通常表示習慣，引申表示懈怠。"責母（毋）又（有）貫"是説對職責不要有懈怠。

五、"繼爇"應理解爲"繼燎"

《越公其事》有下面一段文字：

君女（如）爲惠，交（徼）天陸（地）之福，毋𢇍（絶）雩（越）邦之命於天下，亦兹（使）句戏（踐）㡭（繼）爇於雩（越）邦，孤其衒（率）雩（越）庶眚（姓），齊厀同心，以臣事吴，男女備（服），亖（四）方者（諸）侯亓（其）敢不賓於吴邦？君女（如）曰餘亓（其）必敭（滅）𢇍（絶）雩（越）邦之命於天下，勿兹（使）句戏（踐）㡭（繼）爇於雩（越）邦已，君乃阩（陳）吴甲□，□□□帚（旆）旾（旌），王睼（親）鼓之，以觀句戏（踐）之以此仐（八千）人者死也。（簡5—8）

注［一六］："兹，讀爲使。㡭，與絶反義，疑爲繼字。爇，不識。字從艸，下部爲炅，即熱字，疑讀爲世，熱、世皆爲舌音月部。㡭爇，又見於八號簡，字形不完全相同。

繼世，繼承先世。《孟子・萬章上》："繼世以有天下，天之所廢，必若桀紂者也，故益、伊尹、周公不有天下。"

簡中兩個原形字上從艸，下面應爲尞字。這一點從下面寮字所從尞看得很清楚。

毛公鼎(《集成》2841)

《六書統》

《説文・穴部》

簡 5 下部與《六書統》所收第一字下部結構相同。簡 7 下部所從尞從兩個圓圈與毛公鼎相同。故此字從艸從尞無疑。

從艸尞聲的通燎。古代早朝，庭上燃着麻秸等扎成的火炬叫庭燎。《詩經・小雅・庭燎》："夜如何其，夜未央，庭燎之光。"《毛傳》："庭燎，大燭也。"《釋文》："鄭云：在地曰燎，執之曰燭。"《庭燎》是贊美周王勤政早朝的詩。

所謂繼燎，指勤奮工作。《東維子集》卷三十："則王者勤政，亦繼燎於夜也，豈惟宣王哉?"

(原載《出土文獻》第十輯，中西書局，2017 年)

《子儀》歌、隋與幾個疑難字的釋讀
——兼及《子儀》的文本流傳

清華簡《子儀》是一篇描寫春秋故事的重要文獻。簡文講述秦晉殽之戰以後，秦穆公爲了與楚修好，主動放歸子儀的事情。簡文對放歸過程，特别是秦穆公與子儀的對話有詳細描述，是瞭解殽之戰前後秦、晉、楚三國關係與春秋外交辭令的珍貴史料。

文中三處出現歌字，特别引人注目。爲便於觀覽理解，特將簡文移錄如下：

> 公命窮韋陞（昇）龕（琴）奏甬（鏞），䛦（歌）曰："祀=（遲遲）可（兮），𩦎=（委委）可（兮），徒儈所遊又步裏謱謕也。"和䛦（歌）曰："湋水可（兮）遠𧢂（望），逆貝（視）達化。汧（汧）可（兮）非=（霏霏），渭可（兮）滔=（滔滔），楊畲（柳）可（兮）依=（依依），亓（其）下之溼=（淏淏）。此恩（愠）之易（傷）僮，是不攼而猶僮，是尚求叔（蹙）易（惕）之怍，尻（處）虐（吾）㠯（以）休，萬（賴）子是救。"乃命陞（昇）龕（琴）訶（歌）於子義（儀），楚樂和之曰……①（簡 5—8）

其中歌字分别作：

---

① 清華大學出土文獻研究與保護中心編，李學勤主編：《清華大學藏戰國竹簡（陸）》，中西書局，2016 年，第 128—135 頁。

(簡 5)　(簡 6)　(簡 7)

之形。三個歌字可以分爲兩組,簡 5、6 爲一組,簡 7 爲一組。簡 7 爲楚文字常見的寫法[①]。三晉文字也有這種寫法,做人名或地名[②]。由于三晉文字地名“朝訶”,傳世文獻作“朝歌”,因此也有學者指出“三晉文字以訶爲歌”[③]。簡 5、6 的寫法系別不明,屬於首見字形。

要正確理解簡 5、6 中的字,必須先瞭解歌字的來源和構形。這方面目前已有比較一致的意見,而以裘錫圭先生的説法最具代表性。他説:

> 從字音和甲骨(引者注:指、之類)、金文(引者注:指、之類)的字形來看,“哎”顯然是從“何”字分化出來的一個字。甲骨、金文的“哎”字象人荷物而張口出氣。人荷物或從事其他重體力勞動時,呼吸的動作比較顯著(即一般所謂“氣粗”),“哎”字訓“息”或“氣出”,正與字形表示的意義相合。“哎”與“歌”形音並近,這恐怕不是偶然的(金文“歌”作“訶”,从“可”聲,見《金文編》621 頁)。荷重或從事其他重體力勞動者,往往發出有節奏的呼喊聲如“杭呵”“杭育”之類,以減輕疲勞的感覺。這種呼喊聲大概就是最原始的歌。“歌”很可能就是由“哎”派生出來的一個詞。[④]

---

① 周波:《戰國時代各系文字間的用字差异現象研究》,綫裝書局,2012 年,第 302—303 頁。

② 何琳儀:《戰國古文字典》,中華書局,1998 年,第 852 頁。

③ 沈之傑:《戰國三晉文字編》,北京師範大學博士學位論文,2009 年,第 430 頁。

④ 裘錫圭《説字小記》,《裘錫圭學術文集・金文及其他古文字卷》,復旦大學出版社,2012 年,第 422 頁。

參照裘先生的意見，我們知道訶字從言、可聲，是歌的異體字[①]。而簡5、6中的字也可以分析爲“可”聲，比較費解的只是其中“克”的部分。

根據現在對“克”字形體的認識[②]，很難説它的意義與歌字有關。過去一般依據《説文》篆文，釋“克”爲“肩也。象屋下刻木之形”。從古文字構形看，這個説法顯然是靠不住的。早期的克字作如下之形：

甲骨文：（合13709正）　（合15190）　（合31821）

金文：（利簋）　（井侯簋）　（公克錞）

殷滌非先生指出字上象冑形，結合“冑”字來看，也許是正確的[③]。字的下部，象盾的側視形[④]。我認爲，這個字很可能是用冑和盾的組合來表示“克”“勝”一類的意思。因此目前看來，無論是按照老的説法還是新的説法，都很難説克和歌在意義上有什麽聯繫，我們只能從聲音上來理解“克”與“歌”的關係。

“克”是職部溪母字，“可”是歌部溪母字，“歌”是歌部見母字，克與歌聲母很近。在一般的古音專家眼中，職歌兩部遠隔。其實仔細尋繹，兩韻之間也有割不斷的關係。古書中兩部字有通假之

---

① 訶字戰國文字中很常見，用爲歌時，或看作謌（歌）的通假字，如王輝編著《古文字通假字典》，中華書局，2008年，第542頁；或看作歌的异體或專字，如李守奎《楚文字編》，華東師範大學出版社，2003年，第148頁；徐在國《上博楚簡文字聲系（一—八）》，安徽大學出版社，2013年，第2676—2677頁。後者把它和《説文》言部訓“大言而怒也”的“訶”看作同形字。

② 關於克字的構形分析，可參看李圃主編《古文字詁林》第六册，上海教育出版社，2003年，第586—590頁。

③ 參陳初生：《金文常用字典》，陝西人民出版社，2004年，第711頁。

④ 字下與古文字“屯”僅一筆之差。目前還不清楚古文字“屯”的構形，很可能“屯”是“盾”的初文。

例。如《周禮・大宗伯》:“收疈辜祭四方百物。”鄭玄注:“故書疈爲罷。”疈乃籀文副字。副,職部滂母,罷,歌部並母,即其佳證。同源詞中,兩部亦有韻轉關係。如《説文・牛部》:“犕,《易》曰:犕牛乘馬。”今本《周易》作“服牛乘馬”。又革部:“鞁,車駕具也。”《字彙・革部》:“犕,服駕牛馬也。”犕,職部並母,鞁,歌部並母。《説文解字》聲訓中,歌部字與職部字也有交替[1]。史存直先生曾説:“古音之幽兩部相涉是常見的現象,而且有時會旁涉到鄰近的韵部,和之部相近的是脂支,和幽部相近的是侯魚兩部。”[2]黄綺先生曾撰《論古韵分部及支之脂三部是否應分爲三》,主張支之脂三部相合,文中列舉大量例證[3]。孟蓬生先生在談同源詞通轉關係時,曾專列“之類與歌類”,並舉有若干實例,也可以参看[4]。因此從實例和音理兩方面看,罿字都可以看作雙聲符字。我們覺得這可能和方言的因素有關。

罿字從克聲,對於我們釋讀三晉文字中兩個從克聲的字很有幫助。

三晉文字有一個從欠、克聲的欸字[5],作:

侯馬七五:三　比欸

① 参看吴澤順:《漢語音轉研究》,嶽麓書社,2006 年,第 298 頁。

② 史存直:《古韵“之”“幽”兩部之間的關涉》,《音韵學研究》第一輯,中華書局,1984 年,第 311 頁。

③ 黄綺:《論古韵分部及支之脂三部是否應分爲三》,《解語》,河北教育出版社,1988 年,第 187—226 頁。

④ 孟蓬生:《上古漢語同源詞語音關係研究》,北京師範大學出版社,2001 年,第 190—191 頁。

⑤ 何琳儀:《戰國古文字典》,中華書局,1998 年,第 38 頁;湯餘惠主編:《戰國文字編》,福建人民出版社,2001 年,第 603 頁;湯志彪編著:《三晉文字編》卷八,作家出版社,2013 年,第 1312 頁。

侯馬九二:五 比欬

侯馬二〇〇:四四 比欬

又有從疒、克聲的瘬字[①],作:

侯馬三:一七 比瘬

侯馬三:一一 比瘬

侯馬一九五:七 比瘬

侯馬三:一五 比瘬

璽彙 0476 王瘬

璽彙 1543 孫瘬

以上都用作人名。侯馬盟書整理者都將這兩個字放在瘬字底下,做一字處理[②]。在侯馬盟書中,欬和瘬有可能是指同一人,但是作爲文字還是應該當作兩個字來看比較妥當。這裏從絶大多數學者的意見,把它們處理成兩個字。雖然如此,它們相當於後世什麼字,仍然搞不清楚。

這兩個字應分析爲從欠、克聲和從疒、克聲[③],我們認爲,根據《子儀》篇中克可以在䍐中做雙聲符的情況,可以分别釋爲吹和疴。

---

① 何琳儀:《戰國古文字典》,中華書局,1998 年,第 38 頁;湯餘惠主編:《戰國文字編》,福建人民出版社,2001 年,第 528—529 頁;湯志彪編著:《三晉文字編》卷八,作家出版社,2013 年,第 1177—1180 頁;沈之傑:《戰國三晉文字編》,北京師範大學博士論文,2009 年,第 388—389 頁。

② 山西省文物工作委員會編:《侯馬盟書》,文物出版社,1976 年,第 333 頁;山西省文物工作委員會編、張頷、陶正剛、張守中:《侯馬盟書》,山西古籍出版社,2006 年,第 350 頁。

③ 張世超:《侯馬載書盟主新考》,《中國文字學報》第五輯,商務印書館,2014 年,第 137 頁。

《子儀》篇中還出現了著名歷史人物“㙨貨”：

> 乃張大侯于東奇之外，豊（禮）子義（儀），亡（無）豊（禮）㙨（隋）貨，㠯（以）贛（竷）。[1]（簡4—5）

㙨貨就是隋會[2]。㙨字原作：

㙨本是晉國的一個地名，後以地名爲氏。它的寫法和湖北境内的隋氏之“隋”很不相同，極具特色。《通志·以國爲氏》：“隨氏，侯爵，楚滅之，子孫以國爲氏。又杜伯之玄孫爲晉大夫，食采爲隨，曰隨會。子孫以邑爲氏。之隋，去辵作隋。”隋氏有兩個不同來源，不同來源的隋寫法不同。隋會的隋《子儀》作㙨。包山楚簡也多見隋氏，是在陸上增加邑旁，或山旁，或田旁，或者省略一部分形體[3]。這個隋就是湖北境内的隋氏。從東周金文來看，包山簡隋氏的寫法最早用爲國名，是在陸上加邑旁[4]。《繫年》第9、10、14章也有隋會（簡51、54、66），隋作陸之形，第15章“昭王歸隋”（簡84）的隋（即湖北境内隋氏之隋），從陸從邑，表明《繫年》的書寫者（戰國楚人）寫隋會之隋和寫湖北境内的隋氏的隋還是有所不同。

---

① 清華大學出土文獻研究與保護中心編，李學勤主編：《清華大學藏戰國竹簡（陸）》，中西書局，2016年，第26頁。

② 參看拙作《秦穆公放歸子儀考》，第五届古文字與古代史國際學術研討會論文，臺北“中研院”歷史語言研究所主辦，2016年1月24—28日。

③ 參看許全勝：《包山楚簡姓氏譜》，北京大學碩士學位論文，1997年，第6頁；李守奎、劉波：《續論陸字構形與陸聲字的音義》，《古文字研究》第二十九輯，中華書局，2012年，第654—660頁；李守奎、賈連翔、馬楠編著：《包山楚簡文字全編》，上海古籍出版社，2012年，第285、372、504、505頁；朱曉雪著：《包山楚簡綜述》，福建人民出版社，2013年，《集釋》第172頁，《文字編》第100頁。

④ 參看韓宇嬌：《曾國銅器銘文整理與研究》，清華大學博士學位論文，2014年，第21頁。

看來，兩種不同來源的隋一直保持着字形上的區别。《子儀》和包山簡的隋，根本區别在於一個從禾，一個不從禾（往往從邑或其他義近形旁）。隋是歌部邪母字，禾是歌部匣母字，禾應是綴加上去的聲符。種種跡象表明，檕很可能不是楚文字的寫法。

在三晉文字中有一個阩字[①]，原形作：

集粹 89　阩困頁（首）

也是氏名，參照《子儀》簡文檕字，這個字也可以釋爲隋字。

上博簡《容成氏》也有此字，作：

簡文説：

於是呼（乎）方囩（圓）千里，於是於（乎）埅（持?）板正立（位），四向阩禾（和），褱（懷）以逨（來）天下之民。[②]（簡 7）

阩也可以釋爲隋，讀作“隋”。“隨和”指應和、依附。《漢書・梅福傳》：“及山陽亡徒蘇令之群，蹈藉名都大郡，求党與，索隨和，而亡逃匿之意。”簡文用爲動詞。

阩字還可以從心作，見於郭店簡《緇衣》：

子曰：可言不可行，君子弗言；可行不可言，君子弗行。則民言不隢（危）行，不隢（危）言。（簡 30—32）

---

① 湯志彪編著：《三晉文字編》卷八，作家出版社，2013 年，第 1956 頁。

② 馬承源主編：《上海博物館藏戰國楚竹書（二）》，上海古籍出版社，2002 年，第 255 頁，釋文注釋標點略有調整。此條初稿未及，蒙周波先生提示加入，釋讀也是他的意見。

陸字今本作"危",裘錫圭先生按語指出:字當從"禾"聲,讀爲"危"[①]。我們認爲這個字應理解爲惰字的異體。惰在歌部定母,可以讀爲"危"。

以上,我們根據《子儀》篇歌和隋字釋讀了古文字中的幾個未釋字。這幾個未釋字似頗與三晉文字有關。歌和隋與三晉文字的這種關聯,似也可以説明《子儀》篇具有一定的三晉文字特點。

從《子儀》篇内容來看,大約原來應是秦人的作品。從通篇文字風格來看,《子儀》總體上係用楚文字書寫。上揭三晉文字的要素,應是受三晉文字影響的産物。很可能,《子儀》由秦傳到晉,再由晉傳到楚,畢竟此篇内容與晉有非常密切的關係。當然,也可能是由秦直接傳到楚,而書寫此篇的人熟悉晉文字,所以把晉文字的一些寫法摻雜進去了。實際情況究竟如何,有待於更多的材料來進一步驗證。

(原載《戰國文字研究的回顧與展望》,中西書局,2017 年)

① 荆門市博物館:《郭店楚墓竹簡》,文物出版社,1998 年,第 135 頁;武漢大學簡帛研究中心、荆門市博物館:《楚地出土戰國簡册合輯(一)·郭店楚墓竹簡》,文物出版社,2011 年,第 36 頁。

談談戰國文字中用爲“野”的“冶”字*

戰國文字中有一個寫作從土從爪(也有從兩横者)的字,釋法很不一致,或釋垩[①],或釋户[②],或釋倉[③],或釋垣[④],或釋野[⑤],或釋廷[⑥]。在諸種釋法中,早期的主流意見是釋爲户,現在多傾向於釋爲野[⑦]。

釋爲户是吴振武先生首先提出來的[⑧]。吴先生在考釋古璽

《古璽彙編》3995　《古璽彙編》3996

---

* 本文爲國家社科基金重人招標項目“先秦兩漢訛字綜合整理與研究”(批准號:15ZDB095)和清華大學自主科研計劃課題“新出簡牘帛書與古文字疑難解讀”的階段性成果。

① 張頷:《古幣文編》,中華書局,1986年,第118頁。

② 吴振武:《古璽姓氏考(複姓十五篇)》,《出土文獻研究》第三輯,中華書局,1998年。

③ 劉釗:《古文字構形學》,福建人民出版社,2006年,第296—297頁。

④ 董珊:《從三年武垣令鈹的地名釋讀談到一些相關問題》,載《戰國題銘與工官制度》,北京大學博士學位論文,2002年,第250—258頁。

⑤ 吴良寶:《野王方足布幣考》,《江蘇錢幣》2008年第1期。

⑥ 清華大學出土文獻研究與保護中心編,李學勤主編:《清華大學藏戰國竹簡(陸)》(下册),中西書局,2017年,第111頁。

⑦ 吴良寶:《野王方足布幣考》,《江蘇錢幣》2008年第1期;田煒:《古璽探研》,華東師範大學出版社,2010年,第116—117頁;清華大學出土文獻讀書會:《清華六整理報告補正》,清華大學出土文獻研究與保護中心網,2016年4月1日。

⑧ 吴振武:《古璽姓氏考(複姓十五篇)》,《出土文獻研究》第三輯,中華書局1998年。

時，根據古文字“倉”和從“倉”之字，指出璽文東下一字當釋爲户。由於倉所從與户字形酷似，加之“東户”是一個古老的姓氏，字形文義能夠兩洽，因而吴先生説影響很大，爲不少學者所信從。

可是近來情況發生了改變。吴良寶和田煒等先生先後從形體上指出户、倉的不同[①]。田煒先生更從《鶴廬印存》114頁檢出下列古璽：

把東下一字釋爲户。並舉《古璽彙編》3996中倉、同見而寫法各異，指出釋户説不可信[②]。田先生説頗具説服力，幾乎無可辯駁。

釋野的意見最早是由吴良寶先生考釋貨幣文字()時提出來的[③]。他先在《中國東周時期金屬貨幣研究》[④]和《先秦貨幣文字編》[⑤]中提出疑釋，後又撰《野王方足布幣考》專文加以討論[⑥]。

2003年，裘錫圭先生在給吴良寶先生博士論文通訊評議書中肯定了他的疑釋[⑦]。但在《釋古文字中的有些“悤”字和從“悤”、從“兇”之字》長文中，只是把“東蒽”的括注爲野，又在後面

① 吴良寶：《野王方足布幣考》，《江蘇錢幣》2008年第1期；田煒：《古璽探研》，華東師範大學出版社，2010年，第116—117頁。

② 田煒：《古璽探研》，華東師範大學出版社，2010年，第116—117頁。

③ 吴良寶：《中國東周時期金屬貨幣研究》，社科文獻出版社，2005年，第194頁；《先秦貨幣文編》，福建人民出版社，2006年，第201頁。

④ 吴良寶：《中國東周時期金屬貨幣研究》，社科文獻出版社，2005年，第194頁。

⑤ 《先秦貨幣文編》，福建人民出版社，2006年，第201頁。

⑥ 《江蘇錢幣》2008年第1期，第1—4頁。

⑦ 吴良寶：《野王方足布幣考》，《江蘇錢幣》2008年第1期，第3頁注釋9。

打了一個問號，表示仍然没有完全釋疑[①]。

田煒先生沿着吴良實、裘錫圭先生這一綫索，在否定了釋户的説法後，也主張釋爲野[②]。

釋野説的好處是能比較好地解釋已有的文例。如《古璽彙編》0252“會亓野”指“會亓之野”，會亓爲地名。這一地名又見於唐山出土、現藏中國國家博物館的一枚“會巠□璽”[③]。野是與國相對的概念，指郊外所有的地區。“會亓野璽”是“會亓之野”的官印[④]。《古璽彙編》3995、3996“東野”爲複姓，《莊子》有善御者東野稷，一名畢，事魯莊公。方足小布中的“野王”爲地名，戰國時爲韓地，在今河南沁陽，是連接其北部領土上黨郡與新鄭之間的重要通道[⑤]。

新近發表的清華簡《管仲》也有此字：

> 大夫假事，便俾（嬖）智（知）官事長，里零落。（簡 9）

整理小組將這句話從“智”後斷開，將釋爲廷[⑥]。現在的斷句參考了馬楠博士的意見[⑦]。字，石小力博士釋爲野。他説：

---

① 裘錫圭：《釋古文字中的有些“悤”字和從“悤”、從“兇”之字》，《出土文獻與古文字研究》第二輯，復旦大學出版社，2008 年，第 7 頁。

② 田煒：《古璽探研》，華東師範大學出版社，2010 年，第 117 頁。

③ 石志廉：《館藏戰國七璽考》，《中國歷史博物館館刊》1979 年第 1 期，第 87 頁。

④ 《古璽彙編》0252 收錄一枚“糌坖野璽”，係楚璽，野即野，與“會亓野璽”屬於同類官印。

⑤ 吴良實：《野王方足布幣考》，《江蘇錢幣》2008 年第 1 期，第 1—4 頁；田煒：《古璽探研》，華東師範大學出版社，2010 年，第 117 頁注 3。

⑥ 清華大學出土文獻研究與保護中心編，李學勤主編：《清華大學藏戰國竹簡（陸）》（下册），中西書局，2017 年，第 111 頁。

⑦ 清華大學出土文獻讀書會：《清華六整理報告補正》，清華大學出土文獻研究與保護中心網，2016 年 4 月 1 日。

> “野”在簡文中指鄙野，《説文》：“野，郊外也。”《詩·魯頌》：“駉駉牡馬，在坰之野。”《傳》：“邑外曰郊，郊外曰野。”里，則用爲本字，指閭里，與野相對。《爾雅·釋言》：“里，邑也。”《漢書·刑法志》：“在野曰廬，在邑曰里。”此處“野”“里”對舉，泛指整個國家。古書亦見“里”“野”對舉之例。《鹽鐵論·備胡》：“匈奴處沙漠之中，生不食之地，天所賤而棄之，無壇宇之居，男女之别，以廣野爲閭里，以穹廬爲家室，衣皮蒙毛，食肉飲血，會市行，牧豎居，如中國之麋鹿耳。”《漢書·五行志》：“或乘小車，禦者在茵上，或皆騎，出入市里郊野，遠至旁縣。”《戰國策·齊策四·齊宣王見顔斶》：“今夫士之高者，乃稱匹夫，徒步而處農畝，下則鄙野、監門、閭里，士之賤也，亦甚矣！”[①]

石先生説顯然比整理報告更爲合理。

即將發表的清華簡《越公其事》第七章：

> 王既必（比）聖（聽）之，乃品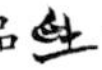會。（簡 47—48）[②]

“品”作動詞，表示按照一定的標準、等第安排，可譯爲“分别”。用法與《國語·周語中》“品其百籩，修其簠簋”相類。只是一個指物，一個指人。字也應釋爲野，跟都城相對。野會指在野外會見，和前文“乃命上會”——把人召到宫廷見面相對。

① 清華大學出土文獻讀書會：《清華六整理報告補正》，清華大學出土文獻研究與保護中心網，2016 年 4 月 1 日。

② 清華大學出土文獻研究與保護中心編，李學勤主編：《清華大學藏戰國竹簡（柒）》，中西書局，2017 年。

田煒先生的著作還談到了戰國慈利簡的資料：

> 據聞慈利楚簡也有此字，可能就是用作“野”的。[①]

據瞭解，慈利簡中作，辭例是“凡原戰陣，先卒後□”，“原戰陣”就是《管子·重令》中的“野戰”，無疑也是用爲“野”的。

因此現有資料似乎都支持釋野説。

我們知道，戰國文字中確鑿可靠的野字有兩類：一類從土從林，或加予聲，或省林；一類從土從田，予聲，後來土和田粘連在一起，寫作野[②]。《説文》對野的解釋是從後出的土和田粘連在一起的出發的，解釋爲“郊外也。从里，予聲”。把所附古文解釋爲“从里省，从林”。與野字的發展演變並不十分密合[③]。把從土從爪（或從兩横）的字釋爲野，和通常的寫法是有很大出入的。

大概有鑒於此，吴良寶先生試圖另闢蹊徑。他根據李家浩先生的提示，從特殊構形的角度來進行解釋，他説：

> 值得注意的是，現藏北京故宫博物院的一件《邗王是埜戈》（《集成》17·11263），
>
> 其中的“埜”字作圖 3-1 之形。……將“△”（引者注：△即之類）字與之對照，就可以看出“△”就是《邗王是埜戈》的“埜”字所从“𡈼”。六國文字中的“𡈼”爲什麽寫作象“△”之形，我們試作如下推測。
>
> 戰國秦漢文字往往把“予”的兩個圓圈部件疊加在一起，

① 田煒：《古璽探研》，華東師範大學出版社，2010 年，第 117 頁。

② 有關字形可參看何琳儀：《戰國古文字典》（上），中華書局，1998 年，第 530 頁；湯餘惠主編：《戰國文字編》，福建人民出版社，2001 年，第 895—896 頁。

③ 許慎：《説文解字》，中華書局，1998 年，第 290 頁。

比如《集成》17・11037《陳豫戈》銘文中的“豫”、張家山漢簡《二年律令》第455號簡文中的“野”、銀雀山漢簡《守法守令等十三篇》第867號簡與《六韜》第687號簡文中的“野”等(字形分別見圖3・2—5)。它們所從聲旁“予”的寫法就是將兩個圓圈疊加在一起。如果將這種寫法“予”的右側與“土”旁的竪筆連寫在一起,形成借筆關係,再受“土”旁竪筆出頭的影響,將兩個圓圈疊加在一起的“予”旁的左側筆畫也寫出頭,就成了“△”字的形體。①

1　2　3　4　5

圖3

借筆説本質上是省形説,是一種很巧妙的説法。不過,吴良寶先生所舉邘王是壄戈的埜字顯然是没有予聲的,土旁左上的弧筆只是左邊木旁右下一筆的變形而已。壄字最早的寫法是從土從林,予聲是後來加上去的。真正從土予聲的𡈼是壄省簡的結果,出現很晚,目前看僅見於睡虎地秦簡②。因此,把從土從爪(也有從兩横者)的字看作𡈼的省形的説法是靠不住的。

從字形和字音相結合的角度看,我認爲這個字可以看作冶的異體。

戰國文字的冶字是由李學勤先生釋出來的③。經過多位學者

① 吴良寶:《野王方足布幣考》,《江蘇錢幣》2008年第1期。

② 參看何琳儀:《戰國古文字典》(上),中華書局,1998年,第530頁;湯餘惠主編:《戰國文字編》,福建人民出版社,2001年,第895—896頁。

③ 李學勤:《戰國題銘概述(下)》,《文物》1959年第9期。

的考證，知道“冶”字是由“＝、火、刀、口”四要素組成，表達冶煉的過程，是一個會意字[①]。“冶”字所從的“土”旁一般看作“火”的訛變。我們認爲，由於“火”和“土”形體不近，而“土”又與冶煉有關，“土”也可能是組成“冶”的要素之一，冶也可看作是由五個要素構成的會意字。冶字異體極多，齊系從刀、從口、從＝（部件位置或有不同）；晉系從刀（或變爲刃、丩）、從口（或變爲廿）、從火、從＝、從土（或省口、或省火）；楚系從刀、從口、從＝；秦系從＝、台聲[②]。相對而言，晉系文字寫法最爲複雜。在晉系文字中，有一種從刀、從土、從＝的寫法，＝放在土的右上方，刀放在土的左上方，這種寫法的冶和之類的寫法酷似。不同處只是刀變成了爪，且朝向一般朝外。刀變成爪這類現象在古文字中相當普遍。如：利所從刀[③]、則所從刀[④]、割所從刀[⑤]、剌所從刀[⑥]等。亦有爪寫成類似刀形的，如：𡋲所從爪[⑦]、爯所從爪[⑧]、叚所從爪[⑨]等。刀和爪在戰國時期確

---

① 王人聰：《關於壽縣楚器銘文中“佀”字的解釋》，《考古》1972 年第 6 期；唐蘭：《中國青銅器的起源與發展》，《故宫博物院院刊》1979 年第 1 期；黄盛璋：《戰國“冶”字結構類型與分國研究》，《古文字學論集初編》，香港中文大學中國文化研究所，1983 年，第 425—439 頁。

② 參看林清源：《戰國“冶”字异形的衍生與制約及其區域特徵》，《第二屆國際中國古文字學研討會論文集（續編）》，香港中文大學中國語言及文學系，1995 年，第 333—374 頁；何琳儀：《戰國古文字典》（上），中華書局，1998 年，第 542—544 頁；湯餘惠主編：《戰國文字編》，福建人民出版社，2001 年，第 764—765 頁。

③ 高明、涂白奎編著：《古文字類編》，上海古籍出版社，2008 年，第 101 頁。

④ 同上，第 103 頁。

⑤ 同上，第 107 頁。

⑥ 同上，第 110 頁。

⑦ 同上，第 413 頁。

⑧ 同上。

⑨ 徐在國：《説楚簡“叚”兼及相關字》，《簡帛語言文字研究》第 5 輯，巴蜀書社，2010 年。

實因形近發生了混訛。鄭韓故城發現兵器中,就有一件把“刀”寫作“爪”的[①]。刀形朝向朝内的寫法也有,如十一年皋落戈[②]、元年邪令戈(《集成》11360)等。

純粹從字形上看,可以看作冶的變體。從語音上看,上古冶、野聲韻相同。《易・繫辭上》:“慢藏誨盜,冶容誨淫。”焦循章句:“冶,或作野,亦不修飾之義也。”陸德明《釋文》:“冶,鄭、陸、虞、姚、王肅作野。”《左傳・宣公九年》:“二子請殺之,公弗禁,遂殺洩冶。”“洩冶”,何休注《公羊傳・宣公十二年》引作“泄野”。《論衡・言毒》:“草木之中,有巴豆、野葛,食之湊懣,頗多殺人。”又曰:“毒螫渥者,在蟲則爲蝮蛇蜂蠆,在草則爲巴豆、冶葛。”舊校:“冶,一作野。”冶葛即野葛。朱駿聲《説文通訓定聲》冶“假借爲野”[③]。可以看作野的借字。

湯志彪先生的《三晉文字編》收了三年馬師鈹(《集成》18・11675)字,並且根據吴良寶先生《野王方足布幣小考》[④],把此字隸作𡈼,注以“‘野’字異體”[⑤]。

三年馬師鈹銘文作(釋文用寬式):

三年武令馬師閭、右庫段工師叓秦、冶瘀報劑。[⑥]

---

① 郝本性:《新鄭“鄭韓故城”發現一批戰國銅兵器》,《文物》1972年第2期。

② 蔡運章、楊海欽:《十一年皋落戈及其相關問題》,《考古》1991年第5期。

③ 朱駿聲:《説文通訓定聲》,武漢古籍書店,1983年,第173頁。

④ 《江蘇錢幣》2008年第1期,第1—4頁。

⑤ 湯志彪編著:《三晉文字編》,作家出版社,2013年,第1834頁。

⑥ 《論春平侯及其相關問題》,《慶祝高明先生八十壽辰暨從事考古研究五十年論文集》,科學出版社,2006年,第446—460頁。

根據上面的論述，也可以隸作冶，讀爲始。冶字從仌、台聲，始字從女、台聲，二字同聲通用[①]。《史記·秦本紀》：昭襄王“十三年，向壽伐韓，取武始”。《集解》：“《地理志》魏郡有武始縣。”《正義》：“括地志云：武始故城在洛州武始縣西南十里。”[②]王先謙《漢書補注》：武始“戰國韓地，秦昭襄王取之。……故城，今邯鄲縣西南”[③]。武始鄰近邯鄲，三年馬師鈹銘文爲趙國風格，可以推知此地入韓之前曾屬於趙國。

在《三晉文字編》裏，野字只有從土從爪的寫法，没有見到過從土從林從予的寫法。推測晉系文字裏，很可能是借冶表示野的。在借冶表示野時，形體又經過了適當的改造。這類字，我們把它叫作假借改造字[④]。由于字中有土旁，形體與野的意義相關，當借用來表示野這個詞時，接受度比較高，容易被看作野的異體。目前看，這種寫法的野字，除“會亓野璽”國別不明外[⑤]，僅見於晉楚兩系文字當中。大約始於三晉，後來滲透到楚文字當中。

（原載《嶺南學報》第八輯，上海古籍出版社，2018 年）

---

① 許慎：《説文解字》，中華書局，1998 年，第 240、260 頁。

② 司馬遷：《史記》卷五《秦本紀》，中華書局，1982 年，第 214 頁。

③ 王先謙：《漢書補注》，中華書局，1983 年，第 723 頁。

④ 趙平安：《秦至漢初簡帛文字與假借改造字字源考證》，《簡帛研究》第二輯，法律出版社，1996 年，第 102—107 頁。

⑤ 關於此璽的國别，何琳儀先生以爲齊璽，董珊先生以爲楚璽，見何琳儀：《戰國古文字典》（下），中華書局，1998 年，第 892 頁；董珊：《從三年武垣令鈹的地名釋讀談到一些相關問題》，《戰國題銘與工官制度》，北京大學博士學位論文，2002 年，第 254—255 頁。

談談出土文獻整理過程中有關文字釋讀的幾個問題

——以清華簡的整理爲例

文字釋讀是出土文獻整理的基礎工作。對於古文字階段的出土文獻來説,文字釋讀更具關鍵意義。但是,文字釋讀的問題非常複雜,處理起來非常棘手。我們在清華簡的整理過程中,經常遇到棘手難辨的問題。本文想通過若干具體實例,從幾個方面來説明我們處理文字釋讀的原則和方法,希望得到大家的指教。

第一,有些字,在具體語境中,可以這樣理解,也可以那樣理解,兩種説法都有依據,不分伯仲,取任何一種説法都流於片面,我們採取兩説並存的方式處理。

> 郗(蔡)哀侯取妻於陳,賽₌(息)侯亦取妻於陳,是賽₌爲₌(息嬀。息嬀)𨟻(將)歸于賽(息),逃(過)郗₌(蔡,蔡)哀侯命𨑓₌(止之),曰:"以同生(姓)之古(故),必内(入)。"賽(息)爲(嬀)乃内(入)于郗₌(蔡,蔡)哀侯妻之。賽(息)侯弗訓(順),乃史(使)人于楚文王曰:"君𡉉(來)伐我₌(我,我)𨟻₌(將)求𢾽(救)於郗(蔡),君女敗之。"(《繫年》簡23—25)[①]

① 清華大學出土文獻研究與保護中心編,李學勤主編:《清華大學藏戰國竹簡(貳)》下册,中西書局,2011年,第153頁。

其中"君女敗之"的女,楚簡中常用爲焉。此處讀爲焉,文從字順。這個故事又見於《左傳》和《史記》,《莊公十年》:"息侯聞之,怒,使謂楚文王曰:'伐我,吾求救於蔡而伐之。'"《管蔡世家》:"息侯怒,請楚文王:'來伐我,我求救於蔡,蔡必來,楚因擊之,可以有功。'""君女敗之"可對應"楚因擊之",女與因相對。這樣看來,安也可讀爲因。安、因都是影母字,一在元部,一在真部。裴學海《古書虛字集釋》説:"'焉'猶'因'也。'焉'與'因'一聲之轉。"①《左傳·昭公二十七年》"無極譖郤宛,焉謂子常曰",《韓非子·内儲説下》作"無極因謂令尹曰",屬於相類的情形。

> 晉文公立四年,楚成王銜(率)者(諸)侯以回(圍)宋伐齊,戍穀(穀),居鑊。晉文公囟(思)齊及宋之悳(德),乃及秦𠂤(師)回(圍)曹及五麋(鹿),伐躗(衛)以敓(脱)齊之戍及宋之回(圍)。楚王豫回(圍)歸,居方城。(《繫年》簡41—42)②

類似記載見於《左傳》和《史記》。《僖公二十八年》:"二十八年春,晉侯……侵曹伐衛。正月戊申,取五鹿。……晉侯、齊侯盟于斂盂。……宋人使門尹般如晉師告急。公曰:'宋人告急,舍之則絶,告楚不許。我欲戰矣,齊、秦未可,若之何?'先軫曰:'使宋舍我而賂齊、秦,藉之告楚。我執曹君,而分曹、衛之田以賜宋人。楚愛曹、衛,必不許也。喜賂怒頑,能無戰乎?'公説,執曹伯,分曹、衛之田以畀宋人。"《晉世家》:"五年春……侵曹,伐衛。正月,取五鹿。二月,晉侯、齊侯盟於斂盂。……楚圍宋,宋復告急晉。文公欲救

---

① 裴學海:《古書虛字集釋》,中華書局,2004年,第106頁。

② 清華大學出土文獻研究與保護中心編,李學勤主編:《清華大學藏戰國竹簡(貳)》下册,中西書局,2011年,第153頁。

則攻楚，爲楚嘗有德，不欲伐也；欲釋宋，宋又嘗有德于晉，患之。先軫曰：'執曹伯，分曹、衛地以與宋，楚急曹、衛，其勢宜釋宋。'于是文公從之，而楚成王乃引兵歸。"對照可知，豫回(圍)指豫宋之圍。豫可以讀爲舍，也可以讀爲釋。豫和舍、釋古音很近，舍圍、釋圍意義相同，均爲古書所習見。

這樣看來，以上兩處釋文兩説並存是很有必要的。

人們常説真理只有一個，但宥于條件，許多情況下，我們追求真理只是在追求一種最大的可能性。當結論模棱兩可、難分高下的時候，保留兩種以上的説法反而是一種比較科學的做法。

第二，有些字形體相近，僅從字形上看，可以釋爲甲，也可以釋爲乙，必須根據文例來進行確認。

> 武王八年，延(征)伐郘(耆)，大戕(戡)之。還，乃歓(飲)至于文大(太)室。縪(畢)公高爲客，卲(召)公保畧(奭)爲夾，周公弔(叔)旦爲宔(主)，辛公誫虔(甲)爲立(位)，复(作)策搊(逸)爲東尚(廂)之客，郘(吕)上(尚)甫(父)命爲司政(正)，監歓(飲)酉(酒)。(《郘夜》簡 1—3)①

其中誫字，原簡作，李學勤先生把它隸定作誫②，是很正確的。古文字階段𦣞經常單用或做偏旁。

西周春秋金文𦣞作、(鑄子叔黑𦣞簠，蓋器同銘，《集成》4570)，䣄作(齊侯作孟姜敦，春秋晚期，《集成》4645)、(齊侯匜，春秋晚期，《集成》10283)、(夆叔匜，春秋早期，《集成》

① 清華大學出土文獻研究與保護中心編，李學勤主編：《清華大學藏戰國竹簡(壹)》下册，中西書局，2011 年，第 150 頁。

② 李學勤：《清華簡〈(耆)夜〉》，《光明日報》2009 年 8 月 3 日。

10282)、(徐王子鐘,春秋,《集成》182),趄作(王孫遺者鐘,春秋晚期,《集成》261)、(王孫誥鐘,春秋晚期,《近出》60)、(沇兒鐘,春秋晚期,《集成》203),獄作(魯侯獄鬲,西周早期,《集成》646),姬作(魯伯愈父鬲,春秋早期,《集成》694)、(魯伯愈父鬲,春秋早期,《集成》690),戰國時期莅作(《陶彙》5.347),配作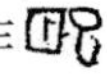(高奴權)、(《十鐘山房印舉》)。

從上舉古文字字形看,把簡文釋爲訨是完全可能的。簡文訨有兩種可能的理解。參照"卲公保睪(奭)",可以理解爲官名,此外還可理解爲名字。由於辛公所爲官職中没有與訨相合的,歷史上也未聞有訨這種職官,訨爲名字的可能性最大。李先生指出:

> 辛公見《左傳》襄公四年,稱辛甲,爲周大史,《韓非子·説林上》作辛公甲,這裏的"訨甲"大約是一名一字。作册逸見《尚書·洛誥》,古書裏又稱史逸(佚)、尹逸。《國語·晉語四》云文王"訪于辛、尹",韋昭注:"辛,辛甲,尹,尹佚,皆周太史。"①

我們認爲這一判斷是正確的。

那麽訨和虘的關係當如何理解呢?下面試做解釋。

《説文·言部》收有訨字:"訐也。从言,臣聲。讀若指。"②段玉裁《説文解字注》:"臣聲而讀若指,十二十五部合音也。"③葉德

---

① 李學勤:《清華簡〈郘(耆)夜〉》,《光明日報》2009年8月3日。

② 許慎:《説文解字》,中華書局,1998年,第56頁。

③ 段玉裁:《説文解字注》,上海古籍出版社,1981年,第100頁。

輝《讀若考》:"古真脂二部通。䛔讀若指,如實讀若資,璌或作玭也。"[①]當代古音學家一般把䛔歸在脂部章紐,把臣歸在真部禪紐[②]。兩字韻部陰陽對轉,聲紐發音部位相同。從音理上看,臣是完全可以做䛔的聲符的。桂馥《説文解字義證》:"訐也者,《廣韻》'䛔,訐發人之惡'。臣聲者,疑𦣝聲。《漢書·賈誼傳》:'頤指如意。'讀若指者,經典指借爲䛔。《荀子·不苟篇》:'正義直指,舉人之過,非毁疵也。'《易·繫辭》:'辭也者,各指其所之。'疏云:'斥其爻卦之所適也。'《漢書·孔融傳》:'擬斥乘輿。'注云:'斥指也。'"[③]鈕樹玉《説文解字校錄》也説䛔"當从𦣝作䛔"[④]。關於䛔字字形結構的理解,一種認爲從𦣝聲,一種認爲從臣聲,一直存在兩種不同的意見。結合形音兩方面看,本作𦣝聲,訛爲臣聲的可能性最大。

䛔可以讀爲頤,指面頰而言。《釋名·釋形體》:"頰,夾也,面旁稱也,亦取挾斂食物也。"虖,即甲。《書·多方》:"因甲於内亂。"孔穎達疏:"夾聲近甲,古人甲與夾通用。"可見,䛔與虖是有意義上的聯繫的,合乎名、字意義相因的原則。

整理報告出版後,復旦讀書會把改釋爲諒[⑤],主要理由是右邊與𦣝不合。其實,光是站在楚文字的立場來看,字右邊與泉、𦣝都有一定距離。《繫年》103泉作,包山簡85諒作(泉下一

① 轉引自張舜徽:《説文解字約注》卷五,河南人民出版社,1983年,第57頁。

② 陳復華、何九盈:《古韻通曉》,中國社會科學出版社,1987年,第192、305頁。

③ 桂馥:《説文解字義證》,上海古籍出版社,1987年,第214頁。

④ 鈕樹玉:《説文解字校錄》,蘇州書局刊本,清光緒乙酉。

⑤ 復旦大學出土文獻與古文字研究中心研究生讀書會:《清華簡〈耆夜〉研讀劄記》,復旦大學出土文獻與古文字研究中心網,2011年1月5日。

般不封口),上博《周易》25 頤作,《繫年》82 垩作,一比較不難發現它們的差異。

既然釋諒字形有距離,文例也講不通,字又不見於古書,那爲什麼要釋爲諒呢?

對於文字釋讀來説,字形當然是首先要考慮的因素,當字形上難以判斷的時候,文例便成爲首先要考慮的因素。

第三,有些字,以我們既有的知識系統來看,似乎不合用字習慣,我們立足文本,尊重新知,可以大膽確認。

> 周公复(作)訶(歌)一夂(終)曰䟃₌㚇₌(《輶乘》:輶乘)既玳(飾),人備余不皐(胄);虘士奮甲,殹(繄)民之秀;方戕(臧)方武,克燮栽(仇)戩(讎);嘉篧(爵)速歙(飲),遂(後)篧(爵)乃遉(復)。(《郘夜》簡 4—6)①

其中甲原作,這類寫法見於《包山楚簡》46、185 等處,爲天干名。在同時期的楚簡資料裏,表示天干的甲和甲胄的甲有比較嚴格的區别,前者寫法與《郘夜》簡相同或相似,後者一般從虎(或虎頭)從幸(象刑具之形)。可是在曾侯乙墓竹簡裏,前者也用爲甲胄的甲。曾簡是曾國的簡,年代比較早,但文字風格和楚簡相似,一般認爲屬於廣義的楚文字範疇。我們根據曾侯乙墓竹簡,把《郘夜》此字釋爲甲,解釋爲甲胄。士之"奮甲"猶鳥之"奮羽"。整理報告出版後,復旦讀書會把此字改釋爲刃②。查楚文字刃字與此明

---

① 清華大學出土文獻研究與保護中心編,李學勤主編:《清華大學藏戰國竹簡(壹)》下册,中西書局,2011 年,第 150 頁。

② 復旦大學出土文獻與古文字研究中心研究生讀書會:《清華簡〈耆夜〉研讀劄記》,復旦大學出土文獻與古文字研究中心網,2011 年 1 月 5 日。

顯有别[1],這種改釋其實是没有必要的。

關於戰國文字用字習慣的研究是近年戰國文字研究的一個亮點,業已取得巨大的成績。截至目前,我們對戰國時期六國文字的用字習慣已經有了相當的瞭解,特别是對楚文字用字習慣有了比較詳細的瞭解。但是我們對用字習慣的掌握是建立在古文字資料的基礎上的。隨着新材料的不斷涌現,隨着我們對材料認識的加深,既有的認識會不斷地被突破。我們應當處理好既有知識系統和新知之間的關係,大膽而審慎的與時俱進。

第四,有些字,清楚它所記録的詞,但字形結構不明,不清楚它是哪個字,應横向繫聯,追溯源頭,從字形上加以確認。

清華簡《郘夜》10 號簡:"蟋蟀在堂,車其行。"可與《詩經·唐風·蟋蟀》"蟋蟀在堂,役車其休"對讀,知與役字相對。役和字形相差甚遠,兩者關係需要加以説明。役字楚簡中曾多次出現:

郭店簡《五行》45 號簡:"耳目鼻口手足六者,心之也。"此句見於馬王堆帛書《五行》,相應的字作"役"。

上博簡《容成氏》3 號簡:"凡民俾敂者,教而誨之,飲而食之,思百官而月青之。"李零先生釋爲役。

《容成氏》16 號簡:"當是時也,癘不至,妖祥不行。"李零先生釋爲役,讀爲疫。

從上面幾個可靠的役的寫法看,它是由辵和兩部分構成的。結構上和小篆從彳從殳正好相應。辵和彳做偏旁往往通用,二者

① 參李守奎:《楚文字編》,華東師範大學出版社,2003 年,第 272 頁;《上海博物館藏戰國楚竹書(一—五)文字編》,作家出版社,2007 年,第 495、616 頁。

比較容易認同。和殳差異較大。，我們認爲應理解爲從又持㫃之形。這種寫法見於商代金文：

（史～壺，《集成》9490）

㫃，旌旗，羅振玉以爲象杠、首飾及游形，是旗的本字。古文字階段㫃字形態比較豐富，杠、首飾、游完備的寫法是主流，但有時候可以省掉杠，有時候可以省掉首飾。省掉首飾後形似，如甲骨文（《合集》32591）、（《屯》3764）、（《合集》32926）所從；如果游再進一步省略可以寫作厂，如書也缶（《集成》10008）所從。中的㫃顯然屬於這一路的寫法。

旌旗有指揮、使役的功能。如《周禮・大司徒》："大軍旅，大田役，以旗致萬民，而治其徒庶之政令。"《周禮・小司徒》："及期，以司徒之大旗，致衆庶而陳之。"《周禮・大司馬》："中春，教振旅，司馬以旗致民，平列陣，如戰之陣。"《周禮・遂人》："若起野役，則令各率其所治之民而至，以遂之大旗致之，其不用命者誅之。"《左傳・成公二年》："師之耳目，在吾旗鼓，進退從之。"《孫子兵法・軍爭篇》引《軍政》曰："言不相問，故爲金鼓；視不相見，故爲旌旗；夫金鼓、旌旗者，所以一人之耳目也。人既專一，則勇者不得獨進，怯者不得獨退，此用衆之法也。"《孟子・萬章下》："曰：'敢問招虞人何以？'曰：'以皮冠，庶人以旃，士以旂，大夫以旌。……'"《史記・楚世家》："莊王自手旗，左右麾軍，引兵去三十里而舍，遂與之平。"都屬此類。

從又（手）持㫃，使役的意思非常明顯，很可能是役的初文，辵或彳是後來加上去的表意偏旁。使役是役字常見的一種用法，出現也比較早。如《尚書・大誥》："予造天役遺，大投艱于朕身，越予沖人，不卬自恤。"孫星衍《尚書今古文注疏》："役者，使也。"《周禮・春官・典祀》:“征役于司隸而役之。”鄭玄注:“役之作使之。”《大戴禮記・曾子天圓》:“所以役於聖人也。”王聘珍《大戴禮記解詁》:“役,謂役使。”《淮南子・本經》:“以服役人心也。”高誘注:“役,使也。”

綜合的形體和用法,我們認爲使役很可能是役的本義。

這樣看來,篆文所從的殳旁,應是訛變的結果。由訛變爲殳,主要是上部訛成,而其中的關鍵又是右邊的三横畫訛變爲形。三横畫與古文字三相似,與古文字(己)相似,三和己在先秦時代是很容易混訛的。《吕氏春秋・察傳》:“子夏之晉,過衛。有讀史記者曰:‘晉師三豕涉河。’子夏曰:‘非也,是己亥也。’夫己與三相近,豕與亥相似。至於晉而問之,則曰晉師己亥涉河也。”訛變爲殳是完全可能的。

《鄁夜》的只是在之類寫法上省去“又”而已,而這類省略在古文字中是比較常見的現象。因此釋爲役根據是很充分的[①]。

釋讀一個字,如果能從横向和縱向兩方面加以論證,甚或能弄清它的構形本義,那將是最有説服力的。

以上結合清華簡的整理,從四個方面談了我們對出土文獻整理過程中文字釋讀問題的看法,未必妥當,希望大家批評指正。

(原載《深圳大學學報(人文社會科學版)》2012 年第 2 期)

---

① 參看趙平安:《説役》,《語言研究》2011 年第 3 期。

談談戰國文字中值得注意的一些現象

——以清華簡《厚父》爲例

戰國時期是中國文字史上一個“百花齊放”的時代。這一時代,文字不再掌握在少數人手中,文字也未經強有力的人爲規範,因而文字資料反映了更真實、更生動的面貌,是研究歷史文字的最佳原始資料。

《厚父》作爲清華大學所藏戰國竹簡的一篇,共 13 支簡,是一篇失傳已久的《尚書》文獻,内容十分珍貴重要①。其圖版、釋文、注釋等信息將發表於《清華大學藏戰國竹簡》第五輯,2015 年上半年出版。

和其他清華簡文獻一樣,《厚父》出土於戰國楚地,主體用楚文字書寫,書寫年代下限在戰國中晚期之際②。其文字形態紛繁複雜,是研究戰國文字的絶佳樣本。

本文將以《厚父》爲例,展示先秦古書的書寫面貌,並通過書寫面貌探尋文本的特點,以期從一個新的角度建立先秦古書文本研

---

① 李學勤:《清華簡再現〈尚書〉佚篇》,《中國教育報》2014 年 9 月 5 日;趙平安:《〈厚父〉的性質及其藴含的夏代歷史文化》,《文物》2014 年第 10 期。

② 2008 年 10 月 14 日,由 11 位專家組成的鑒定組得出結論:竹簡的年代爲戰國中晚期。爲了印證這一論斷,2008 年底,北京大學加速器質譜實驗室、第四紀年代測定實驗室,對這批簡中的無字殘片標本進行了 AMS 碳 14 年代測定,經樹輪矯正後,得到的資料爲公元前 305 加減 30 年,即戰國中晚期之際。

究的另類模式。

一、《厚父》保留了明顯的非楚文字特徵

《厚父》主體用楚文字書寫，但保留了明顯的非楚文字特徵，包括兩部分，一部分可以判定不是楚文字，但難以歸入某一具體的區域文字。如：

禹作(簡 1)，與楚文字寫法不同，而與齊、晉、秦相同，不從土。

事作(簡 2)，與楚文字上作告或加撇畫的寫法不同，而與晉、齊、燕文字相同。

後作(簡 4)。戰國時期楚文字表示“后”這個詞，均寫作“句”。上博簡《緇衣》12、《唐虞之道》3 等齊系風格的文字以及燕系文字和部分晉系文字作“后”。

皇作(簡 8)，與楚文字不類，見見晉系文字(如侯馬盟書 318)和齊系文字(如陳肪簋)[①]。

湛作(簡 13)，右邊所從“甚”與郭店簡《語叢四》25、《唐虞之道》25 以及《説文》古文甚寫法相同，也與私官鼎偏旁寫法相同，具有晉、齊文字的特點[②]。

此外，一部分可以明確判定爲三晉文字。如：

《厚父》夏作(簡 2，簡 3、簡 4 近似)。這類寫法也見於清華簡《筮法》，有學者已指出字的左下方從“又”，是由“止”訛變而來

---

① 馮勝君：《郭店簡與上博簡對比研究》，綫裝書局，2007 年，第 276 頁。

② 同上，第 278 頁。

的[①]。我們則認爲，這類寫法的“又”當來源於西周金文（伯夏父鼎）、（仲夏父鬲）中的手形。即是説，、在演變過程中，保留手形的演變爲，保留右下羨符的演變爲（鄂君啓車節）。之類寫法則是或的訛變。這種寫法見於晉系文字，作（私庫嗇夫鑲金銀泡飾）、（璽彙 3989）、（璽彙 3990）、（璽彙 2723）等形，左右不拘，“又”下或加飾筆。

《厚父》慎作（簡 7，簡 10 近似）。戰國時期慎字有四種寫法：第一種從心真聲，作，見於秦文字；第二種從火日聲，作[②]，見於齊文字；第三種作、等形，見於晉系文字；第四種結構最爲複雜，作、、、等形，見於楚文字。《厚父》慎字與晉系文字相類，來源於西周金文、。字的上部爲“椹櫍”之“櫍”的初文，從斤（錛）[③]從象形櫍，訛變爲所，後來成爲質的聲符字[④]。《厚父》慎字上部所從，與金文近似，其左邊是把裂變的“櫍”疊置在一起。

《厚父》敬作（簡 9，簡 13 近似）。戰國時期敬一般作、、，變體作，省體作。省體僅見於晉系文字。

《厚父》夕作（簡 3），不同於其他系，與（中山王方壺）、（璽彙 1723）等晉系文字寫法相同。

《厚父》嚴作（簡 3）。其中“敢”的寫法更接近三晉文字（如

---

① 孫合肥：《清華簡〈筮法〉劄記一則》，復旦大學出土文獻與古文字研究中心網，2014 年 1 月 25 日。

② 劉樂賢：《釋〈説文〉古文慎字》，《考古與文物》1993 年第 4 期。

③ 劉釗寧：《“斤”辨》，《語言學論叢》第十七輯，商務印書館，1998 年。

④ 陳劍：《説慎》，《簡帛研究二〇〇一》，廣西師範大學出版社，2001 年。

中山王圓壺），而與齊、楚、燕相差較遠。

《厚父》盤作（簡 4），上半所從“舟”旁與晉系文字寫法相似（如璽彙 9640），而與楚、齊文字風格不同。

《厚父》邦作（簡 5）。楚文字一般左形右聲，齊文字兩種寫法都有，但往往於“丰”下加一橫畫，只有晉系文字和《厚父》寫法完全相同。

《厚父》友作（簡 11），與晉系文字（如侯馬盟書 300）相同，而與齊、楚文字稍異。

《厚父》高作（簡 12），字上從“口”，與其他系不同，與晉系文字二十九年高都令戈相同。

另外，《厚父》簡 8“皇天之政工”，借“工”爲“功”，也僅見於晉系文字。

由于《厚父》中有明確的晉系文字元素，那些非楚系、既見於晉系又見於其他系的文字很可能也應當視爲晉系文字，是受晉系文字影響所致。

通常所説的晉系文字包括趙、韓、魏、中山、兩周（東周和西周）、鄭、衛。漢景帝時河間獻王劉德從其封國中徵集到《尚書》，河間舊爲趙邑，證明《尚書》在晉地確曾流傳。《厚父》保有明顯的晉系文字元素，説明它的底本原來可能是晉系文字寫本。

二、《厚父》中保留了一些突出的古體特徵

《厚父》唯作（簡 7），其右旁隹形的寫法與同篇其他隹形的寫法不同。同篇其他隹形的寫法屬於戰國文字的寫法，《厚父》唯屬於早期文字的寫法。

《厚父》憲作（簡 8），和西周金文結構相同，不從“心”，到春秋時期才出現了從心的寫法。

《厚父》聞作（簡 1，簡 3 近似），與清華簡《筮法》（簡 13）寫法相同，與《金縢》（簡 10）、《芮良夫毖》（簡 3）、《楚居》（簡 13）寫法相似。上部從，下部從䎽，戰國文字比較罕見。當時聞字一般寫作、之形，昏、耳兩個部件有時互易，和《説文》所收古文相同①。和一般戰國文字比起來，《厚父》聞字明顯處於從早期至戰國的過渡階段。春秋金文聞作、之形，是在甲骨文、西周金文的基礎上演變而來，從耳、揞聲。左邊是“揞”的象形字，像以手擦拭口水②。表示口水的小點後來挪到字的上部，訛變爲，左下的人形被聲符“昏”替代。這樣看來，的字頭應該是的進一步省變。聞有一種寫法作，兩點省去，豎筆穿透而下，實際是至“宀”的中間環節。過去一般把這類字頭隸定爲“宀”，從來源看，其實是錯誤的③。像這一類寫法，應直接隸定爲䎽爲宜。

《厚父》“肆祀”的“肆”有（簡 3）、（簡 4）、（簡 10，簡 13 近似）三種寫法。其中來源於西周金文（毛公鼎），象以刷巾刷洗獸毛之形④。字的左邊爲帬，與《皇門》（簡 1）所從帬相似。

① 昏下的日，有時候訛變爲“田”，有時候訛變爲“目”。參徐在國《上博楚簡文字聲系》第六册，安徽大學出版社，2013 年，第 2580 頁。

② 詹鄞鑫：《甲骨文字考釋二則》，《語言研究》1986 年第 2 期。

③ 過去也有學者把不省兩點的字頭隸作“穴”，同樣是不合字源的。

④ 陳初生：《金文常用字典》，陝西人民出版社，2004 年，第 341 頁。

到小篆一分爲三,正體即《説文》所收字頭篆文肄,異體即《説文》肄下所收篆文異體肆和《説文》所收字頭篆文肆[①]。肆是在(㝬簋)之類寫法基礎上訛變而來的,古璽(璽彙 5120)是它的中間形態。肆字出現最晚,從字形和用法來看,都應是肄的訛變。可以有兩種理解,一是看作在的基礎上替换左邊偏旁,一是看作由"示"和"隶"構成的新形聲字。郭店簡中可以讀爲肆[②],因此可以理解爲從示、聲的形聲字。字的情况要複雜一些。根據陳劍的研究,"甲骨金文'𠛱'字和其繁體'𩰫'以及'𩰫'的各種省變之形……皆當改釋爲肆。'𠛱'字象以刀分割俎案上的肉之形,是古書'肆解牲體'之'肆'的表意本字。""金文表示'一套、一列(銅器)'義,與古書'肆'和'佾'字相當的'𦞟'及其異體,當分析爲從'兔'('兔'可能本來也是音'逸'、作聲符的)從'𠛱'省聲。"[③]這樣看來,可以理解爲從示,𦞟省聲,也可以看作從示兔聲。這個兔字下面不帶羨符,屬於比較早期的形態。同理,《厚父》(簡6)也屬於比較早期的形態。

《厚父》助作(簡5),從與《孟子》引文的對讀可知是助字古文,應分析爲從力、聲。助字初文作(合集 27997)、(彔伯簋)之形,構形本義雖不可知,但其字形與"叀"字有别,理解爲助,文從字順[④]。清華簡《皇門》五見,從力、聲,屬於聲符繁化的情况。

① 這個問題目前尚有爭議,如李學勤主編《字源》即把肄、肆分作兩個字頭處理,參《字源》,天津古籍出版社、遼寧人民出版社,2012 年,第 229、840 頁。

② 沈培:《説郭店簡中的"肆"》,《語言》第二卷,首都師範大學出版社,2001 年。

③ 陳劍:《甲骨金文舊釋"𩰫"之字及其相關諸字新釋》,《出土文獻與古文字研究》第二輯,復旦大學出版社,2008 年。

④ 楊安:《"助"字補説》,復旦大學出土文獻與古文字研究中心網,2011 年 10 月 26 日。

《厚父》龏作（簡1，簡4近似）。早期金文作（何尊），後加"兄"聲作（邾公華鐘），是在的寫法上省去雙手。戰國文字中龏有時省去龍尾（如上博六《用曰》簡6），有時省去一隻手（如上博一《緇衣》簡2），同時省去兩手的很少見。上博六《用曰》簡7龏字省去龍尾，加"兄"聲加羨符"口"，同篇簡16在此基礎上省去雙手，過去理解爲從口、龍聲，是錯誤的。之省略與此類相似，但時代更早。

《厚父》畧作，這種寫法見於清華簡《皇門》第1簡、上博三《周易》42簡，用爲格，也見於上博五《三德》15簡，用爲恪。這類寫法來源於西周金文（不其簋）、是一個從"各"聲的字，古文字學者一般隸定爲畧，字的中部省簡變爲畧。

《厚父》𤔔作（簡5），當"治"講。這種用法的𤔔見於《㺇簋》"乃令㺇𤔔三族"，寫作[1]。戰國時期，與"治"相對的"亂"一般作，省作、，也有作（皇門11）、（繫年93）、（繫年100）者，但作𤔔者一般不表示"治"。𤔔表示"治"應是一種較早的形態。

《厚父》罙作（簡12），與楚帛書（乙本）、中山王鼎、《芮良夫毖》（簡26）、《周公之琴舞》（簡5）寫法相同，實是淵字古文。《説文》訓"回水也"。戰國時期，深字一般作、之形，所從罙與《厚父》寫法有别。用爲罙，屬於所謂的"義同換讀"或"同義换讀"現象[2]，林澐先生則把這種情形叫作轉注[3]。它反映了漢

① 李春桃：《説㺇簋銘文中的"亂"字》，復旦大學出土文獻與古文字研究中心網，2010年12月17日。

② 裘錫圭：《文字學概要》，商務印書館，1990年，第219—222頁。

③ 林澐：《古文字轉注舉例》，《第三屆國際中國古文字學研討會論文集》，香港中文大學，1997年。

字早期的某些特徵。

以上各字寫法和同時期一般寫法比起來，顯得更古一些，仔細追溯，都有更早的來源。推想《厚父》成書很早，早期抄本用更古的文字書寫，所以輾轉傳抄到戰國中晚期尚有古體遺跡。

三、《厚父》保留了一些非常獨特的寫法

《厚父》彝作(簡 6)，與目前所見到的彝寫法都不相同。

命作(簡 2)，在“令”上加一撇。戰國時期命字的一般寫法是在“令”上加“口”，加兩横畫，或同時加“口”加兩横畫，偶爾也有像郭店簡《語叢一》簡 2 那樣加兩個“口”的。加一撇的寫法爲戰國文字首見。

𢦏作(簡 3，簡 7 近似)，從戈、才聲。商周時期一般把“才”聲置于字的左上方。到東周時期在左下方加“口”形，加兩横，加“人”字。不加偏旁，把“才”聲下移與“戈”組成左右結構目前僅此一見。

本作(簡 11)，是在上博四(曹沫之陣 20)之類寫法基礎上加“中”而來，是“本”的增纍字，爲前所未見。

禋作(簡 3)，從示、寅聲，是表示“寅敬”的專字。這類禋字的特點是把字中的兩隻手形挪到字上，並且加上“示”旁，目前屬於僅見。

折作(簡 3)，皆從“刀”作。戰國時期折一般作、之形，從“斤”，偶爾省“斤”作，《厚父》從“刀”作，與之明顯不同。把“斤”換成“刀”與《説命》中 2、下 8 漸作、屬於一路。

（簡 6）從水、南聲，是沉的異體字；（簡 12）從見、今聲，是監的異體字，皆爲此前所未見。

這些寫法獨特的字，其實都是常用字。它不是當時流行的楚文字，也不是當時流行的晉文字，更不是什麼古體字，而是抄寫者加工改造過的字，或者選用了當時加工改造過的字。這在一定程度上反映了抄寫者的主體性和權威性。

四、《厚父》書寫工整而富於變化

《厚父》的書寫可以説一絲不苟。如：

朝作（簡 3），與一般楚簡結構近似，但字的右半中部往往連筆（如《成之聞之》34、《窮達以時》5）。

筮作（簡 8），與楚文字一般寫法結構相同，但中間部分上下没有羡畫，而且更爲整飭。

不僅如此，書寫者還在保證工整的前提下，追求簡面的變化。如：

少作（簡 2）、（簡 9）之形，後者是通常的寫法，前者末筆改變筆勢。

民作（簡 2）、（簡 3）之形，後者在前者基礎上加羡畫。

厚作（簡 1）、（簡 3）之形，後者在前者基礎上有所省簡。

啓作（簡 2）、（簡 2）之形，前者繼承了甲骨金文的寫法，後者則是楚系文字常見的寫法。

政作（簡 4）、（簡 8）之形，後者是楚文字常見的寫法，前者是後者的省略。

畏作（簡 9）、（簡 9）之形，作作（簡 5）、（簡 8）之形，後者在前者基礎上增纍偏旁。

保作（簡 3）、（簡 3）之形，後者替換前者的偏旁。

以上不僅表明了抄寫者的嚴肅態度，同時也説明了抄寫者的自主性。

根據《厚父》的上述四個特點，我們可以得出以下結論：《厚父》是抄寫者非常重視的一篇珍貴文獻，它成書很早且有古本流傳；現在見到的本子是在晉系文本基礎上用楚文字轉抄而來的；抄寫者具有很高的權威性和很強的自主性，非一般泛泛抄手可比，很可能是主人自抄的作品。

我們過去見到的書都是用隸書、楷書書寫或刻印的，都屬於今文字的範疇。即使成書很早、原來用古文字書寫的書籍，經過轉寫和歷代校勘之後，原始信息幾乎都喪失殆盡了。相對而言，用古文字書寫的書籍保留了更多的原始文本信息，通過字面的分析可以從中得到更多的文本信息，有助于文本性質的探討。這是戰國文字中值得注意和深入發掘的地方。

（原載《出土文獻與古文字研究》第六輯，上海古籍出版社，2015 年）

郭店楚簡與商周古文字考釋

1993 年出土於湖北荊門的郭店楚簡，多爲儒道兩家文獻。其中有些是尚未失傳的古書，可與今本對照；有些雖已失傳，但個別語句散見於其他文獻之中。還有些雖不見於今本，但根據上下語境可以推定字詞的含義。這些條件較之前此出土的戰國簡帛，可謂得天獨厚，使得郭店簡中一批罕見字、疑難字得以順利破譯，從而大大豐富了我們的積纍，拓展了我們的視野。舉個例子來説，包山 2・190、望山 2・47、仰天湖 25・30 的，過去或隸作虔、或隸作虔，釋麿。這個字在郭簡中多次出現，《語叢一》31 和 97“禮因人之情而爲之即者也”[1]可與《禮記・坊記》“禮因人之情而爲之節文”對照，與“文”字相當，我們便知道它記録的是語言中的“文”這個詞[2]。

不僅如此，郭店簡還“蘊含着許多商周以來傳襲的寫法，爲解讀更早的文字充當了鑰匙”[3]。

---

① 陳偉：《〈語叢〉一三中有關“禮”的幾條簡文》，《郭店楚簡國際學術研討會論文集》，武漢大學中國文化研究院編，湖北人民出版社，2000 年。

② 李天虹：《釋楚簡文字“虔”》，《華學》第四輯，饒宗頤主編，紫禁城出版社，2000 年；張富海：《北大中國古文獻研究中心“郭店楚簡研究”項目新動態》，http://www.bamboosilk.org。

③ 李學勤：《試解郭店簡讀“文”之字》，《孔子・儒學研究文叢》（一），齊魯書社，2001 年。

1998年,郭店簡一經推出,李學勤先生就發表了《釋郭店簡祭公之顧命》①一文,借助郭店簡《緇衣》釋出了西周金文的"祭公";裘錫圭先生發表了《甲骨文的見與視》②,根據簡本《老子》"之不足"和今本《老子》35章"視之不足見"的對應關係,上推殷代甲骨文的字應爲視字表意初文。此外還有陳劍博士的《柞柏鼎銘補釋》③通過郭店簡《唐虞之道》推定柞伯簋"賢"字,屬於這方面較早問世的一批成果。

近年來,這方面的研究變得更爲自覺,已漸漸形成規模效益,成爲郭店簡研究中的一個新的亮點,同時成爲古文字研究中十分突出的增長點。

一、甲骨文方面

郭店簡多次出現字。這個字也見於包山簡和子彈庫楚帛書。因字形奇詭,文例不夠顯豁,大家都不認識。郭店簡出土以後,知道應讀爲"失",但對它的形體,還不能做出令人信服的解釋。字從辵從,難釋的是。《戰國文字的"遊"與甲骨文"𡴘"爲一字説》④一文認爲,從甲骨文演變而來的。從止從幸,古文字幸可以省作羊羊,而羊羊有時寫作羊,所以可以演變爲。甲骨文像止(趾)在幸(桎梏)外,表示逃脱,當爲逃逸的逸的本字。這

---

① 李學勤:《釋郭店簡祭公之顧命》,《文物》1998年第7期。

② 裘錫圭:《甲骨文中的見與視》,《甲骨文發現一百周年學術研討會論文集》,臺灣師範大學國文系、"中研院"史語所合編,1998年。

③ 陳劍:《柞伯鼎銘補釋》,《傳統文化與現代化》1999年第1期。

④ 趙平安著:《古文字研究》第二十二輯,中華書局,2000年。

樣解釋，不僅弄清了的形體來源，找到了讀爲失的理據，同時使甲骨文的相關文例也可以得到正確的釋讀。如“𦭢𦭢孶自叉”（合集139）和“虎孶”（合集5933）指人或動物逃逸，“孶火”（合集17066）指“失火”。

甲骨文、、是一組孳乳字，作爲用牲之法或一種祭祀的名稱，于省吾先生分别隸作乇、舌、祏，讀爲磔。郭店《緇衣》引詩曰：“慎爾出話，敬爾畏義。”“話”寫作。依《説文》，“話”從言𠯑（舌）聲。這個𠯑（舌）的寫法與甲骨文祏所從完全一致，説明甲骨文中祏應隸作䄆（䄆）。䄆（䄆）見於《説文》，正用爲祭名。當用牲之法時讀爲刮或割。乇、舌是祏的初文，讀法和䄆（䄆）相同[①]。這樣我們就弄清了甲骨文相當於後世的什麽字，並爲它們在卜辭中的用法找到了訓詁上的依據。

郭店簡達主要作、、、、形，《古文四聲韻》引《古老子》達作，屬於一路。《“達”字兩系説——兼釋甲骨文中所謂“途”和齊金文中所謂“造”》[②]，指出古文字達的寫法具有兩系，一系從西周金文到戰國的燕秦，爲《説文》小篆達所從出；一系爲戰國的齊楚，實際上有很早的淵源，就是甲骨文中的、、。甲骨文的這個字一般釋爲途，讀爲屠，非獨字形不類，文例也難以講通。作者根據戰國文字中有些字分别或同時加羨畫“＝”“口”的現象，考證齊楚一系的達是在甲骨文這個字的基礎上加羨畫“＝”“口”或同時加“＝”“口”而成的。卜辭中的達主要有兩種用法，當它的賓語是

---

① 趙平安：《續釋甲骨文中的“乇”、“舌”、“祏”——兼及舌（𠯑）的結構、流變及其他古文字資料中從舌諸字》，《華學》第四輯，紫禁城出版社，2000年。

② 趙平安著：《中國文字》新廿七期，藝文印書館，2001年。

人名、方國時，表示"讓……來"或"撻伐"的意思，這也正是傳世文獻中達比較常見的用法。

楚簡有、等字，李零先生據此字在上海簡中多用爲"勉"字，"疑是'娩'字的古體"。李家浩先生循此綫索，從訓詁的角度，對從孕諸字集中釋讀，證明李零説可信。《從楚簡"娩"的釋讀談到甲骨文的"娩㚫"——附釋古文字的"冥"》①一文，首先指出郭簡《六德》"祖爲宗族也"中的，應如裘錫圭先生説讀爲"免"。在字形上，因爲（包山遣冊 259）省作（信陽楚簡遣册 2・28），應把理解爲孕的省體，"祖"的應直接隸作娩。甲骨文中有一個表示生育的字，作、等形，過去一般隸作冥，讀爲娩。作者認爲，這個字就是㚫、仐的前身。其演變軌跡如下：

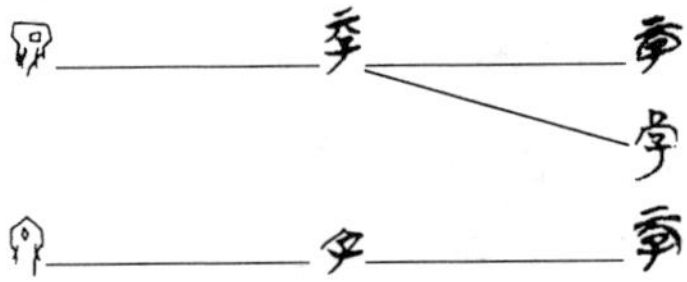

甲骨文的娩是表示婦人産子的象形字，應直接隸作娩。古文字中的冥另有其字。據悉，陳劍博士也有類似的意見。但裘錫圭先生認爲孕、仐的字源可能是甲骨文中的。

李學勤先生根據郭店簡《緇衣》《尊德義》和《六德》三篇中出現的"改"的寫法，先肯定了朱駿聲《説文通訓定聲》指出"改"從"己"（"己"和"巳"是一個字）聲的正確性。進而指出，殷墟西周卜辭中有"弜改"，也有"弜己"，後者是前者的省略，都是"更改"的意思。過去把它釋爲祝是不對的。殷周甲骨文中還有與"弜改"相對的正

① 趙平安著：《簡帛研究二〇〇一》，李學勤、謝桂華主編，廣西師範大學出版社，2001 年。

面的説法,作“己”,也應讀爲“改”[①]。綜合形音義三方面來看,這一釋法具有相當的説服力。

二、金文方面

郭店簡用來表示謹慎的“慎”這個詞的字有兩個,一例作昚,見於《語叢一》46號,餘均作訢、新、慸、誏(以下統一隸作訢)等形。陳劍博士由第二種寫法上溯,發現西周金文中形體與“訢”相近的表示的也是慎這個詞。並以此爲突破口,釋出了“夏帶鉤”、璽文等一批舊被誤釋爲“誓”“悊”“哲”的字[②]。西周金文中的“慎德”“慎厥德”。璽文中的“慎言”“慎事”“慎行”,“夏帶鉤”的“慎中(終)”等説法可與文獻互相印證,從而使文章具有較强的説服力。陳偉武先生也是根據郭店簡“訢”讀慎,把西周金文中的釋讀爲慎的。但他的文章和陳劍文有些不同之處:1.他認爲璽印和“夏帶鉤”中的應隸作悊,讀如字,依《説文》訓敬;2.他們對字形的結構分析不盡相同。詳見所著《舊釋“折”及從“折”之字平議》[③]。

郭店《緇衣》第十章引《詩》“執我仇仇”,第二十一章引《詩》“君子好逑”,“仇”“逑”簡文用、表示。字的左半和西周金文的所從聲符相似。陳劍《據郭店簡釋讀西周金文一例》[④],先從形

---

① 李學勤:《釋“改”》,《石璋如院士百歲祝壽論文集——考古、歷史、文化》,臺北南天書局,2002年。

② 陳劍:《説慎》,《簡帛研究二〇〇一》,李學勤、謝桂華主編,廣西師範大學出版社,2001年。

③ 陳偉武著:《古文字研究》第二十二輯,中華書局,2000年。

④ 《北京大學中國古文獻研究中心集刊》2,北京燕山出版社,2001年。

體上論證了是演化，再根據和仇的語言關係，把西周金文中的讀爲仇。認爲西周金文用仇、仇匹，其義均如張政烺先生《夾字説》中所言："國之重臣與王爲匹偶""君臣遭際自有匹合之義也"。

《窮達以時》第 7 號簡説"白(百)里亘五羊"，裘錫圭先生把隸作遖，以爲即遺字，並引《淮南子・修務》"百里奚轉鬻"，讀"亘遺"爲"轉鬻"。《釋古文字資料中的"嵛"及相關諸字——從郭店楚簡談起》[①]，據此把金文中長期懸而未決的隸作儥，把隸作遺，厚趠鼎"厚趠又儥於𤎼公"，儥讀爲覿。晉侯蘇鐘"王儥往東"，儥讀爲續。吴䡊馭觥"(吴)䡊馭弔史遺馬，弗左"，"遺馬"即"賣馬"，是買馬的意思。文章還對包山簡相關諸字進行考釋，並指出嵛可能是蕢的初文。劉釗先生最近也在網上發文，討論了古文字的儥及相關諸字[②]。他認爲"厚趠又儥於𤎼公"意爲厚趠與𤎼公之間進行了買賣交易，即厚趠賣給了𤎼公某種東西。吴䡊馭觥的遺馬即賣馬，晉侯蘇鐘的"儥"通作督，"王儥往東"即王率部東進。

郭店簡中一個偏旁出現在許多合體字中，計有、、、四種組合，可以分别隸作諓、濮、敹、戠等形。諓在簡文中用爲"察"，濮在簡文中用爲"淺"，敹在簡文中用爲"竊"。劉釗先生從語音關係出發，推測聲符"丵"可能是"辛"字的變體。進而上推西周金文中的、、、諸字，認爲金文中的這幾個字也分别隸

① 趙平安著：《中國文字研究》第二輯，華東師範大學中國文字研究與應用中心編，廣西教育出版社，2001 年。

② 劉釗：《釋"儥"及相關諸字》，http://www.bamboosilk.org。

作戬、劗、劗。它們和郭店簡上引諸字聲符相同,因此,㝬鐘銘文"戬伐厥都"、兮甲盤銘文"則即刑,劗伐"、禹鼎銘文"劗伐噩侯御方"中戬、劗、劗應讀爲"踐"或"剗","踐伐"就是"翦伐"。散氏盤銘"用矢戬散邑"的"戬"應該讀爲"踐"或"察",都是踏勘、勘察的意思①。

《窮達以時》第9簡曰:"初淊酭,後名揚,非其德加。子胥前多功,後戮死,非其智衰也。""淊酭"當讀爲"醓醢"。"初淊酭,後名揚,非其德加"是説王子比干的故事。歷史上,比干、子胥故事往往連稱,如《楚辭·涉江》:"伍子逢殃兮,比干菹醢",可與簡文互證。循此綫索,王人酉輔甗和徐酭尹鉦鉞的酉、酭都應理解爲醓。很可能是醓的異體字。醓是兩周時期的職官名,又見於包山簡138、165、177,天星觀簡卜筮類,《古璽彙編》0001,溘前玉佩等處,大致相當於《周禮》的醢人,"掌四豆之實","凡事,共醢"。這種職官從西周一直延續到戰國時代,中央和地方都有設置②。

無論是釋讀甲骨文還是金文,上述文章都有一個共同的特點,即首先以已釋郭店簡某字爲出發點,然後根據這個字(或偏旁)與商周古文字中某字(或偏旁)形體或語音上的聯繫,判定它們是同一個字(或偏旁)或記錄同一個詞。在郭店簡與甲骨金文之間,往往有着很大的空間。因此定點是否可靠,闡述形體和語音關係是否正確,成爲考釋成敗的關鍵。如果能做好這方面的工作,又能講

① 劉釗:《利用郭店楚簡考釋金文一例》,《古文字研究》第二十四輯,中華書局,2002年。

② 趙平安:《〈窮達以時〉第九號簡考論——兼及先秦兩漢文獻中比干故事的衍變》,簡帛發現與研究暨長沙吳簡國際學術研討會,2001年8月16—19日,長沙;後收入《古籍整理研究學刊》2002年第2期;《釋"酉"及相關諸字——論兩周時代的職官"醓"》,《古文字研究》第二十四輯,中華書局,2002年。

通甲骨金文中的文例,文章的結論就往往具有較高的可信度。

我們知道,商周古文字如甲骨文金文的本體研究已經相當深入。光靠内證突破已難乎其難。在這樣一個“關口”,利用新出土的簡帛文字資料,特别是戰國簡帛資料來釋讀商周未釋古文字無疑是未來古文字考釋的一個重要方向。同樣,只有聯繫商周古文字來研究戰國簡帛文字,才能真正知其然並知其所以然,使簡帛研究更透徹更深入。這是上述文章帶給我們的深刻啓示,也是這方面的研究能居於簡帛學和古文字學前沿的原因所在。

後記:本文是作者受中國社會科學院歷史研究所的委託撰寫的前沿學術報告。亦曾提交清華大學思想文化研究所與輔仁大學文學院聯合主辦的“新出楚簡與儒學思想國際學術研討會”,此次發表略有修改。

(原載《古籍整理研究學刊》2003 年第 1 期)

釋睡虎地秦簡中一種古文寫法的"乳"字

睡虎地秦簡《日書甲種》有這樣一段話：

一宅之中毋(無)故室人皆疫，多瞢(夢)米(寐)死(四〇背壹)，是是𡥂鬼貍(埋)焉，其上毋(無)草，如席處(四一背壹)。屈(掘)而去之，則止矣。(四二背壹)①

整理小組原注説："𡥂，疑即'包'字。一説，即'孕'字。"②鄭剛先生認爲是"字"字③。王子今先生從釋"孕"説，認爲"孕鬼"指未出生即將死去的胎兒的鬼魂④。黄文傑先生也從釋"孕"説，認爲"孕鬼"疑指婦女死後所變之鬼⑤。方勇先生比較謹慎，認爲隸定爲𡥂可從，但讀爲何字，待考⑥。

𡥂原作，隸定爲𡥂，不成字。釋爲孕字，形體上有明顯的距離。戰國秦漢時期，孕作(詛楚文)、(《説文》小篆)等形，字作(《古璽彙編》5412)、(《説文》小篆)、(睡虎地秦簡《封診

---

① 睡虎地秦墓竹簡整理小組編：《睡虎地秦墓竹簡》，文物出版社，2001年，第212頁。

② 同上，第216頁。

③ 鄭剛：《〈睡虎地秦簡日書疏證〉導論》，中山大學碩士學位論文，1989年，第86頁。

④ 王子今：《睡虎地秦簡〈日書〉甲種疏證》，湖北教育出版社，2003年，第367頁。

⑤ 黄文傑：《秦至漢初簡帛文字研究》，商務印書館，2008年，第168—169頁。

⑥ 方勇：《秦簡牘文字編》，福建人民出版社，2012年，第511頁。

式》86)等形,與有别。特别是孕鬼、字鬼之類的組合不見於古籍,頗令人生疑。

根據簡文,孕鬼是一種惡鬼,所埋之處,就像席子鋪過一樣,寸草不生。如果有人把房子蓋到它的墳頭上,那家人就會得流行病,多夢魘而死。

在出土文物和傳世古籍中,有"乳死鬼"一類的説法。

如1957年陝西長安縣三里村發現的陶瓶朱書殘文有下面一段文字:

北斗君

主乳死咎鬼

主自死咎鬼

主市死咎鬼

主星死咎鬼[①]

劉樂賢先生認爲,咎通咎,與《潛夫論·巫列》"咎魅"之"咎"爲同一用法。"乳死咎鬼",是婦人因難産而死所致之惡鬼,即俗語所謂"生産鬼"[②]。

《醫心方》卷十四"治鬼虐方第十四"所引晉范汪《范汪方·治鬼虐方》,記載了十二時發病時作祟的鬼名:

平旦　　客死鬼

食時　　客死鬼

禺中　　市死鬼

日中　　溺死鬼

① 陝西省文物管理委員會:《長安縣三里村東漢墓葬發掘簡報》,《文物參考資料》1958年第7期。

② 劉樂賢:《簡帛數術文獻探論》,中國人民大學出版社,2012年,第198頁。

日跌　　亡死鬼

晡時　　自經死鬼

日入　　人奴舍長死鬼

黄昏　　盜死鬼

人定　　小兒鬼

夜過半　囚死鬼

夜半　　寒死鬼

雞鳴　　乳死鬼

安倍晴明《占事略決》卷廿七：“天后主母鬼及水上神。太陰主廁鬼。玄武主溺死鬼、乳死鬼。”

都有乳死鬼。對這一類鬼神，上有神靈（如北斗君、玄武）主管，人類也有一定的防治方術。

我們認爲，綜合字形和文意兩方面的因素看，孚鬼應即乳鬼，也就是乳死鬼。，可以看作乳字古文的省寫。

關於乳字，過去我們只認識甲骨文和秦系文字的寫法，如甲骨文（《甲骨文合集》22246）和秦文字（《説文》小篆）之類。近年由於發現上博簡《周易》2號簡“需”卦卦名作（此字共五見，寫法相同），根據這一綫索，已有多位學者把釋爲乳[①]。我曾由此出發，把清華簡《楚居》11號簡“王”改釋爲“乳₌（孺子）王”，將曾侯乙墓鐘磬銘文用作律名的、、、、等字形也改釋爲“乳”（傳世

---

① 陳爻（陳劍）：《竹書〈周易〉需卦卦名之字試解》，簡帛研究網，2004年4月29日；李零：《讀上博楚簡〈周易〉》，《中國歷史文物》2006年第6期；趙平安：《釋戰國文字中的“乳”字》，中國文字學會第六届學術年會論文，2011年7月29—8月1日，河北張家口；後收入《中國文字學報》第四輯，商務印書館，2012年，第51—55頁；郭永秉：《從戰國楚系“乳”字的辨釋談到戰國銘刻中的“乳（孺）子”》，“簡帛·經典·古史研究”國際論壇，香港浸會大學，2011年11月29—12月3日。

古書中與此律名對應的字作“羸亂”,“亂”字在漢代古隸中經常寫作“乳”形,因而致誤)[①]。郭永秉先生推而廣之,把一批舊釋“余(餘)子”合文的古璽文和陶文、舊釋爲“向子”或“石子”合文的古璽文以及舊或釋“冢子”合文的璽文和金文通通改釋爲乳子[②]。從目前的情況看,經過多位學者的努力,對戰國文字的乳字已經有了比較完整的認識,並且基本達成了一致的意見。

戰國文字的乳字大致可以分爲秦系和六國系兩類。在六國系古文中,乳字有一種寫法作(清華一《楚居》11,下有合文符號),有時候省掉爪形作(上博三《周易》2)[③];還有一種寫法把字上一筆和爪形大幅簡省,作(《古璽彙編》3102)或(《古璽彙編》3543)之形[④]。睡虎地秦簡日書的可以看作上述乳字簡省的一路,同時省掉上面的一筆和下面的爪形。

我們知道,睡虎地秦簡主要是用秦系古隸書寫的。但其中也夾雜着一些戰國古文[⑤]。李家浩、黄文傑先生曾指出,睡虎地秦簡《日書甲種》“色”從“爪”不從“人”,具有楚文字的特點。[⑥] 我們也

---

① 趙平安:《釋戰國文字中的“乳”字》,《中國文字學報》第四輯,商務印書館,2012年,第51—55頁。

② 郭永秉:《從戰國楚系“乳”字的辨釋談到戰國銘刻中的“乳(孺)子”》,“簡帛·經典·古史研究”國際論壇,香港浸會大學,2011年11月29—12月3日。

③ 趙平安:《釋戰國文字中的“乳”字》,《中國文字學報》第四輯,商務印書館,2012年,第51—55頁。

④ 郭永秉:《從戰國楚系“乳”字的辨釋談到戰國銘刻中的“乳(孺)子”》,“簡帛·經典·古史研究”國際論壇,香港浸會大學,2011年11月29—12月3日。

⑤ 李學勤:《秦簡的古文字學考察》,收入《雲夢秦簡研究》,中華書局,1981年,第324—335頁。

⑥ 李家浩:《黝鐘銘文考釋》,《著名中年語言學家自選集·李家浩卷》,安徽教育出版社,2002年,第65—66頁;黄文傑:《説色》,《古文字研究》第二十五輯,中華書局,2004年,第263—264頁。

曾在《河南淅川和尚嶺所出鎮墓獸銘文和秦漢簡中的宛奇》一文中，指出睡虎地秦簡《日書甲種》豿琦與《日書乙種》宛奇相對，豿應釋爲豌，右邊所從爲宛字古文[①]。現在《日書甲種》可謂又增添一個鮮活的實例。睡虎地秦簡《日書甲種》書寫年代較早，包含着較多的古文因素是不難理解的。

《漢書·郊祀志》：“是時上求神君，舍之上林中蹏氏館。神君者，長陵女子，以乳死，見神於先後宛若。”顔注引孟康曰：“産乳而死也。”這個故事也見於《史記·孝武本紀》和《封禪書》，字面略有出入。其中“長陵女子，以乳死”，《孝武本紀》和《封禪書》作“長陵女子，以子死”。瀧川資言《考證》曰：“子死，當作字死，《漢志》作乳死，産乳而死也。”《説文》：“字，乳也。从子在宀下。子亦聲。”梁其簋：“百字千孫。”字通子。這樣看來，把子讀爲字是有依據的。但考慮到這個故事是同一個來源，在民間故事口耳相傳的大背景下，把子理解爲字，再解釋爲乳，顯得太過迂曲。考慮到古隸中有乳字簡省的寫法，我們認爲這個子也許可以看作古文乳的進一步省變。

（原載《漢語言文字研究》第一輯，上海古籍出版社，2015年）

---

① 趙平安：《河南淅川和尚嶺所出鎮墓獸銘文和秦漢簡中的宛奇》，《中國歷史文物》2007年第2期。

長沙五一廣場東漢簡牘文字初探*

長沙五一廣場東漢簡牘(以下簡稱"五一簡牘")是一批珍貴的東漢文字材料,值得加以深入研究。以下通過比較五一簡牘和其他文字材料(主要是與之時代較近的秦漢簡帛和東漢魏晉碑刻)的字形構造,對這批文字呈現的構形變化及其在漢字發展史上的重要價值做一些粗淺論述。

一、筆畫視角的構形變化

(一) 筆畫改易

秦至漢初簡帛文字中,常見書寫者把一些偏旁或部件寫成點形。五一簡牘中也有這樣的現象。如"妻"作 (CWJ1②:124A),"年"作 (CWJ1③:325-4-52)、(CWJ1③:325-4-54)等。同時,還有點畫寫成撇的例子,如:

【奴】

CWJ1③: 325-1-55

CWJ1③: 325-2-32

---

* 本文與許可合作。

CWJ1①：110　　CWJ1③：291a怒

秦漢文字"奴"字多從"又"("拏"之初文)或其變形"叉",屬於音化形變,如(高奴禾石權)、(秦泥考 1145)、(銀雀山 354)、(睡虎地·法 141)、、、(漢印徵 12.12)等形。上舉前兩字承此而來;後兩例字中"叉"的筆勢略變,與"刃"形混同。

(二) 筆畫伸縮

簡牘文字是書寫性文字,筆畫容易任意延伸。五一簡牘中的"更"即是一例:

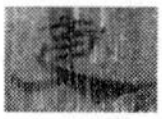
CWJ1③：303

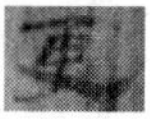
CWJ1③．142

CWJ1③．325 1 103

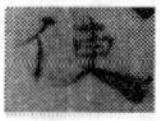
CWJ1③：195便

CWJ1③：261-105便

CWJ1③：325-1-57便

CWJ1③：261-105鞕

又如以下幾個字:

【師】

漢代簡帛文字中的"師"字,部件"𠂤"常訛作"阝"形:(銀雀山 414)、(居延 174.16a);部件"帀"或竪筆出頭:(居延 53.1a)、(居延 334.40b)。五一簡牘文字同此作:

CWJ1③:291　　CWJ1③:263-42

後代文字中亦見其例:(元欽墓誌)、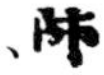(敦研 220·妙法蓮華經卷一)。

【刀】

CWJ1③:143

CWJ1③:139初

“刀”訛成“力”形，是典型的筆畫延伸訛變。還見於碑刻文字：（張遷碑）。

【開】

CWJ1③:263-14

CWJ1③:325-1-45A

CWJ1③:263-32

CWJ1③:325-1-54

CWJ1③:325-1-9

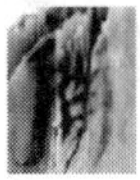

CWJ1③:291

《説文・門部》：“，張也。从門从开。，古文。”戰國齊璽作（上海 8.4），同《説文》古文。從門，一表示關閉，廾表示雙手開門。季旭昇先生認爲，秦文字“一”形與“廾”旁結合訛爲“幵”[①]。“幵”筆畫併連訛爲“开”。漢印或又筆畫延伸訛變從“井”，同牘文。其訛變序列如下：（睡虎地・日甲 14）→（日乙 134）→（馬王堆・十・137）→（漢印徵 12.3）。五一簡牘文字承之。

【轂】

CWJ1③：325-1-18

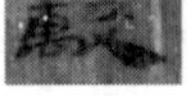

CWJ1③：325-1-19

CWJ1③：263-26

① 季旭昇：《説文新證》下册，藝文印書館，2002 年，第 175 頁。

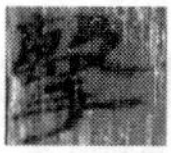

CWJ1③：325-1-18a擊　　CWJ1③：325-1-35擊　　CWJ1③：325-1-10a墼

漢代簡帛文字中從"毄"之字，常見作（馬王堆・戰297）、（銀雀山66）、（武威・王杖十簡8）、（流沙簡・屯戍7.17）等形。上列六字，"𠀠"中一横同時向兩側下方延伸成"冂"形，訛爲"禹"旁。

某些筆畫在起筆或收筆處收縮，使本來應該寫得更長的筆畫變短。五一簡牘中的這種訛變較爲少見，出現在"某、案"等字中。

【某】

"謀"字，銀雀山漢簡中作（銀雀山98）、（銀雀山412），五一簡牘或同此作（CWJ1③：135），或"某"旁筆畫截縮似"果"形作（CWJ1③：291）。

【案】

戰國楚簡文字中有從"示"之字筆畫延伸穿透兩横的例子，如：（上博五・三德10"宗"）、（上博五・三德5"福"）、（上博五・三德14"福"）。也有本不從"示"而筆畫截縮寫成"示"的例子，如：（上博三・中弓5）。五一廣場簡牘文字中有"案"字作（CWJ1③：325-1-65），正與後者類似。

（三）筆畫併連

五一簡牘文字中，常見本應離析的部件由於其中一些筆畫併連在一起而合爲一體的情況。如"曾"應作（CWJ1③：325-1-28"繒"字所從），有時左側兩豎筆連成一筆作（CWJ1③：135曾）、（CWJ1③：263-86"繒"字所從）。類似情況還有：

 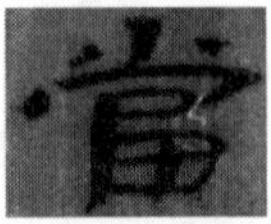 

CWJ1③：325-1-58會 CWJ1③：263-86當 CWJ1③：325-2-1當

CWJ1③：325-32副 CWJ1③：325-4-38當 CWJ1③：325-2-17當

此外,“竝”字簡併爲“並”形的過程,可以在五一簡牘文字中覓得其蹤：（CWJ1①：113）→（CWJ1③：325-1-105）→（CWJ1③：325-18）→（CWJ1③：235）。其本質也是爲書寫簡便而筆畫併連,這是隸變的重要手段之一。類似的情況還有“能”字寫作“𦘫”。

【𦘫】

《説文・能部》：“,熊屬。足似鹿。从肉㠯聲。”徐鉉：“㠯非聲,疑皆象形。”徐説是,右側爲描摹獸足,與“鹿”小篆下爲鹿足同。隸變後其形體左右割裂從“𠤎”。漢碑中下一個“匕”或有筆勢之變：（熹平石經・易經）、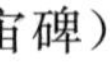（孔宙碑）。

五一簡牘中有承此而筆畫併連者：

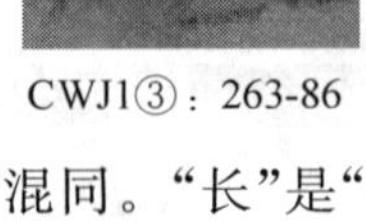 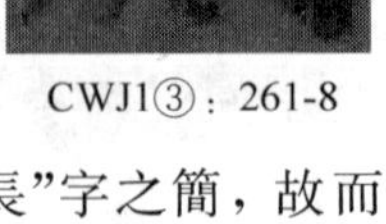

CWJ1③：263-86 CWJ1③：261-8

其右旁已與“长”混同。“长”是“長”字之簡，故而東漢簡牘中有或將“𦘫”繁化成“𦘫”的現象：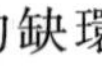（東牌樓 68）。“𦘫”的字形恰好補全了漢字發展演進序列中的缺環。

（四）筆畫增添

五一簡牘中增添筆畫的字形，或是偶然爲之，或是成系統性地出現：

諦  CWJ1③:325-1-16

副  CWJ1③:325-32

畏  CWJ1③:285

船  CWJ1③:325-2-32

貸  CWJ1③:325-1-120＋121

戴  CWJ1③:325-2-32  325-2-32

言  CWJ1③:325-5-9  CWJ1③:291a 記

户  CWJ1③:325-2-28  CWJ1③:142

 CWJ1③:195 雇  CWJ1③:263-17 雇

 CWJ1③:325-1-68 雇  CWJ1③:325-1-125 房

【尼】

"尼"本從尸、從人，尸亦聲。人匕互作，隸變爲"尼"。五一簡牘中"匕"繁化寫如"亡"形：

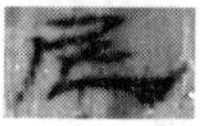 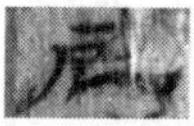  

CWJ1①：100　CWJ1①：100　CWJ1①：100　CWJ1①：292-6

【愔】

五一簡牘有"愔"字作：

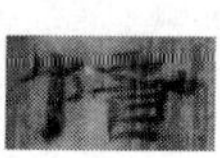

CWJ1③：325-2-5

"音"下"日"旁訛爲"目"。"日"和"目"旁長期以來都有相混的例子。漢簡中如"昏"作 （武威醫簡 64）、"督"作 （居延新簡

EPF22.691)等。

【孟】【烝】

“孟”在西漢早期簡帛作(馬王堆・老子甲後 237),後或添加筆畫作(居延甲 425),五一簡牘有同此者,作(CWJ1③:325-1-16)、(CWJ1③:261-105)、(CWJ1③:263-42)、(CWJ1③:285)、(CWJ1③:325-4-49)等形。類似的情況還見於“烝”字:(CWJ1③:325-1-26)。

【辰】

“辰”在甲骨文中作(合 137 反),金文作(大盂鼎)等形。戰國文字承襲甲金文字,多有省變。秦系或作(睡虎地・日甲 100b)、(秦陶 248)等形。西漢時期,這兩種字形分别演變爲(老子乙前 4)、(上林鼎)形。

在隸變過程中,後者較前者在三横之間多一豎畫,類似字形出現在西北漢簡中,如(流沙簡・小學 4・16)、(西陲 41.4)。五一簡牘的“辰”和從“辰”的字多見此形:(CWJ1②:124A 辰)、(CWJ1③:165A)、(CWJ1③:325-5-21)、(CWJ1③:325-18)、(CWJ1②:124A 農)、(CWJ1②:124B 農)、(CWJ1③:292-7 農)、(CWJ1③:315A 農)、(CWJ1③:325-1-54 農)、(CWJ1③:172 農)、(CWJ1③:292-6 晨)等形。另有在“辰”右側添加一豎筆,訛變作(CWJ1③:292-6 晨)形。東漢魏晉碑刻中也有見這種現象:(孔龢碑)、(李孟初神祠碑)、(晉辟雍碑)、(晉鄭舒妻劉氏墓志)。

(五) 筆畫簡省

【具】【府】【奪】

《説文·廾部》:"具,共置也。从廾,从貝省。"古文字"具"字從鼎、廾會意,作(甲 3365)、(從鼎),或從"貝",作(馭八卣)。秦漢文字多"从貝省",如:(秦公鎛)、(泰山刻石)、(睡虎地·法28)、(嶽麓壹 1560)、(馬王堆·老子乙前 5)、(肩水金關 73EJT6:19)、(敦煌 241)等。

五一簡牘中"具"和"俱"字作、(CWJ1③:325-1-15)、(CWJ1③:252)、(CWJ1③:263-99)(CWJ1②:122)、(CWJ1③: 292-6)、(CWJ1③:325-1-139)、(CWJ1③:137)、(CWJ1③:142)、(CWJ1③:261-105)、(CWJ1③:263-26)、(CWJ1③:263-86)、(CWJ1③:264-34),"具"字上部借筆訛寫如"且"字。

五一簡牘中類似的借筆字還有"府"省去一撇作(CWJ1③:325-1-26)、"奪"省去一捺作(CWJ1③:325-4-48)。秦漢簡帛文字中的"旨"常通過借筆簡化字形,如(睡虎地·秦律 115 詣)、(睡虎地·秦律 130 脂)、(馬王堆·養生方 107 指)等。五一廣場木牘中有"詣":(CWJ1③:291),右從"古",當由此訛變。

【嬰】

"嬰"本象人頸上懸掛貝飾之形,爲"纓"之本字,作(嬰父乙盤)、(嬰觶)。秦文字作(睡虎地·秦律 69)、(古陶5.125)。漢印文字或訛簡從"眀":(張嬰齊)、(任嬰私印),五一簡牘同此:(CWJ1③:292-6)、(CWJ1③:325-4-25)。

【戠】

"戠"甲骨文作(甲 475),或加"口"形作(甲 872)。金文中加飾筆作(格伯簋),或訛從"日"作(趩觶)、(朐簋)、(免簋)等形。陳劍先生認爲,後來"戠"字中的"音"其實是"由''形加左右兩飾筆再加'日'之形演變而來的"[①]。

五一簡牘中從"戠"得聲的字,或簡省訛變作:

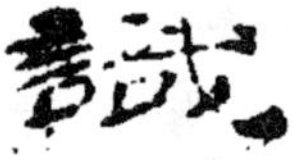
CWJ1③:264-29識

CWJ1③:325-2-1職

CWJ1③:325-4-26織

其中"音"形皆簡省作"音"形。

【豆】

五一簡牘中"頭"字、"鬬"字所從的"豆"形常見簡訛作"亘":(CWJ1③:124A)、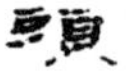(CWJ1①:110)、(CWJ1③:313)、(CWJ1③:314)、(CWJ1③:325-4-48)、(CWJ1②:124A 鬬)、(CWJ1③:143 鬬)。居延漢簡亦見其例: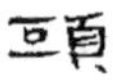(居延 52.12)。

二、部件視角的構形變化

(一)部件簡省

【阝】

隸楷階段的文字"𠂤"或"阜"簡化成"阝"形的例子比比皆是。五一簡牘中見有:

---

① 陳劍:《殷墟卜辭的分期分類對甲骨文字考釋的重要性》,《甲骨金文考釋論集》,綫裝書局,2007 年,第 415 頁。

CWJ1③：291師　CWJ1③：263-42師　CWJ1③：325-1-57薛

【兩】【武】

漢代文字"兩"多作（居延甲 274）、（武威簡・泰射 4）形。内部筆畫或簡省作（武威醫簡 87 甲）、（魏中尚方帳構銅二）。五一簡牘文字或同此：（CWJ1③：325-1-64）、（CWJ1③：325-1-65）。類似的簡化見於"武"字：、（CWJ1③：325-1-68）。

【禽】

"禽"字本象捕鳥網形作（甲 2330），或添加聲符"今"作（多友鼎）。下部橫畫或添加飾筆訛變爲、（不嬰簋）。漢印作、、（漢印徵 14.12）等形。漢簡或由此演變作（定縣 5）、（居延 77）、（銀雀山 295）。以上均保持原有象形部件。

五一簡牘文字中從禹作（CWJ1③：291），形符無形可象，屬於簡省訛變。此亦見於武威簡（服傳 19）、東漢碑刻（張遷碑）、三國吳簡（貳 5570）。

【夌】

"陵"字在秦簡中寫作（嶽麓壹・質 1.29）、（里耶 1195）、（睡虎地・語 8）等形。或以爲右邊兩點乃出甲金文中"夊"字訛變，小篆中被省略[①]。秦漢簡帛文字中，"夌"上部筆畫逐漸拉平，與"麦"字混同，兩點亦或省略：（睡虎地・法 153）、（睡虎地・

---

① 劉曉霞：《秦文字整理與研究》，華東師範大學博士學位論文，2013 年，第 81 頁。

日乙 65)、(居延甲 1470a)。五一簡牘中亦見其例：

CWJ1③：325-1-16b陵

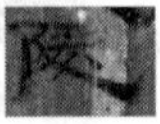
CWJ1③：227陵

CWJ1③：255陵

CWJ1③：169陵

CWJ1③：263-59陵

CWJ1③：285陵

CWJ1③：325-5-9淩

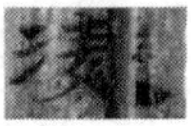
CWJ1③：325-5-11淩

【片】

“片”旁從“斤”，屬於隸變訛混。秦漢文字中常見其例：(武威・有司 79“牖”)、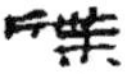(居延 135.10“牒”)、(馬王堆・遣一 88“牒”)、(孔龢碑“牒”)等。五一簡牘文字同此：

CWJ1③：172

CWJ1③：263-21

CWJ1③：160

CWJ1③：263-80

CWJ1③：325-1-103

CWJ1③：325-5-21

【醫】【寶】【效】【重】

五一簡牘中有把形聲字的聲符簡寫成其他部件的現象，簡寫後的部件不再具備表聲功能，屬於訛變。如：

醫(CWJ1③：325-1-125)　聲符“殹”訛爲“㕦”形

寶(CWJ1③：325-4-43)　聲符“缶”訛爲二“入”形

效(CWJ1③：291a)　聲符“交”訛爲“文”形

董(CWJ1③：291a)　聲符“重”訛爲“里”形

上引“董”的訛字也見於其他簡帛文字，有一定歷史傳承性：(居延 89.17)、(三國吴簡・壹 2869)、(三國吴簡・壹 2878)。

(二) 部件移位

我們曾指出,漢字隸變過程中,會爲了字形平穩和書寫便利移動整字或部件的位置[①]。而一些筆畫、部件的移動,實際上造成了理據偏離,屬於異構訛變。

五一簡牘文字中,“妻”字或作(CWJ1③:172)、(CWJ1③:325-4-25)形,與漢代文字常見的“妻”字相比,上部“中”旁移到“一”上,或是受“丰”形類化所致。再如“數”字作(CWJ1③:258-1)、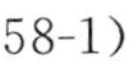(CWJ1③:325-2-1),聲符“婁”所從“女”移位至形符“殳”下。又如“産”字作(CWJ1③:325-2-28),筆畫移位導致“产”訛爲“广”。

與古文字階段較爲豐富劇烈的異構訛變相比,五一簡牘文字中的筆畫、部件移位現象較少,呈現出更大的偶發性、隨意性。這些訛字實際上保留了原字的基本框架和特徵部分,這表明隸變後漢字結構的穩定性確有增強。與之對應的是,當時文字實際使用者對這類訛變的容忍度降低——五一簡牘中保留了一些塗改痕跡,更加直接明確地證明東漢時期對文字書寫準確度要求的提升。

這些塗改主要是爲了更正錯字和補寫殘字。如把錯寫成“庚”的字更正成“康”:(CWJ1③:261-8),把錯寫成“廿”的字更正成“十”:(CWJ1③:325-1-8)。補寫如 CWJ1①:95-1“餘米五十斛”中的“米”字原書寫完整,而在木牘斷開處又補寫了筆畫。由此推斷木牘可能在書寫時或寫就後不久便已斷裂。(見下圖)

---

① 趙平安:《隸變研究》,河北大學出版社,2009 年,第 46 頁。

（三）部件類化

劉釗先生説："類化又稱'同化'，是指文字在發展演變中，受語言環境的影響，在構形和形體上相應地有所改變的現象，這種影響或來自文字所處的具體的語言環境，或來自同一體系内其他文字，或來自文字本身，這種現象反映了文字'趨同性'的規律，是文字規範化的表現。"①

【羊】

漢代文字中，"羊"是一個類化能力很强的部件。五一簡牘文字裏類化成"羊"的部件主要有"幸、辛、羊、亲、睪、牵"等。

• 幸

CWJ1③：325-2-17

《説文·夭部》："，吉而免凶也。从屰从夭。夭，死之事。故死謂之不幸。""㚔"字見於秦簡：（睡虎地·秦律 5），下部"屰"

① 劉釗：《古文字構形學》，福建人民出版社，2006 年，第 95 頁。

旁曲筆拉平與“羊”混同。上引例字“羊”訛作“羊”。不同時代“南”的訛變字形中也有類似現象出現。戰國文字“南”或作(包山231)、(陶彙3.508),三國吴簡“南”或作(莂4.435)。而在東漢的五一簡牘文字亦有其例,説明這種類化貫穿古文字與今文字:

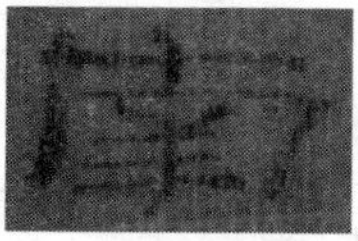

CWJ1③:85南

• 辛

CWJ1③:305a

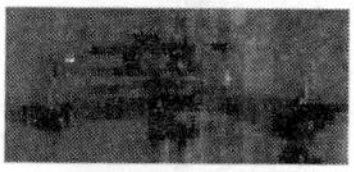

CWJ1③:263-32

CWJ1①:100辜

CWJ1③:201-1辟

CWJ1③:261-105辟

CWJ1③:263-26辟

CWJ1③:263-11壁

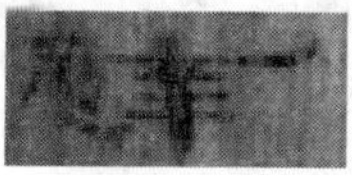

CWJ1③:264-30辡

CWJ1③:325-1-103辡

CWJ1③:325-4-54辡

漢簡中常見“辛”下部訛從“羊”:(《居延新簡》EPF22.29)。表中最後兩“辡”字右旁已與“幸”混同。類似情況還見於從“亲”之字:

CWJ1③:140親

• 睪

CWJ1③：201-1驛　　CWJ1③：325-4-38澤

"睪"字，戰國文字多訛變從"羍"作（郭店・六德 44）、（侯馬 352"擇"字所從）等形。秦簡或訛變從"羊"作（睡虎地・日甲 33"鐸"字所從）。五一簡牘文字承之，而東漢碑刻文字亦見其例：驛（張壽殘碑）、澤（石門頌）。

• 羍

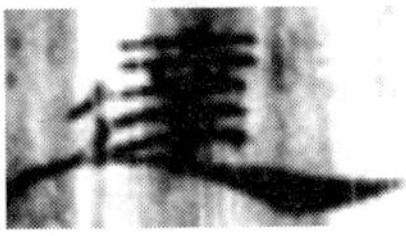

CWJ1③：325-1-125達

甲骨文中是"達"字的初文，商周"達"字的子聲符、、等爲一字分化①。古文字中，某些"羍"字已訛從"羊"：（𨗨且辛爵"𨗨"字所從）、（秦印"奚達"所從）、（秦泥考 1536"達"字所從）。西漢晚期文字作（西陲簡"達"字所從），《説文》小篆承之作羍。表中例子上訛從"土"，已與今楷相同。

【 】

類化成" "的部件有"虍、雨、宰、襾"：

CWJ1②:125處　　CWJ1③:292-6盧　　CWJ1①:113雷

① 趙平安：《"達"字兩系説——兼釋文甲骨文所謂"途"和齊金文所謂"造"字》，《新出簡帛與古文字古文獻研究》，商務印書館，2009 年，第 77—89 頁。

CWJ1③:325-1-26憲　CWJ1③:325-1-103覆

春秋晚期秦文字中“虍”作（石鼓・鑾車“虎”所從），秦漢簡帛文字中簡化作（睡虎地・雜 25“虎”所從）、（武威・泰射 86“獻”字所從）等形。筆畫延伸即（五一 125“處”所從）。

“盧”字，秦簡作（嶽麓壹・爲 82），漢印作（漢印徵 5.8“屋盧霸印”），東漢晚期碑刻作（淮源廟碑），五一簡牘中的（CWJ1③:292-6“廬”所從）正可補字形發展序列中的缺環。類似地，“憲”字的發展序列可補爲：（睡虎地・律・内 193）→（漢印徵 10.16“張憲君印”）→（居延甲 49）→（五一 CWJ1③:325-1-26）→（袁博殘碑）。

漢代“雷”字或作（武威・泰射 5）、（扶侯鐘）、（五一 CWJ1①:113）等形，已與“盧”上部“虘”旁混同。

《説文・襾部》：“覆，覂也。一曰蓋也。从襾復聲。”秦簡作（睡虎地・封 7），同小篆。西漢簡中“襾”已類化成“”作（居延 14.124），五一簡牘同此，東漢碑刻承之作（孟孝琚碑）、（西陝頌）。“襾”又或訛從“雨”作（居延 75.28）。前述“雨、襾”皆可類化爲“”，故“襾”訛成“雨”似也能理解。類似情況還有漢代簡帛和傳抄古文中的“覈”字：（馬王堆・稱 152）、（馬王堆・相 101）、（海 5.27）。

【⺦】

“⺦”是漢代文字中常見的類化部件。五一簡牘文字中與之相關的有“片、犬、久、亡”等。

《説文·片部》:“片,判木也。从半木。”“片”的本義是劈開的木片,故可與“木”旁通用。金文中有從“朿”的“箊”字,作(中山王嚳壺)。“析”“朿”音近互用,故“箊”是“策”的異體。“箊”或又簡省寫作(仰天湖 8)、(望山 2.48)、(馬王堆·老子乙 24)。此外,從“片”的字也會因書寫潦草而類似從“K”:(居延 127.35 牒)。

《説文·犾部》:“,确也。从犾从言。二犬,所以守也。”五一廣場木牘有隸變後從“犾”的“獄”字:(CWJ1③:306-2)。還有隸變後訛從“K”的“獄”字:(CWJ1①:110)、(CWJ1①:113)、(CWJ1③:325-1-26),其右側犬旁已訛與上述簡帛文字中的“片”旁簡寫類同。

《説文·田部》:“,六尺爲步,步百爲晦。从田每聲。,或从田、十、久。”此字西周金文作(賢簋),戰國文字或從田又聲[1]作(璽彙 0349),秦文字疊加聲符“久”[2]作(睡虎地·秦 38),同《説文》小篆異體。漢簡承之作(銀雀山 870),或簡作(敦煌·屯 4)。五一簡牘作(CWJ1③:325-2-5),右旁類化成“K”。

“外”本從“卜”,漢簡或訛變聲化從“亡”:(居延 258.1)、(武威·甲服 4)。五一廣場木牘 CWJ1③:305 號寫於漢殤帝延平元年(106),其中“外”字作。立於漢靈帝建寧二年(169)史晨碑作。時代稍晚的魯峻碑(熹平三年 174)從“K”

---

① 李家浩:《戰國官印考釋兩篇》,《著名中年語言學家自選集·李家浩卷》,安徽教育出版社,2002 年,第 141—144 頁。

② 何琳儀:《戰國文字通論》,中華書局,1989 年,第 269 頁。

作，魏晉文字同此：（西晉三國志寫本）。東漢西晉"外"字右旁從""，是來源有自的。從上舉例字可知其演變過程大約是：→→→→。五一簡牘的字形完善了這一發展序列，有助於加深我們對字形演變的認識。

【𧘇】

五一簡牘中的"老"和"喪"字下部會出現部件"𧘇"，與部分漢簡中"衣"字下方所從類似：（居延 478.5 衣）、（居延 505.15 表）

"老"字甲骨文作（乙 8712），象老人拄杖之形。漢代簡帛中"老"字常作（睡虎地・日甲 79）、（睡虎地・爲 31）、（馬王堆・戰 187）、（居延 387.12）等形。五一簡牘有"老"字作（CWJ1③：172），下方訛爲"𧘇"形。

這種下從"𧘇"形的"老"字在敦煌俗字中多見：（敦研 031《大涅槃經》）、（敦研 128《大涅槃經》）、（敦研 194《太子瑞應本起經》）、（敦研 010《佛説坦特羅麻油述經》）。

"喪"字甲骨文作（前 6.53.7），金文或添加聲符"亡"兼表義作（毛公鼎）。戰國文字"亡"多有訛變，其中秦簡作（睡虎地・日甲 105），"亡"訛爲"𧘇"，五一簡牘進一步隸變作（CWJ1③：325-1 29）、（CWJ1③：325-1-64）。

【豕】

CWJ1③：169掾

CWJ1③：325-1-58豢

CWJ1③：143勝

秦簡有"掾"字：（睡虎地・效 52）、（睡虎地・效 55）、

（關沮 42）。秦漢簡帛文字中從“彖”之字多從“彐”作：（老子乙前 48 下“喙”）、（睡虎地·封 22“緣”）。從“、”當是“彐”筆勢之變，《説文》小篆作，入彑部。陳劍先生指出：“《説文》所謂‘彑’字及作偏旁的‘彑’在秦漢文字中本作‘彐’形，《説文》篆形跟出土文字資料不合。從‘彑’形之字在隸楷中還往往有從‘彐’形的寫法。”“秦漢文字中‘豕’形跟‘彖’形發生關係的例子，也只能看作書寫上的變化，難以用作釋字的根據。我們不能據此認爲用爲‘緣’、‘掾’等字聲符的彖象之‘彖’字，就是本由‘豕’字分化而來的。……（前人）所謂‘豕’與‘彖’本一字異體，當可信。”① 上引例字可以補證陳先生説法不誤。

秦駰玉牘有“豢”字：、，從豕舜聲。秦文字“勝”作（秦印“馮勝”），從力朕聲。其中，朕的聲符“舜”上部筆畫已經拉平，例字中所從部件“、”皆由此演變。中“廾”形簡省作“丷”與“豕”併連，遂寫如“豙”形。字“力”旁訛變如此，亦類化所致。

【圡】

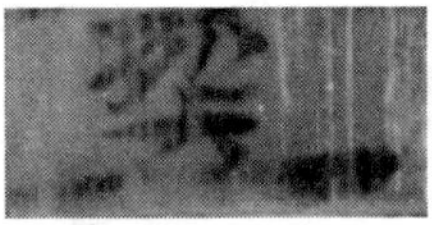

CWJ1③：325-4-26垄

CWJ1③：313恐

CWJ1①：112墅

“圡”是“土”的異體字。“土”與“士”形近易混，漢代常在“土”邊加點以示區別：（漢印徵補 13．4“土霸私印”）、（居延

① 陳劍：《金文“彖”字考釋》，《甲骨金文考釋論集》，綫裝書局，2007 年，第 257、271—272 頁。

387.12＋562.17)、(居延新簡 EPT65.420A“社”)、(武威醫簡 85 乙“社”)。

上引“㙔”是“葬”的異體字，下從“圡”無誤。“恐”從巩得聲，左上當爲“工”，此訛從“圡”。

“朢”字下本從壬，秦漢簡帛文字中其“月”旁和“壬”旁的撇併連在一起，遂訛變從“土”，又添加區别符號從“圡”。有時“圡”中豎寫歪與“立”形近，傳抄古文中有從“立”的“朢”與“望”字，或是受此影響。其演變過程大約如下：(睡虎地・日乙 118)→(馬王堆・相 57)→(五一 CWJ1①：112)→(海 4.39)。此外，漢代文字中“朢”的右上部分經常訛變。如馬王堆帛書中從“夕”作(戰 250)，漢印中從“刀”作(漢徵・補遺)，此則訛從目形。

【白】

CWJ1③：143爭

CWJ1③：169宿

“爭”字小篆作(嶧山碑)，秦簡中作(睡虎地・語 11)，“爫”形筆畫併連成“日”形，西漢簡帛文字或同此作(馬王堆・戰 145)。五一簡牘有同此作(CWJ1③：325-1-54)。“爫”訛寫如“日”，在秦漢簡帛文字中十分常見：(睡虎地・爲 6“靜”)、(睡虎地・爲 22“受”)、(銀雀山・孫子 34“稱”)、(銀雀山・晏子“淫”)。此例“爭”字上從“白”，是“日”之訛變。

《説文・宀部》：“㝛，止也。从宀㐁聲。㐁，古文夙。”古文字

“宿”從“丙”寫作“㝛”：(寧滬 1.348)、(宿父尊)。在隸變過程中，“丙”訛變成“百”，出現“宿”字：(馬王堆·老子乙前 85 上)→(睡虎地·秦 196)→(武威醫簡 29)，進而又訛變從“白”寫如。漢代銅鏡銘文中亦見其例：(碩人鏡)。

來自文字本身的類化又稱爲“本體類化”。五一簡牘中亦見其例：

【羸】

CWJ1③：169 羼〈羸〉

《説文·羊部》：“羸，从羊㐭聲。”秦簡中“羸”字多假借用爲“累”或“裸”字，字形作：(睡虎地·效 1)、(睡虎地·日甲 50)、(睡虎地·日甲 44)、(睡虎地·律 194)、(睡虎地·法 146)等。漢印作、、(漢印徵 4.7)。木牘 CWJ1③：169 辭例：“倜、禹仇怨奉公，純孤單，妻子羼弱，恐爲宗、禹所賊害。”故此“羼”字爲“羸”字訛寫。可能因爲字形複雜，漢簡中此字常會寫錯。如居延新簡 EPS4T2.6.12“往者多羸〈羸〉瘦”。

【數】

“婁”西周金文作(是婁簋)，從女㑹聲。“數”戰國秦文字作(詛楚文·亞駝)、(睡虎地·效 12)、(睡虎地·法 147)、(周家臺 263)等形。部件“女”或移位，或訛變成“中”；部件“㑹”多簡化，無法看出金文中保留的構字理據。《説文·女部》：“婁，空也。从母、中、女，空之意也。一曰婁，務也。，古文。”許慎分析的是訛變後的小篆字形，所離析出的部件“母、中”分别自秦文字演變而來。古文上部所從爲“角”之簡省。

五一簡牘有從“婁”之字，作（CWJ1①：100“數”）、（CWJ1③：252“數”）、（CWJ1③：325-4-54“樓”）等形，皆由秦文字演變。漢簡“婁”上部“”旁常見訛爲“田”形，進而中部的“日”形也本體類化成“田”，作（居延458.1A“數”）、（居延537.2A“數”）、（居延303.15“數”）等形。五一簡牘亦見其例：（CWJ1③：325-2-1“數”），不僅本體類化且部件移位。

（四）部件分化

與類化相反，同一個部件在不同字例中可能寫成不同形體，即部件分化。五一簡牘文字中的分化現象主要體現在“爫、少”兩個部件上。

【爫】

“妥”字從爫從女，象以手俘虜之形，是“綏”字初文。甲金文字作（合集228）、（井叔鐘）等形。五一簡牘中的“綏”字，“爫”形或分化成三體——其一，將爫下三點連成一横作（CWJ1③：291）。其二，在爫下添加一横作（CWJ1③：265）。其三，寫成“大”形作、（CWJ1③：25-1-58）。第一體可視爲不同文字體式筆勢的不同，第二、三體則屬於訛變。

【少】

《説文》中有“少、步、歲”三字——

《止部》:“𣥂,蹈也。从反止。讀若撻。”

《步部》:“步,行也。从止𣥂相背。”

《步部》:“歲,木星也。越歷二十八宿,宣徧陰陽,十二月一次。从步戌聲。律歷書名五星爲五步。”

因此“歲”字從步,“步”字從𣥂,𣥂即反止。五一簡牘中部件“𣥂”或分化成“少、卅”兩路:

“步”作(CWJ1①:89-1),“𣥂”訛作“少”屬形近致訛。敦煌漢簡和東漢碑刻同此:(敦煌1281A)、(衡方碑)。

“歲”作(CWJ1③:325-1-20)、、(CWJ1③:325-1-58),“𣥂”訛爲“卅”。漢簡中還有訛從“正”的“歲”:(武威醫簡92b),或與訛成“卅”的字形有一定關聯。

(五)部件混同

【口與厶】

戰國文字到隸楷階段的文字中,“口”與“厶”時常相混。陳劍先生指出:“從古文字到隸楷的發展過程中,有這樣一類規律性的現象:凡古文字中從‘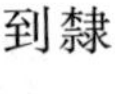’(或爲口字,或表示其他意義)的字,其演變進程往往爲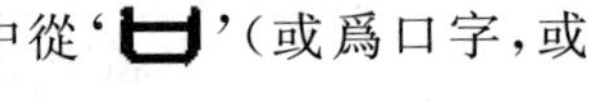;而從‘○’的字,其演進過程則往往爲。”①

五一簡牘文字是東漢時期的社會用字,當時從“口”“○”之字,都會演變成從“厶”——

① 陳劍:《釋西周金文中的“厷”字》,《甲骨金文考釋論集》,綫裝書局,2007年,第238頁。

CWJ1③：291詣

CWJ1③：325-1-1緭

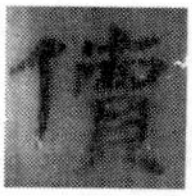
CWJ1③：325-1-20償

CWJ1③：165A留

CWJ1③：263-31留

CWJ1③：195讓

CWJ1③：325-1-68讓

CWJ1③：325-2-1留

CWJ1③：325-1-16b單

CWJ1③：325-1-29喪

CWJ1③：325-1-64喪

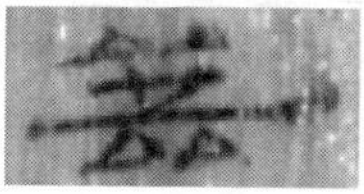
CWJ1③：137器

CWJ1③：198-3器

CWJ1③：198-3器

CWJ1③：252 驗

此外，五一簡牘中的“厶”類化能力及至“刀”旁，如“絶”字作：

CWJ1②：120

CWJ1②：122

同時，“厶”寫成“口”的例子有——

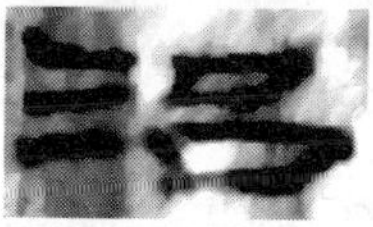
CWJ1③：263-32治

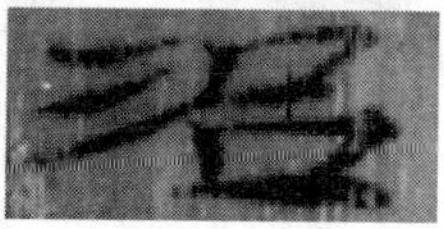
CWJ1③：325-1-64治

【亻與彳】

隸楷階段文字中，“亻”與“彳”常見混同。

“亻”寫成“彳”的例子如“攸”作（張家山・奏 143）、（胡

明相墓志)；“倄”作(敦煌 1068)、(敦煌 S. 388 正名要錄)、(胡明相墓志)、(三國吴簡·貳 3851)；“佗”作(居延 81. 8A)等。五一簡牘中有：

CWJ1②：125倄

CWJ1③：137倄

CWJ1③：142倄

CWJ1③：165(A)倄

CWJ1③：305條

CWJ1③：325-32條

CWJ1③：306-2條

“彳”寫作“亻”的例子如“役”字作(馬王堆·老甲 318)等。五一簡牘中如：

CWJ1③：291府

【广與疒】

隸楷階段的文字中，常見“广”與“疒”的形體混同，不煩舉例。五一簡牘中“度”常訛從“疒”：

CWJ1③：303

CWJ1③：143

CWJ1③：169

又有“病”訛從“广”：

CWJ1③：193

CWJ1③：325-2-5

【巳與己】

秦漢簡牘文字中，常見“巳、己、已、巳”的形體混同，不煩舉例。五一簡牘中亦見“巳”和“己”的混同：

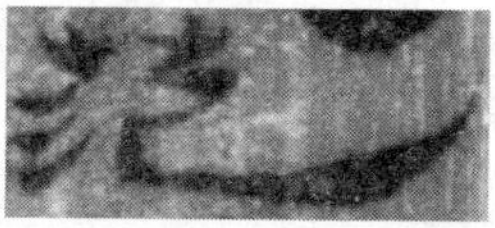
CWJ1②：124A 范

CWJ1③：264-29范

CWJ1③：263-108范

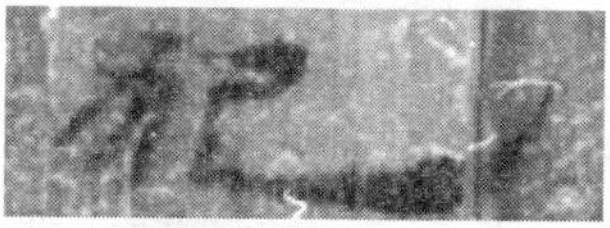
CWJ1②：124A 犯

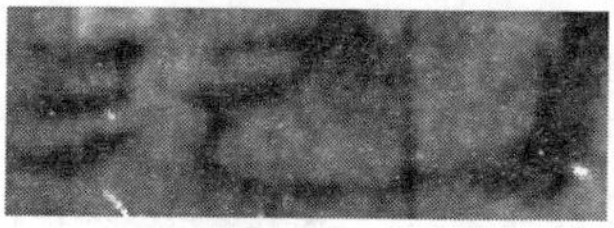
CWJ1③：263-21B 氾

【卩與阝】

“卩、阝”的形體混同貫穿漢字發展的各個階段。比如五一簡牘中“叩”字幾乎全作“叩”：

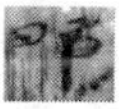
CWJ1①：110

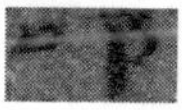
CWJ1②：124A

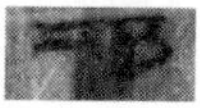
CWJ1③：263-32

CWJ1③：263-32

CWJ1③：169

CWJ1③：169

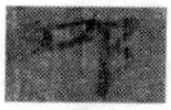
CWJ1③：265-1

CWJ1③：313

CWJ1③：314

CWJ1③：325-1-6a

這在西漢簡、東漢碑刻、三國吴簡中皆有體現：

居延81.5b

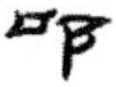
孔龢碑

三吴簡肆 1763

二吴簡叁·3011

再如“絶”字和“令”字：

CWJ1②：120

CWJ1②：122

CWJ1③：325-1-64

CWJ1③：193領

秦漢簡帛文字中“絶”（從母月部）從糸從刀卩（精母質部）聲，作（睡虎地・日甲 17 背）、（馬王堆・相 49），小篆同此作。上引前兩例中訛爲從厶從己，後一例訛從“阝”且末筆拖曳似欲保留原字構架。“令”從卩會意，上引例字訛從亼、阝，明顯爲訛混字形。

【𥄉與𩕁】

《説文》中有“𥃩、奰、顨”三字——

《䀠部》：“，目圍也。从䀠、㔾。讀若書卷之卷。古文以爲醜字。”

《大部》：“，大皃。从大𥃩聲。或曰拳勇字。一曰讀若傿。”

《頁部》：“，顛頂也。从頁奰聲。”

隸楷階段的文字中有一批用爲表示“願望”之“願”的字，實即“𥃩”或“顨”字。其聲符“𥃩”的上半部分在發展演進過程中呈簡化趨勢：（馬王堆・五 266）→（睡虎地・爲 22）→（馬王堆・戰 64）→（居延 9.1a）→（東漢・肥致碑）→（北魏・介休等造像記）。

五一簡牘亦有此字：

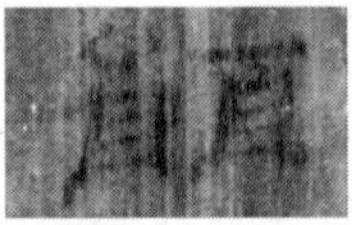
CWJ1①：85

CWJ1①：86

CWJ1③：325-1-103

CWJ1③：263-41

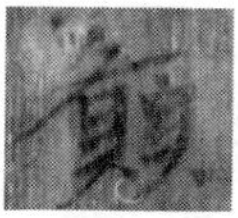   

CWJ1③：325-1-31　CWJ1③：325-1-16　CWJ1③：325-1-16　CWJ1③：325-1-16

第一行四例左上從“夕”作“負”，與東漢碑刻類似。第二行四例左上從“夂”作“夤”，與漢簡中“贛”字所從右旁同：（居延 143.19）（五一 CWJ1③：169“戇”字所從）。而五一簡牘中又見“贛”的“夤”旁寫成“負”的例子：

CWJ1③：303　CWJ1③：292-6戇　CWJ1③：292-6戇

金文中有“𩨪”字，作（庚贏鼎）、（伯𩨪父簋）等形，是“贛”之初文。其右旁的“丮”先訛變成“欠”，又訛變成“夂”。因此，上引漢簡中“贛”字所從的“夕”或“夂”實際上是“欠”的訛變，與“顯”字所從來源不同，屬於類化現象。

三、五一簡牘文字在漢字發展史上的重要價值

對於這批文書的價值，《發掘簡報》稱：

> 以往全國各地出土東漢早中期簡牘較少，且傳世史料對該時期的記載較爲缺乏，此次出土紀年明確、數量衆多的官府檔案文書，對於彌補該時期簡牘缺環以及補證史料均具有極其重要的學術價值。總之，這批簡牘數量衆多，保存較好，形制規整，字跡清楚，相信隨着整理工作的深入開展，還會有大

量以往未知的歷史信息出現。[①]

就文字學來講，我們認爲其重要價值體現在——

（一）保留東漢時期實際行用的字形

官府文書的性質決定這批文獻的用字是當時相對規範的字形。前述不少字形不僅與秦漢簡帛文字相關，還可以下探魏晉碑刻文字、後世俗字、傳抄古文等，對於完善甚至補全漢字發展過程序列有很大幫助。再比如：

【風】

秦漢簡帛中“風”多從虫凡聲，作（睡虎地・日甲 79）、（馬王堆・老子乙 238）、（馬王堆・稱 145）、（銀雀山 138）、（銀雀山 720）等形。五一簡牘有“諷”字作

CWJ1③：291

其右旁内部從厷、厶，訛變劇烈。“風”字在漢碑中或作（孟孝琚碑），傳抄古文中有（碧落碑）[②]，敦煌俗字有（甘博 003《佛説觀佛三昧海經》卷五），皆或與之相關。

【殺】

《説文》“殺”字小篆作，古文作、、。秦漢簡帛文字多

① 長沙市文物考古研究所：《湖南長沙五一廣場東漢簡牘發掘簡報》，《文物》2013 年第 6 期。

② 此字《汗簡》《古文四聲韻》分别引作（汗 6.72）、（四 1.11）。

與小篆近似，作（睡虎地・秦 48）、（馬王堆・老子甲後 227）、（馬王堆・相 23）、（銀雀山 594）等形。五一簡牘中有一類"殺"字作：

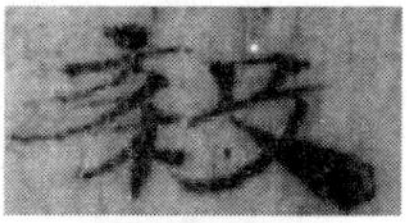

CWJ1③：263-86

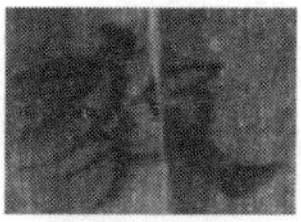

CWJ1③：251

CWJ1③：291

CWJ1③：291

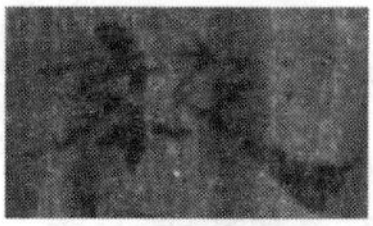

CWJ1③：135

CWJ1③：135

CWJ1③：261-8

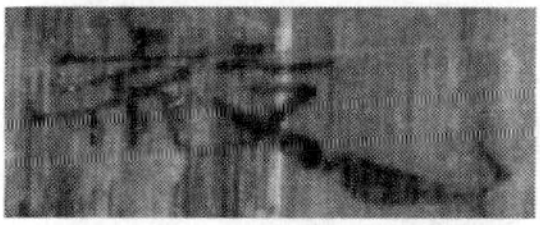

CWJ1③：264-30

其左上"亠"形蓋由"×"訛變而來，原本"×"下的部件被割裂成"夕"與"木"或"小"形的組合。但是新的字形左上方"亠"與"夕"形併連成前述的"歺"形異體，似乎具有一定表意作用。只是不知這樣的字形變化是刻意爲之還是純屬巧合。這個字形在五一簡牘文字中並不罕見，確爲實際行用過的社會用字，它被完全楷化後收入傳抄古文：（四 5.12）。

【直】

"直"下訛變從旦。秦至西漢簡帛文字中"直"字常作（睡虎

地・法 209)、(嶽麓壹・爲 44)、(馬王堆・陰甲 114),與《説文》小篆同。偶見末筆"乚"寫爲"一":(武威醫簡 91b)。東漢晚期的孔龢碑(153 年立)、曹全碑(185 年立)作、。敦煌俗字作(P2160《摩訶摩耶經卷上》)。三國吴簡中作(一 2251)、(三 1950)。

五一簡牘中既常見有同漢碑、敦煌俗字的字形:

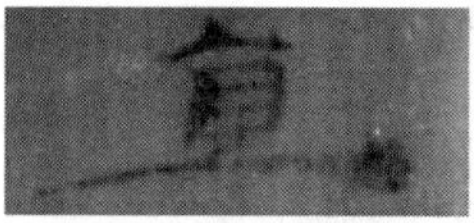
CWJ1③: 137

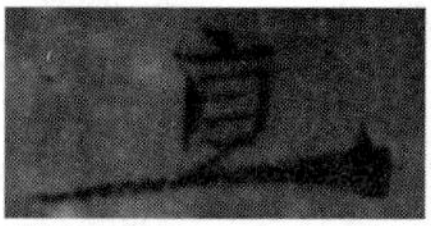
CWJ1③: 195

CWJ1③: 263-86

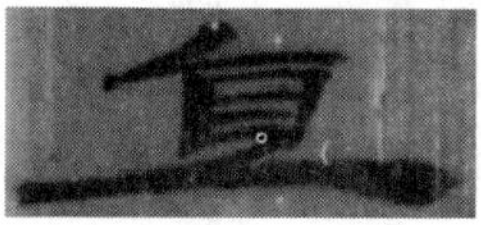
CWJ1③: 325-1-58

CWJ1③: 325-1-58

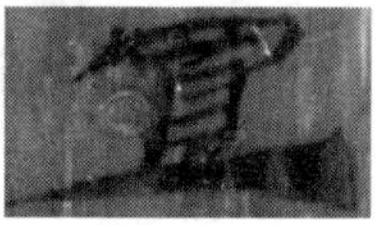
CWJ1③: 263-31置

又有簡化從亠、旦,與三國吴簡相同的字形:

CWJ1③: 325-1-10

CWJ1③: 325-18

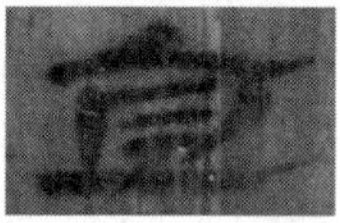
CWJ1③: 325-1-26

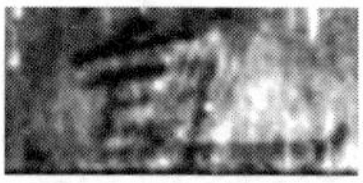
CWJ1③: 263-42

這些字形反映出一定的時代特徵,完善了漢字發展演進的序列。

(二) 保留部分早期字形的痕跡

從書寫時代和文字特徵看,東漢簡帛文字隸變程度之大自不待言。但從部分已經隸變的五一簡牘文字中仍能覓得早期文字的痕跡。比如：

【例】

甲骨文"歺"作(京都 3239)，象殘骨形，爲"列"之初文。從"歺"之字隸變後多訛從"歹"。漢簡偶見在"歹"上添加飾筆的"列"字：(馬王堆・老子乙前 49)，恐即初文孑遺。五一簡牘有"例"字同此作(CWJ1③：193)。

【癸】

CWJ1②：124A

CWJ1③：263-21

"癸"字甲金文字作(鐵 112.3)、(中辛父鼎)等形。戰國秦文字或訛變作(陶 164)。漢代或分兩系：一承秦陶從三"𠆢"作(馬王堆・陰甲 245)，一簡化從"夫"作(馬王堆・出 26)。新莽時第二系又訛從"矢"作(一斤二兩權)，《説文》籀文𥎦即同此。漢簡中的"矢"字作(居延 311.19)，五一簡牘中"知"作(140)、(193)，左旁與上引兩例字下旁同，故由第二系演變而來，與《説文》籀文關係較大。

(三) 研究漢字字體演變的可貴材料

東漢中晚期是漢字字體發展的關鍵時期。裘錫圭先生説："大約在東漢中期，從日常使用的隸書裹演變出了一種跟古隸和八分都有明顯區别的比較簡便的俗體。……這種俗體隸書一般不用八分那種收筆時上挑的筆法，同時還接受了草書的一些影響，如較多地使用尖撇等，呈現出由八分向楷書過渡的面貌。在東漢中晚期的木簡和鎮墓陶瓶上都可以看到這種字體。”①華人德先生説：“到東漢末期，這種行書（引案：指俗體隸書）經過書家加以規整，將横畫收筆加重頓勢，保留行書中的尖撇和鉤挑，使筆畫不相連屬，從而形成了楷書。”②

五一廣場東漢簡牘文字，隸書佔絶大多數，另有很多趨於楷化的字。其中編號爲CWJ1③：291的木牘文字確如上引兩位先生所言，“一般不用八分那種收筆時上挑的筆法”並“横畫收筆加重頓勢”：、、、。與同牘後文典型隸書（如“印”作）相比，很多字折畫轉折處明顯頓筆：、。可以説此牘中很多字形已相當接近楷書，可以視作楷書的萌芽。

結　語

長沙五一廣場東漢簡牘文字，在構形上出現了豐富的筆畫改易、伸縮、簡省、增添和部件簡省、移位、類化、分化、混同等值得研究的文字學現象。藉由這些東漢文字，我們可以上溯秦漢簡帛文字，下探魏晉碑刻、敦煌俗字、傳抄古文，從而加深我們對漢字發展演變過程的認識。從書體角度看，簡牘上的文字絶大多數是隸書，有些已經相當接近楷書。總之，這批珍貴的文字材料具有較高的多方面的文字學價值，值得將來進一步深入研究。

（原載《長沙五一廣場東漢簡牘選釋》，中西書局，2015年）

① 裘錫圭：《文字學概要》（修訂本），商務印書館，2013年，第95頁。

② 華人德：《中國書法史・兩漢卷》，江蘇教育出版社，1999年，第13頁。

新出簡帛與古文獻研究

郭店簡《語叢二》第三簡補釋

郭店簡《語叢二》主要談論由“性”和“欲”衍變出來的各種情緒或情感、行爲等，是一篇重要的先秦文獻，在學術界引起了廣泛而深入的討論，取得了明顯重要的進展①。但是有些地方相對比較複雜，雖經多位學者研究，並未真正解決問題。第三簡就屬於這種情況。本文擬就這支簡進行討論，先將簡文寫在下面：

> 情生於性，禮生於情，嚴生於禮，敬生於嚴，□生於敬，恥生於□，利生於恥，廉生於利。

從字形和文例看，未隸定的字應該是一個字的不同寫法。《郭店楚墓竹簡》的整理者分别隸定爲宔和𡪞，括注爲望②。黄德寬、徐在國先生指出□與宔字形不同，不當釋爲一字。□應釋爲㞷，讀爲狂。□爲狂之變體③。

實際上，□和㞷字形上雖有相似之處，但也有明顯的差距。所以何琳儀先生不滿意這種説法，又提出一種新的意見。他引《古文

---

① 陳偉等著：《楚地出土戰國簡册［十四種］》，經濟科學出版社，2009年，第252—256頁。

② 荆州市博物館：《郭店楚墓竹簡》，文物出版社，1998年，第202頁。

③ 黄德寬、徐在國：《郭店楚簡文字考釋》，吉林大學古籍研究所編：《吉林大學古籍整理研究所建所十五周年紀念文集》，吉林大學出版社，1998年，第108頁。

四聲韻》下平二十八引《古老子》兢作，把釋爲兢，訓爲恐懼。把看作兢之繁文①。從形體上看，與極爲接近，不同之處在於，前者字中加點，後者字中從橫，前者右上有兩個筆畫，後者有三個筆畫。把點拉成横②，把兩筆寫成三筆③，符合字形演變的常例，因此何説應當引起我們重視。

兢作還見於《集篆古文韻海》2.20，並非孤證。但和兢字通常的寫法(鬲比盨)、(《汗簡》4.46)之類相差甚遠，不大可能是、形體省變的結果。換句話説，不大可能是、的異體。古文多假借④，這個字應該是一個借字。

我們認爲傳抄古文是借嚶表示兢。嚶是陽部娘母字，兢是蒸部見母字，蒸陽旁轉，類例甚多。從用韵看，《禮記・月令》以恒(蒸部)與裳、長、量、常(陽部)爲韵，《楚辭・離騷》以常(陽部)與懲(蒸部)爲韵。從通假看，兢(蒸部)與競(陽部)、征(蒸部)與章(陽部)、媵(蒸部)與揚(陽部)、騰(蒸部)與揚和商(陽部)⑤、夢(蒸部)與萌(陽部)相通⑥。從同源詞看，《説文・目部》："瞢，目不明也。"《集韻・庚韻》："盲，《説文》：'目無眸子。'或作瞢。"瞢(蒸部)、盲(陽部)同源⑦。從諧聲系統看，強(陽部)與弘(蒸部)諧聲⑧。聲母

---

① 何琳儀：《郭店簡古文二考》，《古籍整理研究學刊》2002年第5期。

② 何琳儀：《戰國文字通論》(訂補)，江蘇教育出版社，2003年，第243、245頁。

③ 肖毅：《楚簡文字研究》，武漢大學出版社，2010年，第68—69頁。

④ 曾憲通：《三體石經古文與〈説文〉古文合證》，《古文字研究》第七輯，中華書局，1982年，第282—283頁。

⑤ 高亨纂著：《古字通假會典》，齊魯書社，1989年，第32、40—42頁。

⑥ 王輝編著：《古文字通假字典》，中華書局，2008年，第455頁。

⑦ 王力：《同源字典》，商務印書館，1982年，第245頁。

⑧ 關於這個問題，學術界有不一致的意見。王志平先生在《清華簡"皇門"異文及相關問題》(海峽兩岸傳統語言學研討會論文，北京中國社會科學院語言研究所，2010年10月15—17日)中介紹了學術界的不同意見，詳細論證了兩字的諧聲關係。

方面，上古娘日歸泥，見母和泥母相通之例也不少[①]。借䍜表示兢，是合乎音理的。

甲骨文䍜一般作。于省吾先生首先指出這個字乃《説文》䍜字的初文，並且詳細描寫了從到䍜的形體演變過程。甲骨文言“在”“田”“王其田于”，均作地名用。其地相當於春秋時代的襄邑。襄字從衣䍜聲，䍜可讀爲襄。于先生的説法，已得到了學術界的公認[②]。䍜還有若干異體，其中一種作、，也用作地名，只是組類不同。姚孝遂先生在考察各家説法後指出，“此均襄之異構”，是很正確的[③]。最近，首都師大博士生王子揚撰寫《釋“襄”之異體》[④]一文，對與的關係做了比較詳細的論證。他提出了三方面的理由：

一、《合集》30431［無名組］“王其田，剛于河”和《合集》30439（《甲》3916）［何組］“貞：王其田于，剛于河”爲一組同文卜辭，其中、互爲異體；

二、《屯南》1908 中的田獵地名“瀼”兩見，一個作，一個作，所從“襄”分别作和；

三、、之類在卜辭中都表示地名或國族名，出現在出組、無名組和黄組卜辭中。無名組卜辭一般施加一個短横，而出組、黄組施加兩個短横。形也用於地名，多出現於賓組卜辭中，也用於何組、歷無名間類和無名組卜辭，兩者大致呈現互補分佈狀態。

---

① 黄焯：《古今聲類通轉表》，上海古籍出版社，1983 年，第 41、74 頁。

② 于省吾：《釋》，載《甲骨文字釋林》，中華書局，1979 年，第 132—134 頁。

③ 于省吾主編：《甲骨文字詁林》，中華書局，1996 年，第 68—69 頁。

④ 此文係稿本，是其正在撰寫的博士論文的一部分，蒙王子揚先生見示。

王文提出的證據是比較充分的。通過他的論證，、、一字應該可以成爲定論。

我認爲，是由之類的寫法演變來的。這種演變的關鍵是在側面人形的基礎上加兩横。在側面人形基礎上加兩横，在古文中是比較常見的現象。這其中包括兩類，一類是主流字形的演變。如望、聖、毀等。還有一類是非主流字形的演變，即支綫字形的演變。如：

（缶鼎）——（邾公釛鐘）——（邾公華鐘）

有的是在類似人旁基礎上加兩横：

（滕虎簋）——（上博簡《孔子詩論》24.20）——（上博簡《鬼神之明》4.2）

形體演變的原理是一樣的。

簡文毀應讀爲"温、良、恭、儉、讓"的讓。陳貺簋："余陳仲產孫釐叔枳①子，龏寅鬼神，毀龏畏忌。"毀字用法相同。讓表示謙遜的意思。《周禮·大司徒》："因此五物者民之常，而施十有二教焉。一曰以祀禮教敬，則民不苟；二曰以陽禮教讓，則民不爭；三曰以陰禮教親，則民不怨；四曰以樂禮教和，則民不乖；五曰以儀辨等，則民不越；六曰以俗教安，則民不偷；七曰以刑教中，則民不虣；八曰以誓教恤，則民不怠；九曰以度教節，則民知足；十曰以世事教能，則民不失職；十有一曰以賢制爵，則民慎德；十有二曰以庸制祿，則民興功。"讓是古代社會一個非常重要的理念，是大司徒推行教化的一個重要方面。《國語·楚語》："自退則敬。""毀生於敬"是説

---

① 李學勤：《釋東周器名卮及相關文字》，張光裕等編輯：《第三屆國際中國古文字學研討會論文集》，香港中文大學中國語言文學系，2003年，第39—42頁。

謙讓從恭敬産生，因爲恭敬而生謙讓。字從心，從嚴，可隸定爲懹。《方言》卷七："懹，憚也。陳曰懹。"郭璞注："相畏憚也。"《玉篇·心部》："懹，憚也，相畏也。"懹和讓可以看作同源分化字。在簡文中，懹應看作讓的異體。後借用異體分化出新字。"恥生於懹"就是羞恥産生於謙讓。《文苑英華》卷四百九十一："廉恥生於禮義，禮義立孰有不恥且格乎。"《左傳·莊公二十七年》："夫民，讓事、樂和、愛親、哀喪，而後可用也。"孔穎達疏："讓事，謂禮也。"《論語·里仁》："能以禮讓爲國乎？"朱熹集注："讓者，禮之實也。"劉寶楠正義："讓者，禮之實；禮者，讓之文。"《左傳·襄公十三年》："讓，禮之主也。""廉恥生於禮義"實際上包含了"恥生於讓"的意思。

附記：2010 年上半年，我在清華和北大爲研究生開設"古文字學"，本文基本觀點曾在課堂上講過。成文後，曾提交中國古文字研究會第十八次國際學術研討會。會上，研究生袁瑩告訴我，蘇建洲先生發過一篇網絡文章，叫《〈郭店·語二〉簡 3"襄"字考》（復旦古文字網（http://www.gwz.fudan.edu.cn，2010 年 3 月 7 日），提過相似的觀點。我在拜讀蘇先生的文章之後，確認釋爲襄應是蘇先生的發明。

釋襄的關鍵點有兩個，一是傳抄古文與兢的關係，一是甲骨文兩個襄字異體的關係，像這些地方蘇先生都没有論到。另外，對從心從襄的字蘇先生没有考證，恥與讓的關係的論證也與本文不同。因此本文也不是毫無價值。故不廢此文，作爲對蘇文的補充。

（原載《簡帛》第六輯，上海古籍出版社，2011 年）

關於《保訓》"中"的幾點意見

清華大學所藏戰國楚竹簡有一組講周文王對太子發的訓教。始於"惟王五十年",終於"日不足,惟宿不羕",共 11 支簡(其中第二支簡上半殘缺)。簡的形制一致,墨跡相同,語意聯貫,屬於相對完整的一篇。整理小組稱之爲《保訓》[①]。保通寶,保訓即寶訓。在"王若曰"以後周文王的訓辭裏,提到三個典故,第二個講舜"求中""得中",第三個講上甲微"叚中于河",又"追中于河"。其中"中"字,特別引人矚目,讓人産生無盡的聯想。

我們認爲,解讀"中"字,首要的是要從内證出發。下面緊扣文本,就"中"談幾點意見。

一、"中"和"詷"相類

訓辭中第一個典故是"昔前夗傳寶,必受之以詷"。説從前前夗傳寶訓,必定把詷傳下去。這是周文王爲自己傳寶訓提供歷史依據,顯示他是效法先賢所爲。詷,《説文》解釋説:"共也。……《周書》曰:'在夏后之詷。'"王筠《説文句讀》:"詷即同之分別文。"

① 清華大學出土文獻研究與保護中心:《清華大學藏戰國竹簡〈保訓〉釋文》,《文物》2009 年第 6 期,第 73—75 頁;李學勤:《論清華簡〈保訓〉的幾個問題》,《文物》2009 年第 6 期,第 76—78 頁。

就是分化字。陸德明《經典釋文》:"侗,……馬本作'詷',云'共也'。"陳瑑《説文引經考證》引王鳴盛云:"'夏后之詷',蓋謂中國君長之所共尊奉者,謂天子也。"實際上,這個詷應是指"中國君長之所共尊奉"的東西,而不是人。詷與同既是分别文,可以把詷還原爲同來理解。馬王堆漢墓帛書《經法·四度》:"參於天地,闔於民心,文武并立,命(名)之曰上同。""上同"即"尚同",可以幫助我們理解這個"詷"的含義。"詷"是古代帝王即大位之前必須掌握的東西,是治國安邦平天下的道理。《説文》所引《周書》"在夏后之詷",今本《尚書·周書·顧命》作"在後之侗"。段玉裁《古文尚書撰異》指出,"夏"是衍文,"後""后"通用。本字應爲后。《周易·姤》:"后以施命誥四方。"《楚辭·離騷》:"昔三后之純粹兮,固衆芳之所在。"后,君也。"在"通載,《尚書·皋陶謨》"載采采",孔《傳》:"載,行也。"《荀子·榮辱》"使人載其事",楊注:"載,行也。""在後(后)之侗(詷)"就是踐行"後(后)之侗(詷)",踐行歷代君王共同尊奉的詷。《保訓》"詷"與《顧命》"侗(詷)"所指應相同。"前夗"二字,是一個詞,從語音考慮,可以看作軒轅的借音。軒從干聲,轅從袁聲,前系字和干系字,袁系字和夗系字都可以間接通用。把"前夗"釋爲"軒轅",音理上是有依據的。軒轅乃黄帝名號。皇甫謐云:黄帝"居軒轅之丘,故因以爲名,又以爲號"。據《世本》《大戴禮記》和《史記·五帝本紀》,黄帝、顓頊、帝嚳、唐堯、虞舜爲五帝,黄帝爲五帝之首。作爲古代傳説中的第一個帝王,文王訓教從黄帝開始,是非常適宜的。黄帝"娶於西陵之女,是爲嫘祖。嫘祖爲黄帝正妃,生二子,其後皆有天下"。《史記索隱》:"按:黄帝立四妃,象后妃四星。"黄帝有子多人,《史記》明言有天下的就有兩人。大約黄帝多次傳寶,所以"受"前用"必"。

《顧命》云:“昔君文王、武王,宣重光,奠麗陳教,則肄肄不違,用克達殷。在後之侗,敬迓天威,嗣守文、武大訓,無敢昏逾。”成王把後(后)之侗(詷)和文武大訓(即簡文所謂寶訓)並列,兩者顯然是不同的東西。寶訓是在位君王對繼任者的訓教,侗(詷)則是歷代君王所共同尊奉的東西。由於詷的重要性,傳寶訓要特別提到它。

訓辭第一個典故講黄帝傳寶訓,必授之以詷。第二個典故講舜“求中”“得中”。舜親耕於鬲山草茅之中,當此之時,惶恐求中,得中之後,“帝堯嘉之,用受其緒”。第三個典故講上甲微“矼中于河”,又“追中于河”。矼在郭店簡《語叢四》和上博簡《容成氏》中作偏旁使用,從石聲,可讀爲托。石聲字和乇聲字相通的例子甚多[①]。《山海經·大荒東經》:“有人曰王亥。王亥託(托)于有易、河伯僕牛。有易殺王亥,取僕牛。”是商人有托物於外族的先例。有易奪王亥僕牛,殺王亥,上甲微爲父報仇,發生了與有易氏的戰爭。上甲微在和有易氏開戰時,將“中”寄放在河伯那裏,待打敗有易氏,形勢緩和,又從河伯那裏將“中”索回,傳貽子孫至於成湯,“用受大命”。周文王透過舜和上甲微的故事,闡明了求中、得中、保中與“踐天子位”的關係。指出求中、得中、保中才能踐天子位。鼓勵太子發欽敬勿淫,像舜一樣求中,像上甲微一樣保中,能“祗服不懈”,堅守“中”的精神,最終繼承大位。顯然,黄帝所授的“詷”,和下文提到的“中”應是相類的東西。

---

① 高亨纂著:《古字通假會典》,齊魯書社,1989年,第899頁。

二、中以書的形式流傳

在"昔前夗傳寶，必受之以詷"後，周文王説："今朕疾允病，恐弗念終汝以箸受之。"《説文》："病，疾加也。"《玉篇》："病，疾甚也。"《論語・子罕》："子疾病，子路使門人爲臣。"何晏《集解》："包曰：疾甚曰病。"這兩句應和《顧命》"既彌留，恐不獲誓言嗣"聯繫考慮。"恐弗念終汝以箸受之"和"恐不獲誓言嗣"指的應該是同一類事。要弄清"恐弗念終汝以箸受之"，必須從"恐不獲誓言嗣"説起。江聲《尚書集注音疏》："'獲'，得。'誓'，謹。言病日至已當命終，而淹留之際，恐不得謹言後嗣之事。"江氏對文意的總體把握大致是正確的。有些地方需要修正。誓應理解爲受命。《周禮・春官・典命》："凡諸侯之適子，誓於天子，攝其君，則下其君之禮一等。"鄭氏注："誓猶命也。言誓者明天子既命以爲之嗣，樹子不易也。"賈公彦疏："鄭以誓爲命者，諸侯世子皆往朝天子，天子命之爲世子，故以誓爲命也。'言誓者明天子既命以爲之嗣，樹子不易也'，實是命而經云誓者，謂既命以爲繼嗣使爲樹子不可改易義。"雖然説的是天子命諸侯嫡子爲世子，但這個命的過程可以作爲理解《顧命》"誓"的參考。"恐不獲誓言嗣"是説周成王因爲病重，恐怕趕不上太子釗宣誓即位，成爲接班人。"誓"和"言嗣"是並列關係，形式上是動詞或動賓短語，卻是表示兩件事情，雙雙作"獲"的賓語。"恐弗念終汝以箸受之"，念讀爲堪，今和甚同屬侵部，兩聲字常相通用。《史牆盤》"龕事厥辟"，《眉壽鐘》"龕事朕辟"，龕通堪。《尚書・商書・西伯戡黎》之戡，《説文》引作𢦟。"箸"讀爲書，與郭店簡《性自命出》、上博簡《性情論》用法相同。"汝以箸受之"就是你以書的形式接受它。這個它，承上文而言，應是指詷。表面上看起來“汝以箸受之”是一個完整的句子，實際上是主謂短語做“終”的賓語。類似的語法在出土和傳世的西周文獻裏都有，張玉金《西周漢語語法研究》收有 5 例：

1. 唯六月既生霸乙卯，休天君弗望(忘)穆公聖粦明䚡事先王。《尹姞鬲》

2. 余唯經乃先祖考克令臣先王。《師克盨》

3. 爾知寧王若勤哉！《尚書・大誥》

4. 慮天有繹。《逸周書・度邑解》

5. 予畏周室不延。《逸周書・作雒解》

“今朕疾允病，恐弗念終汝以箸受之”，大意是説我現在病得很重，恐怕不能完成把詷傳給你這件事情。中與詷同類，也是以書的形式流傳的。這樣，求中、得中、保中、傳中就不難理解了。

三、中不得改易

在第二個典故“舜既得中”之後，緊接着説：“言不易實覍名。”整理小組把覍讀爲變，是正確的意見。郭店簡《五行》“不覍不悦，不悦不戚”，馬王堆帛書《五行》覍作變。上博簡《性情論》“其聲覍，則心從之矣。其心覍，則其聲亦然”，覍通變。覍與易同義，是改變的意思。“言不易實覍名”是緊接前面的“中”而言的。“言”指政令、號令。《詩經・大雅・抑》：“白圭之玷，尚可磨也；斯言之玷，不可爲也。”鄭玄箋：“王之缺尚可磨鑢，而平人君政教一失，誰能反復之。”《國語・周語上》：“有不祭則修意，有不祀則修言。”韋昭注：“言，號令也。”名指事物的名稱。《釋名・釋言語》：“名，明也。名實事使分明也。"《莊子·逍遥遊》:"名者,實之賓也。"成玄英疏:"實則是内主,名便是外是賓。"名與實是相對的概念,使用時可分可合。《荀子·正名》:"故王者之制名,名定而實辨,道行而志通,則慎率民而一焉。"《鄧析子·無厚篇》:"循名責實,察法立威,是明王也。"《管子·九守》:"名實當則治,不當則亂。"《戰國策·秦策一》:"故拔一國而天下不以爲暴;利盡西海,諸侯不以爲貪;是我一舉而名實兩附,而又有禁暴正亂之名。""易實覍名"即變易名實。"言不易實覍名"是説政令不違背中的精神。可見中是不可改易的。

中的這個特點和古希臘羅馬的"禱辭"十分相似。庫朗熱《古代城邦》説:"這樣的禱辭由一定的詞語構成,人們用它來求則有求必應。所以人們相信,一定是神懂得這些禱辭,對於它神不得不聽,因爲它無法抗拒它。於是人們將這種神秘和神聖的禱辭保留了下來,父子相傳。後來有了文字,禱辭遂被寫了下來。每家,至少每個有信仰的家庭都有這樣的書册。這書曾爲祖先們所用,並且效驗顯著。這就是古人用來制服神的武器。但千萬不可變更其中的一字,一個章節,尤其不可改變用來唱讀它的音調節奏,否則禱辭將失去它的力量,神則保持自身的自由而不爲人所制。"①金美京博士《兩周金文軍禮初步研究》認爲,中國商周時期用於宗教儀式上的"册"的記載,就是這類禱辭②。禱辭是祭祀時用來馭神的,而中是即位後用來馭民的。性質雖然不同,但都以書的形式流傳,内容不得改易,這些方面卻是很一致的。

---

① 庫朗熱著,譚立鑄等譯:《古代城邦——古希臘羅馬祭祀、權利和政制研究》,華東師範大學出版社,2006 年,第 153 頁。

② 金美京:《兩周金文軍禮初步研究》,北京大學博士學位論文,2009 年,第 121—122 頁。

四、中是受大命之前必須掌握的東西

黄帝傳寶訓的時候授詷。周文王病重，對太子進行訓教，擔心自己不能把詷傳下去。舜因爲求中得中，被堯傳以大位。上甲微危難之際保中，使中一直下傳至成湯，滅夏有天下。這些都表明，中和詷是受大命之前必須掌握的東西，得詷得中如得天下。

那麽上甲微爲什麽會擁有中呢？這也是可以解釋的。上甲微借河伯之兵打敗有易氏，殺死有易之君綿臣，不僅爲父報了仇，而且壯大了商部落，稱得上民族英雄，中興之君。甲骨卜辭中以上甲微爲先公之首，祭祀隆重，有專祭也有合祭。祭祀先公"六示"，或先公先王"十二示"和"二十示"等，都是從上甲微開始的。

上甲微所保、所傳的中，應是王亥傳下來的。王亥，卜辭稱王亥、高祖王亥、高祖亥，傳世文獻中，《山海經·大荒東經》作王亥，《世本·作篇》作胲，《帝繫篇》作核，《楚辭·天問》作該，《吕氏春秋·勿躬篇》作王冰，《史記·殷本紀》《三代世表》作振，《漢書·古今人表》作垓[①]。大約王亥本名作亥，冰和振係用訛字，其餘爲亥的通假字。王亥是通名加專名的結構，與"邑商"之類同例。王亥可單稱亥。可見王亥是稱王的。卜辭中王亥的祀典很隆重，他與上甲(微)、大乙(湯)等先王並列於一辭之中，不同於其他的先公。這與他稱王的地位是很相稱的。王亥在商人祖先中較早稱王，擁有中是可以理解的。

（原載《中國史研究》2009年第3期）

---

① 王國維:《殷卜辭中所見先公先王考》,《觀堂集林》第二册,中華書局,1959年,第409頁。

“夜籗”與“叓訶”

——清華簡《郘夜》二題

清華簡中有一篇自名《郘夜》，講周武王八年伐耆大勝之後，在文王太室擺宴慶功，“爲賓爲客，獻酬交錯”，弦歌之聲，不絕於耳。今天讀來，仍然容易爲那種勝利和樂的氣氛所感染。

簡中多次提到“夜籗”，如“王夜籗壽縪公”“王夜籗壽周公”“周公夜籗壽縪公”“周公夜籗壽王”。籗是爵的異體。傳世和出土文獻中，雀爵常通用。作爲飲酒器的爵，本來用象形的爵，有時也借麻雀的雀表示。籗是在借字基礎上加竹旁，表示爵的質地。這類字一般稱作後起本字。相對爵而言，應視爲異體關係。過去把籗看作爵的通假字，是不準確的。壽通酬。古書壽州相通，酬又作醻，故壽可讀爲酬。這較容易理解。夜字比較特别，我認爲應該讀爲舉。夜是鐸部喻母字，舉是魚部見母字。魚鐸陰入對轉。見喻兩紐有相通之例，如與在魚部喻母，從與得聲的舉在魚部見母。曾侯乙墓竹簡、包山簡以及新蔡葛陵金文多次出現“坪夜君”，裘錫圭先生把“坪夜”讀爲“平輿”(《談談隨縣曾侯乙墓的文字資料》)，十分正確。《史記・秦始皇本紀》:“二十三年，秦王召王翦，彊起之，使將擊荆，取陳以南至平輿，虜荆王。”舉從手、與聲，與、輿多通用，故夜通輿也可以通舉。《左傳・成公三年》:“韓厥登，舉爵曰:‘臣之不敢愛民，爲兩君之在此室也。’”《儀禮・鄉飲酒禮》:“凡舉爵，三作而不徒爵。”《禮記·少儀》：“君子不食圂腴，小子走而不趨，舉爵則坐立飲。”舉爵不僅常常連用，而且與酬構成連續動作。《儀禮·聘禮》：“一人舉爵，獻從者，行酬，乃出。”飲酒之禮，先主人進賓之酒，曰獻；次由賓報主人之酒，曰酢；再後主人先自飲以勸賓之酒，曰酬。是爲一獻。一獻以後還有旅酬、無算爵等項目，是相對自由發揮的環節。《旨夜》所描寫的並不是完整的禮儀過程，而是擷取禮儀過程中的若干環節，因此不能用《儀禮》生拉硬套。但是可以肯定，無論一獻還是旅酬、無算爵，某些飲酒的基本動作卻是一樣的。武王、周公自飲以勸酒，故有舉爵的動作。這一點在周公酬王時表現得最爲明顯。前文説“周公或舉爵酬王，作祝誦一終”，後面説“周公秉爵未飲，蟋蟀造降于堂”，是周公先“作祝誦一終”，然後才秉爵自飲。《儀禮·郊特牲》：“奠酬而工升歌。”提到奠酬和歌的關係，對理解簡文有參考價值。

篇名《旨夜》的夜，就是“夜篧”的夜，李學勤先生認爲與飲酒有關，很有啓發性。這樣的篇名是拈取篇中有代表性的字眼構成的，和《尚書·甘誓》《牧誓》《逸周書·酆保解》《酆謀解》相似。補足理解就是武王伐耆舉爵酬賓。

在“王舉爵酬畢公”“王舉爵酬周公”“周公舉爵酬畢公”“周公或舉爵酬王”之後，都有“复訶一終”。“复訶”之复，就是作爲之作，訶是唱歌的歌，與後世“訶責”無關。“复訶”就是“作歌”。《尚書·益稷》：“帝庸作歌曰：‘勑天之命，惟時惟幾。’”《漢書·西域傳下·烏孫國》：“公主悲愁，自爲作歌曰：‘吾家嫁我兮天一方，遠托異國兮烏孫王。”謂作歌辭而吟唱。“終”，猶《儀禮·鄉飲酒禮》“升歌三終”之終，孔穎達疏：“歌《鹿鳴》《四牧》《皇皇者花》，每一篇而一終也。”《新方言·釋言》：“凡事有終始期限，曰一成，曰一終……俗轉作一椿。”“作歌一終”見於《吕氏春秋・音初篇》,“有娀氏有二佚女,爲之九成之台,飲食必以鼓。帝令燕往視之,鳴若謚隘。二女愛而爭搏之,覆以玉筐,少選,發而視之,燕遺二卵,北飛,遂不反,二女作歌一終,曰《燕燕往飛》,實始作爲北音。”北音,高誘注:“北國之音。”《音初篇》前段有:“孔甲……乃作爲《破斧》之歌,實始爲東音。”“塗山氏之女乃令其妾待禹于塗山之陽,女乃作歌,歌曰‘候人兮猗’,實始作爲南音。”《吕氏春秋・音初篇》講的是東西南北音的始作,“作歌”顯然應該是創作歌的意思,而重點是指它的節奏和旋律。我們知道,西周春秋時代有宴享賦詩的習慣。《儀禮》中有不少相關的記載。在《左傳》一書中,二十八條賦詩只有六條與宴享没有關係,其餘二十二條都發生在宴享之中。《國語》中三條賦詩有兩條發生在宴享場合。但是文獻中的宴享賦詩,有時候是創作,有時候是賦《詩經》中現成的詩或其他逸詩。結合這樣的背景看,“作歌一終”實際上可以有兩種不同的理解。在《郜夜》中,武王、周公所作歌有《樂樂旨酒》《輶乘》《贔贔》《明明上帝》《蟋蟀》,其中周公作歌三首,一次酬酒作歌就有兩首。《尚書・金縢》説周公爲詩以貽成王,名之曰《鴟鴞》。周公擅長作詩,一次創作幾首是完全可能的。但是在慶功宴那樣一種場合,即興作詩,馬上配上曲歌出來,難度是相當高的。所以從情理上講,《郜夜》中所歌詩,也可以看作賦現成的詩,或改造現成的詩。李學勤先生認爲,《明明上帝》就是《逸周書・世俘解》中的《明明》,《蟋蟀》就是《詩經・唐風・蟋蟀》。這樣就把這些詩歌和《詩經》及逸詩聯繫起來。這些詩歌的篇名都是取第一句或第一句的前兩字,和《詩經》中的《螽斯》《羔羊》《殷其雷》《江有汜》《君子偕老》等相同,合乎《詩經》篇名的常例。

《左傳·魯僖公二十三年》:“他日,公享之。子犯曰:‘吾不如衰之文也。請使衰從。’公子賦《河水》,公賦《六月》。趙衰曰:‘重耳拜賜。’公子降拜稽首,公降一級而辭焉。”據王秀臣先生研究,該事件表明:“西周禮典制度中那種固定的、程式化的詩樂演奏模式已經被打破,儀典的參加者可以根據自己的需要自己選擇《詩》或由樂工或自己歌誦。”[①]這樣看起來,《郘夜》中周武王和周公作歌,有點不像是當時的實錄,倒像是東周時追述的結果。

編按:本文完成於2009年,本是爲《光明日報》約稿而作的,因故一直没有正式發表。2010年10月22日,在北京香山召開的中國古文字研究會第十八次年會上,裘錫圭先生跟李學勤先生談了《耆夜》“夜爵”應讀爲“舉爵”的意見,李先生告訴裘先生,我也持有這樣的看法,説的就是這篇文章。裘先生文章名叫《説“夜爵”》,發表於《〈清華大學藏戰國竹簡(壹)〉國際學術研討會會議論文集》,清華大學出土文獻研究與保護中心,2011年;又載《出土文獻》第二輯,中西書局,2011年,論證周詳,頗有説服力。該文附記中提到小文的觀點。近年來,經常有朋友問起這件事情,現將此文收入本集,供感興趣的朋友們參考。

① 王秀臣:《三禮用詩考論》,中國社會科學出版社,2007年,第268頁。

試釋《楚居》中的一組地名*

清華大學藏戰國竹簡中有一篇《楚居》，主要講述楚公、楚王的居處遷徙，是一篇非常重要的地理學文獻。這篇東西已經初步整理，收入《清華大學藏戰國竹簡（壹）》①，由中西書局出版。本文擬在整理報告的基礎上，就其中七至九簡中的一組地名展開討論。先將原釋文移錄如下：

> 至宵囂（敖）畬鹿自焚遝（徙）居宵。至武王畬鰥自宵遝（徙）居免，女（焉）刣（始）□□□□□【七】福。衆不容於免，乃渭（潰）疆涅之波（陂）而宇人女（焉），氐（抵）今曰郢。至文王自疆涅遝（徙）居湫＝郢＝（湫郢，湫郢）遝（徙）居樊＝郢＝（樊郢，樊郢）遝（徙）居爲＝郢＝（爲郢，爲郢）復（復）【八】遝（徙）居免郢，女（焉）改名之曰福丘。至堵（堵）囂（敖）自福丘遝（徙）袁（襲）箬（鄀）郢。至成王自箬（鄀）郢遝（徙）袁（襲）湫＝郢＝（湫郢，湫郢）遝（徙）□□□□【九】居睽（睽）郢。

---

* 本文係教育部哲學社會科學研究重大課題攻關項目“出土簡帛與古史再建”（09JZD0042）、國家科技支撑計劃“中華文明探源及其相關文物保護技術”項目課題“古代簡牘保護與整理研究”（2010BAK67B00）、清華大學自主科研項目“清華簡的文獻學、古文字學研究”的階段性成果。

① 清華大學出土文獻研究與保護中心編，李學勤主編：《清華大學藏戰國竹簡（壹）》，中西書局，2010年。下文凡引整理報告都出自此書，不一一加注。

這段話中涉及焚、宵、免、疆郢、湫、䕻、爲、福丘、箬、䙷 10 個地名。整理報告指出"䕻"即樊，在今湖北襄陽市的樊城；"爲"即《左傳·僖公二十七年》的"蔿"；䙷即《左傳·僖公二十七年》的睽。箬即鄀，李學勤先生認爲即南郡鄀縣，在今湖北宜城東南①。都是可取的意見。據簡文，免、疆郢、福丘是同一個地名的異稱，因此待考的主要是焚、宵、免、湫四組。下面試對其中三組進行考釋。

一、宵

《説文》説宵從肖聲②，與銷聲符相同，可以通用。我們認爲應即秦漢簡牘中的銷。1983 年湖北江陵張家山二四七號漢墓出土竹簡《二年律令·秩律》456 簡："平陰、河南、緱氏、成皋、熒（滎）陽、卷、岐、陽武、陳留、梁、圉、姊（秭）歸、臨沮、夷陵、醴陵、孱陵、銷、竟陵、安陸、州陵、沙羡。"③原注［四九］："銷，地望不詳。"④周振鶴先生指出"銷"是一個三等縣⑤。

1993 年出土於湖北荆州關沮周家臺三十號秦墓的 364 號簡："令以七月己丑夕到宛，其庚寅遣書下，乙未去宛。八月甲子

① 李學勤：《論清華簡〈楚居〉中的古史傳説》，稿本，後發表於《中國史研究》2011 年第 1 期。

② 許慎：《説文解字》，中華書局，1998 年，第 151 頁。

③ 張家山二四七號漢墓竹簡整理小組：《張家山漢墓竹簡［二四七號墓］》，文物出版社，2001 年，第 197 頁。

④ 同上。

⑤ 周振鶴：《〈二年律令·秩律〉的歷史地理意義》，《學術月刊》2003 年第 1 期。

銷。"[①]整理者將它置於"病方及其它"類，從内容看很像是"記"的一部分[②]。"銷"和"宛"都是地名。

2002年6月出土的湘西里耶地名里程木牘(16)52第二欄：

第一行：鄢到銷百八十四里

第二行：銷到江陵二百四十六里

第三行：江陵到孱陵百一十里

第四行：孱陵到索二百九十五里

第五行：索到臨沅六十里

第六行：臨沅到遷陵九百一十里

第七行：凡四千四百四十四里[③]

鄢和江陵都是秦縣名。鄢縣西漢惠帝三年改爲宜城縣，故城在今湖北宜城縣南。江陵縣，治所在今湖北江陵。"銷"和"鄢""江陵"是同級機構。據簡文提供地名的方位和里程數，可以推知"銷"的地望。周振鶴先生指出："自古至今，從宜城到江陵這條大路始終是重要的交通路綫。所以按照銷北至鄢184里，南至江陵240里的標志，我們大概可以將銷縣定位於今湖北的荆門市北面的石橋驛與南橋之間。"[④]這是從陸路來判斷"銷"的地望。黄錫全先生指

① 湖北省荆州市周梁玉橋遺址博物館：《關沮秦漢墓簡牘》，中華書局，2001年，第133頁。

② 關於這類文體可參趙平安：《周家臺30號秦墓竹簡"秦始皇三十四年曆譜"的定名及其性質——談談秦漢時期的一種隨葬竹書"記"》，《長沙三國吴簡暨百年來簡帛發現與研究國際學術研討會論文集》，中華書局，2005年，第315—322頁。

③ 湖南省文物考古研究所等：《湖南龍山里耶戰國—秦代古城一號井發掘簡報》，《文物》2003年第1期；《湘西里耶秦代簡牘選釋》，《中國歷史文物》2003年第1期。

④ 周振鶴：《秦末漢初的銷縣——里耶秦簡識小》，簡帛研究網，2003年12月1日。

出："簡文記數從鄢陵到江陵有430里。這個距離若是走直綫顯得稍大，所以我們認爲其中大部可能是水路，或者就是走水路。鄢在漢水西，緊靠漢水，在古代交通及道路不是特别暢通的情況下，走水路是比較合適的。銷離鄢184里，離江陵246里，處於漢水附近當時比較著名的城邑，其讀音與'肖'最近的就是郊。"[①]認爲"銷"就是春秋時的郊郢。我們認爲黄先生的説法可從。《左傳·桓公十一年》：

> 楚屈瑕將盟貳、軫。鄖人軍於蒲騷，將與隨、絞、州、蓼伐楚師。莫敖患之。鬬廉曰："鄖人軍其郊，必不誡。且日虞四邑之至也。君次於郊郢，以禦四邑，我以鋭師宵加於鄖。鄖有虞心而恃其城，莫有鬬志。若敗鄖師，四邑必離。"莫敖曰："盍請濟師於王？"對曰："師克在和，不在衆。商、周之不敵，君之所聞也。成軍以出，又何濟焉？"莫敖曰："卜之？"對曰："卜以決疑。不疑，何卜？"遂敗鄖師於蒲騷，卒盟而還。

杜預注"郊郢"曰："楚地。"顧棟高云："今安陸府鍾祥縣郢州故城是其地也。前代置郢州，蓋以楚郊郢故。案：府治旁控石城，下臨漢水，蓋險固地。"[②]《楚居》説："至宵囂（敖）酓（熊）鹿自焚遷（徙）居宵……'宵敖熊鹿，《楚世家》作'霄敖熊坎'。包山簡二四六：'舉禱荆王自熊鹿以就武王'，熊鹿即霄敖。《楚世家》《人表》等並以爲霄敖（《人表》誤作甯敖）是若敖之子，蚡冒之父，誤。據《楚居》，可知世系是'若敖''蚡冒''宵敖'。"宵敖熊鹿徙都郊郢，武王即位後，繼

---

① 黄錫全：《湘西里耶地理木牘補議》，《古文字與古貨幣文集》，文物出版社，2009年，第484—489頁。

② 顧棟高：《春秋大事表》，中華書局，1993年，第839頁。

續以此爲都，稱王以後才遷都冗地。宵敖熊鹿和楚武王以郊爲都，長達四五十年之久。

二、免

免字原作

（簡 7）　（簡 8）　（簡 9）

之形。和上博《緇衣》簡 13 免字比起來，上部比較舒展，似是從宀。從宀從人，應釋作冗。

《楚居》説："衆不容於冗，乃渭（圍）疆浧之波而宇人焉，氐（是）今曰郢。"疆浧是某湖泊沼澤的名稱。《玉篇・水部》："浧，泥也，澱也。"《集韻・勁韻》："浧，澱也。"疆浧應是水比較少、比較淺的水域。冗因爲地方小，不能適應人口增長，於是對緊鄰水域疆浧進行改造，擴大居住面積。改造的方法是"渭（圍）疆浧之波"——把疆浧的水圍起來，向水域借空間，也就是後世的"築圩了"。在南方楚國，這種方法早在春秋時代就開始了！經這種方法改造的地方叫作郢，疆浧改造後稱作疆郢。疆郢本是在冗的基礎上擴張的結果，但後來新城規模超過老城，就漸漸取代了冗。

楚都叫"某某郢"，是從楚武王徙都冗，改造疆浧開始的。這對於判斷歷史上的有關公案很有幫助。關於楚徙郢都的時間，有文王、武王兩説。《史記・楚世家》："文王熊貲立，始都郢。"《十二諸侯年表》周莊王八年"楚"下："楚文王熊貲元年，始都郢。"《漢書・地理志》南郡"江陵"下原注："故楚郢都，楚文王自丹陽徙此。"《左傳・桓公二年》孔穎達《正義》引《世本》："楚鬻熊居丹陽，武王徙郢。”宋翔鳳[①]、童書業[②]等也力主武王説。依《楚居》,可以肯定首次徙郢的時間在楚武王稱王以後。這證實了石泉先生楚武王晚年遷郢的説法[③]。

關於楚武王徙郢的地望,考古學者有一個傾向性的看法,認爲湖北宜城雷河鎮官堰村郭家崗遺址可能性最大。尹弘兵的意見有一定代表性,他説:“就目前的情況而言,在蠻河流域的三處大遺址中,郭家崗遺址不但面積大,年代序列完整,年代上限與楚始都郢的年代相合,位置正當宜城平原中心,與安樂堰——朱市墓地的相對位置符合文獻所記楚王陵與郢都的相對位置,與文獻所記春秋楚郢都的地理形勢最爲符合,在三處遺址中是最值得重視的,有可能是春秋楚郢都故址。”[④]這當然有待進一步證明。但考古學與文獻學的結合,使我們看到了最終解決問題的希望。

疆郢以後楚都稱“某某郢”,而這些郢又可以簡稱郢,於是造成了稱法上的混亂。過去認爲從春秋早期楚自丹陽徙郢,至西元前278年秦將白起拔郢,楚以郢爲都城長達400餘年之久,把郢看成是一個地點,實在是一種誤會。看《楚居》我們知道,這中間又已經遷徙了好多個郢了。

三、湫

李學勤先生在《楚王徙居鄀郢的年代》一文中隸作湫。並加注説:

---

① 宋翔鳳:《楚鬻熊居丹陽·武王徙郢考》,《過庭録》卷九。

② 童書業:《春秋左傳研究》,上海人民出版社,1980年,第231頁。

③ 石泉:《楚都何時遷郢》,《古代荆楚地理新探》,武漢大學出版社,1988年,第352頁。

④ 尹弘兵:《楚國都城與核心區探索》,湖北人民出版社,2009年,第247頁。

"湫"字待考。按《左傳》莊公十九年記楚文王禦巴而敗，遂伐黄，"還，及湫"，楊伯峻《春秋左傳注》云："湫音剿。《清一統志》謂湫在湖北省鍾祥縣北，《春秋大事表》謂在湖北省宜城縣東南，其實一也。"不知是否與"湫"有關。[①]

我覺得李先生把淋字與《左傳》湫聯繫起來是很有啓發性的。從目前資料看，湫字最早見於《詛楚文》。淋和湫字形相近，在轉寫過程中寫作湫是完全可能的。不過這個字《楚居》中多次出現，原作

（簡 8，下有重文符號） （簡 9，下有重文符號） （簡 13） （簡 14） （簡 14）

之形。也見於新蔡簡，作

（《甲三》414）

之形。都爲地名，指同一個地點。此字中間從禾，兩邊從水。而楚文字秋字一般右邊從禾，左邊上從日下從火。火形有時省掉，有時發生訛變[②]。淋字右邊和楚文字秋差别很大，在楚文字系統裏，不大可能是秋字。這個字應釋爲黍。甲骨文黍字有一種從禾從水的寫法[③]，甲骨文以後這種寫法漸漸成爲主流[④]。或呈上下結構，或呈左右結構。淋應該是這類黍字的繁化。有些古文字從一個水

① 李學勤：《論清華簡〈楚居〉中的古史傳説》，稿本，後發表於《中國史研究》2011年第 1 期。

② 參看李守奎：《楚文字編》，華東師範大學出版社，2003 年，第 443 頁。

③ 中國社會科學院考古研究所編輯：《甲骨文編》，中華書局，1965 年，第 312—313 頁。

④ 容庚編著，張振林、馬國權摹補：《金文編》，中華書局，1985 年，第 508 頁；湯餘惠主編：《戰國文字編》，福建人民出版社，2001 年，第 487 頁。

和從兩個水無别,如《説文》沝部的流和涉字[①]。淋字大概屬於同類的現象。

黍和湫不僅字形相近,讀音也是接近的。湫是幽部清母字,黍是魚部書母字。魚幽兩部或合韵或通假[②],清母書母常相通轉[③]。讀音相近,加大了淋(黍)訛變爲湫的可能性。也正是由於語音上的聯繫,後世才可能循音找到它的地望所在。

在宜城縣東南7.5公里處,有一座著名的楚皇城。城垣周長6440米,有8個城門,面積2.2平方公里。城内地層有屈家嶺文化、春秋中期、春秋戰國之際、戰國中晚期、西漢和東漢的文化堆積[④]。湫也在宜城縣東南,在楚文王、成王、惠王時期曾爲楚都,作为都城的時間正好是春秋中期、春秋戰國之際,頗疑楚皇城就是湫的遺跡。

通過對上面三組地名的考證,我們對楚武王至成王時期的遷都情況有了一個大致瞭解。特别是楚文王在位13年,遷都4次,值得重視。文王時期的幾個都城,疆郢(冗、福丘)、淋(湫)、薆(樊)都在鄰近地區,似乎表明爲郢不可能離得太遠,不大可能遠到淅川地區。這個問題留待以後再做討論。

(原載《中國史研究》2011年第1期)

---

① 許慎:《説文解字》,中華書局,1998年,第239頁。

② 如《楚辭·九章》莽、草合韵,《古璽彙編》0060甫通浮等。參看王輝:《古文字通假字典》,中華書局,2008年,第223頁。

③ 黄焯:《古今聲類通轉表》,上海古籍出版社,1983年,第203、214頁。

④ 楚皇城考古發掘隊:《湖北宜城楚皇城勘查簡報》,《考古》1980年第2期。

《楚居》的性質、作者及寫作年代

在《清華大學藏戰國楚竹簡(壹)》中,《楚居》是一篇很另類的文獻。共 14 支簡,原無篇題。"主要敘述自季連開始到楚悼王共 23 位楚公楚王的居處遷徙,内容與《世本》之《居篇》很相類,故定名爲《楚居》。"[①]應該説,這個定名是有一定依據的。

《世本》十五篇,著錄於《漢書・藝文志》"春秋類",是先秦時期重要史籍之一。陳夢家先生據《世本》述及趙王遷事,並稱爲"今王遷",認爲是戰國末趙人所作;成書於秦始皇十三年至十九年(公元前 234—前 228 年)之間[②]。原書及各家注本南宋以後已佚,現在所能見到的是清代中葉以後的輯本[③]。從輯本看,《世本》由《帝繫篇》《王侯大夫譜》《氏姓篇》《居篇》《作篇》《謚法》等組成。有些輯本分類較細,如秦嘉謨輯補本把《王侯大夫譜》分爲王侯譜、世家、大夫譜等。《帝繫篇》敘述三皇五帝的譜系,《王侯大夫譜》敘述王侯大夫的譜系,《居篇》敘述帝王的居處遷徙,《作篇》敘述各種事物的發明創造,《謚法》敘述君臣婦人死後的稱號。

《世本》遺文可以透過輯本去尋繹。爲加深感性認識,也爲方

---

① 清華大學出土文獻研究與保護中心編,李學勤主編:《清華大學藏戰國竹簡(壹)》,中西書局,2010 年。

② 陳夢家:《西周年代考・六國紀年》,中華書局,2005 年,第 191—197 頁。

③ 〔漢〕宋衷注,〔清〕秦嘉謨等輯:《世本八種》,中華書局,2008 年。本文所引輯本都出自此書。

便比較,我們把《世本》輯本中《帝繫篇》《王侯大夫譜》和《居篇》裏與楚有關的内容先移錄如下。

《世本》輯本《帝繫篇》《王侯大夫譜》與楚有關的有：

昌意生高陽,是爲帝顓頊。母濁山氏之子,名昌僕。高陽生偁,偁生卷章,卷章生黎。吴回氏生陸終,陸終娶於鬼方氏之妹,謂之女嬇,生子六人。孕而不育三年,啓其左脅,三人出焉,啓其右脅,三人出焉。

……

六曰季連,是爲芈姓。季連者,楚是也。

季連生附沮。

楚熊渠封其中子之名某者爲鄂王。

楚武王墓在豫州新息。

頃襄王卒,太子熊元立,是爲考烈王。

秦將王翦滅楚。(王謨輯本)

穆王生王子揚,揚生尹,尹生令尹匄。

蔿艾獵是叔敖之兄,馮是艾獵之子。屈蕩,屈建之祖父。

楚大夫涉其帑。楚平王孫有田公它成。(孫馮翼集本)

老童生重黎及吴回。

句袒王庸。就章王疵。康王招。(陳其榮增訂本)

黄帝居軒轅之丘,娶於西陵氏之子,謂之累祖,産青陽及昌意。

青陽降居泜水,昌意降居若水。昌意娶於濁山氏之子,謂之昌僕,産顓頊。顓頊娶於滕墳氏,謂之女禄,産老童。

老童娶於根水氏,謂之驕福。生重黎及吴回。

吴回産陸終,陸終娶於鬼方氏之妹,謂之女隤,是生六子。

孕三年，啓其左脅，三人出焉，破其右脅，三人出焉。

……

六曰季連，是爲芈姓。

季連產什祖氏，什祖氏產内（穴之訛字）熊。九世至於渠婁鯀。出自熊渠有子三人，其孟子名爲無庸，爲句袒王。封其中子紅爲鄂王。

其季子名爲疵，爲就章王。（秦嘉謨輯補本《帝繫篇》）

楚芈姓，子爵。高陽生稱。稱生卷章。卷章生黎及吴回。吴回生陸終。陸終生六子，季曰連，爲芈姓，楚之先祖也。季連之後曰鬻熊，事周文王。鬻熊生熊麗。熊麗生熊狂。熊狂生熊繹，當成王時，封爲楚子。熊繹生熊艾。熊艾生熊䵣。熊䵣生熊勝及熊楊。熊楊生熊渠。熊渠生熊毋庸及熊摯紅、熊延。熊延生熊勇及熊嚴。熊嚴生熊霜及熊徇。熊徇生熊咢。熊咢生熊儀，是爲若敖。若敖生熊坎，是爲宵敖。宵敖生熊眴，是爲蚡冒。蚡冒弟熊通，是爲武王。

楚武王墓在豫州新息。

武王生文王熊貲。文王生熊囏，是爲杜敖。杜敖弟熊惲，是爲成王。成王生穆王商臣。穆王生莊王侣。莊王生恭王審。恭王生康王招。康王生員，是爲郟敖。靈王者，恭王庶子熊虔。平王者，恭王庶子熊居。平王生昭王珍。昭王生惠王章。惠王生簡王中。簡王生聲王當。聲王生悼王熊疑。悼王生肅王臧及宣王熊良夫。宣王生威王熊商。威王生懷王熊槐。懷王生頃襄王横。頃襄王生考烈王熊完。考烈王生幽王悍及王負芻。王負芻五年，秦滅楚。（秦嘉謨輯補本《世家》）

陸終子其六曰季連，是爲芈姓。季連產付沮氏。付沮氏產穴熊。九世至於渠婁鯀。出自熊渠有三人，其孟之名爲庸，爲句袒王；其中之名爲紅，爲鄂王；其季之名爲疵，爲就章王。

熊渠封其中子紅爲鄂王。

穆王生王子揚，揚生尹，尹生令尹匔（訇之訛字）。

楚武王墓在豫州新息。

康王名招。

頃襄王卒，太子熊完立，是爲考烈王。

蔿艾獵，孫叔敖之兄。蔿子馮，艾獵之子。

葉公，楚縣公葉公子高。

屈蕩，屈建之祖父。

平王孫有田公它成。

楚有大夫恒思公。

楚大夫涉其帑。

秦將王翦滅楚。孫檢曰：秦虜楚王負芻，滅去楚名，以楚地爲秦郡。（張澍稡集補注本）

陸終娶於鬼方氏之妹，謂之女嬇，是生六子。

六曰季連，是爲芈姓。季連者，楚氏也。

熊渠立其長子庸爲句袒王。熊渠封其中子紅爲鄂王。少子疵爲就章王。

楚武王。

康王名招。

考烈王熊完。（茆泮林輯本）

《居篇》輯本中與楚有關的有：

楚鬻熊居丹陽。武王徙郢。（王謨輯本、茆泮林輯本）

楚子熊渠封仲子紅於鄂。（孫馮翼集本）

昭王徙鄀。

襄王居陳。

考烈王徙壽春。(秦嘉謨輯補本)

楚武王墓在豫州新息。(張澍稡集補注本)

不同輯本取材寬嚴不同。秦本最寬,茆本最嚴。各本内容互有出入。《帝繫篇》《王侯大夫譜》楚的内容較多,可以對照考察。《居篇》楚的内容較少,可以汰去重複,重加整理。由上兩篇輯本,可以略略窺見《世本》面貌。一、《世本》是先秦有關史料分門別類的輯集;二、敘述從黄帝開始,至戰國末年;三、内容零散,缺乏完整性、系統性和可讀性。

《楚居》則不同,它的内容是綜合的,敘述從楚的羋姓始祖季連開始,完整、系統、可讀性強。如果按照《世本》的模式整理,可以把它打亂,分別置於《王侯大夫譜》《居篇》《作篇》和《謚法》等篇。如武王以後的王號與謚法有關,"郢"的得名與《作篇》有關,等等。誠然,與《楚居》關係最緊的是《王侯大夫譜》和《居篇》。但《楚居》不是把《王侯人大譜》和《居篇》内容分開,而是把兩者結合起來,以楚公楚王的譜系爲經,以居處遷徙爲緯。在敘述先公先王居處遷徙時,《楚居》不像《居篇》那麽單純,不枝不蔓,有時候鋪得比較開。如:

至酓擇(繹)與屈紃(紃),思(使)若嗌卜徙於𡋤宅,爲梗室,室既成,無以内之,乃竊若(鄀)人之犝以祭。懼其主,夜而内尿(尸),氏(是)今曰栾,栾必夜。

"若嗌",人名,若是姓氏,嗌爲名。漢代有名若章者。𡋤宅,地名,可分析爲𡋤之宅。𡋤從土夷聲,讀爲夷,水名,今湖北省中部漢水支流蠻河。《水經注·沔水》:"又南過宜城縣東,夷水出自房陵,東流注入。"又:"夷水,蠻水也。桓温父名夷,改曰蠻水。又謂之鄢水。《春秋》所謂'楚人伐羅,渡鄢'者也……昔白起攻楚,引西山長谷水,即是水也。"宅即窀穸之窀。《説文》:"窀,葬之厚夕。从穴屯聲。《春秋傳》曰:窀穸從先君於地下。"又:"穸,窀穸也。从穴夕聲。"杜預注《左傳·襄公十三年》"唯是春秋窀穸之事":"窀,厚也;穸,夜也。厚夜猶長夜。春秋謂祭祀,長夜謂葬埋。"包山簡窀字加土旁,用法相同。包山簡166:"威王窀臧嘉",172:"威王之窀人臧訾",174:"肅王窀人翏亞夫"。窀指厚葬之大墓。林澐先生指出,歷代楚王皆有窀。楚王諸陵已有如漢朝之奉陵邑,有民人,有州里,有市[①]。夷宅因夷水旁的墓葬區而得名,是比較晚起的名稱。這類地名《漢書·地理志》多見。《史記·楚世家》:"熊繹當周成王之時,舉文武勤勞之後嗣,而封熊繹於楚蠻,封以子男之田,姓芈氏,居丹陽。"丹陽應即夷宅。據《世本》,鬻熊居丹陽。這個丹陽在丹江上游商縣一帶[②]。兩個丹陽同名異實。熊繹遷都夷宅之後,也把夷宅這個地方叫作丹陽。夷宅可能先稱丹陽,後稱夷宅。《楚居》敘述歷史用後起名稱。楩室與墓葬有關,即便房、便殿的前身,虞祭安神的地方[③]。鄀在湖北宜城[④]。夷宅地望與鄀臨近,可以反過來證明我們對夷宅的解釋。這一段談到因遷都而占卜,進而爲楩室祭祀,落腳到柰得名的由來。

至武王酓䌛自宵徙居免,焉𠙵(始)□□□□□福。衆不

---

① 林澐:《讀包山楚簡劄記七則》,《林澐學術文集》,中國大百科全書出版社,1998年,第19頁。

② 參看尹弘兵:《楚國都城與核心區研究》第三章《丹淅説與枝江説的對比研究》,湖北人民出版社,2009年。

③ 參看高崇文:《釋"便椁"、"便房"與"便殿"》,《考古與文物》2010年第3期,第46—52頁;蕭亢達:《"便房"新解》,《考古與文物》2010年第3期,第53—57頁。

④ 李學勤:《論清華簡〈楚居〉中的古史傳説》,《中國史研究》2011年第1期。

容於冗，乃渭（圍）疆涅之波而宇人焉，氐（是）今曰郢。

我們曾論證，宵即湖北鍾祥市郢州故城，冗在宜城雷河鎮郭家崗一帶。楚武王自宵遷冗，因爲冗不能適應人口增長，便對緊鄰水域疆涅進行改造，擴大居住面積。“渭（圍）疆涅之波”就是把疆涅的水圍起來，向水域借空間，也就是後世的“築圩子”。經這種方法改造過的地方叫作郢[①]。這裏由遷都談到城市改造，談到楚都爲什麽稱郢。

上兩段中關於柰和郢的部分，是由遷都衍生出來的。

“衆不容於冗”道出了對城市改造的原因。值得注意的是，《楚居》敘述遷都時也往往交代遷都的原因。如：

若敖起禍，焉徙居蒸之野。

闔盧入郢，焉徙居秦溪之上。

白公起禍，焉徙襲柔郢。

中謝起禍，焉徙襲肥遺。

邦大痳，焉徙居鄩郢。

遷都原因在《居篇》中是很少見到的。

《楚居》中有些内容與遷都無關。

季連初降於郻山，氐（抵）于穴窮。前出于喬山，宅處爰波。逆上汌水，見盤庚之子，處于方山，女曰妣隹，秉茲率□，畀耑四方。季連聞其有聘，從及之盤，爰生緝伯、遠仲。毓賞羊，先處于京宗。穴（鬻）酓（熊）遲徙于京宗，爰得妣㪣，逆流哉（載）水，厥狀聶耳，乃妻之，生侸叔、麗季。麗不從行，渭

① 趙平安：《試釋楚居中的一組地名》，《中國史研究》2011年第1期。

(遂)自脅出,妣戡賓于天,巫戕賅(該)其脅以楚,氏(是)今曰楚人。

盤庚即遷都於殷的商王[1]。季連見盤庚後人妣隹,"從及之盤","盤"應是地名。這對於理解盤庚的名字結構很有啓發。大約盤庚曾居於盤,故稱盤庚。殷墟卜辭中,盤用爲地名。如:"盤入十。爭。"(《合集》6478反)"☒盤入五十。殻。"(《合集》3990反)"盤入十。"(《合集》7407反)"盤入二。"(《合集》16355)[2]徐協貞曰:"般……亦方名。《山海經·泝水》:般水出焉。《漢書·地理志》平原郡有般縣,或即般方之領域也。"[3]般縣在今山東樂陵西南。西周金文有盤仲虡,春秋金文有盤仲柔,都是盤氏公族[4],或係盤庚後裔。盤庚遷殷以後,其後人仍有居於盤者。季連所見應爲這一支脈。楚與商的聯姻,極具象徵意義。我們知道,商文化對楚文化有深刻影響[5]。跟西周金文比起來,楚文字保留了比較多的商代甲骨文的寫法,也説明這一點[6]。季連生絰伯、遠仲,鬻熊生伍叔、麗季,據《世本》和《楚世家》,兩位先公之間還有付沮,他們係爺孫關係,其子嗣取名猶熊嚴四子伯霜、仲雪、叔堪、季徇[7],排行一貫而下,個中緣由,耐人尋味。巫戕,人名,巫,表示身份,戕,是私名。

---

① 李學勤:《論清華簡〈楚居〉中的古史傳説》,《中國史研究》2011年第1期。

② 參看方稚松:《殷墟甲骨文五種記事刻辭研究》之"相關材料列表",綫裝書局,2010年。

③ 轉引自李圃主編:《古文字詁林》第7册,上海教育出版社,2002年,第714頁。

④ 吴鎮烽編纂:《金文人名彙編》,中華書局,2006年,第267頁。

⑤ 高崇文:《從夏商時期江漢兩大文化因素的源流談楚文化的起源》,《楚文化研究論集》第三集,湖北人民出版社,1994年。

⑥ 可參趙平安:《新出簡帛與古文字古文獻研究》之"新出簡帛與古文字考論",商務印書館,2009年。

⑦ 司馬遷:《史記》卷四十《楚世家》,中華書局,1982年,第1693頁。

這一段談到季連、穴畬追求妣隹、妣䦎並結婚生子。其中對於長相和生育過程的描寫，對於楚人得名之由的説明，只能説與楚的世系相關，與楚的遷都没有直接聯繫。

可見，《楚居》和《世本》的《居篇》體式上、内容上還是有明顯不同的。

那麽，《楚居》究竟是什麽性質的東西呢？

上面已經提到，《楚居》是以楚公楚王的譜系爲經，以居處遷徙爲緯的綜合體。在敘述楚公楚王的世系時，及於求偶經歷、配偶長相、生育過程等；在敘述居處遷徙時，及於都城改造、都城改名、遷徙原因等。其中還涉及楚、柰、郢的得名由來。楚的得名具有傳奇色彩，柰的得名不乏調侃意味，只有郢的得名比較平實近真。楚、柰、郢是三個重要的楚文化符號，王公譜系和居處遷徙是正史中核心的部分。毫無疑問，《楚居》内容是楚史的主體内容。《孟子·離婁下》："王者之迹熄而《詩》亡，《詩》亡然後《春秋》作。晉之《乘》，楚之《檮杌》，魯之《春秋》，一也：其事則齊桓、晉文，其文則史。"晉國的史書叫《乘》，楚國的史書叫《檮杌》，魯國的史書叫《春秋》，它們性質相同，談的都是君王之事。關於《乘》和《檮杌》的體例，過去多依《春秋》推定，以爲是編年體①。這種推論未必可信。頗疑《楚居》即《檮杌》的部分内容，或者是在《檮杌》的基礎上創作而成的。

《楚居》的作者應該是位史家。先秦時代的史都是世官，史家往往就是史官。從《楚居》看，不是史官難以掌握這麽系統詳盡的

---

① 〔美〕蒲百瑞著，陳春譯：《試析〈左傳〉中的楚〈檮杌〉資料》，《楚文化研究論集》第六輯，湖北教育出版社，2005 年，第 455—462 頁。

資料。頗疑《楚居》是清華簡墓主人的作品。李學勤先生指出，清華簡的墓主是一位歷史學家[①]，我很贊同這種説法。實際上，他不僅是一位歷史學家，而且應該是一位楚國籍的歷史學家。

《楚居》的敘事截止楚悼王（公元前 384—前 381 年）時期，撰作年代應在楚悼王以後。清華大學委託北京大學加速器質譜實驗室第四紀年代測定實驗室對清華簡無字殘片樣品進行 AMS 碳 14 年代測定，經樹輪校正的資料是：該樣片産生於西元前 305±30 年。如果這個樣片具有普遍代表性，那麽《楚居》的撰作年代的下限最晚不會晚於公元前 275 年。綜合考慮，我們認爲應以楚肅王（公元前 370—前 341 年）時期成書的可能性最大。

（原載《清華大學學報》2011 年第 4 期）

① 李學勤：《初識清華簡》，《光明日報》2008 年 12 月 1 日。

試説《楚居》“媺嘗羊”*

清華大學藏戰國簡《楚居》有下面一段文字：

> 季連初降於郻山，氐（抵）于空（穴）窮，前出于喬山，宅（宅）凥（處）爰波。逆上汌水，見盤庚之子，凥（處）于方山。女曰比（妣）隹，秉兹率相，詈冐四方。季連聞亓（其）又（有）甹（聘），從及之盤。爰生絟白（伯）、遠中（仲），媺嘗羊。先凥（處）于京宗。[①]（第1—2簡）

其中郻山、喬山、汌水、京宗等已有很好的考釋。郻山是《山海經·中山經》内《中次三經》的騩山，也即《中次七經》的大騩之山，就是今河南新鄭、密縣一帶的具茨山。喬山即《中山經·中次八經》中的驕山。汌水就是《水經注》中的均水，《漢書·地理志》作鈞水，上中游即今河南西南部淅川，下游即會合淅川以下的丹江，流入漢水。京宗即景山。《中山經·中次八經》：“荆山之首曰景山。”[②]關於景山爲什麽稱京宗，李家浩先生有很好的解釋，他説：

---

* 本文係教育部哲學社會科學研究重大攻關項目“出土簡帛與古史再建”(09JZD0042)和國家科技支撑計劃“中華文明探源及其相關文物保護技術研究”項目課題“古代簡牘保護與整理研究”(2010BAK67B14)的階段性成果。

① 清華大學出土文獻研究與保護中心編，李學勤主編：《清華大學藏戰國竹簡(壹)》中西書局，2010年，上册第26—27、117—124頁，下册第180—192頁。

② 清華大學出土文獻研究與保護中心編，李學勤主編：《清華大學藏戰國竹簡(壹)》上册，中西書局，2010年，第182—183頁。李學勤：《論清華簡〈楚居〉中的古史傳説》，《中國史研究》2011年第1期。

> “景”從“京”得聲，故二字可以通用。例如《漢書·高惠高后文功臣表》“高景侯”，《史記·高祖功臣侯者年表》“高景”作“高京”，裴駰《集解》引徐廣曰“京”一作“景”。古代稱泰（太）山爲岱山，或曰岱宗。《書·舜典》“歲二月，東巡守，至於岱宗”，僞孔傳：“岱宗，泰山，爲四岳所宗。”《後漢書·孝安帝紀》延光三年二月辛卯“幸太山，柴告岱宗”，李賢注：“太山，王者代告之處，爲五嶽之宗，故曰岱宗。”《楚居》把景山稱爲“景宗”，猶古書把岱山稱爲“岱宗”，因其爲荆山之首故名。[①]

這些意見應該都是正確的。

但是，“毓裳羊”一句，至今没有令人滿意的解釋。我們認爲，“毓裳羊”應理解爲“毓於裳羊”。毓，古育字，與育音義相同。育的本義是生。《易·漸》：“婦孕不育。”李鼎祚《集解》引虞翻曰：“育，生也。”由生引申爲長。《詩·大雅·生民》：“載生載育。”毛傳：“生，長也。”“裳羊”爲地名，應讀爲常羊。裳由尚、長兩部分構成，是一個雙聲符字。無論尚聲還是長聲，都可以讀爲常[②]。常羊見於《山海經》，爲山名。《海外西經》：“奇肱之國，在其北，其人一臂三目，有陰有陽，乘文馬。有鳥焉，兩頭，赤黄色，在其旁。形天與帝至此爭神，帝斷其首，葬之常羊之山，乃以乳爲目，以臍爲口，操干戚以舞。”《大荒西經》：“有大巫山。有金之山。西南，大荒之

① 李家浩：《談清華戰國竹簡〈楚居〉的“夷宅”及其他——兼談包山楚簡的“𡈼人”等》，《出土文獻》第二輯，中西書局，2011年。

② 尚、常是陽部禪母字，長是陽部端母字，陽部禪母與端母可以通假。參王輝：《古文字通假字典》，中華書局，2008年，第405—410頁。

中隅，有偏句、常羊之山。"郝懿行《山海經箋疏》："《宋書·符瑞志》云：'有神龍首感女登於常羊山，生炎帝神農。'即此也。《大荒西經》有偏句、常羊之山，亦即此。"字又作常祥。《吕氏春秋·諭大》："地大則有常祥、不庭、岐母、群抵、天翟、不周。"俞樾《諸子平議》曰："自'常祥'以至'不周'，皆山水名也。"孫詒讓《札迻》曰："'常祥'以下六者皆山名。……"並指出，《山海經·大荒西經》"有偏句、常羊之山"，即此"常祥"也[①]。《淮南子·地形訓》："西南方曰編駒之山。"編駒即偏句。常羊應在西南方。具體地望，可以據華陽加以説明。《太平御覽》卷七八皇王部三引《帝王世紀》曰："神農氏姜姓也，母曰任姒，有喬氏之女名女登，爲少典妃，游於華陽，有神龍首感女登於常羊，炎帝人身牛首，長於姜水。有聖德，以火承木，位於南方主夏，故謂之炎帝。"從這段記述看，華陽與常羊應相去不遠。《尚書·禹貢》："華陽、黑水惟梁州。"注："東據華山之南，西距黑水。"據胡渭《禹貢錐指》九，秦宣太后弟芈戎封華陽君，昭王立太子愛姬爲華陽夫人，皆此地。其地有華陽川，即古華陽藪。因山得名，山藪並在華山之陽，即《禹貢》之華陽。地在今陝西省商縣。常羊應在華陽南邊。

《尚書·旅獒》："犬馬非其土性不畜，珍禽奇獸不育于國。"《左傳·莊公二十二年》："有嬀之後，將育于姜。""毓於裳羊"與"珍禽奇獸不育于國""將育于姜"句式相同或相似。"毓裳羊"緊承前句，是説綪伯、遠仲在常羊長大。

---

① 孫詒讓：《札迻》，中華書局，1989年，第197頁。

絰通程，遠通蔿，絰伯、遠仲分别是程氏和蔿氏的祖先。程氏，傳説爲顓頊重黎之後，《元和姓纂·清韵》載，周有程伯休父。遠通薳，春秋楚有薳啓疆。《左傳·昭公十一年》："僖子使助薳氏之簉。"《釋文》："本又作蔿。"程伯、薳仲的結構是氏名加排行，而這些氏名又往往來源於地名[①]。《竹書紀年》："（帝辛）三十三年，密人降于周師，遂遷于程。"《孟子·離婁下》："文王生於岐周，卒於畢郢，西夷之人也。"程，地名，又作畢郢，在今陝西咸陽東。《左傳·僖公二十七年》："子玉治兵於蔿。"杜注："蔿，楚邑。"1978年，考古工作者在河南淅川發現了春秋時期的薳氏家族墓地[②]，表明薳氏的封邑應在淅川一帶。

《楚居》中的常羊、程、薳這些地名，都處於丹江上游一帶，承載着非常重要的歷史信息。我們知道，石泉先生根據對大量文獻資料的梳理，認爲商末周初時楚人與周聯繫緊密，彼此應較爲臨近，且古文獻記載丹陽應當在今丹江上游商縣盆地，至熊渠時，遷至丹

① 我在《三楚先何以不包括季連》（第三屆古文字與古代史國際學術研討會論文，臺北"中研院"歷史語言研究所，2011年3月25—27日）一文中指出："季連娶盤庚後人妣隹爲妻，生絰伯和遠仲，鬻熊娶妣戱爲妻，生叵叔、麗季。季連和鬻熊的子輩，取名猶熊嚴四子伯霜、仲雪、叔堪、季徇，排行一貫而下，值得引起重視。大家知道，在中國傳統文化裹，貴族男子的名字前面往往加伯（或孟）仲叔季。不僅親兄弟之間如此，堂兄弟之間也往往如此。因此我們很容易聯想到絰伯、遠仲、叵叔、麗季是堂兄弟關係。"實際上叵叔、麗季的結構和絰伯、遠仲是一樣的。叵通鬭，鬭氏，芈姓，爲楚國著名的氏族，《左傳·桓公六年》有鬭伯比。叵叔應是鬭氏的祖先。麗，《通志·氏族略》有麗氏。鬭和麗也可能來源於地名。甲骨文中有門地，如："乙巳卜，爭貞：燎于河五牛，沈十牛。十月，在門。"（《殷墟書契前編》2.9.3）《漢書·地理志》琅玡郡下有名叫麗的侯國。不知是否一地。

② 河南省文物研究所、河南省丹江庫區考古發掘隊、淅川縣博物館：《淅川下寺春秋楚墓》，文物出版社，1991年。

江下游、今淅川縣境的丹淅地區[①]。《楚居》中的三個地名，表明季連時期楚已在丹江上游、商縣盆地一帶活動，無疑爲石泉先生的説法提供了新的支撑。

（原載《文物》2012 年第 1 期）

---

① 石泉：《楚都丹陽地望新探》及《楚都丹陽及古荆山在丹淅附近補正》，《古代荆楚地理新探》，武漢大學出版社，1988 年，第 174—210 頁。

清華簡《楚居》妣隹、妣𨟻考

《楚居》所述人物中有妣隹和妣𨟻，妣隹是季連的妻子，妣𨟻是鬻熊的妻子。由於季連與鬻熊在楚先公中的特殊地位，《楚居》對妣隹和妣𨟻著墨較多，爲我們深入理解她們的名字結構提供了條件。我們知道，古人無論男女，名字中幾乎都藴含着豐富的歷史文化信息，是研究歷史文化的絶佳資料。妣隹、妣𨟻也不例外。

考證妣隹和妣𨟻，必須從妣字談起。妣的語源是比，《釋名·釋喪制》："妣，比也。"本義應該是配偶。所以古書中妣可以指母親。《爾雅·釋親》："父曰考，母曰妣。"《尚書·舜典》："百姓如喪考妣。"孔傳："考妣，父母。"也可以指祖母或祖母以上的女性祖先。《詩經·小雅·斯干》："似續妣祖。"鄭玄箋："妣，先妣姜嫄也。"不僅死了可以稱妣，活着也可以稱妣。甲骨金文中常見妣加日名的女性名稱，都是作爲祭祀對象出現的，無疑是指已故的女性祖先。《楚居》説季連"見盤庚之子，處于方山，女曰妣隹"，鬻熊"爰得妣𨟻，……乃妻之，生侸叔、麗季"，妣隹和妣𨟻顯然是生稱。《説文·女部》："妣，殁母也。"《釋名·釋喪制》："母死曰妣。"《方言》卷六："南楚、瀑、洭之間……謂婦妣曰母姼，稱婦考曰父姼。"郭璞注："古者通以考妣爲生存之稱。"

歸納起來看，妣加名詞做專名主要有兩種情況：一種是妣加日名，如妣辛、妣癸之類，這類妣往往指逝去的祖母或祖母以上的女性祖先，日名都是天干，含義比較清楚；另一種是妣名加一般性的名詞，如妣隹、妣𡨱之類，這類妣可以指活着的女性，後面的名詞含義要具體分析。

在妣隹、妣𡨱中，妣隹的含義相對比較明確。我們可以從妣隹說起。

> 季連初降於郻山，抵于穴窮，前出于喬山，宅處爰波。逆上汌水，見盤庚之子，處于方山，女曰妣隹，秉茲率相，詈胄四方。季連聞其有聘，從及之盤。爰生䣓伯、遠仲，毓徜羊，先處于京宗。（第1—2簡）

其中郻山、喬山、汌水、京宗等已有很好的考釋。郻山即《山海經·中山經》內《中次三經》的騩山，《中次七經》的大騩之山，今河南新鄭、密縣一帶的具茨山。喬山即《中山經·中次八經》中的驕山。汌水就是《水經注》中的均水，《漢書·地理志》作鈞水，上中游即今河南西南部淅川，下游即會合淅川以下的丹江，流入漢水。京宗即景山。《中山經·中次八經》："荆山之首曰景山。"[①]盤是盤庚的封地，在山東樂陵[②]。"徜羊"應讀爲常羊，見於《山海經》，爲山名。"毓徜羊"是說䣓伯、遠仲在常羊長大。䣓通程，遠通蔿，䣓伯、遠仲分別是程氏和蔿氏的祖先[③]。妣隹是盤庚的後人。可能是盤庚的女兒，也可能是盤庚的孫女，但更可能是盤庚的孫女。不管怎麽說，她是商人的後代，是肯定無疑的。這是瞭解妣隹的

---

① 清華大學出土文獻研究與保護中心編，李學勤主編：《清華大學藏戰國竹簡（壹）》上册，中西書局，2010年，第182—183頁。李學勤：《論清華簡〈楚居〉中的古史傳說》，《中國史研究》2011年第1期。

② 趙平安：《〈楚居〉的性質、作者及寫作年代》，《清華大學學報》2011年第4期。

③ 趙平安：《試說〈楚居〉"毓徜羊"》，《文物》2012年第1期。

基礎。

衆所周知，商人的來歷與玄鳥有關。《詩經・商頌・玄鳥》：

天命玄鳥，降而生商，宅殷土芒芒。古帝命武湯，正域彼四方。

《史記・殷本紀》：

殷契，母曰簡狄，有娀氏之女……三人行浴，見玄鳥墮其卵，簡狄取吞之，因孕生契。

《太平御覽》八〇五引皇甫謐《帝王世紀》云：

有燕飛而遺卵，簡翟與妹競取，覆以生契。

《太平御覽》二七一引《帝王世紀》云：

簡翟浴玄反之水，燕遺卵而吞之，剖背生契。

《説文・人部》説契：

高辛氏之子，堯司徒，殷之先。

商人先祖王亥，商代甲骨文一般作亥，有時候增鳥作

之形[①]。《山海經・大荒東經》："有人曰王亥，兩手操鳥，方食其頭。"可以作爲亥字從鳥的注脚。

---

① 胡厚宣：《甲骨文商族鳥圖騰的遺跡》，《歷史論叢》第一輯，1964 年。胡厚宣：《甲骨文所見商族鳥圖騰的新證據》，《文物》1997 年第 2 期。

商代金文有"玄鳥"合文。于省吾先生指出玄鳥婦罍銘文(圖1)是古代鳥圖騰的遺跡[①],是很正確的。商人崇拜鳥卜辭有明文記載。殷墟花東卜辭中也有玄鳥合文(圖2):

辛卜貞,往鳶,疾不死。

辛卜,子弗艱。(第3片)

饒宗頤先生認爲"往某"有向神祇祈求之義,"往鳶"就是向玄鳥祈禱[②]。以上這些分别從不同側面反映了商人對鳥圖騰的崇拜。

《集成》9794.1

圖1 玄鳥婦罍銘文

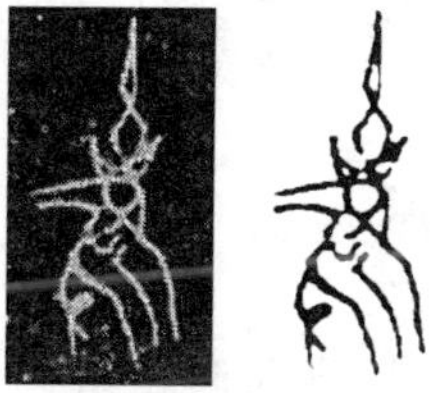

鳶

圖2 殷墟花東卜辭中玄鳥合文

羅振玉先生指出:"卜辭中'隹'與'鳥'不分,故'隹'字多作'鳥'形。許書隹部諸字亦多云'籀文从鳥',蓋'隹''鳥'古本一字,筆畫有繁簡耳。"[③]單周堯先生認爲:"'隹''鳥'是否古本一字,似乎仍有待商討,可是'隹'和'鳥'有語源關係,即屬無可懷疑。"鳥古

① 于省吾:《略論圖騰與宗教起源和夏商周圖騰》,《歷史研究》1959年第11期。
② 饒宗頤:《"玄鳥"補考》,《九州學林》秋季2卷3期,復旦大學出版社,2004年。
③ 羅振玉:《增訂殷墟書契考釋》中卷,東方學會,1927年,第31頁。

音端母幽部,隹古音章母微部,聲母相同或相近[①]。孫玉文教授同意羅、單兩位的意見,通過 15 個例子,從幽微旁轉的角度證成他們的説法。他説:"六朝以前的一些方音中,幽微兩部的音值十分相近。"[②]綜合各家的意見,有理由認爲,鳥和隹無論字源還是語源都是相同的。因此妣隹實際上就是妣鳥。鳥是楚人對商部落的代稱。妣隹等於説來自商部落的妣。

對妣隹的解讀,於探討妣敓的結構有直接的參考作用。敓可能也有相似的含義。復旦讀書會曾經指出:

> 我們懷疑"敓"讀爲"厲","妣敓"爲古厲國女子。整理者已指出"敓"在上博簡《容成氏》中可讀爲"癘"。"癘"、"厲"同聲符,"敓"可讀爲"厲"從音理上看没有問題。"厲國"又作"賴國",一般認爲與古部族"厲山氏"(又作"列山氏"、"烈山氏"等)有關。這個部族是隨棗走廊一帶的土著。簡文所述穴酓(穴熊)遷徙到京宗之地並娶妣敓,或許反映的就是楚先民與古厲人通婚的情況。[③]

這一判斷應該是正確的。從字形分析,敓字從炎戉聲。從炎與從火同。戉是聲符,後訛變爲戌。字當爲威。在古文獻中,威與列、厲通用。《周禮·夏官·戎右》:"贊牛耳桃茢。"鄭玄注:"故書茢爲滅。杜子春云:'滅當爲厲。'"[④]

---

① 單周堯:《"鳥"字古音試説》,《中國語文》1992 年第 4 期。

② 孫玉文:《"鳥""隹"同源試證》,《語言研究》1995 年第 1 期。

③ 復旦大學出土文獻與古文字研究中心研究生讀書會:《清華簡〈楚居〉研讀劄記》,復旦古文字網,2011 年 1 月 5 日。

④ 王輝:《讀上博楚竹書〈容成氏〉劄記(十則)》,《古文字研究》第二十五輯,中華書局,2004 年。

《續漢書·郡國四》：南陽郡"隨"縣條劉昭補注引《帝王世紀》曰："神農氏起列山，謂列山氏，今隨厲鄉是也。"《史記·五帝本紀》"神農氏世衰"句下《正義》引《括地志》云："厲山在隨州隨縣北百里，山東有石穴，昔神農生於厲鄉，所謂列山氏也，春秋時爲厲國。"都說神農氏就是厲山氏。對此，徐少華先生綜合各家意見，有精彩辯證：

> 厲山氏與炎帝部落在西漢及以前的文獻中，不見有直接的對應關係，尤其是在《左傳》《國語》等較早的文獻裏更是各有其源；將二者聯爲一體，始於東漢鄭玄《禮記·祭法》篇注，至西晉皇甫謐《帝王世紀》又與神農糅爲一團，從而厲山氏即神農氏、又爲炎帝的説法一直沿襲下來。這一成説的形成，是漢晉學者本着天下一統、諸侯同源的指導思想對古史進行綜合加工、系統化的結果。其實，早期活動在陝西西部的炎帝部落與興起於隨棗走廊的厲山氏，起初並沒有直接的淵源關係。①

我們同意徐先生的説法。妣𠼝不是炎帝的後人，還可以從《楚居》下列文字加以説明：

> 鬻熊遲徙於京宗，爰得妣𠼝。逆流哉水，厥狀聶耳，乃妻之。（第2—3簡）

前面講到季連娶妣隹，説妣隹當時已經許婚，於是季連和她一起來

---

① 徐少華：《古厲國歷史地理考异》，《歷史地理》第十九輯，上海人民出版社，2003年。

到盤庚的封地，解除原有婚約，迎娶她[①]。隱含的意思是，季連娶妣隹經過了一系列文明程式。而鬻熊娶妣戱，前面説“得”，後面説“妻之”。“得”通常表示得到，“得”後面跟人時往往表示擄獲的意思。從“爰得妣戱”這種表述看，鬻熊之於妣戱，很像是“匪寇婚媾”，即劫奪婚，搶老婆。它所表現出來的對女方及其家族的態度和季連對妣隹是很不一樣的。這可能和厲山氏與盤庚一族地位懸殊有關係。

《左傳·昭公四年》：“遂以諸侯滅賴。賴子面縛銜璧，士袒，輿櫬從之，造於中軍。王問諸椒舉，對曰：‘成王克許，許僖公如是。王親釋其縛，受其璧，焚其櫬。’王從之。遷賴於鄢。”魯昭公四年當楚靈王三年，楚滅賴國，即厲國，並且把它遷到鄢，今湖北宜城縣南。賴與鄢相距不遠。我在《〈楚居〉“爲郢”考》一文中曾指出，楚靈王時期有兩個都城，一個爲郢，一個秦溪之上。從靈王時期史實分析，爲郢就是鄢郢，秦溪就是乾溪之上[②]。鄢爲楚靈王前期都城，楚靈王三年遷賴（厲）於鄢，這個時候鄢很可能正是首都，即便已不是首都，也是剛剛遷出的舊都。把一個滅掉的國家遷到首都或舊都，這是很不尋常的事情，是一個特別的待遇。推測這和“賴子面縛銜璧，士袒，輿櫬從之，造於中軍”有關，可能也有念“舊情”的成分在裏面。畢竟妣戱是伍叔、麗季的母親，楚人的祖先與厲是娘舅的關係。

---

① 趙平安：《〈楚居〉的性質、作者及寫作年代》，《清華大學學報》2011 年第 4 期。

② 《〈楚居〉“爲郢”考》，中國社會科學院中國古代史論壇“出土簡帛與地方社會”論文，中國社會科學院歷史研究所，2011 年 6 月 5—7 日。

我們曾從《楚居》首述季連，次述鬻熊的次序，從季連和鬻熊四個兒子的排行判斷季連和鬻熊是兄弟關係①。實際上，《楚居》説季連"先處于京宗"，然後説"鬻熊遲徙於京宗"，深層含義是兄終弟及，也多少折射了這一信息。

據《史記》，鬻熊生活在周文王時代，曾"子事文王，早卒"。他的兒子熊麗，《古今人表》將其置於伯邑考和虞侯之間，生活在商末周初。因此鬻熊生活在商末的可能性較大。季連應比鬻熊更早一點。在季連、鬻熊時代，楚國的地域雖然不廣，然而楚人的活動區域卻很大。其北邊已到盤(山東樂陵)，南邊已到厲山氏(隨棗走廊一帶)。這對於研究歷史地理是很有啓發的。在研究歷史地理特别是早期歷史地理時，區别國族的地域和他們的活動區域是至關重要的。

季連娶妣隹，反映了楚文化與商文化的融合。我們知道，商文化對楚文化有深刻影響②。譬如，跟西周金文比起來，楚文字保留了比較多的商代文字的寫法，也説明這一點③。頗疑楚人和商人通婚後，在强勢主流文化的衝擊下，系統引入商人的文字和文化，並在與商的交融中完善自己的地域文化。鬻熊取妣䫴，則是楚人與周邊土著交往的一個縮影。通婚、交戰，循環往復，最後把土著

---

① 趙平安：《"三楚先"何以不包括季連》，第三届古文字與古代史國際學術研討會論文，臺北"中研院"歷史語言研究所，2011 年 3 月 25—27 日，4 月又提交美國亞洲學會年會，並在會上宣講。

② 高崇文：《從夏商時期江漢兩大文化因素的源流談楚文化的起源》，《楚文化研究論集》第三集，湖北人民出版社，1994 年。

③ 可參趙平安：《新出簡帛與古文字古文獻研究》之"新出簡帛與古文字考論"，商務印書館，2009 年。

滅掉。楚人在與土著交往的過程中，雖然也有相互影響，但主要還是楚人對土著的影響。季連娶妣隹，鬻熊娶妣䣄，反映了當時錯綜複雜的婚姻關係，也折射出楚國多元的文化特徵。

（原載《中國文化研究》2012 年第 1 期）

《楚居》“爲郢”考*

清華大學藏戰國竹簡《楚居》是一篇極其重要的先秦文獻，詳述從季連至楚悼王的居處遷徙，内容完整，是研究楚都的絶好資料。其中之一爲“爲郢”，出現頻率高，時間跨度大，特别引人注目。

本文擬對“爲郢”進行探討。爲方便起見，先將楚武王至惠王的在位年數、遷都情況整理如下：

王名	在位時間，在位年數	所居都城
武王	前740—前690，在位51年	宵—冗(疆浧)
文王	前689—前677，在位13年	冗(疆浧)—湫郢—樊郢—爲郢—冗郢(福丘)
堵敖艱	前676—前672，在位5年	福丘—都郢
成王	前671—前627，在位46年	都郢—湫郢—睽郢
穆王	前625—前614，在位12年	睽郢—爲郢
莊王	前613—前591，在位23年	樊郢—同宫之北—蒸之野—爲郢
共王	前590—前560，在位31年	爲郢
康王	前559—前545，在位15年	爲郢
郟敖	前544—前541，在位4年	爲郢
靈王	前540—前529，在位12年	爲郢—秦溪之上
平王	前528—前516，在位13年	秦溪之上

* 本文係教育部哲學社會科學研究重大攻關項目“出土簡帛與古史再建”(09JZD0042)和國家科技支撐計劃“中華文明探源及其相關文物保護技術研究”項目課題“古代簡牘保護與整理研究”(2010BAK67B14)的階段性成果。

续表

王名	在位時間，在位年數	所居都城
昭王	前 515—前 489，在位 27 年	秦溪之上—媺郢—鄂郢—爲郢—秦溪之上—媺郢
惠王	前 488—前 432，在位 57 年	媺郢—爲郢—湫郢（肥遺）—菡漢—鄢郢—鄀吁— ┌太子以邦於湫郢—徙居疆郢 └王自鄀吁徙蔡—自蔡復鄢

從上表可以看出，爲郢與樊郢鄰近。楚文王在位 13 年，遷都 4 次，文王時期的幾個都城，疆郢（冗、福丘）、淋（湫）、樊應在鄰近地區①。整理報告指出，樊在今湖北襄陽市樊城②。爲郢與樊相距不遠，應在樊周邊尋覓。從這一綫索出發，結合楚靈王時期的史實，我們判斷它就是《左傳·昭公十三年》的鄢。《左傳·昭公十三年》中有關記述很長，下面分段加以梳理。

楚子（楚靈王）之爲令尹也，殺大司馬薳掩，而取其室。及即位，奪薳居田（杜注：居，掩之族。言薳氏所以怨），遷許而質許圍（杜注：圍，許大夫）。蔡洧有寵於王，王之滅蔡也，其父死焉，王使與於守而行（杜注：使洧守國，王行至乾溪）。申之會，越大夫戮焉。王奪鬬韋龜中犨，又奪成然邑，而使爲郊尹（杜注：成然，韋龜子）。蔓成然故事蔡公（杜注：蔡公，棄疾也。故

① 趙平安：《試釋〈楚居〉中的一組地名》，《中國史研究》2011 年第 1 期。這一判斷對於鎖定烝之野的地望也是有幫助的。整理者已指出烝之野即《左傳·宣公四年》的"烝野"，極是。顧棟高《春秋輿圖》謂烝野在江陵縣境，沈欽韓《地名補注》謂在今河南新野縣（參看楊伯峻《春秋左傳注》，中華書局，1990 年，第 681 頁）。從《楚居》所述莊王遷都情況看，應以沈説爲是。

② 清華大學出土文獻研究與保護中心編，李學勤主編：《清華大學藏戰國竹簡（壹）》下册，中西書局，2010 年，第 188 頁。

猶舊也。韋龜以棄疾有當璧之命，故使成然事之）。故薳氏之族及薳居、許圍、蔡洧、蔓成然，皆王所不禮也，因群喪職之族啓越大夫常壽過作亂，圍固城，克息舟，城而居之。

説楚靈王先後得罪薳氏之族及薳居、許圍、蔡洧、蔓成然等人，這些人挑動越大夫常壽過作亂。

觀起之死也，其子從在蔡，事朝吴（杜注：朝吴，故蔡大夫聲子之子），曰："今不封蔡，蔡不封矣。我請試之。"以蔡公之命召子干、子晳（杜注：二子皆靈王弟，元年，子干奔晉，子晳奔鄭。楊伯峻注：子干即公子比，子晳即公子黑肱），及郊（楊伯峻注：二子至於蔡郊），而告之情，強與之盟，入襲蔡。蔡公將食，見之而逃（杜注：不知其故，驚起避之）。觀從使子干食，坎，用牲，加書，而速行。己徇於蔡，曰："蔡公召二子，將納之，與之盟而遣之矣，將師而從之。"蔡人聚，將執之。辭曰："失賊成軍，而殺余，何益？"（杜注：賊謂子干子晳也。言蔡公已成軍，殺己不解罪）乃釋之。朝吴曰："二三子若能死亡，則如違之，以待所濟（杜注：言若能爲靈王死亡，則可違蔡公之命，以待成敗所在）。若求安定，則如與之，以濟所欲。且違上（杜注：上謂蔡公），何適而可？"衆曰："與之。"乃奉蔡公，召二子而盟于鄧，依陳、蔡人以國。楚公子比、公子黑肱、公子棄疾（楊伯峻注：即蔡公）、蔓成然、蔡朝吴帥陳、蔡、不羹、許、葉之師，因四族之徒，以入楚。及郊，陳、蔡欲爲名，故請爲武軍。蔡公知之，曰："欲速，且役病矣，請藩而已。"乃藩爲軍。蔡公使須務牟與史猈先入，因正僕人殺太子祿及公子罷敵。公子比爲王，公子黑肱爲令尹，次于魚陂（楊伯峻注：魚陂，在今湖北天

> 門縣西北。《秦策》三“楚南有符離之塞，北有甘魚之陂”，即此魚陂）。公子棄疾爲司馬，先除王宫，使觀從從師于乾溪，而遂告之，且曰：“先歸復所，後者劓。”師及訾梁而潰（杜注：靈王還至訾梁而衆散）。

是説觀從假託蔡大夫之命把流亡國外的子干、子晳騙回，强行和他們盟誓，並借助陳人、蔡人恢復蔡國。而後公子比、公子黑肱、公子棄疾、蔓成然、蔡朝吴率陳、蔡、不羹、許、葉之師，因四族之徒入楚殺靈王太子禄和公子罷敵，立公子比爲王。

> 王聞群公子之死也，自投于車下，曰：“人之愛其子也，亦如余乎？”侍者曰：“甚焉，小人老而無子，知擠于溝壑矣。”王曰：“余殺人子多矣，能無及此乎？”右尹子革曰：“請待于郊，以聽國人。”（楊伯峻注：欲靈王至郢郊聽國人之所擇）王曰：“衆怒不可犯也。”曰：“若入於大都，而乞師於諸侯。”王曰：“皆叛矣。”曰：“若亡於諸侯，以聽大國之圖君也。”王曰：“大福不再，只取辱焉。”然丹乃歸于楚（杜注：然丹，子革。棄王歸）。王沿夏，將欲入鄢（杜注：夏，漢别名。順流爲沿。順漢水南至鄢）。芋尹無宇之子申亥曰：“吾父再奸王命，王弗誅，惠孰大焉？君不可忍，惠不可棄，吾其從王。”乃求王，遇諸棘闈以歸。夏五月癸亥，王縊于芋尹申亥氏。申亥以其二女殉而葬之。

是説靈王聽到幾個兒子的死訊，非常悲痛，不聽右尹子革勸告，執意要回鄢去。子革棄他而去，這才作罷。

這個故事也見於《史紀・楚世家》：

> 十二年春，楚靈王樂乾溪，不能去也。國人苦役。初，靈王會兵於申，僇越大夫常壽過，殺蔡大夫觀起。起子從亡在

吴,乃勸吴王伐楚,爲閒越大夫常壽過而作亂,爲吴閒。使矯公子棄疾命召公子比於晉,至蔡,與吴、越兵欲襲蔡。令公子比見棄疾,與盟於鄧。遂入殺靈王太子祿,立子比爲王,公子子皙爲令尹。棄疾爲司馬,先除王宫,觀從從師于乾溪,令楚衆曰:"國有王矣。先歸,爵邑田室。後者遷之。"楚衆皆潰,去靈王而歸。

靈王聞太子祿之死也,自投車下,而曰:"人之愛子亦如是乎?"侍者曰:"甚是。"王曰:"余殺人之子多矣,能無及此乎?"右尹曰:"請待于郊以聽國人。"王曰:"衆怒不可犯。"曰:"且入大縣而乞師於諸侯。"王曰:"皆叛矣。"又曰:"且奔諸侯以聽大國之慮。"王曰:"大福不再,祇取辱耳。"於是王乘舟將欲入鄢。右尹度王不用其計,懼俱死,亦去王亡。

《左傳》和《史記》敘述略有出入。綜合起來看,中心意思是説,楚靈王在乾溪"伐徐恐吴",觀從和常壽過策劃政變,殺了太子祿,立子比爲王,又蠱惑靈王身邊的人棄他而去。在這種情況下,靈王準備離開乾溪回鄢去。

《史記集解》:"服虔曰:'鄢,楚别都也。'杜預曰:'襄陽宜城縣。'"《史記正義》:"'音偃。'《括地志》云:'故鄢城在襄州贍養縣北三里,在襄州北五里,南去荆州二百五十里。'按:'王自夏口從漢水上入鄢也。'《左傳》云:'王沿夏將欲入鄢'是也。"①段玉裁《説文解字注》:"今湖北襄陽府宜城縣縣西南九里故鄢城,亦謂之宜城,廢縣是也。"②

---

① 《史記》卷四十《楚世家第十》,中華書局,1982年,第1707—1708頁。

② 段玉裁:《説文解字注》第十二卷,上海古籍出版社1981年句讀本,第293頁。

《楚居》云：

至靈王自爲郢徙居秦溪之上，以爲處於章[華之台]。

秦溪即乾溪[①]，它的具體位置有待進一步考證。楚靈王從爲郢遷都乾溪之上，則靈王有兩個都城，一是爲郢，一是乾溪之上。鄢是傳統意義上的都城，乾溪是靈王的行宫。當時楚王待得久的行宫也可以看作都城。

《左傳·僖公二十七年》："楚子將圍宋，使子文治兵於睽，終朝而畢，不戮一人。子玉治兵於蔿，終日而畢，鞭七人，貫三人耳。"楊伯峻注："睽，楚邑。不詳今所在。""蔿，楚邑，今亦不詳所在。"[②]睽即是《楚居》中睽[③]，蔿即是《楚居》中的爲[④]。魯僖公二十七年即楚成王三十九年。其中睽，是楚成王最後一個都城，楚成王率子文等

① 清華大學出土文獻研究與保護中心編，李學勤主編：《清華大學藏戰國竹簡(壹)》下册，中西書局，2010年，第188頁。乾溪作爲楚都的時間較長。《楚居》云："競(景)坪(平)王即位，猶居秦溪之上。"是説楚平王的都城仍然在乾溪之上。可是《史記·楚世家》説平王都城在郢："(平王)十年，楚太子建母在居巢，開吴。吴使公子光伐楚，遂敗陳、蔡，取太子建母而去。楚恐，城郢。初，吴之邊邑卑梁與楚邊邑鍾離小童爭桑，兩家交怒相攻，滅卑梁人。卑梁大夫怒，發邑兵攻鍾離。楚王聞之怒，發國兵滅卑梁。吴王聞之大怒，亦發兵，使公子光因建母家攻楚，遂滅鍾離、居巢。楚乃恐而城郢。"在第一處"城郢"下，《史記正義》："在江陵縣東北六里，已解於前。按：《傳》城郢在昭公二十三年，下重言城郢。杜預云：'楚用子囊遺言以築郢城矣，今畏吴，修以自固也。'"(《史記》卷四十《楚世家第十》，中華書局1982年標點本，第1714頁。)第二處"城郢"下，《史記索隱》："去年已城郢，今又重言。據《左氏》昭二十三年城郢，二十四年無重城郢之文，是《史記》誤也。"(《史記》卷四十《楚世家第十》，中華書局1982年標點本，第1714頁。)楚平王都城在乾溪之上，因此兩處郢都應指乾溪之上，而不是江陵。《正義》和《索隱》的解釋可能是錯誤的。看來《楚世家》中郢的含義要做具體分析。

② 楊伯峻：《春秋左傳注》，中華書局，1981年，第444頁。

③ 清華大學出土文獻研究與保護中心編，李學勤主編：《清華大學藏戰國竹簡(壹)》下册，中西書局，2010年，第188頁。

④ 同上。

長時間在這裏指揮作戰。

體會《左傳》和《史記》的文意，很明顯，楚靈王在乾溪之上時，太子祿在原來的都城，即出事後靈王執意要去的鄢。這樣看來，爲郢的“爲”與鄢相當，爲郢就是鄢郢。

爲，歌部匣母，鄢，元部匣母，兩字聲母相同，韻部對轉。從音理上看，爲鄢通用是没有問題的。

如果和考古遺址對應，鄢郢很可能就是 1990 年發掘的宜城郭家崗遺址（下圖）。從地理位置上看，都在宜城西南方向，離宜城的距離也大致相當。段玉裁説鄢在宜城西南九里，發掘報告説郭家崗遺址在宜城西南 7 公里處[①]。考慮到兩種説法時間上的差異以及計算方式的不同，它們所描繪的地點實際上是很接近的。從時間上看，鄢郢的使用從楚文王到惠王，相當於春秋中期至戰國早期。郭家崗遺址年代跨越了西周晚期到戰國晚期。遺址年代完全可以覆蓋它作爲都城的年代[②]。從規模上看，郭家崗遺址長約 1500 米，東西寬 750 米，面積近 120 萬平方米，在目前發現的楚都裏，規模也是比較大的[③]。從文化類型上看，郭家崗遺址第一期陶器帶有較爲濃厚的周文化特徵，第二期以後文化特徵發生了較大的改變，具有顯著的楚文化特徵，是一處典型的楚文化遺址。這和楚都的特徵也是吻合的[④]。因此從目前掌握的資料看，鄢郢對應郭家崗遺址的可能性是很大的。過去我們把它指認爲始都之郢應

① 武漢大學歷史系考古教研室、湖北省宜城市博物館：《湖北宜城郭家崗遺址發掘》，《考古學報》1997 年第 4 期。

② 同上。

③ 同上。

④ 同上。

予糾正①。

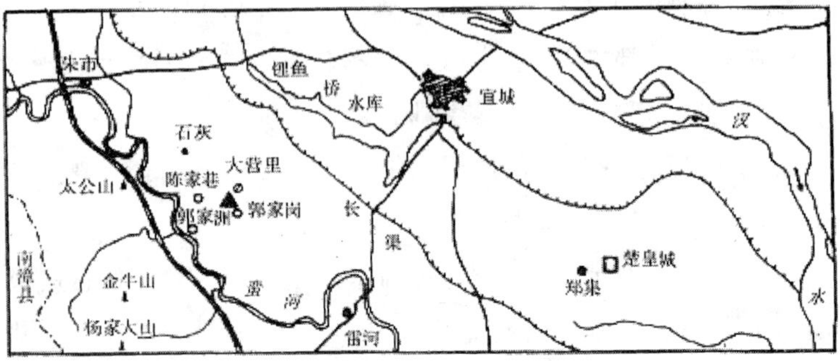

郭家崗遺址位置示意圖

《楚居》中有鄢郢，本從邑安聲，整理者讀爲鄢，以爲即今湖北宜城②。既然爲郢是鄢郢，那麼《楚居》中的鄢郢又如何解釋呢？我們認爲這個鄢即《史記·伍子胥列傳》中的鄢。《伍子胥列傳》："惠王不聽。遂召勝，使居楚之邊邑鄢，號爲白公。白公歸楚三年而吴誅子胥。"《史記集解》："徐廣曰：'汝南褒信縣有白亭。'"《史記正義》："《括地志》云：'白亭在豫州褒信縣南四十二里，又有白公故城。'"又："鄢音郾。《括地志》云：'故郾城在豫州郾城縣南五里，與褒信白亭相近。'"③楚惠王四十二年滅蔡後④，曾一度在蔡待過，所以《楚居》説惠王"自蔡鄢"，蔡在今上蔡縣西南，與郾城很近，把鄢讀爲郾是很合適的。

爲郢的確定，對於理解睽郢的地望很有幫助。楚成王伐宋時，

① 趙平安：《試釋〈楚居〉中的一組地名》，《中國史研究》2011年第1期。

② 清華大學出土文獻研究與保護中心編，李學勤主編：《清華大學藏戰國竹簡(壹)》下册，中西書局，2010年，第191頁。

③ 《史記》卷六十六《伍子胥列傳第六》，中華書局，1982年，第2182頁。

④ 《史記》卷四十《楚世家第十》，中華書局，1982年，第1719頁。

使子文治兵於睽,使子玉治兵於蔿。可以想見,睽、蔿都應在楚的北境,相距不會太遠。楚穆王在位時間不長,由睽遷都蔿,也説明兩地不會太遠。穆王先後滅江(杜注:江國在汝南安陽縣),滅六(杜注:六國,今廬江六縣)、蓼(杜注:蓼國,今安豐蓼縣),滅陳(今河南淮陽縣),選擇睽、蔿作爲都城,大約和這些軍事活動有關。

爲郢的確定,對理解《吴越春秋》"徙于蔿若"也很有幫助。《闔閭内傳》:"於是太子定,因伐楚,破師拔番。楚懼吴兵復往,乃去郢。徙于蔿若。"徐天祜音注:"蔿若,字誤,當作'鄀'。按《左傳·定公六年》:'吴太子終累敗楚舟師,楚子期又以陵師敗于繁陽,於是乎遷郢於鄀。'《史·世家》闔廬十一年:'吴太子夫差伐楚取番。楚恐而去郢徙鄀。'十一年即定公六年。杜預曰:'終累,闔廬子,夫差兄。'史以爲夫差。《索隱》謂名異而一人耳。此書又以爲太子定伐楚拔番,而不著其年,未詳孰是。鄀,音若。服虔曰:'楚邑,今襄陽也。'"[①]由於有《左傳》和《史記》等文獻對照,徐天祜以爲蔿若係字誤當作"鄀"的説法從來就没有人懷疑過。其實稍有文字學常識的人都知道,"蔿若"不可能訛成"鄀"! 徐天祜的説法是很可疑的。按照我們的理解,蔿若就是鄢鄀。鄢、鄀本爲二邑,吴卓信《漢書地理志補注》:"《渚宫舊事》:'楚惠王因亂遷鄢,今宜城是,既立歸,而舊史缺見。'……按鄢本古國,後入楚爲别都,其後昭王遷郢於鄀,更稱鄢郢,以鄢與鄀俱在宜城縣,地相近,故稱鄢郢,以别於江南

① 〔漢〕趙曄著,〔元〕徐天祜音注,苗麓點校:《吴越春秋》卷四,江蘇古籍出版社,1986年,第48頁。

(陵)之紀郢也。"[1]童書業也説:"'鄢郢'蓋包鄢、鄀二邑而言。"[2]由於鄢包括鄢、鄀,所以鄀可以稱鄢鄀。這便是把"遷郢於鄀"或"去郢徙鄀"説成"徙于蔿若"的由來。

《楚居》剛剛發表的時候,有學者指出楚昭王遷鄀不見於《楚居》,從而認爲《楚居》記述楚國遷都可能是不完整的。明確了爲郢就是鄢郢,鄢可以涵括鄀,就不會有這種誤解了。《楚居》所述昭王時期的都城中,雖然没有鄀,但有爲,原來,爲涵括鄀,爲和《左傳·定公六年》的鄀相當。

(原載《中國史研究》2012 年第 4 期)

① 吴卓信:《漢書地理志補注》卷十五,清道光二十八年刊本。

② 童書業:《楚王酓章鐘銘"西滆"解》,《中國古代地理考證論文集》,中華書局,2004 年,第 222—227 頁。

《楚居》"秦溪"考

清華大學藏戰國竹簡《楚居》有下面一段話：

至靈王自爲郢徙居秦溪之上，以爲凥於章[華之台]。競(景)坪(平)王即立(位)，猶居秦溪之上。至卲(昭)王自秦溪之上徙居㜷郢，㜷郢徙居鶚(鄂)郢，鶚(鄂)郢徙襲爲郢。盍(闔)虜(廬)内(入)郢，焉徙居秦溪之上，秦溪之上徙襲㜷郢。①

其中提到楚靈王、平王、昭王三朝都以"秦溪"爲都。"秦溪"的内涵，可由楚靈王史實得到確認。

《左傳・昭公十三年》：

楚子(楚靈王)之爲令尹也，殺大司馬薳掩，而取其室。及即位，奪薳居田，遷許而質許圍。蔡洧有寵於王，王之滅蔡也，其父死焉，王使與於守而行。申之會，越大夫戮焉。王奪鬬韋龜中犨，又奪成然邑，而使爲郊尹。蔓成然故事蔡公。故薳氏之族及薳居、許圍、蔡洧、蔓成然，皆王所不禮也，因群喪職之族啓越大夫常壽過作亂，圍固城，克息舟，城而居之。

觀起之死也，其子從在蔡，事朝吴，曰："今不封蔡，蔡不封

---

① 清華大學出土文獻研究與保護中心編，李學勤主編：《清華大學藏戰國竹簡(壹)》下册，中西書局，2010年，第181頁。

矣。我請試之。”以蔡公之命召子干、子皙,及郊,而告之情,強與之盟,入襲蔡。蔡公將食,見之而逃。觀從使子干食,坎,用牲,加書,而速行。己徇於蔡,曰:“蔡公召二子,將納之,與之盟而遣之矣,將師而從之。”蔡人聚,將執之。辭曰:“失賊成軍,而殺余,何益?”乃釋之。朝吴曰:“二三子若能死亡,則如違之,以待所濟。若求安定,則如與之,以濟所欲。且違上,何適而可?”衆曰:“與之。”乃奉蔡公,召二子而盟于鄧,依陳、蔡人以國。楚公子比、公子黑肱、公子棄疾、蔓成然、蔡朝吴帥陳、蔡、不羹、許、葉之師,因四族之徒,以入楚。及郊,陳、蔡欲爲名,故請爲武軍。蔡公知之,曰:“欲速,且役病矣,請藩而已。”乃藩爲軍。蔡公使須務牟與史猈先入,因正僕人殺太子祿及公子罷敵。公子比爲王,公子黑肱爲令尹,次于魚陂。公子棄疾爲司馬,先除王宫,使觀從從師于乾谿,而遂告之,且曰:“先歸復所,後者劓。”師及訾梁而潰。

王聞群公子之死也,自投於車下,曰:“人之愛其子也,亦如余乎?”侍者曰:“甚焉,小人老而無子,知擠於溝壑矣。”王曰:“余殺人子多矣,能無及此乎?”右尹子革曰:“請待于郊,以聽國人。”王曰:“衆怒不可犯也。”曰:“若入於大都,而乞師於諸侯。”王曰:“皆叛矣。”曰:“若亡於諸侯,以聽大國之圖君也。”王曰:“大福不再,祇取辱焉。”然丹乃歸于楚。王沿夏,將欲入鄢。芋尹無宇之子申亥曰:“吾父再奸王命,王弗誅,惠孰大焉?君不可忍,惠不可棄,吾其從王。”乃求王,遇諸棘闈以歸。夏五月癸亥,王縊于芋尹申亥氏。申亥以其二女殉而葬之。

《史記·楚世家》:

十二年春,楚靈王樂乾溪,不能去也。國人苦役。初,靈

> 王會兵於申,僇越大夫常壽過,殺蔡大夫觀起。起子從亡在吴,乃勸吴王伐楚,爲閒越大夫常壽過而作亂,爲吴閒。使矯公子棄疾命召公子比於晉,至蔡,與吴、越兵欲襲蔡。令公子比見棄疾,與盟於鄧。遂入殺靈王太子祿,立子比爲王,公子子晳爲令尹。棄疾爲司馬,先除王宫,觀從從師于乾溪,令楚衆曰:"國有王矣。先歸,爵邑田室。後者遷之。"楚衆皆潰,去靈王而歸。
>
> 靈王聞太子祿之死也,自投車下,而曰:"人之愛子亦如是乎?"侍者曰:"甚是。"王曰:"余殺人之子多矣,能無及此乎?"右尹曰:"請待于郊以聽國人。"王曰:"衆怒不可犯。"曰:"且入大縣而乞師於諸侯。"王曰:"皆叛矣。"又曰:"且奔諸侯以聽大國之慮。"王曰:"大福不再,祇取辱耳。"於是王乘舟將欲入鄢。右尹度王不用其計,懼俱死,亦去王亡。

從《楚居》和《左傳》《史記》等傳世文獻對讀的角度看,楚靈王時期有過兩個都城。《楚居》提到的是"秦溪之上"和"爲郢",《左傳》《史記》提到的是"乾溪"和"鄢"。"爲郢"和"鄢"相對,"爲"應讀爲"鄢","爲郢"即"鄢郢",在今湖北宜城西南,可對應 1990 年發掘的宜城郭家崗遺址。《楚居》中從邑安聲的字,讀爲鄢,即《史記·伍子胥列傳》中"楚之邊邑鄢",在河南郾城縣南五里處,與褒信白亭相近[①]。這一論斷,已得到了一些學者的贊同[②]。"秦溪之上"和

① 趙平安:《〈楚居〉"爲郢"考》,中國社會科學院中國古代史論壇"出土簡帛與地方社會"論文,中國社會科學院歷史研究所,2011 年 6 月 5—7 日;又《中國史研究》2012 年第 4 期。

② 辛德勇:《〈楚居〉與楚都》,載《〈清華大學藏戰國竹簡(壹)〉國際學術研討會會議論文集》,清華大學出土文獻研究與保護中心,2011 年;《北京大學藏秦水陸里程簡册初步研究》,《出土文獻》第四輯,中西書局,2013 年;牛鵬濤:《清華簡〈楚居〉與楚國都城研究》,清華大學博士學位論文,2013 年。

“乾溪”相對,“秦溪”相當於“乾溪”。秦,從母真部;乾,群母元部,二字讀音較近。王偉先生認爲“秦、乾通假在語音上没有問題”。黄錫全先生還舉例加以説明。如身與乾,身在書母真部,乾在群母元部。晉與箭,晉在精母真部,箭在精母元部。身與乾、晉與箭可以通假[①]。因而“秦溪”與“乾溪”必須統一,整理小組的意見應當肯定。

問題是,正如李守奎先生指出的,如果把《楚居》中的“秦溪”和傳世文獻中的“乾溪”對應起來,按照杜注把它定在亳州東南七十里處,確實存在諸多窒礙。有鑒於此,李守奎先生曾撰《論清華簡中的昭王居秦溪之上與昭王歸隨》一文[②],據清華簡《繫年》中“夫差”作“夫秦”,以及記有“昭王歸隨”,認爲“秦溪”就是“溠水”,爲涢水支流,在今湖北省隨州市西北。

對於李守奎先生的説法,黄錫全先生提出了異議。他指出:

> 溠水爲涢水支流,在隨都西北,接唐縣界。溠水之上,即在溠水上游。據石泉先生考證,隨國都城當在今隨州市西北、溠水東岸的安居店北。同在涢水支流溠水的東西兩邊,楚、隨兩國建立對峙的王都(居),恐怕不一定是合適的選擇,估計隨國也不會熟視無睹,楚君也未必感到安穩。唐國地望,流行説法在今隨州市西北八九十里的唐縣鎮一帶,即便如石泉先生認爲在今河南省唐河縣南境,溠水之上離唐國也不太遠。吴

---

① 王偉:《由清華簡〈楚居〉“秦溪之上”説起》,復旦大學出土文獻與古文字研究中心網,2011年7月8日;黄錫全:《楚簡秦溪、章華台略議——讀清華簡《楚居》劄記之二》,簡帛網,2011年9月1日。

② 清華大學出土文獻研究與保護中心:《〈清華大學藏戰國竹簡(壹)〉國際學術研討會會議論文集》,2011年。

> 師入郢時唐是吴的幫兇。楚昭王輾轉入隨是希望得到隨的保護,況且吴追捕昭王已到達隨都,溠水就在吴人眼皮底下,昭王如離開隨的保護而居住溠水之上,吴人、唐人豈能放過?另外,溠水之上靈王時是否一定屬楚之領土,也是個疑問。[①]

黄先生的分析是很有道理的。

既然《楚居》“秦溪”相當於《左傳》《史記》的“乾溪”,既然“秦溪”不能理解在亳州東南七十里處,也不能理解爲溠水,就有必要尋求新的解釋。

我認爲,如果立足《楚居》的用字,其實可以從“秦溪”的字面出發尋找解決問題的鑰匙。

《水經注》:“溱水出浮石嶺北青衣山,亦謂之青衣水也。”秦溪很可能就是溱水。現名溱頭河,也作臻頭河。發源於確山與泌陽交界千眼嶺,流經確山、汝南兩縣,全長135千米。於沙口注入古汝河,隨汝河入淮。

秦溪之上,應指溱頭河上游地區。1983年,確山縣修路工程隊在確山縣竹溝鎮西60米處,修築確泌公路開挖邊溝時,發現一批青銅器,現收藏在確山縣文物保管所。經調查,所出銅器共三件,計盤一,匜一,鬲一,並列陳放於同一墓葬之一端[②]。據銘文可知,這批東西應爲春秋早期敖伯之器[③]。也有學者認爲是道國之器[④]。這一帶本爲道國之地,道國滅於楚。春秋中晚期這一帶已

① 黄錫全:《楚簡秦溪、章華台略議——讀清華簡〈楚居〉劄記之二》,簡帛網,2011年9月1日。

② 李芳芝:《河南確山發現春秋道國青銅器》,《中原文物》1992年第2期。

③ 劉釗:《談新發現的敖伯匜》,《中原文物》1993年第1期。

④ 李芳芝:《河南確山發現春秋道國青銅器》,《中原文物》1992年第2期。

爲楚境。

楚靈王、平王、昭王三朝遷都至秦溪，和當時形勢是分不開的。這三朝除了收拾了東北邊的一些小國如賴、陳、蔡、唐、頓、胡等國外，最大的外患是吴，兩國之間多次發生戰爭。石泉先生對昭王時期吴師入郢有詳細考證，他説："吴師深入楚境的道途，是溯淮西上，在蔡境登陸，會蔡師，共同西進，通過楚'方城'南段隘口，進入南陽盆地，到達唐國，會合唐師，轉西南，至豫章大陂，由此進至襄樊附近的漢水北岸，在這一帶進行了柏舉決戰，大敗楚師，'五戰及郢'，直下楚都。"①又説："秦師援楚是順丹江而下，出武關，至南陽盆地，會合楚北部重鎮申縣之師，先在今唐河縣西南的稷丘——沂（濁水）大敗吴師，乘勝東進，滅唐國。然後回師漢濱，截擊正由郢都北撤的吴師主力於雍澨，又追擊於麇（鄰近柏舉），最後大敗吴師於公壻之谿（約在楚"方城"西麓），吴師退走東還。楚昭王歸郢國。雍澨與麇都是上一年吴師西進南下攻楚之戰地。這説明吴師撤退歸國的道途，同入郢時的來路相同。"②石泉先生對吴師入郢和吴師撤退的考證，我是基本同意的。即使按照傳統的説法，認爲吴師從信陽東南、大别山的關隘入楚③，楚人遷都秦溪，也是很好的戰略選擇。因此，從楚國東北境的兼併戰爭以及吴師入郢和吴師撤退的路綫來看，楚靈王、平王、昭王三朝遷都至秦溪，是和楚鞏固北境，抵禦吴國入侵密切相關的。

這一帶物産豐富、風景優美，所以《史記・楚世家》有"楚靈王

① 石泉：《從春秋吴師入郢之役看古代荆楚地理》，載《古代荆楚地理新探》，武漢大學出版社，1988年，第400頁。

② 同上，第401頁。

③ 同上，第403頁。

樂乾溪”的記載。

由於它位於楚之北境，交通便利，進可攻、退可守，因而伐徐的時候，令尹子蕩、楚靈王都次於乾溪，或指揮，或爲後援。

如果把乾溪定在亳州東南七十里處，上述幾點都不好解釋。

總之，在我看來，《楚居》中的秦溪就是《左傳》《史記》等文獻中的乾溪，《水經注》中的溱水，也就是現在的溱頭河。秦溪之上在秦溪的上游，今河南確山縣境。過去認爲乾溪在亳州東南七十里的説法應予糾正。

（原載《出土文獻與中國古代文明——李學勤先生八十壽誕紀念論文集》，中西書局，2016 年）

“三楚先”何以不包括季連*

1994年河南新蔡葛陵出土的楚簡中，首次出現了“三楚先”一詞：

1. ☐薦三楚先各☐（《新蔡》甲三：105）

2. ☐就禱三楚先屯一牂……（《新蔡》甲三：214）

3. ☐就禱三楚先屯一牂……（《新蔡》乙一：17）

4. ☐就禱三楚[先]☐（《新蔡》乙三：31）

5. ……舉禱于三楚先各一牂……（《新蔡》乙三：41）

6. ☐三楚先、地主、二天子、郲山、北[方]☐（《新蔡》乙四：26）

7. ……就禱三楚[先]☐（《新蔡》零：314）

與之有關聯的，還有“楚先”：

8. ……舉禱楚先老童、祝韓（融）、㛟（鬻）酓（熊）①各兩牂……（《新蔡》甲三：188、197）

---

* 本文係教育部哲學社會科學研究重大攻關項目“出土簡帛與古史再建”(09JZD0042)和國家科技支撐計劃“中華文明探源及其相關文物保護技術研究”項目課題“古代簡牘保護與整理研究”(2010BAK67B14)的階段性成果。2011年3月曾提交臺北中研院”歷史語言研究所舉辦的第三屆古文字與古代史國際學術研討會，4月又提交美國亞洲學會年會，並在會上宣講。

① 李學勤：《論包山簡中一楚先祖名》，《文物》1988年第8期；許學仁：《包山楚簡所見之先公先王考》，《魯實先先生學術討論會論文集》，臺灣師範大學國文學系，1993年，第52—63頁；李零：《楚國族源、世系的文字學證明》，《文物》1991年第2期。

9. ……就禱楚先老嫜(童)、祝[融]☐(《新蔡》甲三:268)

葛陵簡中既有三楚先,又有楚先,楚先後面往往有具體的先祖名。賈連敏先生敏銳地指出:"從葛陵簡看,凡稱'三楚先'者,其後不再綴具體先祖名,因此三楚先就是老童、祝毓(融)和毓酓(熊)。"①黃德寬、魏宜輝、周言、劉信芳等學者也有類似的意見②。

和葛陵簡一樣,此前出土的望山簡和包山簡,老童、祝融、鬻熊也是放在一起禱祠的:

10. ☐[楚]先老嫜(童)、祝[融]、毓(鬻)酓(熊)各一牂☐(《望山》1·120+《望山》1·121)

11. ☐[楚]先老嫜(童)、[祝]毓(融)各一羖③☐(《望山》1·122+《望山》1·123)④

12. ……舉禱楚先老僮(童)、祝䶵(融)、毓(鬻)酓(熊)各一牂……(《包山》2·217)

13. ……舉禱楚先老僮(童)、祝䶵(融)、毓(鬻)酓(熊)各兩豼……(《包山》2·237)

可見,在戰國時期楚人的祭祀系統裏,老童、祝融、鬻熊是一個

---

① 賈連敏:《新蔡竹簡中的楚先祖名》,《華學》第七輯,中山大學出版社,2004年,第151頁。

② 如黃德寬:《新蔡葛陵楚簡所見"穴熊"及相關問題》,《古籍研究》2005卷(總第48期),安徽大學出版社,2005年,第4—5頁;魏宜輝、周言:《再談新蔡楚簡中的"穴熊"》,簡帛研究網,2004年11月8日;劉信芳:《楚簡"三楚先"、"楚先"、"荆王"以及相關祀禮》,《文史》第七十三輯,中華書局,2005年,第13頁。

③ 該字的釋讀可參看侯乃峰:《説楚簡"刕"字》,簡帛網,2006年11月29日;趙平安:《關於刕的形義來源》,《中國文字學報》第二輯,商務印書館,2008年,第17—22頁;又收入《新出簡帛與古文字古文獻研究》,商務印書館,2009年,第97—105頁。

④ 例10和例11皆係綴合而成,依照朱德熙、裘錫圭、李家浩先生的意見,參看《江陵望山沙塚楚墓》,文物出版社,1996年,第272頁考釋101、第273頁考釋102。

比較固定的組合，把他們稱作三楚先是一種自然的、約定俗成的現象。

需要説明的是，在葛陵簡中，鬻熊有時候寫作穴熊：

14. ☐[老]童、祝融（融）、穴熊□屯一☐（《新蔡》甲三：35）

15. ☐有祟見於司命、老童（童）、祝融（融）、空（穴）熊，癸酉之日舉禱☐（《新蔡》乙一：22）

由於《史記·楚世家》既有鬻熊又有穴熊，學界通常把毓酓（熊）和空（穴）熊看作兩個人[①]。雖然也有學者懷疑毓酓（熊）和空（穴）熊可能是一個人，但拿不出過硬的證據[②]。新近發佈的清華簡《楚居》[③]，穴熊之下就是麗季，即《帝繫》等的熊麗，證實了他們的懷疑[④]。

因此，老童、祝融、穴熊是三楚先的另一種表現形式。

上引葛陵簡、包山簡、望山簡分别出自葛陵1號墓、包山2號墓、望山1號墓，都屬於卜筮禱祠類。葛陵1號墓墓主平輿君成是楚昭王之孫、平輿文君子良之子[⑤]。包山2號墓墓主昭佗也是楚

---

① 雖然有的學者把毓酓（熊）看作穴熊，仍然認爲鬻熊和穴熊是兩人。如賈連敏：《新蔡竹簡中的楚先祖名》，《華學》第七輯，中山大學出版社，2004年，第151頁。

② 孔廣森《大戴禮記補注》曾言"鬻熊即穴熊聲讀之异，《史》誤分之"，参看黄懷信等《大戴禮記彙校集注》，三秦出版社，2005年，第749—750頁；陳偉認爲，"孔氏將穴（誤做"内"）熊與鬻熊視爲一人，從《帝系》所記世次看，應該説有其道理"，"'楚先'中的穴熊，有可能就是鬻熊"。參其所著《楚人禱祠中的人鬼系統及其相關問題》，第一屆古文字與古代史學術討論會論文，臺北"中研院"歷史語言研究所，2006年9月；又收入《新出簡帛研讀》第三章第四節，武漢大學出版社，2010年。

③ 清華大學出土文獻研究與保護中心編，李學勤主編：《清華大學藏戰國竹簡（壹）》，中西書局，2010年。

④ 李學勤：《論清華簡〈楚居〉中的古史傳説》，《中國史研究》2011年第1期。

⑤ 河南省文物考古研究所：《新蔡葛陵楚墓》，大象出版社，2003年，第180—185頁。

昭王、子良之後[①]。望山 1 號墓墓主悼固是楚悼王之後[②]。他們都是楚人的後裔。後裔祭祀祖先,是天經地義的事情。

傳世文獻也有這類記載。《左傳・僖公二十六年》:"夔子不祀祝融與鬻熊,楚人讓之。對曰:'我先王熊摯有疾,鬼神弗赦,而自竄於夔,吾是以失楚,又何祀焉?'"《正義》引《樂緯》宋均注曰:"熊渠嫡嗣曰熊摯,有惡疾,不得爲後,别居於夔,爲楚附庸,後王命曰夔子也。"楊伯峻曰:"祝融和鬻熊皆楚之先祖,而夔爲楚之别封,依古禮,亦宜祀之也。全祖望《經史問答》謂任、宿、須句,風姓也,實修太皓之祀。夫太皓,天子也,而任、宿諸國以附庸之小侯各主其祀,然則祝、鬻二祭,夔亦當祀之。"[③]這裏只提到三楚先中的兩位,或是春秋時的定式,但是在楚人後裔祭祀著名先公這一點上,和出土文獻是完全一致的。

可是,無論是春秋時的二楚先還是戰國時的三楚先,都不包括季連這個人物。

《大戴禮記・帝繫》:

黄帝居軒轅之丘,娶于西陵氏之子,謂之嫘祖氏,産青陽及昌意。青陽降居泜水,昌意降居若水,昌意娶于蜀山氏,蜀山氏之子謂之昌濮氏,産顓頊。顓頊娶于滕氏,滕氏奔之子,謂之女禄氏,産老童。老童娶于竭水氏,竭水氏之子,謂之高緺氏,産重黎及吴回。

① 彭浩:《包山二號楚墓卜筮和祭禱竹簡的初步研究》,《包山楚墓》,文物出版社,1992 年,第 556—557 頁。

② 朱德熙、裘錫圭、李家浩:《望山一號墓竹簡的性質和内容》,《江陵望山沙冢楚墓》,文物出版社,1996 年,第 311 頁。

③ 楊伯峻:《春秋左傳注》,中華書局,1990 年,第 440—441 頁。

吴回氏産陸終。陸終氏娶于鬼方氏，鬼方氏之妹，謂之女隤氏，産六子，孕而不粥，三年，啓其左脅，六人出焉。其一曰樊，是爲昆吾；其二曰惠連，是爲參胡；其三曰籛，是爲彭祖；其四曰萊言，是爲云鄶人；其五曰安，是爲曹姓；其六曰季連，是爲芈姓。

《世本》所記大致相同，均爲《史記·楚世家》所本。《楚世家》：

楚之先祖出自帝顓頊高陽。高陽者，黄帝之孫，昌意之子也。高陽生稱，稱生卷章，卷章生重黎。重黎爲帝嚳高辛居火正，甚有功，能光融天下，帝嚳命曰祝融。共工氏作亂，帝嚳使重黎誅之而不盡。帝乃以庚寅日誅重黎，而以其弟吴回爲重黎後，居火正，爲祝融。

吴回生陸終。陸終生子六人，坼剖而産焉。其長一曰昆吴；二曰參胡；三曰彭祖；四曰會人；五曰曹姓；六曰季連，芈姓，楚其後也。

《史記索隱》："《系本》云：'六曰季連，是爲芈姓。季連者，楚是。'宋忠曰：'季連，名也。芈姓所出，楚之先。'"①

楚姓爲芈，已爲出土材料所證明。楚王鐘："楚王媵江仲嬭南龢鐘。"方濬益曰："嬭乃楚姓，即經傳之芈字。《史記·楚世家》：陸終子六曰季連，芈姓。《説文》：'芈，羊鳴也。'此芈字本誼，經傳以爲楚姓者，乃同音假借字，其本字正當作嬭。"②

季連是芈姓楚人的始祖，從來就没有異議。《楚居》敘述楚先

---

① 《史記》卷四十《楚世家》，中華書局，1982年，第1690頁。

② 轉引自陳初生：《金文常用字典》，陝西人民出版社，1987年，第1032頁。

公先王的世系和居處遷徙，始於季連，從出土文獻的角度印證了這一點。

那麽，我們不禁要問，季連既爲楚之先，地位又如此重要，爲什麽不在"三楚先"當中呢？

最近反復繹讀《楚居》，感到答案就在《楚居》當中。爲方便理解，先把相關段落抄在下面：

> 季連初降於郻山，氐（抵）于穴窮。前出于喬山，宅處爰波。逆上洲水，見盤庚之子，處于方山，女曰妣隹，秉茲率相，詈胄四方。季連聞其有聘，從及之盤，爰生緹伯、遠仲。毓裳羊，先處于京宗。穴（鬻）酓（熊）遲徙於京宗，爰得妣𠭯，逆流哉（載）水，厥狀聶耳，乃妻之，生侸叔、麗季。麗不從行，渭（遂）自脅出，妣𠭯賓于天，巫戔賅（該）其脅以楚，氐（是）今曰楚人。

《楚居》主要是講楚先公先王的世系和居處遷徙。但在講季連和鬻熊時，花了相當的篇幅講他們的婚娶生育。這絶不是偶然的現象，應是由季連和鬻熊兩位先公在楚先公先王中的特殊地位決定的。季連娶盤庚後人妣隹爲妻，生緹伯和遠仲，鬻熊娶妣𠭯爲妻，生侸叔、麗季。季連和鬻熊的子輩，取名猶熊嚴四子伯霜、仲雪、叔堪、季徇，排行一貫而下，值得引起重視。大家知道，在中國傳統文化裏，貴族男子的名字前面往往加伯（或孟）仲叔季。不僅親兄弟之間如此，堂兄弟之間也往往如此①。因此我們很容易聯

① 泛化的結果，没有血緣關係的某一類人也用這個序列排序。如《左傳·文公十八年》："高辛氏有才子八人，伯奮、仲勘、叔獻、季仲、伯虎、仲熊、叔豹、季狸，忠、肅、共、懿、宣、慈、惠、和，天下之民謂之八元。"

想到絰伯、遠仲、佢叔、麗季是堂兄弟關係。這樣，季連和鬻熊便不是像傳世文獻記載的那樣，而應是兄弟關係。事實可能是，季連雖有兩個兒子，卻並没有傳位給兒子，而是傳位於弟弟鬻熊。再由鬻熊傳位於小兒子麗季，即傳世文獻中的熊麗。

季連和鬻熊雖然都是楚的先公，但季連一支没有繼位，楚的大位賴鬻熊一支得以傳延。對楚的後人來説，與鬻熊有血親關係，是鬻熊的直系親屬。這應是鬻熊置於三楚先的原因之一。另一個原因是，楚人稱作楚人是從鬻熊開始的。鬻熊娶妣厲，妣厲生熊麗，"麗不從行"（難産），後來通過手術把熊麗生下來。她犧牲了自己的生命，卻保全了熊麗的性命。巫醫用"楚"（荊楚條）包裹住她的傷口，爲她舉行了葬禮。因爲爲妣厲包扎傷口用的是"楚"，爲了紀念妣厲，楚人便從此稱作"楚人"。很清楚，在楚人心目中，所謂"楚人"是鬻熊和妣厲生養出來的。因此，無論從血緣的角度看，還是從傳説的角度看，鬻熊進入三楚先的序列，理由都是很充分的①。相反，季連因爲屬於旁系，與後代楚人没有直接的血緣關係，不在三楚先的序列裏，也就可以理解了。説到底，三楚先屬於祀典系統的概念，祀典重視的是血親關係，這應是在季連和鬻熊兄弟倆中鬻熊入選季連出局的根本的原因。

需要注意的是，雖然後世楚人祀典"三楚先"裏没有季連，但這絲毫不影響他在楚祖先中的地位，因爲他是公認的芈姓楚人的祖先。所以歷代的史家都給予他特别的關注，新出的《楚居》以季連開篇，把他和鬻熊作爲頭等重要的祖先對待。

① 事實上，楚人在華夏政治舞臺上發揮重要作用，可能也是從鬻熊開始的，詳下文。《楚世家》："三十七年，楚熊通怒曰：'吾先鬻熊，文王之師也。'"（《史記》卷四十《楚世家》，中華書局，1982 年，第 1695 頁）

剩下的問題是，如何解釋古書中有關季連和鬻熊的記述呢？我們以記載比較詳細的《史記·楚世家》爲例。《楚世家》：

> 季連生附沮，附沮生穴熊。其後中微，或在中國，或在蠻夷，弗能紀其世。周文王之時，季連之苗裔曰鬻熊。鬻熊子事文王，蚤卒。其子曰熊麗。熊麗生熊狂，熊狂生熊繹。
>
> 熊繹當周成王之時，舉文、武勤勞之後嗣，而封熊繹於楚蠻，封以子男之田，姓羋氏，居丹陽。楚子熊繹與魯公伯禽、衛康叔子牟、晉侯燮、齊太公子呂伋俱事成王。熊繹生熊艾，熊艾生熊䵣，熊䵣生熊勝。熊勝以弟熊楊爲後。熊楊生熊渠。
>
> 熊渠生子三人。當周夷王之時，王室微，諸侯或不朝，相伐。熊渠甚得江漢閒民和，乃興兵伐庸、楊粵，至于鄂。熊渠曰：“我蠻夷也，不與中國之號謚。”乃立其長子康爲句亶王，中子紅爲鄂王，少子執疵爲越章王，皆在江上楚蠻之地。及周厲王之時，暴虐，熊渠畏其伐楚，亦去其王。
>
> 後爲熊毋康，毋康早死。熊渠卒，子熊摯紅立。摯紅卒，其弟弑而代立，曰熊延。熊延生熊勇。

我們已經知道，這段話中有幾個明顯的錯誤。一是人名寫法上，熊艾是熊只之訛，熊勝是熊朕之訛，熊楊是熊賜或熊錫之訛。二是把穴熊和鬻熊誤分爲兩個人。而且兩個人之間的世系相差很多。三是所謂熊渠有三子，封爲三王之説純屬子虛烏有①。這表明由於史料的匱乏和駁雜，司馬遷對楚國早期的歷史並没有完整清晰

① 參看李學勤：《論清華簡〈楚居〉中的古史傳説》，《中國史研究》2011年第1期；李守奎：《〈楚居〉中的樊字及出土楚文獻中與樊相關文例的釋讀》，《文物》2011年第3期；《根據〈楚居〉解讀史書中熊渠至熊延世序之混亂》，《中國史研究》2011年第1期。

的認識，他的記述有明顯的"硬傷"。把季連、鬻熊當爺孫可以看作是它的另一個明顯的"硬傷"。

關於致訛的過程我們不妨做一些推測。季連娶盤庚後人妣隹爲妻，生綎伯和遠仲，鬻熊娶妣𡰥爲妻，生侸叔、麗季。麗季就是熊麗。在麗季這個名字結構中，季是排行，麗是私名，麗季可以單稱麗。這和《楚世家》伯霜稱熊霜道理是一樣的[①]。準此，侸叔可以單稱侸，伯綎可以單稱綎，遠仲可以單稱遠。季連的兩個兒子可以連稱綎遠。古時候没有標點，行文中綎遠是緊緊地聯繫在一起的。所從呈與豆形近。豆在侯部定母，附在侯部幫母，韻部相同，聲母有相通之例[②]。遠在元部匣母，沮在魚部從母，魚元兩部主要母音相同，古書或通轉或合韵[③]，從匣兩母亦多通轉之例[④]。由於綎遠和附沮形音上的這種關係，在轉寫流傳的過程中，就把綎遠寫成附沮了。

編按：季連是羋姓楚人的始祖，從来没有異議。清華簡《楚居》敘述楚先公先王的世系和居處遷徙，始於季連，從出土文獻的角度印證了這一點。但是，在戰國時期楚人的祀典系統"三楚先"（老童、祝融、鬻熊）裏，卻没有季連的影子。這一現象一直得不到合理的解釋。從《楚居》看，季連和鬻熊是兄弟關係，季連的後人没有即位，楚的大位賴鬻熊一支得以傳

① 《史記》卷四十《楚世家》，中華書局，1982年，第1693—1694頁。

② 黄焯：《古今聲類通轉表》，上海古籍出版社，1983年，第239、251頁。

③ 參看趙平安：《河南淅川和尚嶺所出鎮墓獸銘文和秦漢簡中的宛奇》，《中國歷史文物》2007年第2期；又收入《新出簡帛與古文字古文獻研究》，商務印書館，2009年，第322—323頁。

④ 黄焯：《古今聲類通轉表》，上海古籍出版社，1983年，第124、140頁。

延。對楚的後人來説，是鬻熊的直系親屬，而與季連沒有血親關係。這就很好地回答了“三楚先”不包括季連這個懸疑。但哪裏想到，在安徽大學藏戰國竹簡裏，有確切材料證明季連和鬻熊是同一個人。熱切希望這批材料早日公佈。

（原載李宗焜主編《古文字與古代史》第三輯，臺北“中研院”歷史語言研究所，2012年）

《芮良夫䛐》初讀

《清華大學藏戰國竹簡(叁)》[1]中有一篇有關芮良夫作䛐的文獻。經初步整理知道,這組簡由 28 枚組成,簡背皆有序號。依序號排列,略加拼綴,可大致復原原簡面貌。通篇語意連貫,文辭古奥。先述周厲王時期的情勢,次載芮氏作䛐的内容,是西周晚期一篇重要的歷史文獻。

簡文開頭說“周邦聚(驟)又(有)禬(禍),寇(寇)戎方晉,氒(厥)辟䖵(御)事,各縈(營)亓(其)身,惡(恒)静(爭)于稟(富),莫絧(治)庶戁(難),莫卹(恤)邦之不盗(寧),内(芮)良夫乃复(作)䛐再夂(終)”,這是交代芮良夫作䛐的背景。“寇戎方晉”是指周邊少數民族頻繁進犯。《古本竹書紀年》:“厲王無道,戎狄寇掠,乃入犬丘,殺秦仲之族。王命伐戎,不克。”《今本竹書紀年》:“三年,淮夷侵洛,王命虢公長父征之,不克。十一年,西戎入于犬丘。”《帝王世紀》:“自厲王失政,獫狁荆蠻,交侵中國,官政隳廢,百姓離散。”“厥辟御事,各營其身”,是指周厲王和他的執政卿士獨佔山澤之利。《國語·周語上》:“周厲王説(悦)榮夷公……芮良夫曰:‘王室其將卑乎!夫榮夷公好專利而不知大難。夫利,百物之所生也,

---

① 清華大學出土文獻研究與保護中心編,李學勤主編:《清華大學藏戰國竹簡(叁)》,中西書局,2012 年。

天地之所載也,而或專之,其害多矣。天地百物,皆將取焉,胡可專也?所怒甚多,而不備大難,以是教王,王能久乎?……今王學專利,其可乎?匹夫專利,猶謂之盜,王而行之,其歸鮮矣。榮公若用,周必敗。'既,榮公爲卿士,諸侯不享,王流於彘。"簡文所述芮良夫作毖的背景和文獻所載厲王時史實適相印證。"芮良夫",芮國國君,厲王時入朝爲大夫,是西周時有名的賢臣。"作毖再終"形式上和"作歌一終"相似。"作歌一終"見於清華簡《鄙夜》和《吕氏春秋·音初》等處,古代詩可入樂,演奏一次叫作"一終"。[①]"歌"和"毖"都是演奏的内容。"歌"是詩歌,"毖"從下文看,也是韻文,與"歌"具有相似的特徵。

毖字見於上博藏戰國竹簡《彭祖》和《柬大王泊旱》,有用爲動詞者,如《彭祖》:"臣可(何)埶(藝)可(何)行,而舉(遷)於朕身,而毖於帝黨(常)?"雖意義不夠顯豁,但爲動詞無疑。後世字書把它看作謐的異體字。《篇海類編·人事類·言部》:"毖,靜也。"《正字通·言部》:"毖,同謐。"簡文毖的内容是針對時弊所作的訓誡之辭,涉及君王應敬畏天常、體恤民意、德刑兼施、勿用奸佞以及君臣莫貪利享樂等方面的治國之道。從毖的内容和毖的聲音方面考慮,毖大約相當於《尚書》中的毖。《酒誥》:"厥誥毖庶邦庶士越少正御事","予惟曰汝劼毖殷獻臣",王念孫《廣雅疏證》以爲毖"皆戒敕之意也"。這個意義古書又作"必",《廣雅·釋詁四》:"必,敕也。"王念孫《廣雅疏證》:"必,當讀爲毖。"毖可以做動詞,也可以做名詞。《酒誥》:"王曰:'封,汝典聽朕毖,勿辯乃司民湎于酒。'"朕

① 清華大學出土文獻研究與保護中心編,李學勤主編:《清華大學藏戰國竹簡(壹)》,中西書局,2010年,第152頁。

毖即朕之毖。《詩經·周頌·小毖》:“予其懲,而毖後患。”“而毖後患”的“毖”是動詞,而“小毖”的“毖”應理解爲名詞。古漢語中常常是名、動同形。“作謐再終”的“謐”和“朕毖”“小毖”的“毖”一樣,具有名詞特徵。

在這一組簡的第一支背後有篇題“周公之頌旹(詩)”,和同簡背面序號相比,墨跡淺淡,有明顯刮削痕跡。顯然,這一支簡應視爲舊簡的二次利用。這一組簡真正的篇題是什麼,簡上没有明文,爲稱説方便,姑且叫作《芮良夫謐》。

《芮良夫謐》的結構和《周書》多篇相似,都是兩段式,先交代背景,然後詳載君臣之言。如《多方》,先説“惟五月丁亥,王來自奄,至于宗周”。《多士》先説“惟三月,周公初于新邑洛,用告商王士”,然後分别詳述周公代替成王發佈的誥令。《康誥》先説“惟三月哉生魄,周公初基作新大邑于東國洛,四方民大和會。侯甸男邦,采衛百工、播民和見,士于周。周公咸勤,乃洪大誥治”,然後詳載周公代成王告誡康叔治理衛國的誥詞。《芮良夫謐》也是先交代背景,然後述芮良夫的勸誡之言。《荀子·勸學篇》:“《書》者,政事之紀也。”綜合考慮,我們推測《芮良夫謐》應屬於《尚書》類文獻。和一般《周書》類文獻不同的是,《芮良夫謐》所述芮良夫的勸誡之言是以詩歌形式出現的。但這並不影響對它的性質判斷。《虞夏書》有一篇《五子之歌》,係晚書,先説“太康尸位,以逸豫滅厥德,黎民咸貳,乃盤游無度,畋于有洛之表,十旬弗反。有窮后羿因民弗忍,距於河。厥弟五人御其母以從,徯於洛之汭。五子咸怨,述大禹之戒以作歌”,所録五子所作便是五首詩歌,以“其一曰”“其二曰”“其三曰”“其四曰”“其五曰”的形式出現。《五子之歌》,《墨子》述其異文,稱《武觀》。《非樂上》:“於《武觀》曰:‘啓乃淫溢康樂，野於飲食，將將銘，莧磬以力，湛濁於酒，渝食於野，萬舞翼翼，章聞於天，天用弗式。'"前人已指其有訛字脱文，文意理解不盡相同。但畢沅、俞樾、孫詒讓等皆指其爲韻文。在用韻這一點上，與《芮良夫毖》驚人的一致。可見《尚書》中的君臣之言是可以以韻文形式出現的。

《詩經・大雅》有《桑柔》篇，《詩序》："《桑柔》，芮伯刺厲王也。"吴闓生《詩義會通》："今考詩明言'天降喪亂，滅我立王'，必非無故而爲此危悚之詞，其爲厲王流彘後作甚明。其時天下已亂，芮伯蓋憂亂亡之至，而追源禍本，作爲此詩。"[①]此芮伯即芮良夫。芮良夫擅長詩歌，故作毖用詩歌體。在擅長作詩這一點上，簡文所反映的芮良夫和文獻所反映的芮良夫也是高度一致的。

今存《尚書》共 58 篇，《虞夏書》9 篇，《商書》17 篇，《周書》32 篇。《尚書序》分爲"典、謨、訓、誥、誓、命"6 種體式，孔穎達《堯典正義》分爲 10 種，即典、謨、貢、歌、誓、誥、訓、命、征、範。無論 6 種還是 10 種，都没有毖，毖應是一種新見的《尚書》體式。《尚書》中一些表示體式的字，如"誓""誥""訓""命"等，和"毖"一樣，都是名動同形的。毖從言必聲，很可能是這種形式的專字。

毖文中有兩處重要的引文。一處是"天之所韙，莫之能枳，天之所枳，亦不可韙"，見於傳世古籍。《左傳・定公元年》："萇叔違天，高子違人。天之所壞，不可支也；衆之所爲，不可奸也。"《國語・周語下》："敬王十年，劉文公與萇弘欲城周，爲之告晉。魏獻子爲政，説萇弘而與之。將合諸侯。衛彪傒適周，聞之，見單穆公曰：'萇、劉其不殁乎？周詩有之曰：'天之所支，不可敗也。其所壞

---

① 吴闓生：《詩義會通》，中華書局，1958 年。

也，亦不可支也。'昔武王克殷而作此詩也，以爲飫歌，名之曰'支'。以遺後之人，使永監焉。夫禮之立成者爲飫，昭明大節而已，少典與焉。是以爲之日惕，其欲教民戒也。然則夫'支'之所道者，必盡知天地之爲也。不然，不足以遺後之人。'"字面上有出入。䵷，從𩏑，𠂤聲。𩏑爲𩫖之訛[①]。𩫖，"人所度居也。从回，象城𩫖之重，兩亭相對也"[②]。古文字中"𩫖"和"土"做偏旁可以通用[③]。𠂤即歸，見母微部，與匣母微部"壞"古音相近。䵷應即壞字異體。枳從只得聲，枳、枝兩字通用[④]，枳可讀爲支。謚文係引周武王所作詩篇《支》，詩旨是教人謹慎戒懼。《左傳》和《國語》引《支》事發生在周敬王時期，而芮良夫引《支》事在周厲王時期，前後相差三百餘年。從語言形式的比較看，謚文引《支》不用句末語氣詞，保留了比較原始的形態。這點可以作爲謚文斷代的參考。謚文的年代應在周敬王與周武王之間。這和它《周書》的性質是相應的。

另一處引文是"或因斬椅，不遠其䢃（則），母蕅（害）天棠（常），各堂（當）爾悳（德）"。前兩句出自《詩經·豳風·伐柯》。原詩作"伐柯伐柯，其則不遠。我覯之子，籩豆有踐"。斬、伐同義換用。椅同柯[⑤]，惻同則。"不遠其則"是"其則不遠"的倒裝，是爲了適應押韻的需要（惻悳都是職部字）。《詩序》云："《伐柯》，美周公也。周大夫刺朝廷之不知也。"一般認爲是成王時的作品。《中

① 曾憲通：《"言"及相關諸字考辨》，《古文字研究》第二十二輯，中華書局，2000年，第270—274頁。

② 許慎：《説文解字》，中華書局，1998年，第110—111頁。

③ 高明：《中國古文字學通論》，北京大學出版社，1996年，第154—155頁。

④ 高亨纂著：《古字通假會典》，齊魯書社，1989年，第460頁。

⑤ 奇聲字與可聲字恒相通用。參高亨纂著：《古字通假會典》，齊魯書社，1989年，第664—668頁。

庸》有一段孔子的話，也引到《伐柯》：“子曰：‘道不遠人。人之爲道而遠人，不可以爲道。《詩》云：‘伐柯伐柯，其則不遠。’執柯以伐柯，睨而視之，猶以爲遠。故君子以人治人，改而止。忠恕違背不遠，施諸已而不願，亦勿施于人。君子之道四，丘未能一焉：所求乎子，以事父未能也；所求乎臣，以事君未能也；所求乎弟，以事兄未能也；所求乎朋友，先施之未能也。庸德之行，庸言之謹，有所不足，不敢不勉，有餘不敢盡；言顧行，行顧言，君子胡不慥慥爾！’”引文與《詩經》完全一致，對詩旨也有很好的發揮。這一理解同樣適用於簡文。這是文獻引《伐柯》的最早記錄。簡文則提供了周厲王時期徵引的例證，時代更早，彌足珍貴。

以上兩處引文，一篇是周武王所作佚詩，一篇是周成王時所作見於《詩經》者，顯示芮良夫對周代詩歌的熟悉。這並不是偶然的現象。

周昭王時期的榮仲方鼎，有榮伯邀芮伯子到周王序中學習的記載[1]。序是貴族子弟學習的地方。《文王世子》：“春夏學干戈，秋冬學羽籥，皆于東序。”又曰：“秋學禮，冬學書。禮在瞽宗，書在上庠。”《周禮・地官・保氏》：“保氏掌諫王惡，而養國子以道。乃教之六藝：一曰五禮，二曰六樂，三曰五射，四曰五御，五曰六書，六曰九數。”古代詩可入樂，對周詩的學習是包括在“樂”當中的。《周禮・春官・大師》：“教六詩：曰風，曰賦，曰比，曰興，曰雅，曰頌。”鄭玄注：“大師，瞽官之長。”

榮仲方鼎講述的是昭王時的事情。昭王前後的情形也是可以推知的。《周書》有一篇《旅巢命》，只有《序》，無正文。《序》：“巢伯來朝，芮伯作《旅巢命》。”鄭《箋》：“殷之諸侯，伯爵也。南方之國，

① 李學勤：《試論新出現的𩎟方鼎和榮仲方鼎》，《文物中的古文明》，商務印書館，2008年，第236—243頁。

世一見者。聞武王克商，慕義而來朝。”《旅巢命》是周武王贊美巢伯的誥命。《顧命》：“甲子，王（成王）乃洮頮水。相被冕服，憑玉几。乃同，召太保奭、芮伯、彤伯、畢公、衛侯、毛公、師氏、虎臣、百尹、御事。”《康王之誥》：“太保暨芮伯咸進，相揖。皆再拜稽首曰……”三處芮伯都是芮良夫的先人。《旅巢命》編在《周書》，成王向芮公托以顧命大事，康王向芮伯等發佈誥詞，反映了芮人在西周武、成、康王時期的地位和影響。《逸周書》中有一篇《芮良夫解》，《周書序》：“芮伯稽古作訓，納王於善。暨執政小臣，咸省厥躬，作《芮良夫》。”唐大沛云：“此篇芮伯告王及執政之書也，必出芮伯之手。”[①]《芮良夫訫》和《芮良夫解》一樣，反映了芮人在厲王時期政治生活中的地位和影響。有學者總結説：“從武王到厲王幾乎整個西周時代，芮伯都活躍於中央王朝政壇之上並對最高王政表達贊揚、誓訓或批評，還受王命征伐。”[②]是十分正確的觀點。由於芮伯在整個西周時代的地位鞏固，與周王室關係良好，所以芮伯的子弟能在周王的序中受到良好的教育。有了這個前提，芮良夫諳熟周詩，擅長作詩也就很好理解了。

訫文最後一句“虞（吾）甬（用）复（作）訫再夂（終），㠯（以）寓命達聖（聽）”，與上文“内（芮）良夫乃复（作）訫再夂（終）”相呼應。寓是寄托的意思，《管子·小匡》：“事有聽隱，而政有所寓。”命應理解爲天命。《尚書·梓材》：“用懌先王受命”，蔡沈《集注》：“命，天命也。”“寓命達聽”反映了芮良夫作訫的高姿態和使命感。

（原載《文物》2012年第8期）

---

① 轉引自黄懷信、張懋鎔、田旭東撰：《逸周書彙校集注》，上海古籍出版社，2007年，第998頁。

② 李競恒：《商周時代的芮國》，漢網論壇，2006年8月13日。

試析清華簡《説命》的結構

《清華大學藏戰國竹簡(叁)》發佈的《説命》,簡長45厘米,共有三篇,由同一書手寫成,每一篇最後一簡都有篇題《傅説之命》,整理報告定名爲《説命上》《説名中》《説命下》[①]。三篇簡背都有編號,《説命上》《説命中》各有七支簡,分别編號一至七,《説命下》有九支簡,編號二至十,缺第一支簡。“從下文看,該簡可能記述武丁不言之事。《書·無逸》:‘其在高宗,時舊勞於外,爰暨小人。作其即位,乃或亮陰,三年不言。’”[②]這一推測是很有道理的。這樣看來,清華簡《説命》三篇,每篇都是相對獨立和完整的。

《尚書序》把《尚書》分爲典、謨、訓、誥、誓、命六種體式,孔穎達《堯典正義》分爲典、謨、貢、歌、誓、誥、訓、命、征、範十種,不論六分法還是十分法,都把“命”作爲一種單獨的體式。“命”主要是君王任命官員或者賞賜諸侯的册命。在傳本《尚書》中,“命”這種體式有些僅保留《序》,有些雖《序》、文齊全,卻却是僞古文。可資比較的只有《顧命》和《文侯之命》兩篇。《顧命》先記敘群臣接受成王顧命的情況,次敘康王在祖廟中接受册命的儀式。《文侯之命》則是

---

① 清華大學出土文獻研究與保護中心編,李學勤主編:《清華大學藏戰國竹簡(叁)》,中西書局,2012年,上册原大圖版2—7頁,放大圖版27—52頁,下册釋文注釋121—131頁。

② 同上,下册釋文注釋129頁。

表彰晉文侯的功績，賞賜鼓勵晉文侯。兩篇内容一重儀式，一重文辭，各有側重，但都與“命”扣得很緊。清華簡《説命》三篇的情況有所不同。上篇主要敘述武丁求説、得説的過程、武丁與説初次見面的細節、説伐失仲的情形以及説的形貌特徵、説邑所在的位置等，是圍繞説的一個勾廓式的介紹。從結構上看，更像是《説命》的《序》。中篇和下篇才是真正命説的内容，是《説命》的正文。中篇開頭説：“説來自傅岩，在殷。武丁朝於門，入在宗。”交待人物、地點。緊接武丁對説的命詞。這種結構和《尚書》中多篇誥命訓類文獻相似。在武丁的命詞裏，有三處内容和《國語・楚語上》《禮記・緇衣》《墨子・尚同中》所引古本《説命》相同，加之最末一簡有《傅説之命》篇題，中篇是《説命》正文是毫無疑問的。下篇通篇都是“王曰：説……”這類形式，與傳本《尚書》誥命訓類相合，最末一簡也有“傅説之命”篇題，是《説命》正文也是可以肯定的。《説命中》提到説來自傅岩，在殷，由帝命而來，《説命上》説“得説于傅岩”“説來，自從事于殷”，“殷王賜説于天”，表述顯得重複，這一點也是可以支持把《説命中》看作正文，把《説命上》看作《序》的。

《書序》云：“高宗夢得説，使百工營求諸野，得諸傅岩，作《説命》三篇。”清華簡《説命》三篇，剛好與《書序》相合。如果上篇是《序》，只剩下兩篇，反而出現了差異。實際上，清華簡《説命》缺一篇的可能性是存在的。目前知道，《禮記・文王世子》《學記》所引《説命》，以及《緇衣》另引的一條佚文，不見於清華簡《説命》，雖然不排除是《説命》傳本有異，但更可能是這些佚文爲《説命》另一篇的内容，而這一篇爲清華簡所無。

如果上述分析可取，那麽由此引出來的結論是：《書序》至少在戰國中期晚段（清華簡的抄寫年代）就已經形成了，清華簡《説命上》爲我們提供了一個迄今爲止最早的《書序》樣本。

（原載清華大學出土文獻研究與保護中心網，2013年5月7日）

清華簡《説命》“燮⿰弜阝”考

清華大學藏戰國竹簡《説命中》有下面一段話：

故我先王滅夏，燮⿰弜阝，翦蠢邦，惟庶相之力勝，用孚自邇。

其中⿰弜阝字作

之形，從邑弜聲，整理報告括注爲“強”[①]。從戰國文字用字習慣看，秦文字用強表示強弱、強力之強，楚文字用弜、⿱弜力表示強，齊文字用弜、⿱彊力表示強，三晉文字用弜、⿱弜力、⿱弜心表示強，燕璽則用弜表示強[②]。弜是強弱、強力的本字，⿱弜力是纍增字，後來分化作爲勉強、強迫的專字。⿱彊力是⿱弜力的異體字[③]。⿱弜心，字書未見，或以爲弜之繁文[④]，也有可能是弜的借字。尚待進一步研究。

把⿰弜阝讀爲強，是把⿰弜阝看作強的假借字，僅從用字來説，這種可能性是存在的。下文引到的齊璽可以證明這一點。不過⿰弜阝的情況比較特殊，到目前爲止，還没有發現用⿰弜阝表示強弱之“強”的例證。

---

① 清華大學出土文獻研究與保護中心編，李學勤主編：《清華大學藏戰國竹簡（叁）》，中西書局，2012年，第125頁。

② 周波：《戰國時代各系文字間用字差異現象研究》，綫裝書局，2012年，第191—192頁。

③ ⿱弜力即勥字，依《説文》，⿱彊力是勥的古文。

④ 何琳儀：《戰國古文字典》（上册），中華書局，1998年，第647頁。

它從邑弜聲，同類型的字戰國時極多，往往是國族名、姓氏或地名的專用字①。看文例，𨛭字用在“夏”和“蠢邦”之間，理解爲國族名或地名也是很合適的。網友 mpsyx 在簡帛網論壇上發言，指出“強”字從“邑”，當是一個國邑的名字。“蠢邦”似泛指蠢動不安之邦。三者並列，當各有所指，如以爲單指“夏”，則爲不詞②。我認爲是正確的意見。事實上，我們在整理小組的討論會上和研究生的課堂上都曾講過這個觀點。其實發現這一點並不難，難在如何進行論證上。

一般認爲，弜字右下兩横係後來添加的羨符，字本來寫作弘。在字下加兩横作爲羨符是古文字常見的作風，類例甚多③，不勝枚舉。由於古文字結構具有系統性，弘不僅獨立運用時加兩横作爲羨符，作偏旁時也同樣加上兩横做羨符，這樣就形成了弜及以之爲偏旁的構形系統。弘字的結構，裘錫圭先生做過精彩分析，認爲強弱的強可能本作弘，是在弓上加上區別性意符構成，構字方式和古(固的本字)在盾牌下加口相同。盾牌有堅固的特點，可以表示固的意思。拉弓需要很強的力，所以弓可以表示強的意思④。這個説法，很有道理，得到了大多數學者的認同。

國族名、姓氏和地名的用字，一般經歷了一個纍增的過程，邑

① 參看湯餘惠主編：《戰國文字編》，福建人民出版社，2001 年，第 410—453 頁。

② 見《清華簡三〈説命〉初讀》帖子下 19 樓的發言，簡帛網，2013 年 1 月 9 日。

③ 何琳儀：《戰國文字通論》（訂補），江蘇教育出版社，2003 年，第 260 頁；趙平安：《“達”字兩系説——兼釋甲骨文所謂“途”和齊金文中所謂“造”字》，收入《新出簡帛與古文字古文獻研究》，商務印書館，2009 年，第 83 頁。

④ 裘錫圭：《釋“弘”、“強”》，收入《古文字論集》，中華書局，1992 年，第 53—58 頁；後收入《裘錫圭學術文集》甲骨文卷，復旦大學出版社，2012 年，第 184—188 頁。

旁往往是後來逐漸加上去的。如秦、匽、咢、晉、蔡、曹等字，東周時期都出現了加邑旁的寫法[①]。這樣看來，弜很可能就是甲骨金文中的弜。

甲骨金文中的弜作

《合集》269　《合集》667　《合集》21914　《集成》09106

等形，都是由弓和口兩部分構成，但弓和口的位置比較靈活。口或在弓下，或在弓中，或在弓之左右。在甲骨文中，弜用爲名詞，是人名、國族名、地名三位一體的[②]。如：

令弜比𤕫由[③]王事。(《合集》5477)

壬寅卜，爭貞：弜由王事。二告。

壬寅卜，爭貞：弜弗其由王事。二告。

癸卯卜，𣪊貞：呼弜往於比。

癸卯卜，𣪊貞：〔弓(勿)〕呼弜往比於。(《合集》667 正)

貞：王曰弜來。(《英》408)

貞：惠弜令。

貞：勿唯弜令。(《合集》3079＋《上海博物館藏甲骨文字》

① 參看湯餘惠主編：《戰國文字編》，福建人民出版社，2001 年，第 410—453 頁。

② 甲骨文中作爲人名的弜情況比較複雜，除下文提到的以外，還有"伯弜"(《合集》3439，3440)、"子弜"(《合集》938 反)等，這些似有所區別，不宜統一對待。

③ 陳劍：《釋"由"》，《出土文獻與古文字研究》第三輯，復旦大學出版社，2010 年，第 1—89 頁。

21961.62[①])

貞：勿呼弜望舁（羯）[②]方。（《合集》6192）

貞：叀弜呼伐舁（羯）。（《合集》6209）

貞：勿惟弜呼伐。（《合集》7594）

⧄呼伐。

⧄弜呼伐。

⧄[伐]舁（羯）。（《合集》7595）

乙丑卜，賓貞：翌丁丑弜其侑于丁。（《合集》3077）

弜入十。（《合集》9223反）

弜和商王互動良好，不僅參與軍事和祭祀等國家大事，而且對商王有所供納。

西周早期金文中有“弜作彝”（弜作彝鬲，《集成》00488）、“亞弜。亳作父乙尊彝”（亳作父乙尊彝鼎，《集成》02316），裘先生指出弜也可能是族名或人名。

弜作爲地名的性質在下列卜辭中最爲顯豁。

癸卯卜，㱿貞：旬亡憂。王占曰：有咎，其有來艱。五日丁未，允有來艱。禦⧄[逸]自弜圉六人⧄（《合集》6057正）

圉是監獄的意思。《説文·囗部》：“圉，囹圄也，所以拘罪人。”弜圉就是弜地的監獄，類似結構卜辭多見，如《合集》138“爻圉”、

① 此版係林宏明先生《甲骨新綴第421例》綴合，發表於先秦研究室網站（www.xianqin.org），2013年5月8日。

② 趙平安：《甲骨文“吕”即“舁”字説——兼談羯的族源》，《揖芬輯——張政烺先生九十華誕紀念文集》，社會科學文獻出版社，2002年，第229—236頁。

5976“京圉”、《英》540“林圉”等，弜圉作爲名詞結構充當介詞自的賓語。

商、西周時期的弜，因爲是國族名或地名，所以後來加上邑旁。加上邑旁以後，才算是完成了作爲地名用字的標準配置。

簡文“燮郘”，置於“滅夏”“翦蠢邦”之間，是“襲伐郘”的意思。整理報告引《詩·大雅·大明》“燮伐大商”馬瑞辰《傳箋通釋》讀燮爲襲以爲證明[①]，是有説服力的。

“滅”“襲”“剪”三個動詞和後面的“勝”文意相貫。“惟庶相之力勝”，是説“靠左右衆臣之力得勝”。“用孚自邇”，比較難解。考慮到《説命上》引到卜辭：

> 遳（失）审（仲）卜曰：“我亓（其）殺之”，“我亓（其）已，勿=殺=（勿殺”，勿殺）是吉。遳（失）审（仲）憙（違）卜，乃殺一豕。（4—5 簡）

注【一七】：“‘我其殺之’，‘我其已，勿殺’，是相對立的卜辭，特别是説‘我其已’，與殷墟甲骨卜辭格式一致，參看李學勤《釋‘改’》（《中國古代文明研究》第一六一二〇頁，華東師範大學出版社，二〇〇五年）。”

頗疑“用孚”是占卜專用術語。“用”指用辭，包括“用”“不用”“勿用”“茲用”“茲不用”等内容。“孚”指孚辭，包括“孚”“茲孚”“不孚”等内容。“用辭所記是實際施用的情況”[②]“‘孚’用於卜辭意爲

---

① 清華大學出土文獻研究與保護中心編，李學勤主編：《清華大學藏戰國竹簡（叁）》，中西書局，2012 年，第 126 頁。

② 姚萱：《殷墟花園莊東地甲骨卜辭的初步研究》，綫裝書局，2006 年，第 91 頁。

‘信’、‘合’，則表示貞卜或占斷會與事實相符合，跟‘應驗’的意思其實也差不多。”①用辭和孚辭表達的都是一種判斷、一種決定，用孚連用，引申表示決斷。邇，形容詞用爲名詞。這種用法古文字很常見②。“用孚自邇”表示決策從左右近臣出。清華簡《良臣》簡 2：“康（湯）有伊尹，有伊陟，有臣扈。”③商湯勝夏，平定天下，得衆臣之助，是大家熟知的事實。

綜合清華簡《説命中》和甲骨金文看，弜這個國族夏商之際雖然被商襲伐打敗，但並未亡國，後世存續時間很長。

夏代末年，夏桀無道，失掉民心。商湯趁夏亂剪滅夏的屬國，古籍多有記載。

《孟子·滕文公下》：

> 孟子曰：“湯居亳，與葛爲鄰，葛伯放而不祀。湯使人問之曰：‘何爲不祀？’曰：‘無以供犧牲也。’湯使遺之牛羊。葛伯食之，又不以祀。湯又使人問之曰：‘何爲不祀？’曰：‘無以供粢盛也。’湯使亳衆往爲之耕，老弱饋食。葛伯率其民，要其有酒食黍稻者奪之，不授者殺之。有童子以黍肉餉，殺而奪之。《書》曰：‘葛伯仇餉。’此之謂也。爲其殺是童子而征之，四海之内皆曰：‘非富天下也，爲匹夫匹婦復讎也。’‘湯始征，自葛載，’十一征而無敵于天下。東面而征，西夷怨；南面而征，北

① 姚萱：《殷墟花園莊東地甲骨卜辭的初步研究》，綫裝書局，2006 年，第 94 頁。

② 裘錫圭：《釋殷墟甲骨文裏的“遠”“𤞷”（邇）及有關諸字》，《古文字研究》第十二輯，中華書局，1985 年；後收入《裘錫圭學術文集·甲骨文卷》，復旦大學出版社，2012 年，第 167—176 頁。

③ 清華大學出土文獻研究與保護中心編，李學勤主編：《清華大學藏戰國竹簡（三）》，中西書局，2012 年，第 157 頁。

狄怨；曰：‘奚爲後我？’民之望之，若大旱之望雨也。歸市者弗止，芸者不變，誅其君，弔其民，如時雨降。民大悦。”

清楚説明商湯滅夏的戰爭從滅葛開始。

今本《竹書紀年》：帝癸“二十一年商師征有洛，克之，遂征荆，荆降”，又説“二十六年商滅温”。

《詩經・商頌・長發》：

武王載旆，有虔秉鉞，如火烈烈，則莫我敢曷。

苞有三蘖，莫遂莫達，九有有截，韋顧既伐，昆吾夏桀。

韋、顧、昆吾是特別提到的幾個國家。夏則是最後被剪滅的國家。

商滅掉的小國數量，歷來説法不一，《孟子》趙岐注以爲“凡征二十二國也”[①]，焦循引《隋書》煬帝伐高麗詔説“成湯二十七征”[②]。聯繫《逸周書》武王“征四方，凡憝國九十有九國”[③]來看，當時滅國應該是很多的。但究竟滅掉了多少，恐怕永遠是個謎。在這些被滅掉的小國中，留下名字的畢竟只是少數。弜應是衆多失載的國名中的一個。《説命中》既然特別提到它，而且放在突出位置，説明它是相對比較重要的一個。這樣看來，“變䢼”反映的應該是夏商之際一段重要的歷史事實，一段傳世文獻失載的事實。

有學者指出，甲骨文中的弜是一個很小的方國，它的地位和規模與《説命中》的䢼很不相稱。這確實是很敏鋭的觀察。也許正是由於這樣的原因，王志平先生讀䢼爲顧。他説：

① 阮元校刻：《十三經注疏》(下)，中華書局，1980年，第2712頁。

② 焦循：《孟子正義》，中華書局，1987年，第434頁。

③ 黄懷信、張懋鎔、田旭東：《逸周書彙校集注(修訂本)》(上册)，上海古籍出版社，2007年，第434—435頁。

> "夒㢸"應當也是商湯滅夏前後的對外戰爭。而商代對外戰爭中,"韋、顧既伐,昆吾、夏桀"(《詩·商頌·長發》),這些都是著名的討伐對象。頗疑此"㢸"當即"韋、顧既伐"之"顧"。強爲群母陽部字,雇、顧爲見母魚部字,扈爲匣母魚部字。見匣群音近,魚陽對轉,故可通假。[1]

顧國甲骨文作雇,文獻一般作扈、顧[2],用字有一定的習慣,從未見把顧寫作㢸的。王志平先生的説法不能不令人生疑。

出土文獻之於傳世文獻的關係,大致可分三類:一是印證,二是勘正,三是補充。王志平先生著眼于第一種關係,我們著眼於第三種關係。就㢸字而言,著眼於第三種關係來處理可能更直接一些。

其實,甲骨文弜和《説命中》㢸地位和規模不相稱是可以解釋的。㢸在夏商之際遭到商的重創之後,到商代晚期顯得没落一點都不奇怪!更何況卜辭所反映事實還有它的局限性呢?上面提到的"韋顧既伐"的顧,甲骨文作雇,在商代晚期的卜辭中所反映的情形和它在夏商之際的地位和規模就是很不相稱的,可是大家都接受卜辭的雇就是"韋顧既伐"的顧。

《古璽彙編》收有"㢸逑"(2184)、"㢸雩"(2185)、"㢸賜信璽"(2187)、"㢸同"(2186)等齊系風格的璽印。何琳儀先生解釋説:"戰國文字㢸,讀強,姓氏。"[3]可從。

強作爲姓氏,來源十分複雜,有的來源於華夏民族,有的來源

---

① 王志平:《清華簡〈説命〉中的幾個地名》,清華大學出土文獻研究與保護中心網,2013年12月25日。

② 羅琨:《商代戰爭與軍制》,中國社會科學出版社,2010年,第7—11頁。

③ 何琳儀:《戰國古文字典》(上册),中華書局,1998年,第684頁。

於少數民族。齊璽中的強來源爲何，有待進一步落實。但是，強姓中有一支源於氐族，文獻有明確記載。《三國志・武帝紀》："建安二十三年三月，張飛、馬超走漢中，陰平氐強端斬吴蘭，傳其首。"《晉書・宣帝紀》："青龍三年，武都氐王苻雙、強端帥其屬六千餘人來降。"此爲氐族強氏見於書傳之始。《姓纂・陽韻》："《苻秦錄》強永、強帛，姚秦強起斌，西陽侯強景，皆略陽人也。"又説："強氏又有扶風一望。唐兵部郎中強寶質，孫修，御史中丞、户部侍郎，其先略陽人也。"[①]陰平、武都、略陽，都是氐族強氏的聚居地，都在甘肅省的東南部。其中略陽鄰近甘肅省東南部，已處於陜西省境内。

卜辭顯示，弜與䂂（舊釋𢀛）應當臨近。䂂的地望，在殷之西，島邦男定在山西、陜西交界偏北一點的地方[②]，鍾柏生認爲"應在兩省交界中間偏南比較妥當"[③]，羅琨認爲"就目前資料看，𢀛方活動地區在晉西南及相鄰的陜西一些地區的推斷或許較接近事實"[④]。我們傾向於羅先生的意見。弜應與羅先生所説的"晉西南及相鄰的陜西一些地區"比較接近。考慮到甘肅省東南部有強氏，弜在甘肅東南部的可能性是很大的。氐族強氏可能來源於國族名弜。

甘肅東南部的強氏出自氐族，而氐族來源向來莫衷一是[⑤]。魚豢《魏略・西戎傳》稱氐人"乃昔所謂西戎在於街、冀、獂道者"。街、冀、獂道均屬天水郡，街，即街泉縣、治今甘肅省莊浪縣東南；冀

① 陳連慶：《中國古代少數民族姓氏研究》，吉林文史出版社，1993年，第309頁。

② 島邦男：《殷墟卜辭研究》，鼎文書局，1975年，第382—383頁。

③ 鍾柏生：《殷商卜辭地理論叢》，藝文印書館，1989年，第191頁。

④ 羅琨：《商代戰爭與軍制》，中國社會科學出版社，2010年，第233頁。

⑤ 黄烈：《有關氐族來源和形成的一些問題》，《歷史研究》1965年第2期；《中國古代民族史研究》，人民出版社，1987年，第114頁。

縣,治今甘肅甘谷縣東;豲道縣,治今甘肅省隴西縣東南。魚豢所云氐先人爲街、冀、豲地區諸戎,正與氐族的傳統地區相符,也與弜的活動區域相符。這容易讓人産生聯想:弜可能是氐族的來源之一。

最後還需説明的是,甲骨文和早期金文中的弜字,有的清代學者和于省吾先生釋爲弘。裘錫圭先生從之,並且有進一步的申論。裘先生認爲甲骨金文中的弜應分析爲從口弓聲,或從口從弓弓亦聲,本義指"弓聲",和表示强弱的强的初文弜是同形字的關係。不過他同時指出:"甲骨、金文裏用作族氏或人名的'弜',不是'弘'而是'强'字的可能性,似乎也不能完全排除。"[①]從我們的論證看,裘先生後一種推斷很有可能是正確的。

(原載李宗焜主編《古文字與古代史》第四輯,
臺北"中研院"歷史語言研究所,2014年)

---

① 裘錫圭:《釋"弘"、"强"》,收入《古文字論集》,中華書局,1992年,第53—58頁。後收入《裘錫圭學術文集·甲骨文卷》,復旦大學出版社,2012年,第184—188頁。

《厚父》的性質及其藴含的夏代歷史文化

清華簡《厚父》一篇，共13支簡。第一支上下兩端殘缺，其他各支皆爲完簡。簡背標有序號，依次爲“一”至“十三”。最後一支背面有“厚父”二字，係篇題。

《厚父》通篇爲“王”和“厚父”的對話。“王”首先通過追溯夏代歷史，指出勤政、用人、敬畏天命、謹慎祭祀對於“永保夏邑（或邦）”的重要性，“厚父”則從反面闡明君弗用典型、顛覆其德、沉湎於非彝，臣弗慎其德、不“用敘在服”的嚴重後果。接下來，“王”介紹了自己當下的作爲，“厚父”在回應中闡述了自己的認識和理念，重點是要畏天命、知民心、處理好司民和民的關係以及戒酒等。全文雖只有短短數百字，但内容豐富，文辭典雅，富於哲理，有着多方面的、重要的研究價值。

本文擬就《厚父》的性質及其藴含的夏代歷史文化談一點粗淺的意見。

一、關於《厚父》的性質

《孟子·梁惠王下》：“《書》曰：‘天降下民，作之君，作之師，惟曰其助上帝寵之。四方有罪無罪惟我在，天下曷敢有越厥志？’一人衡行於天下，武王恥之。此武王之勇也。而武王亦一怒而安天下之民。今王亦一怒而安天下之民,民惟恐王之不好勇也。”[①]趙岐注:“《書》,《尚書》逸篇也。”僞古文尚書《泰誓》有一段相似的話:“天佑下民,作之君,作之師,惟其克相上帝,寵綏四方。有罪無罪,予曷敢有越厥志?”[②]焦循《孟子正義》:“惠氏棟《古文尚書考》云:‘孔安國古文五十八篇,漢世未嘗亡也。三十四篇與伏生同;二十四篇增多之數,篇名具在。劉歆造《三統曆》、班固作《律曆志》、鄭康成注《尚書序》,皆得引之。特以當日未立於學官,故賈逵、馬融等,雖傳孔學,不傳逸篇。融作《書序》,亦云‘逸十六篇,絶無師説’。蓋漢重家學,習《尚書》者,皆以二十九篇爲備。于時雖有孔壁之文,亦止謂之逸《書》,無傳之者。然其書已入中秘,是以劉向校古文,得錄其篇,著于《別錄》。至東京時,雖亡《武成》一篇,而《藝文志》所載,五十七篇而已。其所逸十六篇,當時學者咸能案其篇目,舉其遺文,雖無章句訓故之學,翕然皆知爲孔氏之逸《書》也。今世所傳古文,乃梅賾之書,非壁中之文。’按此孟子所引《書》,在梅賾書《泰誓》上篇,江氏聲《尚書集注音疏》云:‘《太誓》上中下三篇,孔氏古文亦有之,不在二十四篇逸《書》之數。以當時列於學官,博士所課,不目之爲逸《書》也。’按《泰誓》不爲逸《書》,而此趙氏以逸《書》目之,則非《泰誓》之文矣。”焦循的説法可信,《梁惠王下》所引《書》不大可能是真本古文《泰誓》。

《厚父》有與《梁惠王下》所引《書》相似的文字。原文作:“古天降下民,埶(設)萬邦,复(作)之君,复(作)之帀(師),隹(惟)曰其勛(助)上帝亂(亂)下民。”勛字清華簡已多見,從對讀可知是助字

① 斷句和標點依楊伯峻:《孟子譯注》(上),中華書局,1960年,第31頁。

② 斷句和標點依江灝、錢宗武:《今古文尚書全譯》,貴州人民出版社,1990年,第204頁。

古文。𤔲，《説文》："𤔲，治也。……讀若亂同。"《㺇簋》："乃令㺇𤔲三族。"正用爲治。傳世文獻一般寫作亂。《尚書・盤庚》："茲予有亂政同位，具乃貝玉。"孔安國傳："亂，治也。"《禮記・樂記》："復亂以飭歸。"孔穎達疏："亂，治也。"[①]"隹（惟）曰其𠭁（助）上帝𤔲（亂）下民"和"惟曰其助上帝寵之"相當，表達意思相近，只是用字略有不同而已。"之"指的是"下民"。《厚父》"𤼈（設）萬邦"一語，爲其他兩處所無，它在"天降下民"和"复（作）之君，复（作）之帀（師）"之間，起連接作用，表義貼切，應是相對早期的形態。《厚父》"隹（惟）曰其𠭁（助）上帝𤔲（亂）下民"之後，没有"四方有罪無罪惟我在，天下曷敢有越厥志"等文字，推測《梁惠王下》引《書》應至"惟曰其助上帝寵之"結束。"四方有罪無罪惟我在，天下曷敢有越厥志"應與"一人衡行於天下"相銜接，是"一人衡行於天下"的寫照。朱熹《四書集注》讀爲"惟曰其助上帝，寵之四方"，把"寵之"與"四方"連讀，顯然是錯誤的。僞古文《泰誓》"天佑下民，作之君，作之師，惟其克相上帝，寵綏四方。有罪無罪，予曷敢有越厥志?"則是從《孟子・梁惠王下》省改而來的，應斷讀爲"天佑下民，作之君，作之師，惟其克相上帝寵綏。四方有罪無罪予，曷敢有越厥志?""惟"後省"曰"，"予"前省"惟"後省"在"，"曷"前省"天下"，"降"改成"佑"，"助"改成"相"，代詞賓語"之"改爲"綏"，"其""相"之間加一"克"字。把"之"改爲"綏"，想來有兩種可能，一是用與"寵"意義相近的動詞替换原來的代詞。不過這種改换缺乏内在邏輯，不大好理解。更大的可能是，作僞者就着"之"的字形進行改造。古文字"之"從止從

---

① 李春桃：《説㺇簋銘文中的"亂"字》，復旦大學出土文獻與古文字研究中心網，2010年12月17日。

一，夊作倒止形，兩字形體上有聯繫。夊可通綏。《玉篇》："夊，行遲貌。《詩》云'雄狐夊夊'。今作綏。"由於之、夊有明顯的形體聯繫，夊綏有明顯的語音聯繫，作僞者據此把"之"改成"綏"。改成綏後，表達安撫的意思。這樣理解，可能比較符合作僞者的心態。

既然"古天降下民，埶（設）萬邦，复（作）之君，复（作）之帀（師），隹（惟）曰其勮（助）上帝𤔲（亂）下民"是"天降下民，作之君，作之師，惟曰其助上帝寵之"的早期形態，那麽它有没有可能就是《梁惠王下》所引的《書》呢？從體式、内容、文句和用詞看，《厚父》都與《尚書》相類，因此這種可能性是極大的。如果是這樣，《厚父》就是《尚書》的逸篇。趙岐注《孟子》時，只説是《尚書》逸篇而不出篇名，説明當時已不知有此篇。這樣看來，至少東漢末年此篇已經亡佚。

但是，考慮到"古天降下民，埶（設）萬邦，复（作）之君，复（作）之帀（師），隹（惟）曰其勮（助）上帝𤔲（亂）下民"是類似於常語性質的東西，因此這段話在不同的《尚書》篇章中出現也是可能的。换句話説，《厚父》雖可能是《尚書》文獻，但也有可能不是《梁惠王下》所引的《尚書》逸篇[①]。

這是我們對《厚父》性質的基本觀點。

二、關於夏代歷史文化的幾個問題

《厚父》既爲《尚書》文獻，它的價值最重要的應該在文獻學和歷史學方面。關於前者，上文已有論及。下面就其所反映的夏代

---

① 當然，《厚父》不是《尚書》文獻，只是暗引《尚書》的可能性也不能完全排除，但這種可能性極小。

歷史文化問題擇要展開討論。

(一) 咎繇卒於何時

梁玉繩説:"咎繇始見《離騷》《尚書大傳》《説文》言部引《虞書》,今本作皋陶。"[①]《尚書·皋陶謨》記録了皋陶與禹的對話,《益稷》記録了舜、禹和皋陶的對話。知舜、禹、皋陶一度同時。《史記·五帝本紀》:"舜入于大麓,烈風雷雨不迷,堯乃知舜之足授天下。堯老,使舜攝行天子政,巡狩。舜得舉用事二十年,而堯使攝政。攝政八年而堯崩。三年喪畢,讓丹朱,天下歸舜。而禹、皋陶、契、后稷、伯夷、夔、龍、倕、益、彭祖自堯時而皆舉用,未有分職。……舜曰:'皋陶,蠻夷猾夏,寇賊奸軌,汝作士,五刑有服,五服三就;五流有度,五度三居:維明能信。'"孔安國傳:"士,理官也。"《舜典》:"象以典刑。"馬融曰:"言咎繇制五常之刑,無犯之者,但有其象,無其人也。"孔安國云:"象,法也。法用常刑,用不越法也。"郭店簡《唐虞之道》:"咎繇内用五刑,出式兵革。"咎繇是舜的大臣,掌管刑獄[②]。《史記·夏本紀》:"帝禹立而舉皋陶薦之,且授政焉,而皋陶卒。封皋陶之後於英、六,或在許。"皋陶卒於夏禹時。早期文獻對于皋陶的記載大致如此。

《厚父》:"啓隹(惟)後,帝亦弗叕(鞏)啓之經悳(德),少命咎繇(繇)下爲之卿事。"叕,鞏之增纍字,相當於《説文》手部的巩。《酒誥》:"經德秉哲。"劉逢禄《尚書今古文集解》:"經,常也。"《孟子·盡心下》:"經德不回。"朱熹《四書集注》:"經,常也。"少,不多時,一會兒。卿事,見於《番生簋》"王令兼司公族卿事寮"及《小子

---

① 梁玉繩:《漢書人表考》,收入《二十五史補編》(一),中華書局,1955年,第22頁。

② 徐在國:《釋"咎繇"》,《古籍整理研究學刊》1999年第3期。

爵簋》"卿事賜小子爵貝二百"等處，爲官名。這一段意思是説，夏啓做了國王，天帝擔心他的常德不鞏固，不久命咎繇下來做他的卿事。簡文接着説："兹咸又（有）神，能罟（格）于上，智（知）天之畏（威）弋（哉），聑（聞）民之若否，隹（唯）天乃永保頣（夏）邑。"《尚書·盤庚中》"予念先神後之勞爾先"，孔穎達疏："神者，言其通聖。"《淮南子·兵略》："知人所不知謂之神。"《寧簋》："其用各（格）百神。"《尚書·君奭》："成湯既受命，時則有若伊尹，格於皇天。"格是感通的意思。"能格於上"是説能感通上帝。《盂鼎》："畏天畏。"《詩經·周頌·我將》："畏天之威。"《尚書·皋陶謨》："天明畏。"《經典釋文》："馬本畏作威。""智（知）天之畏弋（哉）"即"知天之威哉"。這一段意思是説，咎繇能感通上帝，能知天威，察民情，爲夏王朝的鞏固傳延做出了貢獻。

和此前已知的文獻不同，《厚父》明言咎繇夏啓時爲卿事，顛覆了過去咎繇卒於夏禹時的説法。

（二）孔甲是怎樣的君王

《左傳·昭公二十九年》："秋，龍見于絳郊。魏獻子問于蔡墨曰：'吾聞之，蟲莫知於龍，以其不生得也，謂之知，信乎？'對曰：'人實不知，非龍實知。古者畜龍，故國有豢龍氏，有御龍氏。'獻子曰：'是二氏者，吾亦聞之，而不知其故，是何謂也？'對曰：'昔有飂叔安，有裔子曰董父，實甚好龍，能求其耆欲以飲食之，龍多歸之，乃擾畜龍，以服事帝舜，帝賜之姓曰董，氏曰豢龍，封諸鬷川，鬷夷氏其後也。故帝舜氏世有畜龍。及有夏孔甲，擾於有帝，帝賜之乘龍，河漢各二，各有雌雄。孔甲不能食，而未獲豢龍氏。有陶唐氏既衰，其後有劉累，學擾龍于豢龍氏，以事孔甲，能飲食之。夏后嘉之，賜氏曰御龍。以更豕韋之後。龍一雌死，潛醢以食夏后。夏后饗之，既而使求之。懼而遷于魯縣，范氏其後也。'”孔穎達疏引《帝王世紀》云：“少康子帝杼，杼子帝芬，芬子帝芒，芒子帝世，世子帝不降，不降弟帝喬，喬子帝廣也。至帝孔甲，孔甲，不降子。”杜預注：“孔甲，少康之後九世君也。其德能順於天。”楊伯峻《春秋左傳注》：“杜以孔甲順於天，而《周語下》云‘孔甲亂夏，四世而隕’，《史記·夏本紀》亦謂‘帝孔甲立，好方鬼神事，淫亂，夏后氏德衰，諸侯畔之’，與杜注義不同。擾可訓順，亦可訓亂，從下文‘帝賜之’推之，杜説是。”[①]過去一般據《周語》和《夏本紀》把孔甲看作“淫亂德衰者”，梁玉繩對此有所反駁，他説：“《傳》曰‘有夏孔甲擾于有帝，帝賜之乘龍河漢各二’，是龍降之于天，德之所致也，何言淫亂德衰乎？……所謂淫亂德衰者，蓋誤解《左傳》擾字耳，然其誤實從《周語》來。《國語》不可盡信，其言‘孔甲亂夏四世而殞’，猶言帝甲亂商七世而殞，夫祖甲豈亂商哉！”[②]但聲音實在微弱，當今史學界的主流意見是把孔甲看作夏王朝開始崩潰的轉捩點[③]。這也難怪，畢竟《國語》《史記》都是早期的重要史書，一般情況下，依據它們立論是順理成章的事情。清華簡《厚父》爲我們呈現了明晰的孔甲形象，簡文説：“之匿（慝）王廼渴（竭），㤺（失）其命，弗甬（用）先剴（哲）王孔甲之典刑（型），真（顛）復（覆）氒（厥）恵（德），湳（沉）湎于非彝，天乃弗若（赦），乃述（墜）氒（厥）命，亡其邦。”“先哲王”見於《尚書·康誥》“往敷求于殷先哲王用保乂民”“别求聞由古先哲王用康保民”、《酒誥》“在昔殷先哲王迪畏天”、《召誥》“茲殷多先

---

① 楊伯峻：《春秋左傳注》（修訂本），中華書局，1990年，1501頁。

② 梁玉繩：《史記志疑》，中華書局，1981年，第41—42頁。

③ 如郭沫若主編：《中國史稿》第一册，人民出版社，1977年，第85頁；翦伯贊主編：《中國史綱要》第一册，人民出版社，1979年，第15頁。

哲王在天”等處,《皋陶謨》:“知人曰哲。”“先哲王”指前代賢明的國王。“典刑”見於《舜典》“象以典刑”,古書多作“典型”,《詩經·大雅·蕩》:“雖無老成人,尚有典型。”鄭玄箋:“猶有常事故法可案用也。”孔甲被稱作“先哲王”,他的故法、常規被視爲後王應該效法的準則。從《厚父》看,孔甲明君的形象是很清晰的。這在很大程度上支持了梁玉繩、楊伯峻等人的説法,改變了我們對孔甲的看法。

(三)“三后”所指是什麼

《厚父》兩處提到“三后”,一處是:“其才(在)寺(時)畬(後)王之卿,或禕(肆)祀三后,永敘(敘)才(在)服。”“時”猶“是”也。另一處是:“隹(惟)寺(時)余經念乃高且(祖)克害(憲)皇天之政工(功),乃虔秉氒(厥)恴(德),伎(作)辟事三后。”“辟事”見於《𢦏簋》“唯厥使乃子𢦏萬年辟事天子”,是侍奉的意思。“三后”古書多見,用法各不相同,《厚父》應指夏代的三位君王。簡文一開始談到“禹……川”,“乃降之民,建顕(夏)邦”。“禹”“川”之間有殘缺,但肯定講的是大禹治水的事情,即《遂公盨》“天命禹敷土,墮山,濬川”,《尚書·禹貢》“禹敷土,隨山刊木,奠高山大川”之類。接下來説:“啓隹(惟)后,帝亦弗𢀜(鞏)啓之經恴(德),少命咎䌛(繇)下爲之卿事。”“王”在回顧夏代歷史的時候,重點點了“禹”和“啓”,然後籠統地談到其後的“顕(夏)之㔻(哲)王”,“禹”和“啓”在“王”心目中有特殊地位是顯而易見的。厚父談到“㞢王”失命時,提到他們“弗甬(用)先㔻(哲)王孔甲之典刑(型)”,又揭示了孔甲在夏代君王中的榜樣地位。因此從《厚父》本身看,“三后”很可能是指禹、啓和孔甲,他們都是夏代後裔心目中的偶像。

夏之“三后”出現在表示祭祀的動詞之後,可能是一個與祀典有關的概念，類似於楚國祀典中的"三楚先"[①]，當然這只是一種猜測，還有待於新的材料進一步證明。

（四）夏代酒文化的傳統

《戰國策・魏策二》："昔者帝女令儀狄作酒而美，進之禹，禹飲而甘之，遂疏儀狄，絶旨酒，曰：'後世必有以酒亡其國者。'"《古列女傳》卷七："末喜者，夏桀之妃也。美于色，薄于德，亂孽無道。女子行，丈夫心，佩劍帶冠。桀既棄禮義，淫于婦人，求美女積之于後宫，收倡優侏儒狎徒能爲奇偉戲者聚之于旁，造爛漫之樂，日夜與末喜及宫女飲酒，無有休時。置末喜於膝上，聽用其言。爲酒池可以運舟，一鼓而牛飲者三千人，輢其頭而飲之于酒池，醉而溺死者，末喜笑之以爲樂。"夏代開國之君主動戒酒，末代之君嗜酒亡國。酒對於夏代政治生活的影響是十分深刻的[②]。

厚父是夏人的後裔，他在與"王"的對話中用相當的篇幅談到酒。他説："民弋（式）克芍（敬）悳（德），母（毋）湛於西（酒）。民曰隹（惟）西（酒）甬（用）禨（肆）祀，亦隹（惟）西（酒）甬（用）康樂，曰西（酒）非飤（食），隹神之鄉（饗），民亦隹（惟）西（酒）甬（用）敗（敗）畏（威）義（儀），亦隹（惟）西（酒）甬（用）惡（恒）痤（狂）。"其中對於酒的認識和《尚書・酒誥》相似。《酒誥》所言"祀茲酒""無彝酒""不腆于酒""罔敢湎于酒""勿辯乃司民湎于酒""剛制于酒"，無非是説酒是用來祭祀的，不要經常喝酒，不能沉湎於酒，要堅決戒酒。《厚父》也是説酒是用來祭祀饗神的，不能沉湎於酒，酒

① 參趙平安：《"三楚先"何以不包括季連》，載李宗焜主編《古文字與古代史》第三册，臺北"中研院"歷史語言研究所，2012年，第371—378頁。

② 黄修明：《酒文化與中國古代社會政治》，《中華文化論壇》2002年第3期。

喝多了會令人失性發狂。《酒誥》是周公命康叔在衛國宣佈戒酒的誥詞,衛原爲殷商故地,周公是周王朝的宗族,所以周公在總結歷史的經驗教訓時列舉了商周兩朝的情況。從《厚父》看,宣傳戒酒其實從夏代就開始了,《厚父》中的戒酒詞可以説是夏代後裔的酒誥。從某種程度上説,《厚父》可以看作是夏代酒文化在其後裔中的延續和映現。

(原載《文物》2014 年第 12 期)

“地真”“女真”與“真人”

清華簡第五輯中，有一篇《湯在啻門》[①]，内容是湯問小臣（伊尹）古先帝之良言，湯答以成人、成邦、成地、成天之道，十分珍貴重要。其中有下面一段文字：

> 湯或問於小臣：“九以成地，五以將之，何也？小臣答曰：唯彼九神，是謂地真，五以將之，水、火、金、木、土，以成五曲，以植五穀。”（第17—19簡）

整理小組注釋説：“地真，疑即地祇。”《論語·述而》：“禱爾於上下神祇。”祇，地神。從《湯在啻門》上下文義看，這個注釋無疑是正確的。

《湯在啻門》的“地真”，容易使我們聯想到《楚帛書》中的“女填”。

二十世紀四十年代出土的《楚帛書》，是近代發現的最早的簡帛書籍，整體由甲、乙、丙三篇構成。《甲篇》第一章：

> 曰故（古）大熊雹（伏）䖒（羲），出自□霆，居於䨢□。厥□漁漁，□□□母。夢夢墨墨，亡章弼弼。□每水□，風雨是

① 清華大學出土文獻研究與保護中心編，李學勤主編：《清華大學藏戰國竹簡（伍）》，中西書局，2015年，第141—148頁。

於。乃取(娶)虘遲□子之子,曰女填,是生子四。

大意是説混沌初開的遠古,伏羲取"女填"爲妻,生子四人。"女填"的"填"寫法特殊,向來頗多異説。李零先生在編輯《李零自選集》時,首先釋爲填[①]。惜未作説明,故未能引起學者的注意。多年後,陳斯鵬先生引曾侯乙墓竹簡真和填字、以及上博簡《周易》遉字寫法,從字形上詳加論證,才使此説漸漸引起重視[②]。現在看來,"女填"的"填"是從楚文字上下結構的填字省簡而來,是可以論定的。徐在國教授在所編《楚帛書詁林》中就堅決肯定了這種説法[③]。

考傳説中伏羲配偶,文獻多作"女媧"。漢代圖像資料上,常見人首蛇身的伏羲、女媧形象,多作交尾之形,表明當時人也是把他們看作夫妻的[④]。因此,説"女填"就是"女媧",學界的認識是高度一致的。"女媧"之"媧",也作"琄"(《世本·姓氏》)、"果"(睡虎地秦簡《日書》甲種)、"希"(《帝王世紀》)、"娃"(《路史》卷十一注引《成冢記》)等,都屬於音近通假的範疇。但"填"和"媧"古音相去較遠,從通假上很難説通。有鑒於此,陳斯鵬先生提出一種新説,以爲"女媧"稱作"女填",可能和傳説中女媧填補蒼天、填塞洪水有關[⑤]。

---

① 李零:《李零自選集》,廣西教育出版社,1998年,第68、254頁。

② 陳斯鵬:《戰國楚帛書甲篇文字新釋》,《古文字研究》第二十六輯,中華書局,2006年,第343—345頁。

③ 徐在國:《楚帛書詁林》,安徽大學出版社,2010年,第813頁。

④ 曾憲通:《長沙子彈庫楚帛書與帛畫之解讀》,《古文字與出土文獻叢考》,中山大學出版社,2005年,第291頁,圖見220頁。

⑤ 陳斯鵬:《戰國楚帛書甲篇文字新釋》,《古文字研究》第二十六輯,中華書局,2006年,第343—344頁;《楚帛書甲篇的神話構形、性質及其神話學意義》,《文史哲》2006年第6期,第6頁。

我認爲,“女填”的“填”和“地真”的“真”應聯繫起來理解,“填”應讀爲“真”。《字彙補·目部》:“真,又借作填。”“地祇”稱“地真”,“女媧”稱“女真”,不能説是偶然的現象。這個真應理解爲“真人”的“真”。《説文解字·匕部》:“真,仙人變形而登天也。”[①]《字彙補·目部》:“真,真人。”《説文》正是把真解釋爲“真人”的“真”。需要指出的是,《説文》對真的解釋並不合乎它的構形本義,而是就訛變字形爲説。古文字研究表明,“真”是“顛倒”的“顛”的本字。本象倒人之形,爲獨體表意字,後在原字上加偏旁,字形又發生省變,就成了小篆的樣子[②]。顧炎武曰:“五經無真字,始見於老莊之書。《老子》曰:‘其中有精,其精甚真。’《莊子·漁夫篇》:‘孔子愀然曰:敢問何謂真?客曰:真者,精誠之至也。’《大宗師篇》曰:‘而已反其真,而我猶爲人猗。’《列子》曰:‘精神離形,各歸其真,故謂之鬼。鬼,歸也,歸其真宅。’《漢書·楊王孫傳》曰:‘死者,終身之化而物之歸者也。歸者得至,化者得變,是物各反其真也。’”真人的真應是借真(顛)爲之,兼取其音義[③]。《文選·郭璞〈江賦〉》:“納隱淪之列真,挺異人乎精魄。”《文選·謝靈運〈登江中孤嶼〉》:“表靈物莫賞,蘊真誰爲傳。”“真”都是“真人”的意思。《莊子·大宗師》多處提到真人:

> 何謂真人?古之真人,不逆寡,不雄成,不謨士。若然者,過而弗悔,當而不自得也。若然者,登高不慄,入水不濡,入火

---

① 許慎:《説文解字》,中華書局,1998年,第168頁。

② 唐蘭:《釋真》,《唐蘭先生金文論集》,紫禁城出版社,1995年,第31—33頁;李學勤主編:《字源》,天津古籍出版社、遼寧人民出版社,2012年,第723頁;謝明文:《釋“顛”字》,《古文字研究》第三十輯,中華書局,2014年。

③ 轉引自桂馥:《説文解字義證》,上海古籍出版社,1987年,第708頁。

不熱。是知之能登假於道者也若此。

古之真人,其寢不夢,其覺無憂,其食不甘,其息深深。

古之真人,不知説生,不知惡死,其出不欣,其入不距;翛然而往,翛然而來而已矣。

《淮南子·精神訓》:

所謂真人者,性合于道也。故有而若無,實而若虛,處其一不知其二,治其内不識其外,明白太素,無爲復樸,體本抱神,以游于天地之樊,芒然仿佯于塵垢之外,而消摇于無事之業,浩浩蕩蕩乎,機械之巧弗載於心。是故死生亦大矣,而不爲變;雖天地覆育,亦不與之抮抱矣。

兩書對真人的特點都有概括描述。《列子·周穆王篇》也説:“古之真人,其覺自忘,其寢不夢,幾虛語哉?”《淮南子·本經訓》:“莫死莫生,莫虛莫盈,是謂真人。”對真人的認識大同小異。概括言之,道家稱存養本性或修真得道的人爲真人。

除此之外,道家文獻也經常提到聖人、至人。《莊子·刻意篇》:“故曰,聖人之生也天行,其死也物化;静而與陰同德,動而與陽同波;不爲福先,不爲禍始;感而後應,迫而後動,不得已而後起。去知與故,循天之理。故無天災,無物累,無人非,無鬼責。其生若浮,其死若休。不思慮,不豫謀。光矣而不耀,信矣而不期。其寢不夢,其覺無憂。”《淮南子·俶真訓》:“大聖人用心,杖性依神,相扶而得終始,是故其寐不夢,其覺不憂。”《莊子·達生》:“子列子問關尹曰:‘至人潛行不窒,蹈火不熱,行乎萬物之上而不栗。請問何以至於此?’關尹曰:‘是純氣之守也,非知巧果敢之列。’”這些聖人、至人和真人的特點是相仿佛的。從某種程度上講,這些聖人、至人實際上是被視同真人的。

大家知道,古代帝王也可以稱真人。《史記·秦本紀》:"吾慕真人,自謂'真人',不稱'朕'。"《文選·張平子(衡)〈南都賦〉》:"方今天地之睢剌,帝亂其政,豺虎肆虐,真人革命之秋也。"真人指漢光武帝。

從上文看,真人的使用,確實經歷了一個泛化的過程。本指存養本性的得道的人,相沿稱所謂修真得道的人,引申表示聖人、至人或帝王。女媧爲創世之神,所以可以稱"女真",地祇爲土地之神,所以可以稱"地真"。

有趣的是,商湯和伊尹曾談到真人。《吕氏春秋·季春紀第三·先己》:

> 湯問于伊尹曰:"欲取天下,若何?伊尹對曰"欲取天下,天下不可取;可取,身將先取。"凡事之本,必先治身,嗇其大寶。用其新,棄其陳,腠理遂通。精氣日新,邪氣盡去,及其天年。此之謂真人。

《漢書·藝文志》有"《伊尹》五十一篇",隸於道家之下。因此在伊尹的話語系統中出現"地真"是不難理解的,它應該就是伊尹作品道家特色的反映。反過來看,《楚帛書》既然有"女真"這類道家特色的表述,折射出的也可能正是它的學派傾向。

(原載《管子學刊》2015年第2期)

秦穆公放歸子儀考

鬬克，申公鬬班之子，鬬氏，名克，字子儀，又稱子儀父，儀父①。曾爲申縣縣公②，楚莊王師③，大司馬④。出自名門，位高權重，是楚國歷史上卓有影響的人物。他曾被秦國囚禁多年，因此也成爲秦楚關係史上的著名人物。

關於子儀被秦囚禁的事件，見於清華簡《繫年》第六章：

> 晉惠公𢀛（卒），褱（懷）公即立（位）。秦人𢀜（起）𠂤（師）以内文公于晉＝（晉。晉）人殺褱（懷）公而立文公，秦晉女（焉）𠀆（始）會好，穆（戮）力同心。二邦伐䣓（鄀），遷（徙）之审（中）城，回（圍）商𥨝（密），𢧢（止）䌷（申）公子義（儀）以歸。⑤

簡文交待了囚禁子儀的背景：就是晉文公即位，秦晉結盟以後。

---

① 韋昭注：《國語》，上海古籍出版社，1978 年，第 537 頁。

② 子儀爲申縣縣公在被秦擄獲之前。據考，“楚國經營中國，常以申、息之師。僖二十八年城濮之敗，楚王謂子玉‘若申、息之老何’可證；二十六年申公叔侯戍齊，宣十二年申公巫臣與伐蕭。成六年用申、息之師侵蔡，亦可證。成七年傳所謂‘申、吕所以邑，是以爲賦，以禦北方’者也”。可見申縣縣公在楚國軍事生活中扮演着十分重要的角色。參楊伯峻：《春秋左傳注》（修訂本），中華書局，1990 年，第 434 頁。

③ 《國語・楚語上》：“昔莊王方弱，申公子儀父爲師，王子燮爲傅，使師崇、子孔帥師以伐舒。”《國語》，上海古籍出版社，1978 年，第 537 頁。

④ 韋昭注：《國語》，上海古籍出版社，1978 年，第 537 頁。

⑤ 清華大學出土文獻研究與保護中心編，李學勤主編：《清華大學藏戰國竹簡（貳）》，中西書局，2011 年，第 150 頁。

此事也見於《左傳·僖公二十五年》：

> 秋，秦晉伐鄀，楚鬭克、屈禦寇以申息之師戍商密。秦人過析，隈入而係輿人，以圍商密，昏而傅焉。宵，坎血加書，僞與子儀、子邊盟者，商密人懼，曰："秦取析矣！戍人反矣！"乃降秦師。秦師囚申公子儀、息公子邊以歸。楚令尹子玉追秦師，弗及。遂圍陳，納頓子于頓。[1]

據傳文，秦囚禁子儀的時間在魯僖公二十五年，亦即秦穆公二十五年，楚成王三十七年，公元前635年。

晉文公即位在公元前636年，秦囚禁子儀在公元前635年，其間只差一年。這兩件事情是有聯繫的。先有秦晉結盟，然後才有秦晉伐鄀，有秦晉伐鄀，才有子儀被俘。因此囚禁子儀實質上是秦晉結盟後首戰告捷的結果。所以《左傳·僖公二十五年》説"秦晉伐鄀"，《繫年》第六章説"二邦伐緒（鄀）"，強調這次軍事行動是兩國共同發起的。過去陳樹華、洪亮吉等人因爲《傳》中無一語及晉，懷疑"秦晉伐鄀"的"晉"字爲衍文，以爲伐鄀只是秦的事情，與晉無關，是完全錯誤的。實際情況當如杜注"不復言晉者，秦爲兵主"[2]。晉文公着秦國的支持上台，建立聯盟後，在兩國對楚的軍事行動中居於協同地位，是很好理解的。

但是，關於子儀放歸的時間，傳世文獻卻只有籠統的記述，見於《左傳·文公十四年》：

> 楚莊王立，子孔、潘崇將襲群舒，使公子燮與子儀守，而伐

---

① 楊伯峻：《春秋左傳注》（修訂本），中華書局，1990年，第434—435頁。

② 同上，第434頁。

舒蓼。二子作亂,城郢,而使賊殺子孔,不克而還。八月,二子以楚子出。將如商密。廬戢黎及叔麇誘之,遂殺鬭克及公子燮。

初,鬭克囚于秦,秦有殽之敗,而使歸求成。成而不得志。公子燮求令尹而不得,故二子作亂。[①]

傳文本是敘述公子燮和子儀謀反被殺,順帶述及兩人謀反的原因。在追述中,提到子儀放歸的事情。因是追述,並沒有交代放歸的具體時間,只是説在殽之戰以後。殽之戰是春秋時期的著名戰役,戰役經過詳見《左傳》[②]。發生時間是魯僖公三十三年,亦即秦穆公三十三年,晉襄公元年,楚成王四十五年,公元前 627 年。

早期傳世文獻的記述大抵如此。

可喜的是,近年發現的出土文獻也有相關内容,而且更爲詳細。清華簡《繫年》第八章:

晉文公立七年,秦、晉回(圍)奠(鄭)=(鄭,鄭)降秦不降晉=(晉,晉)人以不慭。秦人豫戍于奠(鄭)=(鄭,鄭)人致(屬)北門之笶(管)于秦=之=戍=人=(秦之戍人,秦之戍人)吏(使)人歸(歸)告曰:“我既㝵(得)奠(鄭)之門笶(管)也,𡉚(來)𡫸(襲)之。“秦𠂤(師)𤖼(將)東𡫸(襲)奠(鄭)=(鄭,鄭)之賈人弦高𤖼(將)西市,遇之,乃以奠(鄭)君之命褮(勞)秦三衒(帥),秦𠂤(師)乃遉(復),伐顝(滑),取之。晉文公𣦸(卒),未𡒄(葬),襄公新(親)衒(率)𠂤(師)御(禦)秦𠂤(師)於𡽚(崤),大敗之。秦穆公欲與楚人爲好,玄(焉)𦈒(脫)繡

① 楊伯峻:《春秋左傳注》(修訂本),中華書局,1990 年,第 604—605 頁。

② 同上,第 494—501 頁。

(申)公義(儀),囟(使)歸(歸)求成。秦玄(焉)訇(始)與晉敎(執)衞,與(與)楚爲好[1]。

蘇建洲先生根據《繫年》,對子儀放歸時間做了新的推定,他説:

> 這件事應該發生在僖公三十三年,前六二七年之後,文公四年,前六二三年之前,因爲文公四年,前六二三年,"楚人滅江,秦伯爲之降服,出次,不舉,過數。大夫諫,公曰:'同盟滅,雖不能救,敢不矜乎,吾自懼也。'"可見此時秦楚的關係不是盟國,這次的結盟大概也没有維持多久[2]。

蘇先生把秦楚結盟和放歸子儀看作是發生在同一時間的同一回事,據楚人滅江時秦穆公的反應推斷此時秦楚結盟已經破滅,放歸子儀應該在此以前,即公元前 623 年之前。

最近,李學勤先生在《有關春秋史事的清華簡五種綜述》一文中,又對秦穆公放歸子儀的時間做了更爲具體的推定。李先生同樣是把秦楚結盟和放歸子儀看作是發生在同一時間的同一回事,根據《左傳・成公十三年》載晉厲公命吕相絶秦書和宋代發現的秦惠文王時期的《詛楚文》,先確定與秦結盟的是楚成王,進而總結説:

> 按如前述,殽之戰發生在公元前 627 年,到第二年,即秦穆公三十四年,楚成王四十六年的十月,成王就被弑身亡了。因此,《子儀》穆公送子儀這件事,只能在穆公三十三年四月殽

---

① 清華大學出土文獻研究與保護中心編,李學勤主編:《清華大學藏戰國竹簡(貳)》,中西書局,2011 年,第 155 頁。

② 蘇建洲、吴雯雯、賴怡璿:《清華二〈繫年〉集釋》,萬卷樓,2013 年,第 404—405 頁。

之戰到三十四年十月之間，是没有問題的。[1]

秦穆公三十三年四月到三十四年十月，即公元前 627 年 4 月至公元前 626 年 10 月，時間範圍已經相當濃縮了。

李先生文中提到的《子儀》篇，已收入《清華大學藏戰國竹簡（陸）》[2]，2016 年由中西書局出版。《子儀》簡文講述秦晉殽之戰後，秦穆公爲了與楚修好，主動送歸子儀的事情。簡文對送歸過程，特别是秦穆公和子儀的對話有詳細描述，是瞭解殽之戰前後秦、晉、楚三國關係的重要史料。

簡文開頭説：

> 既敗於䝤（殽），忎（恐）民之大㫄（方）移（移）易，古（故）戠（職）欲。民所安，亓（其）旦不㯽（平），公益及。三䀋（謀）塼（輔）之，非（靡）土不飤（飭），毛（耄）勬（幼）䀋（謀）慶而賞之。乃关（券）册秦邦之臤（賢）余（餘），自蠶月至＝（至於）秋𥨊備女（焉）。取（驟）及七年，車𤗻（逸）於舊𢿜（數）三百，徒𤗻（逸）於舊典六百，㠯（以）見（視）楚子義（儀）於杏會。

“取（驟）及七年”是説殽之戰之後，很快就到了第七個年頭。這時候秦國由於採取各種優惠政策，元氣得到恢復，軍力得到提升，於是秦穆公到杏會看望了在秦做人質的楚子儀。

《子儀》的結構很清楚，前一段講放歸子儀的背景，後面則是寫放歸的過程：秦穆公爲子儀舉行了隆重的禮儀，和子儀進行了深度的交流，最後釋放了子儀。前後兩個部分的主從關係是非常明顯

---

① 《有關春秋史事的清華簡五種綜述》，《文物》2016 年第 3 期。

② 清華大學出土文獻研究與保護中心編，李學勤主編：《清華大學藏戰國竹簡（陸）》，中西書局，2016 年，第 128—135 頁。

的，也是密合無間的。這樣的結構在古書中很常見。很難想象，前面作爲敘事背景講殽之戰後七年間的事情，而後面主體部分卻是講殽之戰後一兩年間發生的事情。如果是這樣，冗餘的背景敘述又有什麽必要呢？

可以説，從《子儀》簡文看，比較明顯，秦穆公放歸子儀的時間是殽之戰後的第七年，即秦穆公三十九年，楚穆王五年，公元前621年。

簡文在談到對子儀舉行禮儀的時候，"乃張大侯于東奇之外，豊（禮）子義（儀），亡（無）豊（禮）檠（隋）貨，㠯（以）贛（餞）"[①]，隋貨就是晉國的隋會，又稱士會[②]。《史記·晉世家》：

七年八月，襄公卒。太子夷皋少，晉人以難故，欲立長君。趙盾曰："立襄公弟雍。好善而長，先君愛之；且近於秦，秦故好也。立善則固，事長則順，奉愛則孝，結舊好則安。"賈季曰："不如其弟樂。辰嬴嬖於二君，立其子，民必安之。"趙盾曰："辰嬴賤，班在九人下，其子何震之有！且爲二君嬖，淫也。爲先君子，不能求大而出在小國，僻也。母淫子僻，無威；陳小而遠，無援：將何可乎！"使士會如秦迎公子雍。賈季亦使人召公子樂於陳。趙盾廢賈季，以其殺陽處父。十月，葬襄公。十一月，賈季奔翟。是歲，秦，繆公亦卒。[③]

這段文字可以和《子儀》簡文合觀。從中可以得知，在襄公七

① 清華大學出土文獻研究與保護中心編，李學勤主編：《清華大學藏戰國竹簡（陸）》，中西書局，2016年，第128—135頁。

② 楊伯峻、徐提編：《春秋左傳辭典》，中華書局，1985年，第29頁。

③ 《史記》卷三十九《晉世家》，中華書局，1982年，第1671頁。

年，即秦穆公三十九年八月以後，隋會就已經到了秦國迎接公子雍。那時侯，秦穆公還在世，但秦穆公没有對隋會以禮相待，相反卻爲子儀舉行了隆重的禮儀。這顯示了秦穆公"與晉敦(執)衡，與(與)楚爲好"的政策取向。但康公時期情況似乎有了變化，《晉世家》：

> 靈公元年四月，秦康公曰："昔文公之入也無衛，故有呂、郤之患。"乃多與公子雍衛。太子母繆嬴日夜抱太子以號泣於朝，曰："先君何罪？其嗣亦何罪？舍適而外求君，將安置此？"出朝，則抱以適趙盾所，頓首曰："先君奉此子而屬之子，曰：'此子材，吾受其賜；不材，吾怨子。'今君卒，言猶在耳，而棄之，若何？"趙盾與諸大夫皆患繆嬴，且畏誅，乃背所迎而立太子夷皐，是爲靈公。發兵以距秦送公子雍者。趙盾爲將，往擊秦，敗之令狐。先蔑、隨會亡奔秦。[①]

康公一改穆公的做法，干預晉國内政，結果以失敗告終。"隨會亡奔秦"是説隋會等在秦軍的護送下，回到晉國，到了令狐，被趙盾擊敗，又逃奔秦國。這時候距離他襄公七年八月到秦國，已經七八個月時間了。從襄公七年到靈公七年[②]，隋會在秦國滯留累計長達八年之久。第一階段是作爲晉的使臣，第二階段則是作爲晉的叛臣。過去説隋會留秦往往據《左傳》從靈公元年算起[③]，只考慮到第二階段，没有考慮到第一階段，是有失偏頗的。

---

① 《史記》卷三十九《晉世家》，中華書局，1982 年，第 1672 頁。

② 《史記》卷三十九《晉世家》："七年，晉六卿患隨會之在秦，常爲晉亂，乃詳令魏壽餘反晉降秦。秦使隨會之魏，因執會以歸晉。"中華書局，1982 年，第 1673 頁。

③ 如裘錫圭主編，湖南省博物館、復旦大學出土文獻與古文字研究中心編纂：《長沙馬王堆漢墓帛書集成(叁)》，中華書局，2014 年，第 178 頁。

可見《子儀》簡文出現"檃(隋)貨",也是支持秦穆公三十九年放歸子儀的,而且可以幫助我們進一步推定具體時間在這一年八月以後。

到秦穆公三十九年,距離子儀留秦已經有14個年頭了。

那麽,秦穆公爲什麽要在三十九年放歸子儀呢? 分析起來,有其必然性。

從當時秦楚關係的大背景看,秦與楚雖然在殽之戰後建立了聯盟,但是並不成功。

《詛楚文》:"昔我先君穆公及楚成王,是僇力同心,兩邦若壹,絆以婚姻,袗以齋盟。"[①]《左傳・成公十三年》載吕相絶秦書:"我襄公未忘君之舊勳,而懼社稷之隕,是以有殽之師。猶願赦罪於穆公。穆公弗聽,而即楚謀我。天誘其衷,成王隕命,穆公是以不克逞志于我。"[②]"絆以婚姻,袗以齋盟""意即内則以婚姻結其親誼,外則複重之以盟約"[③]。"即楚謀我"即和楚國一起來對付我,暗指秦楚結盟。《詛楚文》是戰國時期秦人自己的作品,吕相絶秦書是春秋時期晉人的作品,兩種不同國别的文獻都説明殽之戰後秦穆公和楚成王建立了聯盟。但由於楚成王去世,楚國易主,這個聯盟並没有真正發揮作用,連《史記・秦本紀》都没有提到這件事情。在晉人看來,這次結盟是失敗的。

---

① 《郭沫若全集》考古編第九卷《石鼓文研究・詛楚文考釋》,科學出版社,1982年,第296頁。

② 楊伯峻:《春秋左傳注》(修訂本),中華書局,1990年,第863頁。

③ 《郭沫若全集》考古編第九卷《石鼓文研究・詛楚文考釋》,科學出版社,1982年,第304頁。

在這種情形下，秦穆公必須採取更加强有力的措施，來鞏固與楚國的關係。放歸子儀，便是秦穆公深思熟慮後做出的抉擇。從客觀效果看，這一招是比較成功的。《繫年》説："秦穆公欲與楚人爲好，女（焉）繁（脱）繡（申）公義（儀），囟（使）歸（歸）求成。秦女（焉）訂（始）與晉敎（執）衢，与（與）楚爲好。""秦女（焉）訂（始）與晉敎（執）衢，與（與）楚爲好"是説放歸子儀秦晉楚關係才實現真正的轉變。《左傳·文公十四年》説秦穆公讓子儀歸楚求成，"成而不得志"，"成"實際上也肯定了子儀求成達致的結果。穆公之後，康公即位。秦康公在位的十二年裏，秦晉之間頻發戰爭①。而秦楚之間不僅没有交戰，而且曾經聯合滅庸②，對比是非常鮮明的。《左傳·文公十四年》説子儀和公子燮挾持楚王"將如商密"，商密在秦楚界上，曾是子儀被俘的地方，子儀去商密，深層的考慮應是爲了更靠近秦國，尋求秦的庇護。這也可以看作是放歸子儀成效的一種反映。

殽之戰後秦國遭遇重創，國力恢復經歷了一個較長的過程。魯文公二年（秦穆公三十五年，公元前 625 年）春，"秦孟明視帥師伐晉，以報殽之役"，結果"秦師敗績"③。魯文公三年（秦穆公三十六年，公元前 624 年），"秦伯伐晉，濟河焚舟，取王官及郊，晉人不

---

① 《史記》卷五《秦本紀》："康公元年。往歲繆公之卒，曾襄公亦卒；襄公之弟名雍，秦出也，在秦。晉趙盾欲立之，使隨會來迎雍，秦以兵送至令狐。晉立襄公子而反擊秦師，秦師敗，隨會來奔。二年，秦伐晉，取武城，報令狐之役。四年，晉伐秦，取少梁。六年，秦伐晉，取羈馬。戰于河曲，大敗晉軍。晉人患隨會在秦爲亂，乃使魏讎餘詳反，合謀會，詐而得會，會遂歸晉。"中華書局，1982 年，第 195 頁。

② 楊伯峻：《春秋左傳注》（修訂本），中華書局，1990 年，第 616 頁。

③ 同上，第 519 頁。

出。遂自茅津濟,封殽尸而還"[1]。可以想見,直到公元前624年,秦國還没有恢復好,國力還不是很強大。面對強大的楚國,秦一方面要與之交好,另一方面又要有所提防。因爲楚國一直在向北擴張,其勢頭爲秦所不可遏止。直到公元前621年,又經過了三年休養生息,秦國才"車旆(逸)於舊書(數)三百,徒旆(逸)於舊典六百",國力超出了"舊數""舊典",即殽之戰以前的常制,秦楚力量達到了新的平衡,這時秦國便不再需要扣押人質這種事情來平衡兩國關係了。

秦穆公在位三十九年,放歸子儀正好發生在他生命的最後一年。對秦穆公來説,他是囚禁子儀的繫鈴人,也是放歸子儀的解鈴人。因此放歸子儀和秦穆公的晚年心態也是非常吻合的。而對楚國來説,成王去世不久,穆王即位時間不長,子儀回國面臨更多機遇和更多發揮的空間,也不失爲一個較好的時機。

從上面的分析看,秦穆公三十九年放歸子儀是完全合乎歷史邏輯的。

那麽,根據我們的理解,殽之戰之後,秦國爲了對付晉國,在一兩年内很快與楚建立了盟約,但這次結盟並不成功,對歷史進程並没有産生什麽深刻影響,《秦本紀》也没有記述。七年之後,秦穆公放歸子儀,才真正建立了秦楚的同盟關係,秦楚之間營造了較長時間的和平環境。因此,在殽之戰的大背景下,秦楚實際發生了兩件事情,這兩件事情大目標是一致的,但發生的時間並不相同。在不同的文獻裏,根據不同的需要,敘述是有選擇性的。前引《左傳·

① 楊伯峻:《春秋左傳注》(修訂本),中華書局,1990年,第529—530頁。

文公十四年》傳文，因是追述子儀的事情，只提到放歸子儀。上引《繫年》第八章簡文，因爲敘述的對象是晉國，也只提到對晉、秦、楚關係發生重大影響的放歸子儀一事。過去的誤解是把選擇性的敘述當作完全敘述，把兩件事情當作一件事情了。

（原載《古文字與古代史》第五輯，
臺北"中研院"歷史語言研究所，2016 年）

兩條新材料與一個老故事*

——"炮烙之刑"考

2002年發表的上博簡《容城氏》中,有下面一段文字:

于是乎作爲九成之台,寘(置)盂炭其下,加圜木于其上,思(使)民道之,能遂者遂,不能遂者,内(墜)而死,不從命者,從而桎梏之。于是乎作爲金桎三千。既爲金桎,又爲酒池,厚樂于酒,溥夜以爲淫,不聽其邦之政。(簡44—45)①

整理者注釋説:"以上講紂爲'炮格之刑'。古書言此多以銅柱爲格(如《六韜》佚文、《荀子·議兵》、《韓非子·喻老》、《吕氏春秋·過理》),與此不同。'格'或作'烙'。"②

即將發表的《清華簡(柒)》有一篇題爲《子犯子餘》,其中也講到:

就受(紂)之身殺三無殆(辜),爲爊(炮)爲烙,殺某(梅)

---

* 本文爲國家社科基金重大招標項目"先秦兩漢訛字綜合整理與研究"(批准號:15ZDB095)和清華大學自主科研計劃課題"新出簡牘帛書與古文字疑難解讀"的階段性成果。

① 馬承源主編:《上海博物館藏戰國楚竹書(二)》,上海古籍出版社,第284—285頁。

② 同上,第284頁。

之女，爲栚(桎)檡(梏)三百。(簡 12)[1]

整理報告注釋説："燷，從火，橐聲，讀爲炮。爲炮爲烙，指炮烙之刑，也作'炮格'。《荀子·議兵》：'紂刳比干，囚箕子，爲炮烙刑。'《殷本紀》：'於是紂乃重刑辟，有炮格之法。'"[2]

這兩則新資料，講的都是商紂王的炮烙之刑。

炮烙之刑一些傳世文獻裏都有，或繁或簡，互有出入。傳世文獻和出土文獻相比，也有不同之處。但如果把出土文獻和傳世文獻結合起來，我們就可以對這個故事在戰國時期的面目有一個比較完整清晰的認識，並且對它的衍變有一個大致的瞭解。

在衆多的記述中，上博簡和清華簡的資料無疑是最早的，不僅内涵豐富，而且未經擾動。以這兩批新資料爲定點，可以大致還原炮烙之刑在戰國時期人們心目中的真相，起到一個提綱挈領、正本清源的作用。

2004 年，我發過一篇小文，叫作《〈容城氏〉所載"炮烙之刑"考》[3]。當時我據上博簡《容城氏》指出：

> 商紂的炮烙之刑應包括："作爲九成之臺"，就是修築一高臺；"加圜木于其上"，在高臺上架一根圓木；"置盂炭其下"，在台下放置銅盂和炭。根據盂的特點，炭大概是置於盂中的。人在圜木上走，不摔下去便罷，如果摔下去，就會掉進盂裏，不是摔死就是被燒灼而死。這就是商紂的所謂"炮烙之刑"。[4]

---

① 清華大學出土文獻研究與保護中心編，李學勤主編：《清華大學藏戰國楚簡(柒)》，中西書局，2017 年。

② 同上。

③ 《上海博物館藏戰國楚竹書研究續編》，上海書店出版社，2004 年。

④ 同上。

文章對長期爭論不休的"烙"進行了考證,認爲就是《容城氏》中的"盂",是盛炭的器具。但對"炮"字没有提出什麼意見。

清華簡《子犯子餘》使我們對炮格之刑的認識又有新的推進。它很明確地告訴我們,所謂炮烙,"炮"和"烙"都是名詞,炮烙不是偏正結構,而是並列結構。烙相當於盂,炮相當於《容成氏》中的"圜木"。這個"圜木",古書也叫金柱、銅柱。"木"和"柱"是同一種東西的不同叫法。大約在當時,這種東西就有了不同的做法,或者隨着時間的推移,其質地又發生了新的變化。但可以肯定的是,木質的應該是比較早出現的類型,銅質的是比較後出現的類型。銅質的更具殘酷性。《荀子・議兵篇》"爲炮烙刑"楊倞注:"《列女傳》曰:炮格爲膏銅柱,加之炭上,令有罪者行焉,輒墮火中,紂與妲己大笑。"[①]《史記・殷本紀》:"於是紂乃重刑辟,有炮格之法。"裴駰《集解》:"《列女傳》曰:膏銅柱,下加之炭,令有罪者行焉,輒墮炭中。妲己笑,名曰炮格之刑。"[②]《淮南子・俶真》"爲炮烙,鑄金柱"高誘注:"鑄金柱,然火其下,以人置其上,墜陊火中,而對之笑也。"[③]《列女傳》大約成書於西漢,高誘則爲東漢時人,三處反映的炮烙(格)之刑都比較完整,與《容成氏》和《子犯子餘》也最爲接近。

參考比較完整的炮烙(格)之刑的描述,可知"炮"相當於"木"或"柱"。這三個字音理上可以溝通。木在屋部明母,柱在侯部端母,炮在幽部滂母,古音都很近,炮與木、柱存在通假的可能性[④]。

---

① 王先謙:《荀子集解》,《諸子集成》,上海書店,1986 年,第 188 頁。

② 《史記》卷三《殷本紀》,中華書局,1959 年,第 106—107 頁。

③ 張雙棣撰:《淮南子校釋》(上),北京大學出版社,1997 年,第 237 頁。

④ 幽、侯、屋相通的例子參見張儒、劉毓慶:《漢字通用聲素研究》,山西古籍出版社,2002 年,第 94—195 頁;聲母相通的例子參見黄焯:《古今聲類通轉表》,上海古籍出版社,1983 年,第 237 頁。

應該説，在漢代以前，文獻關於炮烙（格）之刑的内涵是比較明確的。雖然有繁簡的不同，但還没有出現明顯的誤解。從現有資料看，誤解的産生大約是從漢代以後開始的。

《吕氏春秋·過理》："糟丘，酒池，肉圃，爲格。"高誘注："格以銅爲之，布火其下，以上置人，人爛墮火而死。"馬敘倫曰："此及下文所敘皆紂事，然此上略不及紂，於辭律無主格，蓋本作'紂爲糟丘酒池、肉圃炮格'，今有奪譌，《韓非子·喻老篇》可證。"[①]《韓非子·喻老》："紂爲肉圃，設炮烙，登糟邱，臨酒池，紂遂以亡。"俞樾《諸子平議·韓非子》："蓋爲銅格，布火其下，欲食者於肉圃取肉，置格上炮而食之也。"兩相比較，顯以馬説比較合理。從《吕氏春秋·過理》看，由於炮和烙（格）分開使用，極易導致誤解，高誘已經把炮和烙（格）合二爲一了。

《漢語大詞典》據俞樾《諸子平議·韓非子》"蓋爲銅格，布火其下，欲食者於肉圃取肉，置格上炮而食之也"，把《韓非子·喻老》"紂爲肉圃，設炮烙"的"烙"解釋爲"古代烤肉用的銅格"[②]，則是受到《喻老》語言環境的影響。以爲"爲肉圃"和"設炮烙"相連，必是配合使用，其實它們是兩件不相干的事情。

那麽所謂炮烙之刑就是用兩種有代表性的物件來表示的刑罰。這兩種東西原來叫作爊（炮）（古書叫作"木"或"柱"）和盂。基於這樣的認識，過去對它的一些誤解應該得到糾正。

譬如江鄰幾、段玉裁、盧文弨、王先謙、王念孫、鄭珍、鄭知同、

① 王利器：《吕氏春秋注疏》第四册，巴蜀書社，2002年，第2828頁。
② 羅竹風主編：《漢語大詞典》（縮印本）中卷，上海辭書出版社，第4090頁。

俞樾等都指出炮烙本當作炮格[1]，更有學者專門討論，從語音、語法、使用頻率等方面詳加論證[2]。過去的研究中，炮烙本作炮格似乎成了流行的意見。從《子犯子餘》篇看，這個結論不攻自破。

又譬如俞樾認爲，炮格似有二義，不必相混，一爲淫刑（如《荀子·議兵》），一爲飲食奢侈之逞（如《韓非子·喻老》）[3]。我們認爲，炮格歸根結底只是一種刑罰，不必因爲它在飲酒作樂時使用，就分出一種飲酒作樂的類型來。特别是只把它看作一種游戲，排斥它是刑法的説法，是十分錯誤的[4]。

（原載《出土文獻與秦楚文化》第 10 號，
日本出土資料與漢字文化研究會，2017 年）

---

① 《〈容城氏〉所載"炮烙之刑"考》，《上海博物館藏戰國楚竹書研究續編》，上海書店出版社，2004 年；陳榮軍：《傳世文獻與出土文獻研究價值考論——以清人考證"炮格"爲例》，《湖北社會科學》2012 年第 4 期。

② 彭文芳：《"炮烙"與"炮格"辯》，《古漢語研究》2008 年第 3 期。

③ 俞樾：《諸子平議》，中華書局，1954 年，第 419 頁。

④ 陳榮軍：《傳世文獻與出土文獻研究價值考論——以清人考證"炮格"爲例》，《湖北社會科學》2012 年第 4 期。

成鱄及其與趙簡子的問對*

——清華簡《趙簡子》初探

《趙簡子》是《清華大學藏戰國竹簡（柒）》①中的一篇，共 11 支簡，除簡 4、11 有殘缺外，其他基本完整。原簡無序號和篇題，由相對獨立的兩部分組成。前一部分是范獻子對趙簡子的進諫，後一部分是趙簡子和成鱄的問答，兩部分内容都與趙簡子有關，故擬篇名爲《趙簡子》。趙簡子名鞅，謚簡，嬴姓，趙氏，史稱“趙簡主”。范獻子亦名鞅，又稱士鞅，卒謚獻子。他們都是春秋末晉國正卿，晉國歷史上非常著名的人物。成鱄也是晉國大夫，雖没有范獻子和趙簡子有名，但也見諸文獻記載。《趙簡子》兩部分都是對話體，應歸入語類文獻的範疇。前一部分主要反映了范獻子和趙簡子之間的微妙狀態，後一部分主要闡述了儉、奢與禮以及國家治理之間的辯證關係，對於研究春秋晚期的歷史和思想有一定的參考價值。

簡文第一部分開篇説：“盄（趙）柬（簡）子既受寽牆（將）軍，才（在）朝，軋（范）獻子進諫曰。”點明了兩人對話的時間和地點。趙

* 本文爲國家社科基金重大招標項目“先秦兩漢訛字綜合整理與研究”（批准號：15ZDB095）和清華大學自主科研計劃課題“新出簡牘帛書與古文字疑難解讀”的階段性成果。本文與石小力合作。

① 清華大學出土文獻研究與保護中心編，李學勤主編：《清華大學藏戰國竹簡（柒）》，中西書局，2017 年。

簡子曾擔任晉國下軍佐、上軍將、中軍佐、中軍將,在晉國政治舞臺上活躍四十餘年。從上下文意看,此時趙簡子爲將已有較長時間,范獻子還健在,是他的上級,因此簡文反映的時間可能是范獻子爲中軍將,趙簡子爲上軍將的時候。趙簡子爲下軍佐時,范獻子爲上軍佐,趙簡子爲上軍將時,范獻子爲中軍將,范獻子地位一直比趙簡子高。很明顯,簡文所謂"進諫"實爲"告誡",實際上是范獻子給趙簡子上"緊箍咒"。趙簡子之父趙景叔早卒,趙簡子早早代父上朝,爲將時年齡尚小,賴師保和傅母輔佐是很自然的事情。但在簡文後段,范獻子告誡趙簡子,幼時所犯錯誤可以歸咎於師保和傅母,現在您已經擔任寁將軍了,如有過失不能再歸罪於他人,要自己承擔起責任。故從此以往,要退惡用善,慎戒從事。趙氏和范氏是晉國政壇上的冤家,范獻子對趙簡子的進諫折射出二氏之間的微妙關係。

簡文第二部分,趙簡子詢問成鱄:"齊君遂(失)政,陳是(氏)旻(得)之,敢䎽(問)齊君遂(失)之奚繇(由)? 陳是(氏)旻(得)之奚繇(由)?"田氏代齊,從齊桓公十四年(公元前 672 年)陳完至齊到公元前 386 年田和列爲諸侯,經歷了 286 年,事見《史記・齊太公世家》《史記・田敬仲完世家》等處。從簡文看,"齊君失政,田氏得之",應該處於田氏代齊過程當中。《史記・田敬仲完世家》:"悼公既立,田乞爲相,專齊政。"①很可能指田乞爲齊悼公相以後。春秋末年,國君衰弱,卿大夫專政,是當時各諸侯國普遍存在的一個現象。

---

① 《史記・田敬仲完世家》,中華書局,1963 年,第 1882 頁。

趙簡子也曾以類似的問題詢問史墨[①]。史墨，姓蔡，名墨，官爲晉太史，故稱史墨，熟悉各諸侯國内政。根據簡文和《左傳》的記載，趙簡子曾就當時諸侯國國君卑弱、卿大夫專政的形勢詢問不同的人，顯示出他對這個問題的特別關心。成鱄對於趙簡子的疑問，没有正面回答，反而答以不知："齊君達(失)正(政)，臣不㝵(得)𦖞(聞)亓(其)所繇(由)。陳是(氏)㝵(得)之，臣亦不㝵(得)𦖞(聞)亓(其)所繇(由)。印(抑)昔之㝵(得)之與達(失)之，皆又(有)繇(由)也。"(簡 5—6)但趙簡子並未放棄，而是進一步追問："亓(其)所繇(由)豊(禮)可𦖞(聞)也?"意思是説，雖然不知道具體細節，但是其所由"禮"可以説來聽聽嗎?《左傳・昭公二十六年》晏嬰對齊景公説："禮之可以爲國也久矣，與天地並。"[②]禮與爲國的關係由此可見一斑。成鱄選取晉國的三位先君——獻公、襄公、平公，闡述了儉、奢與禮以及國家治理之間的辯證關係，這也間接回答了趙簡子的提問，國君卑弱由於侈，卿大夫得政則因爲儉，其根本則在於行爲符不符合禮的要求，符合禮就能得政，不符合禮就會失政。

趙簡子在晉國政治舞臺上活躍時間很長，在創立趙氏基業的進程中，業績最爲突出，究其原因，尊賢愛士是很重要的因素，這也開了後來戰國時期尚賢養士風氣的先河[③]。關於趙簡子尊賢愛士，古書有很多記載，本篇也是其尊賢愛士，善於納諫的寫照。

---

① 《十三經注疏・左傳》昭公三十二年，中華書局，1982 年，第 2128 頁。

② 《十三經注疏・左傳》昭公二十六年，中華書局，1982 年，第 2115 頁。

③ 參沈長雲、魏建震、白國紅、張懷通、石延博:《趙國史稿》，中華書局，2000 年，第 92—96 頁。

一

成鱄之鱄，原簡作“㓹”，爲剸的異體字。成剸，人名，《左傳·昭公二十八年》作“成鱄”[①]，《説苑·善説》作“成摶”，向宗魯《説苑校證》案：“《通鑒外紀》作成傳。”[②]鱄、摶、傳皆從专(專)得聲，音近相通，爲同一人名的不同寫法。關於成鱄其人，《左傳》杜預注：“鱄，晉大夫。”除此之外，就無其他信息了。我們推測，成鱄氏成，名鱄。《通志·氏族略三》：“成氏，楚若敖之後，以字爲氏。……又有郕國之後，亦去邑爲成。又，周成肅公、成桓公，未知其以字以邑與？後漢成瑨。魏有成濟、成倅。”[③]古有成氏，而且成氏有不同的來源。成鱄之“成氏”與《通志》所載來源不同。晉國的趙衰，又稱趙成子(《左傳·文公二年》)，趙“成季”(《史記·趙世家》)，“成”爲其謚，疑成鱄之“成”即以趙衰之謚“成”爲氏，然則成鱄或是趙衰的後人。當然，成氏來源較爲複雜，“成”爲較常見之謚，晉國還有郤缺，亦謚爲“成”(《左傳·文公十三年》)。三晉古璽也有成氏，如成哃(《古璽彙編》1306)、成州(《古璽彙編》1307)、成杲(《古璽彙編》1308)、成獏(《古璽彙編》1309)等[④]。雖然成鱄的身世難以鉤稽，但其以“成”爲氏還是可以確定的。成鱄之名有多種異寫，“㓹(剸)”是目前所見最早的寫法，但古人少見以“剸”爲名者，疑“鱄”爲本字。以“鱄”爲名者還有春秋時期衛國的公子鱄，見於《左傳·

① 《十三經注疏·左傳》昭公二十八年，中華書局，1982年，第2119頁。

② 劉向撰、向宗魯校正：《説苑校證》，中華書局，1987年，第291頁。

③ 鄭樵：《通志》，文物出版社，1981年，第143頁。

④ 羅福頤主編：《古璽彙編》，文物出版社，1981年，第143頁。

襄公二十七年》等處，字子鮮，是衛獻公母弟。古人有取魚名爲名字的風俗，見於《左傳》者，如鄭公子鰍（成公十五年）、史鰍（襄公二十九年）、晉大夫羊舌鮒（昭公十三年）、楚公子魴（昭公十七年）、衛祝佗（鮀）（定公四年）等[①]。《左傳・昭公二十八年》記載的是當時晉國剛剛執政的魏獻子與成鱄的問對[②]：

魏子謂成鱄："吾與戊也縣，人其以我爲黨乎？"對曰："何也！戊之爲人也，遠不忘君，近不偪同，居利思義，在約思純，有守心而無淫行，雖與之縣，不亦可乎！昔武王克商，光有天下，其兄弟之國者十有五人，姬姓之國者四十人，皆舉親也。夫舉無他，惟善所在，親疏一也。《詩》曰：'唯此文王，帝度其心。莫其德音，其德克明。克明克類，克長克君。王此大國，克順克比。比于文王，其德靡悔。既受帝祉，施于孫子。'心能制義曰度，德正應和曰莫，照臨四方曰明，勤施無私曰類，教誨不倦曰長，賞慶刑威曰君，慈和徧服曰順，擇善而從之曰比，經緯天地曰文。九德不愆，作事無悔，故襲天祿，子孫賴之。主之舉也，近文德矣，所及其遠哉。"

《説苑・善説》恰好是趙簡子與成鱄的問答，但問答内容與簡文不同[③]：

趙簡子問於成摶曰："吾聞夫羊殖者賢大夫也，是行奚然？"對曰："臣摶不知也。"簡子曰："吾聞之，子與友親，子而不

① 參王引之：《春秋名字解詁》，載《經義述聞》，江蘇古籍出版社，2000 年影印，第 564 頁。

② 《十三經注疏・左傳》昭公二十八年，中華書局，1982 年，第 2119 頁。

③ 劉向撰，向宗魯校正：《説苑校證》，中華書局，1987 年，第 291 頁。

知，何也？"摶曰："其爲人也數變。其十五年也，廉以不匿其過；其二十也，仁以喜義；其三十也，爲晉中軍尉，勇以喜仁；其年五十也，爲邊城將，遠者復親。今臣不見五年矣，恐其變。是以不敢知。"簡子曰："果賢大夫也。每變益上矣。"

這兩次對話都涉及成鱄對晉國大夫的評價。《左傳》記載與魏獻子的對話，涉及魏戊，魏戊是魏獻子之子，對於任用自己的兒子擔任梗陽大夫，魏獻子擔心别人會説自己結党，成鱄對魏戊的品行做了評價，並以周武王爲例，指出推舉官員的標準是善，只要具備善的品質，不管親疏遠近，皆可舉用，又引用《詩·大雅·皇矣》，還對詩義有所闡發。《説苑》記載趙簡子與成鱄的問對，則是詢問晉國大夫羊殖的具體品行，成鱄的回答，與《趙簡子》中的回答方式相似，開始都是答曰不知或不聞，在趙簡子的進一步追問下，才予以回答，回答的内容不是直接從正面闡述，而是從反面或者側面予以應對，但也起到了良好的效果，這也體現了成鱄高超的應答技巧。

將傳世文獻中的兩則記載和《趙簡子》結合起來，可以看出成鱄長期生活在晉國，受過良好的教育，對晉國的歷史和《詩》等經典文獻極爲熟悉，與趙簡子手下的諍諫之臣，如燭之過、史墨、周舍等相比，毫不遜色，惜史籍記載隻言片語，難以鈎稽其確切的身世。

二

成鱄在回答趙簡子對"齊君失政，陳氏得之"緣由的提問時，舉了晉國三位先君——獻公、襄公和平公的事跡，從三位先君的事跡，我們可以看出國君儉與侈對國家的影響。

成鱄所言獻公的事跡如下：

昔虘(吾)先君獻公是凥(居),掌又(有)二厇(宅)之室,𠱼(以)好士庶子,車𢘞(甲)外,六寳(府)溋(盈),宮中六窖(灶)併六祀,肰(然)則旻(得)楠(輔)相周室,亦智(知)者(諸)戻(侯)之𢘓(謀)。(簡7—8)

晉昭侯元年(前745年),封文侯之弟成師於曲沃。曲沃邑大於晉君都邑翼。自此晉分爲二室。至武公晚年代晉,才實現二室的統一。武公代晉二歲,獻公即位,故曰"掌有二宅之室"。"好士庶子"則是指獻公誅殺桓莊之族,任用卿大夫之子,據《史記·晉世家》,士蔿曾説晉獻公"盡殺諸公子"[①]。獻公一生,實際是惡諸公子而好士庶子。士庶子,公卿大夫之子宿衛王宮者。《周禮·天官·宮伯》:"掌王宮之士庶子,凡在版者。"[②]《周禮·地官·稾人》:"若饗耆老、孤子、士庶子,共其食。"[③]金榜《禮箋》"大學"條云:"公卿大夫之子弟當學者,謂之國子,其職宿衛者,則謂之庶子。……已命者謂之士。……未命者謂之庶子。""宮中六窖(灶)併六祀"亦見於下文襄公,可能是指省併祭祀,這些也是節儉的表現。獻公的成就是"輔相周室,知諸侯之謀"。

接下來是襄公的事跡:

𦎫(就)虘(吾)先君襄公,𨙶(親)冒𢘞(甲)𦎧(冑),𠱼(以)絢(治)河淒(濟)之閼(間)之亂(亂)。各(冬)不裘,𩒳(夏)不張(帳)箑(箑),不飤(食)濡肉,宮中六窖(灶)併六祀,肰(然)則旻(得)楠(輔)相周室,兼攱(霸)者(諸)戻(侯)。(簡8—10)

---

① 《史記·晉世家》,中華書局,1963年,第1641頁。

② 《十三經注疏·周禮注疏》,中華書局,1982年,第658頁。

③ 同上,第750頁。

“親冒甲胄，治河濟之間之亂”應該包括襄公討伐河濟之間的衛國。《左傳·文公元年》：“晉文公之季年，諸侯朝晉，衛成公不朝，使孔達侵鄭，伐緜、訾及匡。晉襄公既祥，使告于諸侯而伐衛，及南陽。先且居曰：‘效尤，禍也。請君朝王，臣從師。’晉侯朝王于温。先且居、胥臣伐衛。五月辛酉朔，晉師圍戚。六月戊戌，取之，獲孫昭子。”又：“秋，晉侯疆戚田，故公孫敖會之。”[①]衛國是城濮之戰的戰敗國，晉將衛國部分土地分給鄭國，但衛國城濮之戰後不僅不朝拜晉國，而且派孔達侵鄭欲奪回舊地，故襄公率師討伐。襄公時期最重要的戰爭是秦晉殽之戰。《史記·晉世家》：“襄公墨衰絰。四月，敗秦師於殽。”[②]是役晉襄公親自披掛上陣，大獲全勝，也應包括在内。襄公與獻公的節儉相比，不僅宫中六灶併六祀，而且“各（冬）不裘，題（夏）不張（帳）簸（箑），不飼（食）濡肉”，冬日不穿皮裘，夏日不用幃帳與扇箑，不享用精心烹製的濡肉，可見襄公節儉之至。襄公的成就是“輔相周室、兼霸諸侯”，可見成鱄是把襄公視作霸主的。關於春秋五霸，歷來有不同的説法[③]，如班固所編《白虎通》就記載春秋五霸之兩種異説，清代學者全祖望將晉襄公列入春秋五霸之一[④]，童書業、孫景壇等學者均認爲晉襄公爲當時的霸主[⑤]，簡文可以助證這種説法。

---

① 《十三經注疏·左傳》文公元年，中華書局，1982年，第1837頁。

② 《史記·晉世家》，中華書局，1963年，第1670頁。

③ 參朱浩毅：《春秋五霸之異説及其流傳》，《長安大學學報（社會科學版）》2015年第2期。

④ 全祖望：《春秋五霸失實論》，《鮚埼亭集外編》卷三十六，商務印書館，1936年，第1173—1174頁。

⑤ 童書業：《春秋史》（校訂本），中華書局，2006年，第192—194頁；孫景壇：《“五霸”在歷史上的確切所指新説》，《南京社會科學》1994年第4期。

晉平公即位之初，與楚國發生湛阪之戰，獲得勝利。公元前552年，同宋、衛等國結盟，再度恢復晉國的霸業。但在位後期由於大興土木、不務政事，致使大權旁落至六卿。《史記·晉世家》："(平公)十九年，齊使晏嬰如晉，與叔向語。叔向曰：'晉，季世也。公厚賦爲臺池而不恤政，政在私門，其可久乎！'晏子然之。"[①]成鱄所言平公的事跡與傳世文獻相似：

> 𦎫(就)虐(吾)先君坪(平)公，宮中卅₌(三十)里，駝(馳)馬四百駟，𢽾(奢)亓(其)衣尚(裳)，孚(飽)亓(其)畬(飲)飤(食)，宮中三臺，是乃㚃(侈)巳(已)，肰(然)則遳(失)敀(霸)者(諸)灰(侯)，不智(知)周室之……(簡10—11)

平公在位後期大興土木，修建虒祁之宮(《左傳·昭公八年》《昭公十三年》)、銅鞮之宮(《左傳·襄公三十一年》)，簡文"宮中三十里""宮中三臺"正是對此的寫照。"馳馬四百駟，奢其衣裳，飽其飲食"是指平公生活奢靡，貪愛女色，妻妾成群。《史記·孔子世家》："是時也，晉平公淫，六卿擅權，東伐諸侯。"[②]以"淫"字來形容平公，可見平公生活之淫逸。平公之侈，與獻公、襄公之節儉形成鮮明對比，導致的後果是"失霸諸侯"，晉國"公室卑，政在侈卿"(《左傳·襄公三十一年》)的局面在平公時期徹底形成，六卿爭強，晉國的霸主地位也喪失了。

獻公、襄公之節儉成就了晉國"輔相周室""兼霸諸侯"，平公之侈導致的後果則是"失霸諸侯"，這是春秋末期的成鱄對曾國三位先君的評價，也是當時人們對晉國歷史認識的一個縮影。春秋末

---

① 《史記·晉世家》，中華書局，1963年，第1684頁。
② 《史記·孔子世家》，中華書局，1963年，第1910頁。

期,各諸侯國君權普遍旁落卿大夫,公室衰弱,就拼命向奢侈的方面走,成鱄正是鑒於此種局面,借晉國先君儉、侈故事來回答趙簡子的詢問,這對趙簡子吸取歷史的經驗和教訓,具有十分重要的意義和作用。想來,較之給他介紹田陳代齊的故事,感受要深刻得多,效果要直接得多。足見,這個謀臣不簡單。

（原載《文物》2017 年第 3 期）

睡虎地秦簡《日書》"渡衖"新解

睡虎地秦簡《日書》甲種有下面一段文字：

子，女也。有死，其後必以子死，其咎在渡衖。

丑，鼠也。其後必有病者三人。

寅，罔也。其咎在四室，外有火敬(警)。

卯，會衆，其後必有子將弟也死，有外喪。

辰，樹也，其後必有敬(警)，有言見，其咎在五室馬牛。

巳，翼也。其後必有別，不皆(偕)居，咎在惡室。

午，室四隟也，其後必有死者三人，其咎在六室，必有死者二人。

未，瘝也。其室寡。

申，石也。其咎在二室，生子不牷(全)。

酉，巫也。其後必有小子死，不出三月有得。

戌，就也。其咎在室馬牛豕也。日中死兇(凶)。

亥，死必三人，其咎在三室。

甲辰寅死，必復有死。

甲子死，室氐，男子死，不出卒歲，必有大女子死。[①]

---

① 睡虎地秦墓竹簡整理小組：《睡虎地秦墓竹簡》，文物出版社，1990年，第221—222頁。

其中“渡衖”，睡虎地秦墓竹簡整理小組注釋曰：“衖，疑讀爲港，即港字。一説衖讀爲巷。”[1]整理小組的意見顯然是在兩可之間。由于簡文簡略，長期以來，人們並不能提出更好的説法，而是委蛇於兩種説法之間。如吴小強先生在翻譯睡虎地秦簡《日書》時，將“渡衖”譯爲“渡口碼頭”，採用了整理小組的第一種意見[2]。王子今先生在對睡虎地秦簡《日書》進行疏證時，傾向於整理小組的第二種説法[3]。這種局面直到孔家坡漢簡發表才有了改變。

孔家坡漢簡《日書》有一篇相似的文字，整理者擬題爲《死咎》。爲便於比較，移錄如下：

> 子死，其咎在里中，必見血。
>
> 丑死，其咎在室，必有死者三人。
>
> 寅死，其咎在西四室，必有火起。
>
> 卯死，其室必有弟茀若子死，有……
>
> 辰死，其室必有□…
>
> 巳死，其凶在室中。
>
> 午死，其室必三人死。
>
> 未死，其咎在里，寡夫若寡婦。
>
> 申死，其咎在二室，畜産。
>
> 酉死，不出三月，必有小子死。
>
> 戌死，其咎在室，六畜。

---

[1] 睡虎地秦墓竹簡整理小組：《睡虎地秦墓竹簡》，文物出版社，1990年，第221頁。

[2] 吴小強：《秦簡日書集釋》，嶽麓書社，2000年，第154頁。

[3] 王子今：《睡虎地秦簡〈日書〉甲種疏證》，湖北教育出版社，2003年，第461—464頁。

亥死，其咎在室，六畜。①

這兩篇東西都是按照十二支的順序占測，内容雖有差異，但相當一部分可以對讀。劉樂賢先生指出"孔家坡漢簡中與'其咎在渡衖'相應的文句是'其咎在里中'"，並據此把"渡衖"釋爲宅巷②。劉先生解讀的思路是很正確的。

但正如劉先生所言，"宅巷""古書少見"，他所舉的《梁書》和《元和郡縣圖志》的例子，不僅出現很晚，而且都不能視爲典型的雙音合成詞。《梁書・鄭紹叔列傳》："紹叔至家疾篤，詔于宅拜授，輿載還府，中使醫藥，一日數至。七年，卒于府舍，時年四十五。高祖將臨其殯，紹叔宅巷狹陋，不容輿駕，乃止。"前面説"詔于宅拜授"，後面説"宅巷狹陋，不容輿駕"，"宅巷"顯然是指宅和巷兩樣東西，是把同時提到的兩種東西並列在一起。《元和郡縣圖志・河北道・趙州・平棘縣》："趙郡李氏舊宅，在縣西南二十里，即後漢、魏以來山東舊族也，亦謂之'三巷李家'，云東祖居巷之東，南祖居巷之南，西祖居巷之西。亦曰'三祖宅巷'也。"前面説"李氏舊宅"，後面説"東祖居巷之東，南祖居巷之南，西祖居巷之西"，"三祖宅巷"的"宅巷"顯然也是指宅和巷，和《梁書・鄭紹叔列傳》用法相同，是把同時提到的兩種東西並列在一起。

由於"宅巷"並不成詞，我們認爲"渡衖"應讀爲"閭巷"爲宜。

渡是鐸部定母字，閭是魚部來母字，韻部對轉，聲母同爲舌音，

① 湖北省文物考古研究所、隨州市考古隊：《隨州孔家坡漢墓簡牘》，文物出版社，2006年，第167—168頁。

② 劉樂賢：《釋睡虎地秦簡〈日書〉的"渡衖"》，《日書類文獻綜合研究》，2014年，第48—52頁。

古音很近。《説文解字》又部："度，法制也。从又，庶省聲。"[①]從更早的古文字看，度當爲從又石聲[②]，或從又持石，石亦聲[③]；庶是"从火石、石亦聲"的會意兼形聲字，是煮的本字[④]。古書中者聲字多與舍聲字相通[⑤]。而吕予爲一字分化[⑥]，予聲字也與舍聲字相通[⑦]。因此渡借爲閭是完全可能的。閭巷古書常見。《戰國策・秦策一》："賣僕妾售乎閭巷者，良僕妾也；出婦嫁鄉曲者，良婦也。"《史記・李斯列傳》："夫斯乃上蔡布衣，閭巷之黔首，上不知其駑下，遂擢至此。"《史記・貨殖列傳》："其在閭巷少年，攻剽椎埋，劫人作奸，掘冢鑄幣，任俠並兼，借交報仇，篡逐幽隱，不避法禁，走死地如騖者，其實皆爲財用耳。"《論衡・率性》："未入孔門之時，閭巷常庸無奇。"《論衡・藝增篇》："蜚流之言，百傳之語，出小人之口，馳閭巷之間，其猶是也。"指"里巷"，與"里中"相對。

（原載《出土文獻》第五輯，中西書局，2014 年）

---

① 許慎：《説文解字》，中華書局，1963 年，第 65 頁。

② 何琳儀：《戰國古文字典》上册，中華書局，1998 年，第 546—547 頁。

③ 季旭昇：《説文新證》，福建人民出版社，2010 年，第 212 頁。

④ 于省吾：《甲骨文字釋林》，中華書局，1979 年，第 431—435 頁。

⑤ 白於藍編著：《戰國秦漢簡帛古書通假字彙纂》，福建人民出版社，2012 年，第 214—215 頁。

⑥ 何琳儀：《古璽雜識續》，《古文字研究》第十九輯，中華書局，1992 年，第 478—480 頁。

⑦ 白於藍編著：《戰國秦漢簡帛古書通假字彙纂》，福建人民出版社，2012 年，第 194—195 頁。

長沙五一廣場出土 J1③:285號木牘解讀*

《長沙五一廣場東漢簡牘發掘簡報》(本文簡稱《簡報》)公佈了一批新的簡牘材料。"有大量與司法相關的內容,涉及刑事、民事、訴訟等。"[②]其中J1③:285號木牘,記載了一件複雜的案件。本文擬對這一木牘進行解讀,現將原釋文移寫如下:

府告兼賊曹史湯:臨湘臨湘言:攸右尉謝栩與賊捕掾黄忠等別問僦趙明宅者,完城旦徒孫詩,住立,詩畏痛自誣:南陽新野男子陳育、李昌、董孟陵、趙□等劫殺明及王得等。推辟謁舍,亭例船刺無次公等名縣,不與栩等集問詩,詩自誣無檢驗,又詩辭於其門聞不處姓名三男子言渚下有流死二人。逐捕名李光、陳常等,自期有書。案□移湯書。詩辭:持船於湘中糴米,見流死人,縣又不綠(錄)湯書而未殺,不塞所問,巨異不相應,何?咎在主者不欲實事。記到,湯、縣各實核不相應狀,明,正處言,皆會月十五日。毋何毄(繫)無罪,毆擊人。有府君教

---

* 本文與羅小華合作。

② 長沙市文物考古研究所:《長沙五一廣場東漢簡牘發掘簡報》,《文物》2013年第6期。

五月九日開

永元十五年五月七日晝漏盡起府

府告，見於《居延新簡釋萃》（本文簡稱《釋萃》）74EJT22：11C“六月己巳，府告□□，居延有亡人，廣地第八𤏲舉赤表□留遲☐舉表☐”。薛英群等先生認爲，“府”指“都尉府”，“府告”指“都尉府給其下屬塞、部、𤏲所下的書面通告”[①]。“府”，亦見於《簡報》J1③：325-1-140號木牘“唯長沙府財吏馬……長沙大守行文事大守丞虞謂臨湘”。J1③：285號牘文中的“府”，應該是指長沙郡太守府。臨湘臨湘言，《簡報》指出“當有一‘臨湘’二字爲衍文”，並認爲“‘兼賊曹史湯’是接收方”，牘文内容“先是轉發臨湘縣的報告”。我們認爲：J1③：285號牘文中有“縣又不綠（録）湯書而未殺”，“湯、縣各實核不相應狀”的記載。“湯”就是“兼賊曹史湯”，而“縣”則指臨湘縣，詳下文。《簡報》J1③：265-14號竹簡記有“府告臨湘言部鄉有秩利漢□□”。“府告”的對像是臨湘縣。該公文是發給臨湘縣的公文。那麼，J1③：285號牘文所記載的，則是一份發給“兼賊曹史湯”和臨湘縣的公文。“兼賊曹史湯”，以及後面的第一個“臨湘”，都是“府告”的對象。第二個“臨湘”應該與“言”連讀爲“臨湘言”，就是《簡報》所説的“轉發臨湘縣的報告”。兩個“臨湘”中，並無衍文。另外，考慮到同出的0421、J1③：325-1-140號木牘，以及J1③：265-14、J1③：263-109號竹簡均有“臨湘”的記載，則J1③：285號木牘也應該是長沙太守府發給臨湘縣的。牘文中的“府告兼賊曹史湯：臨湘臨湘言：……”，當斷爲“府告兼賊曹史湯、臨湘：‘臨湘言：……’”仿此，J1③：265-14號竹簡中的句子可斷爲：

---

① 薛英群、何雙全、李永良：《居延新簡釋萃》，蘭州大學出版社，1988年，第94頁。

"府告臨湘:言部鄉有秩利漢□□。"

攸,長沙郡屬縣。《漢書·地理志》:"長沙國,……縣十三:……攸,……"别問,居延簡"别書"習見。李均明先生認爲,"别"指"另外,分别"[①]。牘文"别問"之"别",可能指"另外"。僦,即租賃。《廣雅·釋言》:"僦,賃也。"[②]完城旦徒,"完城旦"見於《居延漢簡甲乙編》(本文簡稱《甲乙編》)227·8"完城旦錢萬年"[③],《中國簡牘集成》(本文簡稱《集成》)指出:"漢代刑徒名,四歲刑。"[④]徒,《論衡·四諱》"被刑謂之徒"。牘文"僦趙明宅者完城旦徒孫詩",指明了孫詩的身份爲"完城旦徒",他是被害人趙明家雇用的工人。

推辟,亦見於《居延新簡》(本文簡稱《新簡》)EPT4:3"各推辟界中",EPT44:30A"推辟到第廿桼隧",EPT65:437"推辟☐"[⑤]。薛英群等先生認爲,"推辟"是"司法文書用語,……辟,罪也。即調查追究其罪狀。或曰推劾"[⑥]。高恒先生指出:"案驗,即考實罪行。……推辟也就是案驗。……推辟,強調查明事實。"[⑦]亭,秦漢時期城市、鄉村都有亭,置亭長,管理治安、訴訟等。此亭應爲鄉

---

① 李均明:《簡牘文書稿本四則》,《簡帛研究》第三輯,廣西教育出版社,1997年,第316頁。

② 王念孫:《廣雅疏證》,江蘇古籍出版社,2000年,第167頁。

③ 中國社會科學院考古研究所:《居延漢簡甲乙編》(下),中華書局,1980年,第156頁。

④ 中國簡牘集成編輯委員會編:《中國簡牘集成》第7册,敦煌文藝出版社,2001年,第15頁。

⑤ 甘肅省文物考古研究所、文化部古文獻研究室、甘肅省博物館、中國社會科學院歷史研究所:《居延新簡》,文物出版社,1990年,第8、126、449頁。

⑥ 薛愛群、何雙全、李永良:《居延新簡釋萃》,蘭州大學出版社,1988年,第54頁。

⑦ 高恒:《漢簡中所見舉、劾、案驗文書輯釋》,《簡帛研究2001》,廣西師範大學出版社,2001年,第298頁。

亭。刺,是主罪罰的官名。例船刺,疑指亭下屬官。無次公,人名。名,告訴。集問,即"雜問",指一起審問。牘文"推辟謁舍亭例船刺無次公等名縣",可能是指在臨湘縣調查案件的時候,某鄉亭中擔任"例船刺"一職的無次公,向臨湘縣匯報"攸右尉謝栩與賊捕掾黄忠等"審問孫詩的情況,並指明他没有參與謝栩、黄忠等人審問孫詩。

牘文"詩自誣無檢驗",《簡報》認爲是"即其僞證完全無根據,與事實不符"。從臨湘縣所反映的情況看,更可能是指"詩自誣"這件事情無法證實,原因是無次公没有參審。

牘文"又詩辭于其門聞不處姓名三男子言渚下有流死二人",當斷爲:"又詩辭:于其門,聞不處姓名三男子言,渚下有流死二人。"不處姓名,亦見於《簡報》0336號木牘"倗同産兄宗、宗弟禹將二男子不處姓名"。《簡報》理解爲"不知姓名"。另外,牘文有"不處日",見於0336號木牘"到今年二月不處日","三月不處日"。不處日,《簡報》認爲即"不審日"。不審日,居延簡多見。裘錫圭先生指出,"不審"的意思是"不知道、不清楚","不審日"指"某一天"[①]。清人王引之認爲,"處"可訓"審":"處之爲居,爲止,常訓也;而又爲審度,爲辨察。書傳具有其義。《大戴禮·文王官人》篇:'以其聲,處其氣。'又曰:'聽其聲,處其氣。'謂審其氣也。"[②]由此可見,《簡報》將"不處日"理解爲"不審日"是正確的。"不處姓名"可理解爲"不審姓名",也就是不知道姓名。

"逐捕名李光、陳常等",指李光、陳常等人參與了抓捕,可能是

① 裘錫圭:《關於新出甘露二年御史書》,《考古與文物》1981年第1期。
② 王引之:《經義述聞》,江蘇古籍出版社,2000年,第743頁。

由“兼賊曹史湯”派出的。

流死,即淹死。《史記·秦本紀》:“二月餘攻晉軍,斬首六千,晉楚流死河二萬人。”

粜,漢簡習見,當爲“糴”或“糶”[①]。牘文“持船於湘中粜米”,應是指駕船到湘江中糴米或糶米。

記到,亦見於居延漢簡和傳世史書。《甲乙編》214·30:“記到,各遣將廩”,509·25A:“記到,起□須□。”[②]《後漢書·法雄列傳》:“雄乃移書屬縣曰:‘……記到,其毀壞檻穽,不得妄捕山林。’”我們曾指出:“從周以降,官文書稱‘記’是一種非常普遍的現象。”[③]不相應,指不符合。《史記·張釋之馮唐列傳》:“終日力戰,斬首捕虜,上功莫府,一言不相應,文吏以法繩之。”《墨子·號令》:“大將必與爲信符,大將使人行守,操信符,信符不合及號不相應者,伯長以上輒止之,以聞大將。”

正處言,亦見於《簡報》1141 號竹簡“明證檢驗,正處言,會五……”。《新簡》EPT22:191 中有:“記到,驗問,明處言。會月廿五日。”[④]可與上引 J1③:285 號木牘釋文對應。日本學者籾山明先生指出:“‘明處’一詞也見於‘候粟君所責寇恩事’册書‘府錄,令明處’。它和‘駒罷勞病死’册書一樣,是作爲府要求下級機關執行下達事項的詞語出現的。”關於“驗問明處言”的意思,籾山明先生

---

① “粜”字的釋讀,蒙李均明先生指出。謹致謝忱!

② 中國社會科學院考古研究所:《居延漢簡甲乙編》(下),中華書局,1980 年,第143、262 頁。

③ 趙平安:《試釋包山簡中的“笆”》,《簡帛研究 2002—2003》,廣西師範大學出版社,2005 年,第 3 頁。

④ 甘肅省文物考古研究所、文化部古文獻研究室、甘肅省博物館、中國社會科學院歷史研究所:《居延新簡》,文物出版社,1990 年,第 490 頁。

認爲:"'明處'是明確表達判斷的意思。……册書所説的'驗問明處言'是要求對當事人進行調查,對案件作明確判決,並報告結果的文語。"①正處,可能指正確判決。亦見於漢蔡邕《故太尉喬公廟碑》:"公遣從事牛稱、何傳舉輕騎奉辭責罪,收阿羅多、卑君,系敦煌正處以聞。"②碑文中的"正處以聞",與簡牘中的"正處言"意思大致相同。

何毄(繫),與"何校"意思相近。《易・噬嗑》:"上九:何校滅耳,凶。"孔穎達疏:"何,謂擔何,處罰之極,惡積不改,故罪及其首,何擔枷械,滅没於耳,以至誅没。"《説文・木部》"校"下段玉裁注:"何校,若今犯人帶枷也。"

毆擊,即毆打。《後漢書・孝明八王列傳》:"毆擊吏人,專己凶暴。"《論衡・訂鬼》:"病者困劇身體痛,則謂鬼持棰杖毆擊之。""毋何毄(繫)無罪,毆擊人",是説不要抓捕和毆打無辜的人。

永元,漢和帝年號。永元十五年,即公元103年。文書於"五月七日晝漏盡"從長沙太守府發出,"五月九日"達到臨湘縣,證明從長沙太守府到臨湘縣,大約需要一天兩夜的時間。以上是對牘文字詞的疏通。接下來,嘗試對牘文内容進行分析。

牘文顯示,整個案件都是圍繞"完城旦徒孫詩"展開的。牘文一共提及了孫詩的三段供詞:一、"南陽新野男子陳育、李昌、董孟陵、趙□等劫殺明及王得等";二、"于其門,聞不處姓名三男子言,渚下有流死二人";三、"持船於湘中糴米,見流死人"。這三段證詞,不是一次錄取的。第一段,是"詩畏痛自誣",屈打成招。第二

① 籾山明著,趙平安、張溪渝譯:《居延新簡"駒罷勞病死"册書》,《簡帛研究譯叢》第二輯,湖南人民出版社,1998年,第182頁。

② 蔡邕著,鄧安生編:《蔡邕集編年校注》,河北教育出版社,2002年,第316頁。

段,是臨湘縣相關人員錄取的。第三段,可能是由“兼賊曹史湯”所派出的相關人員錄取的。牘文中的“湯、縣各實核不相應狀”,可能就是指第二、三段證詞不相符。“縣又不綠(錄)湯書而未殺”與“湯、縣各實核不相應狀”中的“縣”,可能都是指臨湘縣。這樣一來,牘文第一句理解爲“府告”的對象是“兼賊曹史湯”和臨湘縣,就順理成章了。牘文“咎在主者不欲實事”中“主者”,可能也是指的“兼賊曹史湯”和臨湘縣。“府告”轉發臨湘縣的公文内容,應該是從“攸右尉”到“流死二人”。

這是一起死亡案件。死者是趙明、王得。參與案件調查的,有“攸縣右尉謝栩與賊捕掾黄忠等”、臨湘縣派出的相關人員以及“兼賊曹史湯”派出的相關人員,各自爲陣。證人孫詩的三段證詞存在很大差異。由于他在第一次作證時受到刑訊逼供,致使案情變得複雜,導致多方機構參與調查。長沙太守府針對這一案件,責令參審的兼賊曹史和臨湘縣核實情況,並在當月十五日上報。

基於上文的理解,我們對牘文重新斷讀如下:

府告兼賊曹史湯、臨湘:“臨湘言:‘攸右尉謝栩與賊捕掾黄忠等别問僦趙明宅者完城旦徒孫詩,住立,詩畏痛自誣:南陽新野男子陳育、李昌、董孟陵、趙□等劫殺明及王得等。推辟謁舍亭例船刺無次公等名縣,不與栩等集問詩。詩自誣無檢驗。又詩辭:於其門,聞不處姓名三男子言,渚下有流死二人。’逐捕名李光、陳常等,自期有書。案□移湯書:‘詩辭:持船於湘中粜(碓)米,見流死人。’縣又不綠(錄)湯書而未殺,不塞所問,巨異不相應,何?咎在主者不欲實事。記到,湯、縣各實核不相應狀,明,正處言,皆會月十五日。毋何瞉(系)無罪,毆擊人。有府君教”

五一廣場出土的這批簡牘，有不少是東漢時期的法律文書。J1③：285號木牘所記載的，是其中比較典型案例之一。此類簡牘法律文書，以前主要見於張家山漢簡和嶽麓簡。前者屬於西漢時期，後者爲秦代竹簡。此批簡牘屬於東漢時期，對於法制史研究具有填補空白的意義，值得引起廣泛的重視。

（原載《齊魯學刊》2013年第4期）

評論及其他

宋公圝作渋叔子鼎與濫國

在2010年北京香山舉行的第十八次古文字研討會上，李學勤先生做了一場名爲《棗莊徐樓村宋公鼎與費國》的大會主題報告，介紹了棗莊徐樓村墓葬新出的宋公鼎，並做了很好的考釋[①]。鼎銘計有文字五行二十八字：

有殷天乙唐(湯)

孫宋公圝作

渋叔子饙鼎

其眉壽萬年

子子孫孫永寶用之

李先生由文飾等方面斷其年代在春秋中期、晚期之間，考證宋公圝即宋共公(公元前588年至前576年在位)，《左傳》記他名固，《史記·宋微子世家》則説名瑕，圝、固、瑕古音相近，可通，是很正確的結論。李先生文把渋字隸定爲𨚔，讀爲費，以爲就是文獻中的費國。

我們曾有機會反復觀察徐樓器的照片，其中多件有銘文，屬於同一器主，綜合不同的寫法，覺得所謂費字還是釋爲渋字爲宜。

---

① 稿本，後發表於《史學月刊》2012年第1期。

戕字從水旁，𢦏聲。

關於𢦏字的構形及其演變，文字學界已經有了比較清晰的認識。𢦏字甲骨文多作(《殷墟文字甲編》868）、(《殷墟文字乙編》6312)之形，西周金文一般作(𤞤字偏旁，𤞤卣)、(𤞤字偏旁，𤞤尊)之形，戰國文字或作(韱字偏旁，《珍秦齋藏印(秦印篇)》256)，或在人形上加羨畫，作(《包山》167）、(清華簡《皇門》6)、(清華簡《楚居》3)之形。《説文》小篆系統裏，𢦏作(把兩個人形放在戈的左邊，戈不與人形相貫穿)，做偏旁時往往作(把兩個人形移到戈的横畫上面)。小篆繼承了秦系文字的寫法。一般認爲，𢦏像戈擊二人之形，是殲字初文[①]。殲字從歺，韱聲。韱字《説文》分析爲從韭，𢦏聲[②]。近時陳劍教授提出新説，以爲韱爲雙聲字[③]。不管是理解爲形聲字還是雙聲字，都不影響把𢦏看作殲的本字。

由於𢦏是韱的聲符，𢦏韱音近可通，戕可以看作瀸的異體字。

瀸是精母談部字，濫是來母談部字，聲近可通。如《管子・地圖》："濫車之水。"《漢書・晁錯傳》濫作漸。而《漢書・晁錯傳》"漸車之水"顔師古注："漸讀曰瀸。"《隸釋二・樊毅修華嶽碑》："瀸潤品物。"《樊毅復華下民租田口算碑》："瀸潤宿麥。"洪适釋以瀸、瀐爲漸。《篇海類編・地理類・水部》："瀸，一作瀐。"以上例證説明

---

① 李孝定：《甲骨文字集釋》卷十二，臺北"中研院"歷史語言研究所專刊之五十，1970年再版。《漢語大字典》採納了這一説法，湖北辭書出版社、四川辭書出版社，1992年，第1403頁。

② 許慎：《説文解字》，中華書局，1998年，第149頁。

③ 陳劍：《甲骨文舊釋"眢"和"盤"的兩個字及金文"𩰫"字新釋》，收入《甲骨金文考釋論集》，綫裝書局，2007年，第177—233頁。

瀸和濫間接通用。因此𣲗讀爲濫無論是從音理上還是從實際用例上看都是可以成立的。

濫是由邾分化出來的小國。周滅商後，周武王封曹俠於邾。此後邾國的世系比較清楚。據《世本》記載："俠生非，非生成，成生車輔，車輔生將新，將新生訾父，訾父生夷父。"夷父即周宣王時的夷父顔。顔生夏父及友，夏父繼夷父顔爲邾君，友封於郳，即小邾。夷父顔死後由其弟叔術爲邾君，不久又讓位給顔之子夏父。叔術出居於濫，爲濫國。因此濫國大約是西周末建立起來的國家。

濫的名稱，最早見於《春秋·昭公三十一年》："冬，黑肱以濫來奔。"杜預注："黑肱，邾大夫。濫，東海昌慮縣。不書邾，史闕文。"[①]杜預是把黑肱看作邾大夫，濫看作邾所屬的邑的。不過《公羊傳》的看法不同，認爲濫是國名。對此問題，王獻唐先生有專門討論。其中説道：

> 濫之爲國，經文已甚明顯。文曰："黑肱以濫來奔。"若爲邾邑，必於黑肱上冠邾爲識，作邾黑肱以濫來奔。文例如襄二十一年，邾庶其以漆閭丘來奔，二十二年，邾卑我來奔。此不言邾，知非邾邑，且不冠以他國，知非他國之邑。兩無所屬，必黑肱自有，别爲一國矣。谷梁解此最顯，傳曰：其不言邾黑肱何也，别乎邾也，其不言濫子何也，非天子所封也。來奔内不言 叛也。濫非邾屬，故不言邾黑肱，恐人混爲邾邑，重言申之曰："别乎邾也。"濫既自爲一國，國有封爵，應即濫子。恐人以

① 楊伯峻：《春秋左傳注》，中華書局，1990 年，第 1510 頁。

是見疑，又解之曰："非天子所封也。"春秋尊王正名，凡未受封，例不稱爵，魯與邾儀父會盟，及郳黎來來朝是也。若濫爲邾邑，奔魯則爲叛邾。今自有其國，無所謂叛。詞旨極爲明顯，公羊又解之曰：文何以爲無邾婁，通乎濫也。曷爲通濫，賢者子孫宜有其地也。——通濫則文何以無邾婁，天下未有濫也。天下未有濫，則其言以濫來奔何，叔術者，賢大夫也，絶之則爲叔術不欲絶，不絶則世大夫也。大夫之義不得世，故於是推而通之也。

濫非天子所封，僻處一隅，與同時諸侯無邦交兵伐之事，不著於世，天下幾不知有濫。①

王先生的考證很有説服力，已爲多數學者所接受。

魯昭公三十一年即公元前 511 年，這一年是否就是濫亡國之年，我們不得而知。要之，從西周末到春秋晚期，表明濫的存續歷史很長。李學勤先生把宋公鼎年代斷在春秋中晚期之間，這是濫國歷史可以相容的。據杜注，濫在晉之東海昌慮縣，即在今山東滕縣（滕州）東南 60 里處②。《後漢書·郡國三》東海郡，"昌慮有藍鄉"。而棗莊市嶧城區徐樓村，在滕縣（今滕州區）東南，正是古書中説的古濫國的地界（參看下圖）。

這件鼎是宋共公爲他二女兒出嫁所做的銅器。濫是宋女所嫁的國度。宋濫地理位置接近，宋公鼎的出土，可視爲兩國關係的一個縮影。

---

① 王獻唐：《春秋邾分三國考》，齊魯書社，1982 年，第 11 頁。

② 楊伯峻：《春秋左傳注》，中華書局，1990 年，第 1510 頁。

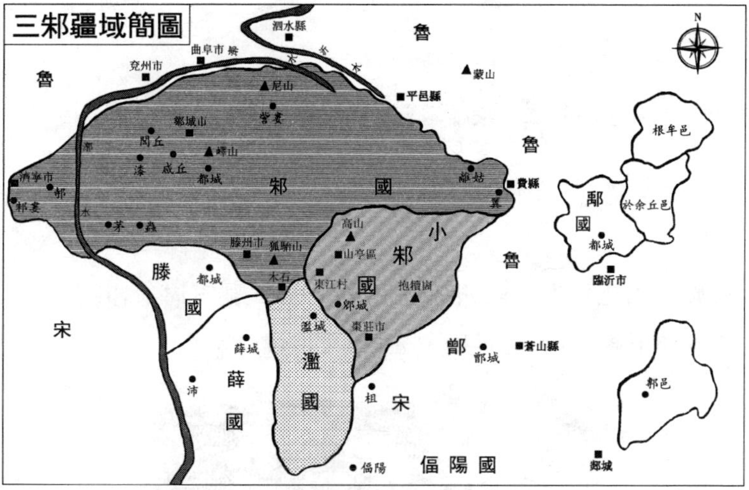

（採自《小邾國遺珍》①）

（原載《中華文史論叢》2013 年第 3 期）

① 棗莊市政協臺港澳僑民族宗教委員會、棗莊市博物館編著：《小邾國遺珍》，中國文史出版社，2006 年，第 13 頁。

媟盤及其"郝君"考

媟盤出土於湖北隨州義地崗文峰塔 33 號東周墓，共 32 字，銘文拓本如下圖所示（爲排版方便，截成四段）：

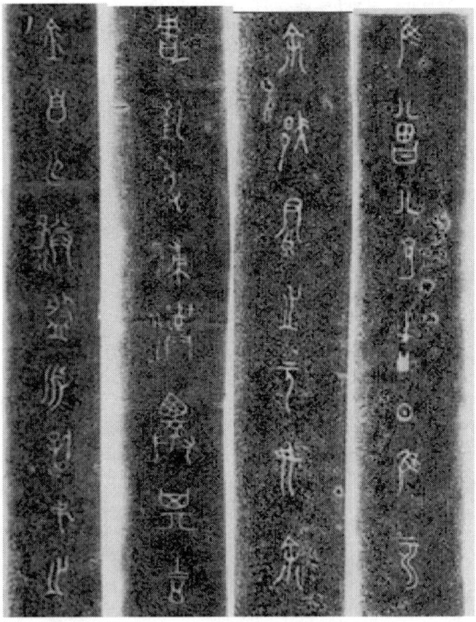

銘文可嚴式隸釋爲：

隹(唯)曾八月，吉日隹(唯)亥，余郝君之元女，余周室仢俌，媟睪(擇)其吉金，自乍(作)潕(浣)盤，永保用之。

據發掘者介紹,文峰塔33號爲中型墓,出土器物衆多。"隨葬器物主要放置於棺外邊箱和足箱内,以銅器爲主。出土的青銅禮器有6件鼎(升鼎3件)、4件簋、4件鬲、3件缶(尊缶2件)、3件壺(方壺2件)、1件盂、1件盉、1件盤和1件匜,分三列放置在南側槨室内。"①銅器中多件有銘文,除嫼盤外,還有嫼簋、嫼簠、嫼匜等。據銘文判斷,嫼應爲文峰塔33號墓墓主②。33號墓所出銅器以嫼盤最長,最具研究價值。

"隹(唯)曾八月","八月"前冠以國名,與"唯鄧八月初吉"(鄧公簋,《集成》2643)、"唯都八月初吉癸未"(都公平侯鼎,《集成》2772)相同,表明這些諸侯國有自己的曆法,並非使用周曆。根據發掘報告對曾侯與編鐘銘文曆日的推定,認爲曾使用夏曆,可從③。

"吉日隹(唯)亥",類似結構在西周春秋金文多見:

> 厥日唯乙(史喜鼎,《集成》2473,西周中期)
>
> 日唯辰(王子嬰次鐘,《集成》52,春秋晚期)
>
> 吉日唯己(鄭莊公之孫鼎,《湖北粹》56,春秋晚期)
>
> 日唯丙申(石鼓文《吾水》,春秋晚期)

唯字古籍或作惟、維,訓爲"在",係介詞④。這類"唯"也有直接替换爲"在"的,如"正月初吉,日在庚"(徐醓尹征成,《集成》425,春秋

① 湖北省文物考古研究所、隨州市博物館:《湖北隨州市文峰塔東周墓地》,《考古》2014年第7期。

② 同上。

③ 湖北省文物考古研究所、隨州市博物館:《隨州文峰塔M1(曾侯與墓)、M2發掘簡報》,《江漢考古》2014年第4期。

④ 裴學海:《古書虚字集釋》(上册),中華書局,1954年,第190—192頁。

時期)。又有"月唯戊申"(邶子受鐘,《新收》504,春秋中期)之類的説法,也屬於同類的形式[①]。需要説明的是,關於這類"唯"字的詞性,學界意見並未統一,還有次動詞、語氣詞、助詞等説法。

"余郕君之元女,余周室攸俌"表明墓主的身份。

"元女"見於《左傳·襄公二十五年》:"庸以元女大姬,配胡公",指長女。銘文表明墓主應爲女性。這和墓中陪葬插鹿角的石方座[②],無兵器出現的女性墓特徵相符。"郕君"二字對於深度瞭解墓主身份,十分重要,將放在下文重點討論。

"周室""俌"從袁金平、王麗二位釋讀[③]。《詩經·魯頌·閟宫》:"大啓爾宇,爲周室輔。"《左傳·僖公四年》:"五侯九伯,女實征之,以夾輔周室。"周室指周王朝。攸與香港中文大學藏戰國楚簡2第二字相近[④],只是一從支一從又,一個左右結構,一個上下結構而已,可視爲一字,分析爲從又介聲,讀爲介。《經義述聞·爾雅上》"艾曆覛胥相也"王引之按:"夾、介、乂,皆輔相之義也。"《左傳·成公十三年》:"孟獻子從王以爲介而重賄之。"指副職。《周禮·秋官·大行人》:"介五人。"指隨從官員。《説文解字·人部》:"俌,輔也。从人,甫聲。讀若撫。"師嫠簋:"更乃祖考司小輔。"小輔是官名。《周禮·天官·大宰》:"乃施典於邦國而建其牧,立其

① 李家浩先生認爲,"月"訓"朔","月唯戊申"猶言"朔在戊申"。參《夫跌申鼎、自余鐘與邶子受鐘銘文研究》,《安徽大學漢語言文字研究叢書·李家浩卷》,安徽大學出版社,2013年,第30—31頁。

② 馮時:《祖槷考》,《考古》2014年第8期。

③ 袁金平、王麗:《新出曾國金文考釋二題》,《出土文獻》第六輯,中西書局,2015年,第23—24頁。

④ 陳松長編著:《香港中文大學文物館藏簡牘》,香港中文大學文物館藏品專刊之七,2001年,第12頁。

監，……置其輔。”疏：“置其輔者，謂三卿下各設府吏胥徒。”《禮記·文王世子》：“虞、夏、商、周有師保，有疑丞，設四輔及三公。”疏：“其四輔者，案《尚書大傳》云：古者天子必有四鄰，前曰疑，後曰丞，左曰輔，右曰弼。”這類用法的介也見於出土文獻。如厵羌鐘的“厵羌作戎”，戎字董珊先生根據李家浩先生的意見讀爲介，並謂：“丰、介聲系常常通用，‘戎（介）’即副介。”古書記載使者出行，常有正使和副使同行，副使稱‘介’。‘介’的詞義就是‘副貳’，與‘率（帥）相對。’”[①]銘文介、輔用爲名詞，可以泛泛理解爲輔佐，也可理解爲具體官稱。嫨作爲郩君長女，嫁於曾國，並在周朝爲官。周代女性爲官，文獻雖不乏事例[②]，但畢竟較爲罕見，所以銘文特別提到，以示驕傲和榮寵。

上面提到，銘文最爲重要的是“郩君”，而最難解處也在這裏。這裏擬專注於郩字，談一點淺見，請大家指教。

所謂郩字原作，其左半從邑，右半從，和楚帛書（帛甲 5.10）、（帛甲 6.26）所從相同。因此楚帛書此字是釋讀的關鍵。

關於所從，過去有釋夭和釋夨等說法。陳斯鵬先生曾加以辨析：

> “夭”字古文字作，從無作形者，故字之不宜釋“䄏”是比較明顯的。而“夨”字金文作或，人頭左側或右側均可，

① 董珊：《清華簡〈繫年〉與厵羌鐘對讀》，“出土文獻與中國古代文明”國際學術研討會論文，北京，2013 年 6 月。

② 參見袁金平、王麗：《新出曾國金文考釋二題》，《出土文獻》第六輯，中西書局，2015 年，第 24 頁。

但以左側者居多。其作右側者確與帛書此字右旁相似，但“矢”字的側頭部分和人體軀幹連作一筆，而則在“大”上加一橫畫，仍有明顯的不同。……所以釋“䀠”也是有問題的。[①]

在此基礎上，陳先生把此字右邊所從釋爲夫，依據是新蔡簡乙一 6 中的“夫人”合文。新蔡簡中的“夫人”合文又見於甲三 176、甲三 213、乙一 11、乙一 13、乙二 24、乙三 46、乙四 128 等處[②]，夫字上面都作一横畫，唯乙一 6 中作半横畫，應視爲簡文殘泐，不足爲據。

陳文提到古文字字，目前爭議較大，一般認爲是走字初文。確釋的夭字出現較晚，是在大字中部加一筆，作之形，或以爲腰的指事字[③]。與的差異也是很明顯的。

此字既不能釋爲夭、矢，又不能釋爲夫，當尋求新解。我認爲它和戰國文字中的大有關。

大(祆爲其加旁字)字主要見於卜筮祭禱簡，爲祭祀對象，李零先生釋爲太，以爲即太一[④]，董珊先生讀爲厲，以爲是厲鬼[⑤]。

從大的字目前所見有鈦和汏。鈦主要見於遣册簡和賵書，后德俊、劉信芳、董珊先生都以爲指車軎。后先生以爲通軑[⑥]，劉先

---

① 陳斯鵬：《戰國楚帛書甲篇文字新釋》，《古文字研究》第二十六輯，中華書局，2006 年，第 347 頁。

② 單曉偉：《新蔡葛陵楚簡文字編》，安徽大學碩士學位論文，2006 年，第 193 頁。

③ 董蓮池：《古文字無傾頭形“夭”字説》，《古文字研究》第二十六輯，第 2006 年，第 491—495 頁；謝明文：《釋金文中的“鋈”字》，復旦大學出土文獻與古文字研究中心網，2013 年 5 月 13 日。

④ 李零：《包山楚簡研究(占卜類)》，《中國典籍與文化論叢(一)》，中華書局，1993 年，第 425—448 頁；《“太一”崇拜的考古學研究》，《中國方術續考》，東方出版社，2001 年，第 221—223 頁。

⑤ 董珊：《楚簡中從“大”聲之字的讀法(二)》，簡帛網，2007 年 7 月 8 日。

⑥ 后德俊：《“包山楚簡”中的“金”義小考》，《江漢論壇》1993 年第 1 期。

生以爲軑之異構①,董先生以爲害之異體②。汱字見於荆門左塚楚式,與"滴"組成詞,董珊先生以爲讀爲"汱侈"③。

這些解釋,得到了學界比較普遍的認同。值得注意的是,清華簡《鄭文公問太伯》也有此字,用爲"太伯"的"太"。此篇整理者馬楠博士推斷:"太伯似爲子人成子長子,鄭文公從兄,子人九父輩。"是合乎事實的④。這個例子又爲釋太説提供了新的證據。

這些解釋的基礎,都是以爲犬是從大分化出來的一個字,音義都與大有關⑤。

説犬與大音義有關,大家都不會有異議。但是説犬是由大分化出來的一個字,似乎還有一些窒礙。如鈦字,天星觀簡作、(997),包山簡一般作(包山 272)、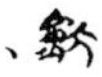(包山 273),省簡作、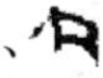(牘 1);祆字既可作(包山 210)、(新蔡甲一:7)、(新蔡甲三:146),又可作(包山 243)、(望山 1-79)之形,表明犬和大有時是可以互换的,用法有時是没有區别的。

因此犬和大有時像分化字,有時候又像異體字,我們認爲,這種情況正好反映了分化字艱難分化的過程。大家知道,分化字産生之後,一般要經歷一段與母字並用的過程。這個過程因字而異,有的字長一些,有的字短一些。但是只要發生了分化,我們就應當

① 劉信芳:《包山楚簡解詁》,藝文印書館,2003 年,第 298、299 頁。

② 董珊:《楚簡中從"人"聲之字的讀法(一)》,簡帛網,2007 年 7 月 8 日。

③ 董珊:《楚簡中從"大"聲之字的讀法(二)》,簡帛網,2007 年 7 月 8 日。

④ 清華大學出土文獻研究與保護中心編,李學勤主編:《清華大學藏戰國竹簡(陸)》,中西書局,2016 年。

⑤ 李零:《包山楚簡研究(占卜類)》,《中國典籍與文化論叢(一)》,中華書局,1993 年,第 425—448 頁;《"太一"崇拜的考古學研究》,《中國方術續考》,東方出版社,2001 年,第 221—223 頁;董珊:《楚簡中從"大"聲之字的讀法(二)》,簡帛網,2007 年 7 月 8 日。

把它當作分化字來看。

在戰國時期，太除了作大（（包山 229）、（望山 1-54）、（新蔡甲三：3）、（新蔡甲三：300、307））以外，還可以作（秦家嘴 99-14）、（包山 215）、（新蔡乙二：20）和（天星觀 29 袄字偏旁）等形，不僅可以在大的右臂上加一撇，也可以在大的右腋下加一畫或兩畫，還可以在大的腰部加筆畫。這些筆畫的部位和多少都比較隨意，大概只是爲了和"大"區别，加在什麼地方不是重點所在。

和也是在大的基礎上加筆畫，只是所加部位不同而已，也應看作太的異體。

楚帛書："九州不坪（平），山陵備，四神乃作，至於復（覆）。"備字，朱德熙先生讀爲崩[①]，可從。可以隸作䀠，從血太聲，讀爲"裂"[②]。太在月部透母，裂在月部來母，兩字韻部相同，聲紐同爲舌音，古音很近。"崩裂"成詞已見於漢晉時代[③]，複音詞的形成有一個過程，此處可視爲近義連用。"非九天則大"，䀠可讀爲戾。戾是月部來母字，這裏表示災禍的意思。"非九天則大"是説違九天則會導致災禍。這樣解釋帛書，綜合來看，似乎比過去的所有解釋都順暢[④]。需要指出的是，在戰國時期其他系

① 朱德熙：《長沙帛書考釋（五篇）》，《古文字研究》第十九輯，中華書局，1992 年；《朱德熙古文字論集》，中華書局，1995 年，第 203—205 頁。

② 此字范常喜從何琳儀隸作"䀠"，讀爲"殈"，訓爲裂。釋義爲是，釋字則非。參見《讀簡帛文字劄記六則》，簡帛網，2006 年 11 月 13 日。

③ 如晉干寶：《搜神記》卷一："撲鏡大叫，瘡皆崩裂，須臾而死。"

④ 關於過去的種種解釋，請參看徐在國編著：《楚帛書詁林》，安徽大學出版社，2010 年，第 366—371 頁。

別的文字中,"太"字分化的情況是不平衡的。如三晉文字的"太"一般寫作"大",但是"大"的異體偶爾也有在頭的右側加短筆的(大攻君,《集成》11712,七年相邦鈹),也有在身體右側加短筆的(大陰,《貨系》847,尖足小布)[①],還有中筆拉長,類似大人有尾巴的(大陰,《貨系》822,尖足大布),這些表明,在三晉文字中,太還沒有從大分化出來[②]。齊魯文字中"大"一般作"大""夻"之形,"太"字也用"大"表示[③],尚未從"大"中分化出來。燕系文字字例較少,從僅有的資料看,"太"還沒有從"大"中分化出來[④]。秦系文字中"太"一般作"大"[⑤],統一後一度作"泰"[⑥],戰國時期秦系文字"太"也没有從"大"中分化出來。從比較中可以看出,楚系文字大、太分化大約比其他系别先行了一步。而晉系文字"大"字異體的寫法可以佐證楚文字"太"的構形。

至於郝字,我們認爲和上博簡《成王爲城濮之行》中的一個地名有關。《成王爲城濮之行》的編聯經過了一個曲折發展的過程,現在意見漸趨統一。爲便於理解,我們綜合各家合理的意見,將簡文隸寫如下[⑦]:

---

① 這種情形在大作偏旁時也存在,比較典型的有夫字,參看湯志彪:《三晉文字編》,作家出版社,2013 年,第 1504—1509 頁。

② 湯志彪編著:《三晉文字編》"大"下,第 1474—1482 頁。

③ 張振謙編著:《齊魯文字編》,學苑出版社,2014 年,第 1279—1296 頁。

④ 何琳儀:《戰國古文字典》下册,中華書局,1998 年,第 920 頁;王愛民:《燕文字編》,吉林大學碩士學位論文,2010 年,第 160—161、236 頁。

⑤ 王輝主編:《秦文字編》,中華書局,2015 年,第 1574—1588 頁。

⑥ 王輝主編:《秦文字編》,第 1662—1665 頁;〔日〕大西克也:《從里耶秦簡和秦封泥探討"泰"字的造字意義》,《簡帛》第八輯,上海古籍出版社,2013 年。

⑦ 這個釋文除參考了以往各家的釋法外,還重點參考了馮勝君先生新近發表的《上博九〈成王爲城濮之行〉補釋》一文,見復旦大學出土文獻與古文字研究中心編:《出土文獻與古文字研究》第六輯,上海古籍出版社,2015 年,第 359—364 頁。

城(成)王爲成(城)僕(濮)之行,王囟(使)子賢(文)𡥈(教)子玉。子賢(文)市(師)於敽,一日而(畢),不散(抶)一人。子【甲 1】玉市(師),出之,三日而(畢),漸(斬)三人。舉(舉)邦加(賀)子賢(文),以其善行市(師)。王逯(歸),客於子＝賢＝(子文,子文)甚【甲 2】憙(喜),㑹(合)邦以酓＝(飲酒)。遠(蔿)白(伯)珵猶約(弱),須,寺(遲)於酓＝(飲酒)。子〈＝〉＝賢(文)舉(舉)胠(脅)購(詬)白(伯)珵曰:"穀(穀)虡(菟)余爲【甲 3】楚邦老,君王孚(免)余辠,以子玉之未患(貫),君王命余市(師)於敽,一日而(畢)【乙 1】,不散(抶)一人。子玉出之,三日而(畢),漸(斬)三人。王爲余客,舉(舉)邦加(賀)余。女(汝)【乙 2】蜀(獨)不余見,飤(食)是胠(脅)而棄,不思老人之心!"白(伯)珵曰:"君王胃(謂)子玉未患(貫),【甲 4】命君𡥈(教)之。君一日而(畢),不散(抶)☑【乙 3】子玉之【乙 4】市(師),既敗市(師)巳(已)。君爲楚邦老,憙(喜)君之善而不慽子玉之市(師)之【甲 5】……"

簡文講到子玉治兵之地,或作(乙 2),或作(甲 2)。字整理小組隸作𣪠①,多位網友指出字的左邊從大或太②,王寧先生更明確指出此字從殳大聲③,是很正確的意見。中大是在大的右臂

① 馬承源主編:《上海博物館藏戰國楚竹書(九)》,上海古籍出版社,2012 年,第 147 頁。

② 如"溜達溜達"的跟帖,"簡帛論壇"《讀〈成王爲城濮之行〉劄記》討論區第十七貼,簡帛網,2013 年 1 月 5 日;陳偉:《〈成王爲城濮之行〉初讀》,簡帛網,2013 年 1 月 5 日。

③ 王寧:《上博九〈成王爲成僕之行〉釋文校讀》,簡帛網,2013 年 1 月 10 日。

上加兩撇，和信陽簡盍作（信陽 2.14），上部“大”形（雖然和正面人形的大不同字，但與大同形）右上加兩個筆畫，道理是一樣的。《成王爲城濮之行》所記子文、子玉治兵之事見於《左傳》僖公二十七年，兩者可以合觀對讀：

> 楚子將圍宋，使子文治兵於睽。終朝而畢，不戮一人。子玉復治兵於蔿，終日而畢，鞭七人，貫三人耳。國老皆賀子文，子文飲之酒。蔿賈尚幼，後至，不賀。子文問之。對曰：“不知所賀……”

很顯然，簡文中的和相當於《左傳》中的“蔿”[①]。蔿是歌部匣母字，與太韻部有嚴格對轉關係，聲紐匣透也多通轉之例[②]。因此太可以寫成蔿。《左傳・僖公二十七年》中的“蔿”，楊伯峻注：“楚邑，今亦不詳所在。”[③]清華簡《楚居》有“爲郢”，整理報告注釋説：“爲郢，楚文王始居，此後成爲楚之重要都邑。穆王、莊王、共王、康王、郟敖、靈王、昭王都曾居此郢。闔廬所破之郢即此。春秋楚邑有蔿，如《左傳・僖公二十七年》：‘子玉復治兵於蔿。’蔿或與爲郢有關。”[④]這些判斷都是正確的。但指認蔿（爲）在河南淅川則恐非是。《成王爲城濮之行》有“遠白珵”，多位學者指出就是“蔿伯嬴”[⑤]。在同一篇文獻中，蔿氏的“蔿”寫作“遠”，子玉治兵之地的

① 金宇祥執筆：《上博九〈成王爲城濮之行〉集釋》，復旦大學出土文獻與古文字研究中心網，2013 年 1 月 27 日。

② 黄焯：《古今聲類通轉表》，上海古籍出版社，1983 年，第 34、64 頁。

③ 楊伯峻：《春秋左傳注》（修訂本），中華書局，1990 年，第 444 頁。

④ 清華大學出土文獻研究與保護中心編，李學勤主編：《清華大學藏戰國竹簡（壹）》，中西書局，2010 年，第 188 頁。

⑤ 金宇祥執筆：《上博九〈成王爲城濮之行〉集釋》，復旦大學出土文獻與古文字研究中心網，2013 年 1 月 27 日。

“蔿”寫作或，顯示蔿氏家族封邑和子玉治兵之地不能是同一地。我在《〈楚居〉“爲郢”考》[①]中，從楚文王遷都情況出發，結合楚靈王的史實，判斷爲郢就是《左傳·昭公十三年》《史記·楚世家》靈王十二年的鄢，在今湖北宜城西南。宜城離隨州不遠，往來較爲便利。從墓葬年代、器物形制等綜合判斷，媟盤屬於春秋晚期器。這一時期“爲”爲楚國重要都邑。郣君作爲楚的重要封君，他的女兒嫁到曾國，對於鞏固楚曾邦交，無疑具有重要作用。因此媟盤可以看作當時兩國關係的一個縮影。

宋華強先生曾指出：

> 《成王爲城濮之行》甲本和乙本有些字的字形頗不一致，如下表所示：
>
> | | 玉 | 帀(師) | 而 | 受 |
> |---|---|---|---|---|
> | 甲本 1 號 |  |  |  |  |
> | 甲本 2 號 |  |  |  |  |
> | 乙本 1 號 |  |  |  |  |
>
> 所以甲 1 的“受”寫得和其他簡有所不同並不奇怪。值得注意的是，甲 1“玉”“帀”兩字是楚系的常見寫法，而“遻”字所從“受”旁則否；乙 1“遻”字所從“受”旁是楚系的常見寫法，而“玉”“帀”兩字則否。這種非楚系文字特點的存在，大概跟本篇竹書曾在楚地之外的區域傳寫過有關[②]。

① 趙平安：《〈楚居〉“爲郢”考》，《中國史研究》2012 年第 4 期。

② 宋華強：《上博九〈成王爲城濮之行〉考釋（九則）》，《簡帛》第九輯，上海古籍出版社，2014 年。

我曾根據三晉文字釋《成王爲城濮之行》的所謂"受(𨑓)"爲㝵字,"㝵師"是"辨師",猶古籍中的"辨兵",也就是"治兵"的意思[①]。就是考慮到該篇有非楚文字的特點。現在看來,這些非楚文字的因素和晉系文字是完全吻合的。究其原因,可能有兩種,一是這篇竹書本是楚國文獻,曾在晉地流傳,一是本是晉國文獻,後被轉譯成楚文字。這篇文章講的是楚國史事,是楚國文獻的可能性很大,但由於它與城濮之戰有關[②],城濮之戰發生在晉楚之間,是晉國文獻的可能性也不能完全排除。

《成王爲城濮之行》有非楚系文字的特點,可以解釋它和《楚居》(比較純粹的楚文字文本)在同一地名上用字上的差異。而嬭盤和《成王爲城濮之行》在這個地名的寫法上均從"太"作,大致屬於一系,既佐證了《成王爲城濮之行》的非楚系文字的特點,又彰顯了曾國文字不同於楚文字的個性特徵。因此這個個案對東周時期文字的區系特徵的探討提供了一個很好的實例。

(原載《中國史研究》2016 年第 3 期)

① 趙平安:《釋上博簡〈成王爲城濮之行〉中的"㝵"字》,《簡帛》第九輯,上海古籍出版社,2014 年。

② 李松儒認爲該篇"原始記載就應該是楚國本國文字"。參見李松儒:《戰國簡帛字跡研究——以上博簡爲中心》,上海古籍出版社,2015 年,第 427 頁。

“盨”“鋪”再辨

青銅器的定名，當以器物自名爲主，以傳世文獻爲輔，當兩者發生衝突時，一般當以出土文獻爲主導，梳理紛亂，釐清真相。這在方法論上，已成共識，但在實際操作過程中，確實不易做到。本文要討論的“盨”和“鋪”，就是一個典型的例子。

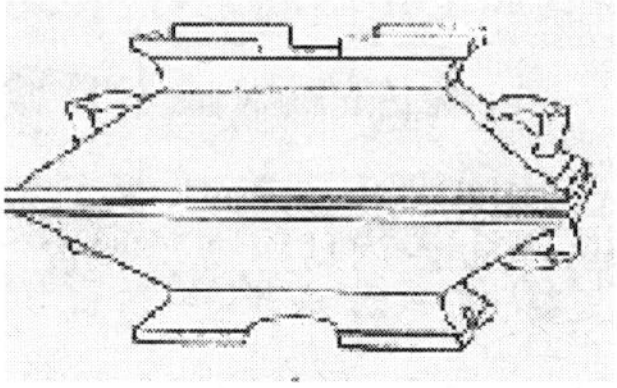

圖 1

青銅器中有一種長方形、斗狀、器蓋同形的器物（如圖 1），流行於西周晚期至戰國時期，宋代以來，學者將它定名爲簠[①]。二十世紀七十年代末，唐蘭先生在《略論西周微史家族窖藏銅器群的重要意義》一文中，率先提出長方形、斗狀、器蓋同形的器物應定名爲瑚，淺盤有鏤空高圈足的豆形器應定名爲簠[②]。八十年代，北京大學高明先生撰寫專論，認爲長方形、斗狀、器蓋同形的器物應定名爲盨，即《論語·公冶長》“瑚璉”的“瑚”和《禮記·明堂位》“胡簋”的“胡”，淺盤有鏤空高圈足的豆形器自名從甫

① 如薛尚功：《歷代鐘鼎彝器款識法帖》卷十五；吕大臨：《考古圖》卷三；收入《宋人著録金文叢刊初編》，中華書局，2005 年。

② 唐蘭：《略論西周微史家族窖藏銅器群的重要意義》，《文物》1978 年第 3 期。

聲,應定名爲簠,即《説文》所收的簠,簠和盙是兩種不同的禮器①。這些説法在古文字學和考古學界影響很大,引起學者紛紛申説徵引。及至二十世紀以後,周聰俊教授發表《簠笷爲黍稷圓器説質疑》②,李學勤先生發表《青銅器中的簠與鋪》③,先後對新説提出質疑,認爲長方形、斗狀、器蓋同形的器物仍以稱簠爲宜。兩位先生的文章,明顯又使舊説佔了上風。朱鳳瀚先生剛剛增訂出版的《中國青銅器綜論》即"暫從舊説,將長方形斗狀器仍稱爲簠",將淺盤有鏤空高圈足的豆形器稱爲鋪④。朱先生的看法,代表了當前學界的主流意見。

這種長方形、斗狀、器蓋同形的器物,自名極多,金祥恒先生《論語新詮二則》曾做過整理⑤,高明先生更是專門做了一張表,頗便觀覽。爲資比較,現移錄如下:

 季公父匿	 魯士匿	 鑄公匿	 弡仲匿	 욼匿
 尹氏匿	 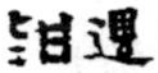匿	 商丘叔匿	 都公匿	 鑄子匿
 大府匿	 伯其父匿	 姝䣄匿	 白公父匿	 説文皿部

① 高明:《盙、簠考辨》,《文物》1982年第6期。

② 周聰俊:《簠笷爲黍稷圓器説質疑》,《大陸雜志》第100卷第3期(2000年3月)。

③ 李學勤:《青銅器中的簠與鋪》,《中國古代文明研究》,華東師範大學出版社,2005年,第76—81頁。

④ 朱鳳瀚:《中國青銅器綜論》,上海古籍出版社,2009年,第140頁。

⑤ 金祥恒:《論語新詮二則》,《金祥恒先生全集》第2册,藝文印書館,1990年,第779—782頁。

高先生文章發表較早，歸納未盡全面。除高先生文中提到的以外，還可以補充陳逆簠的笶字。

上述寫法，根據聲符的不同，可以做不同的分類[①]，我們把它大致分成五類：

第一類以"古"（魚、見）爲聲符或子聲符；

第二類以"夫"（魚、幫）爲聲符或子聲符；

第三類以"㞷"（陽、匣）爲聲符或子聲符；

第四類以"黄"（陽、匣）爲聲符；

第五類以"害"（月、匣）爲聲符或子聲符。

這些聲系的字古音都很近，可以通用，因此它們可以記錄語言中的同一個詞。

從後世傳承的角度看，這些自名文字與器名有關的只有匡和𥁰。匡即筐，𥁰即簠。《説文解字》説匡是"飯器"，《詩經・召南・采蘋》"維筐及筥"，《傳》曰："方曰筐。"《詩經・周頌・良耜》"載筐及筥"，《傳》曰："筐筥所以盛黍也。"但這類筐似乎都爲竹器。而簠，許慎説"器也"，大概當時已經不能瞭解它的形制了。在長方形、斗狀、器蓋同形的器物所有的自名中，𥁰可以説是構形比較完備的器名專用字。皿表器類，金表質地，古表讀音。它流傳下來，有其必然性。高明先生提出用簠作這類器的自名代表，我認爲是很可取的。

如果没有其他的文獻記述，僅從這類器物自名定名，到此，問題也就基本解決了。

---

① 李學勤先生分作三類，參看《青銅器中的簠與鋪》，《中國古代文明研究》，華東師範大學出版社，2005年，第78—79頁。

青銅器中淺盤有鏤空高圈足的豆形器(圖 2),流行於西周晚期至春秋早期,也有不少有自名,臺灣陳芳妹教授有專門收集整理[①]。自名的共同特點是以甫爲聲符或子聲符,主要有五類寫法:

圖 2

第一類從竹甫聲;

第二類從皿甫聲;

第三類從金甫聲;

第四類從广甫聲;

第五類從匚脯聲;

五種自名中,只有庯、鋪字傳承了下來。宋《宣和博古圖録》以來,學者多主張用鋪作自名的代表,是有其道理的。這類器的銘文過去很少言及功能,但晉侯對鋪是個例外,銘文云:“唯九月初吉庚寅,晉侯對作鑄尊庯,用旨食大饎,其永寶用。”饎,前未見此字,可能通爲糈。《離騷》注:“精米所以享神也”。由此可見鋪是可以用來盛飯食的器[②]。

這類淺盤有鏤空高圈足的豆形器,過去往往歸入籩、豆類[③],《宣和博古圖録》18.16 著録的“單𡘋生豆”,器形是鋪,自名爲豆,顯示出它和籩、豆有非常密切的關係。但是它有别於籩、豆,是青

① 陳芳妹:《晉侯㲋鋪——兼論銅鋪的出現及其禮制意義》,《故宫學術季刊》第 17 卷第 4 期,2000 年夏季。

② 同上。

③ 高亨:《説鋪》,《河南博物館館刊》第 5 集,1933 年;陳夢家:《壽縣蔡侯墓銅器》,《考古學報》1956 年第 2 期;朱鳳瀚:《中國青銅器綜論》,上海古籍出版社,2009 年,第 149 頁。

銅器中獨立的門類，這一點是應當加以肯定的。

從器物類型學的角度和青銅器自名的角度看，長方形、斗狀、器蓋同形的器物和淺盤有鏤空高圈足的豆形器是區分得非常清楚的。問題在於古書記述的混亂，而研究者又往往各執一端。

主張長方形、斗狀、器蓋同形的器即簠的學者，提出的理由包括兩個方面：

一、禮書記載的簠，形制、功能與䀇相近。《周禮・秋官・掌客》："簠十。"鄭玄注："簠，稻粱器也。"《儀禮・公食大夫禮》："宰夫膳稻於粱西。"鄭玄注："膳猶進也，進稻粱者以簠。"説明簠以盛稻粱。關於它的形狀，《周禮・地官・舍人》鄭玄注："方曰簠，圓曰簋，盛黍稷稻粱器。"長方形、斗狀、器蓋同形的器在銘文中記有用途，往往説"用盛稻粱""用盛秫稻糕粱""用盛糕稻糯粱"，與文獻之簠記載一致。

二、簠和䀇古音很近，古聲字與甫聲字多通假之例。如李學勤先生文中引到《窮達以時》第 2、3 簡"河匿"，袁國華先生、李家浩先生[①]都認爲應讀爲"河浦"，《包山簡》第 111 簡"甗公"，李守奎先生指出即第 119 簡"芺公"[②]，都是很有力的證據。

主張長方形、斗狀、器蓋同形的器不能稱簠的，提出了三點理由：

一、長方形、斗狀、器蓋同形的器自名往往從"古、夫、𡳿、黃、害"爲聲，無一例從甫得聲；

① 袁國華：《郭店楚簡文字考釋十一則》，《中國文字》新 24 期，藝文印書館，1998 年，第 141 頁；李家浩：《讀〈郭店楚墓竹簡〉瑣議》，《郭店楚簡研究》，《中國哲學》第 20 期，遼寧教育出版社，1999 年。

② 李守奎：《楚文字編》所附《補遺説明》，吉林大學博士學位論文，1997 年。

二、金文中自名從甫得聲的器是淺盤有鏤空高圈足的豆形器；

三、《説文》："簠，黍稷圜器也。"

根據第一點，他們把長方形、斗狀、器蓋同形的器定名爲典籍胡簋的"胡"，或瑚璉的"瑚"。根據第二、三點把淺盤有鏤空高圈足的豆形器定名爲簠。

仔細檢討雙方的理由，應該説，都有所憑據，但是也都有明顯的缺陷。

首先，雙方都没有很好地考慮到古人的用字習慣。長方形、斗狀、器蓋同形的器和淺盤有鏤空高圈足的豆形器自名用字不同，是一個客觀事實，我們不能無視這種事實。這種事實反映了西周、春秋和戰國早期的用字習慣。而目前所知道的古、甫兩聲字相通，除李先生文中提到的例子外，十分罕見，反映的是戰國中期以後的用字習慣。

其次，《説文》説"簠，黍稷圜器也"，不能輕易否定[①]。《説文》把"簠"排在"簋"和"籩"之間，把"簋"解釋爲"黍稷方器也"，凸顯了許慎的矛盾。説簋是"黍稷方器"，現在看來明顯是錯誤的，這點無需多論。把"簠"和"籩"排在"簋"後，大概是因爲它們都是盛黍稷的器，把同類器排在一起，符合《説文》"以類相從"的原則。把"簠"放在"籩"的前面，大概因爲它們不僅同是盛黍稷之器，而且都是圜器的緣故。這也應是"以類相從"的表現。

從各方面看，把簠解釋爲"黍稷圜器"，應該是許慎的真實表

---

① 朱鳳瀚先生曾指出："許曾説簋是方器，而鄭説簋是圓器，事實證明鄭説是而許説非，鄭説簠爲方器似無由懷疑。當然亦存在許所説圓簠並非此種長方形器，即文獻中名曰簠的器有方圓兩種形制的可能，方器盛稻粱，圓器盛黍稷。"《中國青銅器綜論》，上海古籍出版社，2009 年，第 139 頁。

達。上文已經談到，淺盤有鏤空高圈足的豆形器自名有一種寫法從竹甫聲，還有一種寫法從皿甫聲，《説文》簠很可能就是這兩種寫法的牽合，是這類器後起的一種名稱。

《説文》中的簠和禮書中的簠明顯不同。禮書中的簠更接近長方形、斗狀、器蓋同形的器。造成這種局面和戰國時期用字習慣的變化有關係。前文提到，戰國時期古聲字和甫聲字相通，不僅如此，戰國時代夫聲字和甫聲字也多相通之例。如上博簡《容成氏》和《慎子曰恭儉》"芙"通"蒲"、上博簡《周易》"膚"通"逋"等[①]。這種風氣，打破了古、夫兩聲字與甫聲的界限，使得它們發生了交集。《説文》簠下收録古文作医，實際上是長方形、斗狀、器蓋同形器的自名，許慎顯然把它當作淺盤有鏤空高圈足的豆形器的自名了。同理，長方形、斗狀、器蓋同形的器也可以借簠字來表示。

由於戰國時代長方形、斗狀、器蓋同形器的自名和有鏤空高圈足的豆形器的自名混同，加之器用也有一定的關聯，使得原本分别清晰的兩類器發生混淆，從而導致了許多誤會。

鑒於上述，我們覺得，長方形、斗狀、器蓋同形器和有鏤空高圈足的豆形器的定位應以器物自名爲主，一個定名爲𥂴，一個定名爲鋪。不必依據錯亂的傳世文獻，相互否定，各執一端，使本來清晰的分類陷於混亂的境地。

（原載《古文字研究》第三十一輯，中華書局，2016年）

① 參看白於藍：《戰國秦漢簡帛古書通假字彙纂》，福建人民出版社，2012年，第179頁。

“文王受命惟中身”新解

《尚書·無逸》:“文王受命惟中身,厥享國五十年。”孔安國傳:“文王九十七而終。中身,即位時年四十七,言中身舉全數。”孔穎達正義:“文王年九十七而終,《禮記·文王世子》文也。於九十七内減享國五十年,是未立之前有四十七。在禮,諸侯踰年即位。此據代父之年,故爲即位時年四十七也。計九十七年,半折以爲中身,則四十七時於身非中,言‘中身’者舉全數而稱之也。”①孔安國和孔穎達都是從文王即位年齡的角度來理解“中身”的。可是,又不得不承認文王受命實際上不是“中身”,“中身”只是舉全數言之。從字面上看,“中身”的本義大概是指身體的中段。《戰國策·魏四》:“有蛇於此,擊其尾,其首救;擊其首,其尾救;擊其中身,首尾皆救。”用的即是本義。用中身來表示年齡,是一種比喻的説法。九十七之半是四十八點五歲,文王受命是四十七歲,並不完全密合。孔安國和孔穎達都看出這一點,所以説舉其概數。有的注家因爲這個矛盾,直接説“中身謂中年”②。這一類解釋影響很大,以致後世有模仿此類用法,把中身用爲中年的。如《文選·南朝宋顔

① 《尚書正義》卷十六,阮元校刻《十三經注疏》上册,中華書局,1980年,第222頁。

② 《毛詩正義》卷十六,阮元校刻《十三經注疏》上册,中華書局,1980年,第502頁引鄭玄注。

延年〈陶徵士誄〉》："年在中身，疢維痁疾。"柳宗元《唐故邕管招討副使鄧君墓志銘》："年極中身，葬兹高岸。"

如果按孔安國等人的説法，"文王受命惟中身"與文王受命時間有關，是很重要的年代學問題，值得進一步關注和探索。

爲便於理解，我們先把這句話的上下文抄録如下：

> 周公曰："嗚呼！我聞曰：昔在殷王[太宗，不義惟王，舊爲小人；作其即位。爰知小人之依，能保惠于庶民，不敢侮鰥寡：肆太宗之享國三十有三年。其在]中宗，嚴恭寅畏，天命自度，治民祗懼，不敢荒寧：肆中宗之享國七十有五年。其在高宗，時舊勞于外，爰暨小人；作其即位，乃或亮陰，三年不言，其惟不言，言乃雍；不敢荒寧，嘉靖殷邦，至于小大，無時或怨：肆高宗之享國五十有九年。（其在祖甲，不義惟王，舊爲小人；作其即位。爰知小人之依，能保惠于庶民，不敢侮鰥寡：肆祖甲之享國三十有三年。）自時厥後立王，生則逸。生則逸不知稼穡之艱難，不聞小人之勞，惟耽樂之從。自時厥後亦罔或克壽，或十年，或七、八年，或五、六年，或四、三年。"
>
> 周公曰："嗚呼！厥亦惟我周，太王、王季克自抑畏。文王卑服，即康功田功；徽柔懿恭，懷保小民，惠鮮于鰥寡；自朝至于日中昃，不遑暇食，用咸和萬民。文王不敢盤于游田，以庶邦惟正之供。文王受命惟中身，厥享國五十年。"①

從這一句的語言環境來看，先以殷代聖明君主爲例，再談到周文王，主要説周文王與殷三宗一樣，盡君王之道，故能享國長久。在

① 引自顧頡剛、劉起釪：《尚書校釋譯論》第三册，中華書局，2005年，第1532、1538—1539頁。

敘述殷三宗的時候，都没有提到什麽時候即位。顯然，文王什麽時候即位，並不是敘述的重點。傳統的説法實有商榷的餘地。

從戰國文字的用字習慣和周文王史實來看，我們認爲“中身”應讀爲“忠信”。

現在我們見到的《孔傳古文尚書》，其中有三十三篇内容同於伏生傳授的今文《尚書》二十八篇（從《堯典》中分出下半爲《舜典》，從《皋陶謨》中分出下半爲《益稷》，《盤庚》分爲三篇，從《顧命》中分出下半爲《康王之誥》），增多的二十五篇，後世叫作“晚書”。“‘晚書’二十五篇雖然不是真正的孔壁古文，不妨看作是古文《尚書》的西晉輯佚本。”①

《無逸》在先秦文獻中被引用四次，在西漢伏生今文本中爲第二十篇，伏生門下三家今文本中爲第二十一篇，東漢馬鄭古文本中爲第二十五篇，皆列於《周書》，《孔傳古文尚書》爲全書第四十三篇，列爲《周書》第十七篇。稱得上是傳流有序。和其他絶大多數先秦古書一樣，《無逸》也經歷了戰國文字階段，後來又經過“隸古定”，轉變爲隸楷。在這個過程中，會保留戰國文字的印記。

《無逸》“惠鮮鰥寡”，皮錫瑞《今文尚書考證》：“《漢書·景十三王傳》曰：‘惠于鰥寡。’《谷永傳》引經曰：‘懷保小人，惠于鰥寡。’……《後漢書·明帝紀》中元二年詔引‘惠於鰥寡’，皆不作‘惠鮮’。”段玉裁《古文尚書撰異》認爲“‘鮮’爲‘於’之訛”。《荆門郭店楚墓竹簡·語叢一》第22簡、《語叢二》第23簡、《語叢三》第51簡，《上海博物館藏戰國楚竹書（一）·緇衣》第2簡“於”與鮮寫法

① 江灝、錢宗武譯注，周秉鈞審校：《今古文尚書全譯》，貴州人民出版社，1990年，第7頁。

相近，可爲證明。郭店簡《語叢》和上博簡《緇衣》是“具有齊系文字特點的抄本”①，它和《孔傳古文尚書》寫法相合絶不是偶然的現象。因爲《孔傳古文尚書》中至少有三十三篇源出孔壁（含《無逸》），也應是齊系文字的抄本。在由齊系文字轉寫爲隸楷的過程中，由於“於”“鮮”寫法相近，就被轉寫成“鮮”。這個“鮮”顯然是戰國文字的孑遺。

“中身”屬於相類的現象。

在戰國璽印中，經常可以見到“中身”印，如《古璽彙編》2688—2705、4660，也可以見到“士中身”印，如《珍秦齋藏印（戰國篇）》198，其代表性寫法如下：

（《璽彙》2705）

（《璽彙》2702）

（《璽彙》2700）

（《璽彙》2698）

（《璽彙》2688）

（《璽彙》2697）

（《珍秦齋藏印（戰國篇）》198）

王人聰先生曾對“中身”印加以考釋，他説：

> 身與申古音同通用，……古信、申同字，故身與信亦可通用。……中身……即是忠信。②

① 馮勝君：《郭店簡與上博簡對比研究》，綫裝書局，2007年，第320頁。
② 《香港中文大學文物館藏印集》，香港中文大學，1980年。

對於這種説法,李家浩先生曾詳加論證。他不僅梳理説明了"中""身"二字的形體,而且指出:"'忠'從'中'聲。從語言上看,'忠'應是由'中'派生的一個詞,故'中''忠'二字可通。"又舉璽印中"身士""言身""貴身"以及中山王壺、長信侯鼎、信安君鼎"訷"説明"身"與"信"音近古通,從而證明王説"中身"即"忠信",當屬可信[①]。

上面這些戰國璽印雖然都是三晉印,但實際上中通忠,身通信在戰國時期是比較普遍的現象。在齊系文獻《管子》中,《五輔》"其君子上中正而下諂諛",《君臣下》"官必中信以敬",《群書治要》引中作忠。《尚書》本身也有中用爲忠的例子,《仲虺之誥》:"建中于民。"《經典釋文》:"中本或作忠。"身的情況也是如此,《禮記·儒行》:"竟信其志。"鄭注:"信或爲身。"齊系文獻《孔子家語·儒行》信作身。

《無逸》中的"中身"用爲"忠信",很可能是齊系文字用字習慣的反映。也有可能是三晉文字影響的結果。《尚書》曾有三晉文字的本子。《漢書·景十三王傳》記載,河間獻王劉德曾得先秦古文《尚書》。《論衡·正説篇》説:"至孝宣皇帝之時,河内女子發老屋,得《易》《禮》《尚書》各一篇奏之。宣帝下示博士,然後《易》《禮》《尚書》各益一篇,而《尚書》二十九篇始定。"河間在今河北獻縣東南,戰國時爲趙邑,河内在今河南武涉縣一帶,戰國時屬魏國,這兩種《尚書》很可能是戰國時三晉的寫本[②]。由於不同本子之間的影響

---

① 李家浩:《從戰國"忠信"印談古文字中的異讀現象》,《北京大學學報》(哲學社會科學版),1987 年第 2 期,第 10—11 頁。

② 李零:《簡帛古書與學術源流》,生活·讀書·新知三聯書店,2004 年,第 82—83 頁。

融合，今文《尚書》部分反映三晉文字的用字習慣也是可能的。

總之，不管屬於哪一種情況，《無逸》用"中身"爲"忠信"，反映的都是真實的戰國文字的用字習慣。

"文王受命惟忠信"就是文王因爲忠信而受命。忠信是忠誠信實的意思。林之奇《尚書全解》卷二十二："仁義存諸己無不盡曰忠，仁義施諸事無不實曰信。"《禮記·禮器》："忠信，禮之本也。"《論語·公冶長》"必有忠信"劉寶楠正義："忠信者，質之至美者也。"《逸周書·常訓》："九德：忠、信、敬、剛、柔、和、固、貞、順。"列爲九德之首。忠信不僅是獲得上天和君王信任的重要前提，而且也是獲得百姓擁戴的重要前提。《大戴禮記·子張問入官》："故非忠信，則無可以取親於百姓矣。"

古書裏周文王的忠信事例，舉不勝舉。《論語·泰伯》："三分天下有其二，以服事殷。周之德，其可謂至德也已矣。"包咸注文說："殷紂淫亂，文王爲西伯而有聖德，天下歸周者，三分有二，而猶以服事殷，故謂之至德。"①《上海博物館藏戰國楚竹簡（二）·容成氏》："文王聞之，曰：'雖君無道，臣敢勿事乎？雖父無道，子敢勿事乎？孰天子而可反？'紂聞之，乃出文王於夏臺之下而問焉，曰：'九邦者其可來乎？'文王曰：'可。'文王於是乎素端、屨、裳以行九邦，七邦來服，豐、鎬不服。文王乃起師以嚮豐、鎬，三鼓而進之，三鼓而退之，曰：'吾所知多存，一人無道，百姓其何罪？'豐、鎬之民聞之，乃降文王。文王持故時而教民時，高下肥磽之利盡知之。知天之道，知地之利，思民不疾。昔者文王之佐紂也，如是狀也。"《史記·周本紀》："西伯曰文王，遵后稷、公劉之業，則古公、公季之法，

① 程樹德：《論語集釋》，中華書局，2006年，第560頁。

篤仁，敬老，慈少。禮下賢者，日中不暇食以待士，士以此多歸之。伯夷、叔齊在孤竹，聞西伯善養老，盍往歸之。太顛、閎夭、散宜生、鬻子、辛甲大夫之徒皆往歸之。”“西伯陰行善，諸侯皆來決平。於是虞、芮之人有獄不能決，乃如周。入界，耕者皆讓畔，民俗皆讓長。虞、芮之人未見西伯，皆慚，相謂曰：‘吾所爭，周人所恥，何往爲，祇取辱耳。’遂還，俱讓而去。諸侯聞之，曰‘西伯蓋受命之君’。”這些都能説明文王的忠信。

關於文王受命，出土資料和傳世文獻中都有記述。何尊：“文王受茲大命。”大盂鼎：“丕顯文王受天有大命。”《詩經·大雅·大明》：“有命自天，命此文王。”《逸周書·祭公》：“皇天改大殷之命，維文王受之，維武王大克之。”是指文王獲得天命而言[①]。

這樣看來，“文王受命惟中身”與文王受命的時間並没有什麽關係，研究年代學不得以此爲據。

（原載《古文字研究》第二十九輯，中華書局，2012年）

① 可參看劉國忠：《清華簡〈保訓〉與周文王事商》，《清華大學學報》（哲學社會科學版）2009年第5期，第8頁。

國際漢學中的出土文獻研究

我們所説的出土文獻，是和傳世文獻相對而言的，主要是指經發掘出土的先秦秦漢文字材料，包括甲骨文、金文、戰國秦漢簡帛等。在國際漢學研究史中，出土文獻的研究是起步比較晚的。

1900 年，英國人斯坦因（Aurel Stein）在塔克拉瑪干沙漠第一次發掘了古代簡牘。這在出土文獻研究史上是具有標志性的事件。有學者認爲，近代最早發現中國古代文獻並且引起學界關注的是西方人，是不無道理的。不過，如果考慮到 1898 年中國學者王懿榮已經發現了甲骨文，而對斯坦因發現的古代簡牘展開真正研究的是羅振玉和王國維，换一種説法，説近代國際漢學中出土文獻的研究是在中西互動下展開的，或許更爲準確一些。

與中國境内的出土文獻研究相伴隨，並且長期互動發展，是西方中國出土文獻研究的突出特徵。芝加哥大學的漢學研究很能説明這一點。1932 年，美國學者顧立雅（Herrlee G. Creel）來到中國向王襄學習古文字，同時參觀正在進行的小屯發掘工作，不久出版了名著《中國的誕辰》（*The Birth of China*）。1936 年，顧立雅回到芝加哥大學擔任中國古代史教授。40 年代，陳夢家和董作賓先後到芝加哥大學訪問講學。錢存訓也來到這裏，擔任東亞圖書館館長，同時跟隨顧立雅攻讀博士學位，完成學位論文《書於竹帛——中國古代的文字記録》（Written on Bamboo and Silk：the

Beginning of Chinese Books and Inscriptions)。從二十世紀三十年代起，歷經十餘年的建設，芝加哥大學成爲了西方漢學特別是中國出土文獻研究的重鎮。

國際漢學中出土文獻研究的這個特點，是由出土文獻的性質決定的。中國的出土文獻，出土在中國境内，一般由境内披露，加之用古文字書寫，釋讀難度大，西方學者要進行研究，通常必須借助一個可靠的、便於利用的文本。可以説，西方學者在原始資料和研究基礎上具有前提性的依賴。大概正是由於這個原因，西方的中國出土文獻研究，在研究的範圍和研究規模上，長期難以取得大的突破。

二十世紀七十年代以後，由於新的甲骨文、金文和玉石文字資料的出土、刊佈，特别是山東臨沂銀雀山漢簡(1972)、河北定縣八角廊漢簡(1973)、湖南長沙馬王堆漢代簡牘帛書(1973)、湖北雲夢睡虎地秦簡(1975)、安徽阜陽雙古堆漢簡(1977)的出土，不僅在國内引起了研究的熱潮，在國外也引起了高度關注。從七十年代到九十年代，西方漢學界圍繞甲骨文、金文、侯馬盟書以及秦漢簡帛中的道家文獻，法律文獻、行政文書、日書研究涌現出了一批有影響的研究成果。

進入二十世紀八十年代，特别是九十年代以後，由於湖北荆門包山簡、郭店簡、上海博物館藏戰國竹簡、清華大學藏戰國竹簡的陸續問世，學術界迎來了所謂"簡帛時代"。這些戰國時期的竹簡，除了少量的官、私文書外，多爲先秦時代的經、史、子類古書，對研究古代的哲學思想、歷史文化以及古文獻、古文字等方面具有不可替代的重大學術價值，激發了中外學者的極大興趣。在新材料的催生下，西方的出土文獻研究得到了前所未有的大發展。這有兩個顯著的標志，一是成立了專門的研究組織。日本在 1995 年成立了中國出土資料研究會，會員有 200 多位。歐洲在 2000 年成立了歐洲寫本協會(EASCM)，有 50 多位會員。這些學會的誕生，因應了研究個體的需求，是出土文獻研究隊伍集約化的表現。另一個標志是出版了具有教材性質的權威著作。該類著作日本、韓國都有，而最有名的是美國學者夏含夷教授聯合歐美幾位學者編撰，於 1997 年出版的《中國古代新史料：閱讀銘文與寫本的指南》(*New Sources of Early Chinese History*: *An Introduction to the Reading of Inscriptions and Manuscripts*)。這本書分八章，比較全面地反映了出土文獻各分支學科的研究成果，爲學習者進入這一領域提供了便捷的門徑。該書中文版今年已由上海中西書局出版，李學勤先生定名爲《中國古文字學導論》。據悉，普林斯頓大學的德裔學者柯馬丁(Martin Kern)目前正在跟瑞士蘇黎世大學的畢鶚(Wolfgang Behr)和牛津大學的麥笛(Dirk Meyer)一起編輯一本類似的出土文獻工具書，書名翻成中文是《早期中國手寫文獻：文本、背景及方法論》(*Early Chinese Manuscripts*: *Texts*, *Contexts*, *Methods*)，這本書以簡帛爲主要研究對象，撰稿人基本上是歐洲學者。由於側重點不同，加之歐美學者在學術文化、學科歷史、語言及使用這些語言表達自己觀點的方式以及處理研究對象的方式之間存在差别，因而這本書肯定會呈現出不一樣的面貌，很值得大家期待。

國際漢學中出土文獻的研究，首當其衝的是把文物上的古漢語文獻翻譯成外文，實現語言之間的轉换，然後才是從哲學、歷史學、語文學、語言學等角度展開專門研究。文字隸定、文本整理是翻譯和研究的基礎。除漢字文化圈的學者外，以往的出土文獻研究，文字隸定、文本整理主要依賴中國學者。現在的狀況已經有了一些改觀，年輕學者像美國郡禮大學的顧史考（Scott Cook）和堪薩斯大學的魏克彬（Crispin Williams）、法國社會科學高等研究院的麥里筱（Chrystelle Maréchal）等在古文字方面有較深的修養，文字研究的成果引起了學界的重視。普林斯頓大學的柯馬丁（Martin Kern）、海德堡大學的紀安諾（Enno Giele）和科羅拉多大學的李孟濤（Matthias Richter）等十分重視對出土文獻文本本身的整理研究，如文本的書寫和結構、口頭傳播的影響等，這在過去也是很罕見的。這些直面本體基礎的研究表明，在哲學思想、歷史文化等傳統領域取得進展的同時，國際漢學中出土文獻的研究出現了新的趨向，也標志着國際漢學中出土文獻研究與國內學術界的研究夯實和拓寬了深層對話的基礎。這是令人欣喜的事情。

中西方學者的對話從未像現在這麽緊密，也從未像現在這樣不斷地碰撞出耀眼的火花。1998 年艾蘭（Sarah Allan）在達慕思大學舉辦了"郭店老子國際研討會"，其成果《〈老子〉國際研討會紀要》（The Guodian Laozi: Proceedings of the International Conference, Dartmouth College, May 1998）在西方中國研究界産生了很大的影響。2010、2011 年，達慕思大學和清華大學合作，就清華簡《保訓》《尹至》和《尹誥》召開了兩次小型的研討會，取得了意想不到的成效。今年達慕思大學又和清華大學聯合舉辦了"清華簡國際研討會"，70 多位中外學者齊聚漢諾威小城，共同研討去年出版的《清華大學藏戰國竹簡（叁）》。這次會議可與 1998 年的郭店《老子》會議媲美，必將在西方引起一樣的強烈反響。

目前，中西方有關中國新出土文獻的整理合作已經展開。據我所知，魏克彬參加了温縣盟書的整理工作，陶安（Arnd Helmut

Hafner)參加了嶽麓書院秦簡的整理工作，達慕思大學的學者參與了清華簡的整理工作。由於中國推行積極的改革開放政策，中西方學者又都有強烈的合作意願，可以預期，合作的道路肯定會越走越寬廣。

作爲中國的出土文獻研究者，我要向國外同行表達深深的敬意。感謝他們對中國傳統文化的摯愛！我們也期望進一步加強合作，共同推進中國出土文獻的研究工作。

（原載《光明日報》2013年11月6日第11版）

現代漢語文字學研究的回顧

一、引言

現代意義上的漢語文字學，是以研究漢字形體爲主，兼及字形與聲音、語義之間關係的一門學科（參看《中國大百科全書》“語言文字”卷161頁，中國大百科全書出版社，1988）。它脱胎於傳統的“小學”，經過清末民初的醞釀，到二十世紀三十年代趨於成熟。

“小學”本爲貴族子弟接受啓蒙教育的機構，由於教學内容中有與文字學有關的“六書”，所以用“小學”代指文字學。從《漢書·藝文志》看，當時的“小學”大致相當於文字學。到了隋唐時期，“小學”的内涵逐步擴大，又包括了音韵學和訓詁學。這種狀況一直延續下來。

清末民初，一些學者走出國門，把西方現代語言學思想帶進來。章太炎1906年發表《論語言文字之學》一文（《國粹學報》2卷12、13號），提出傳統的“小學”應稱之爲“語言文字之學”，就是這種思想的反映。

另一方面，清代晚期，由於地下資料不斷出土，加之長期研究經驗的積纍，傳統的金石銘刻學有了長足的進步。吴大澂、孫詒讓等人在識字方法、古書校勘以及像《説文》“古文”之類關鍵問題的認識上取得了突破性的成就。

正是在西方語言學思想和傳統金石銘刻學研究的推動下，現代意義上的漢語文字學應運而生了。這標志是唐蘭 1934 年出版的《古文字學導論》(北京大學手寫石印本)。書中論及古文字學的對象、任務、原理、方法、規則各個方面，雖名曰“古文字學導論”，實際勾畫了漢語文字學的理論框架。它確定文字學研究的對象只限於形體，對於把文字學從“小學”中剝離出來，具有特別重要的意義。

如果説清末民初到三十年代是漢語文字學的形成期，那麽，三十年代到七十年代可以看作漢語文字學理論體系不斷補充完善的時期。這一時期的著作可以唐蘭《中國文字學》(開明書店，1949)、梁東漢《漢字的結構及其流變》(上海教育出版社，1959)、蔣善國《漢字形體學》(文字改革出版社，1959)爲代表。唐書對古代文字的起源和文字的發展演化，論述極詳。梁書重視文字與語言關係的探索，在漢字結構和流變、規範方面提出了許多新的見解。蔣書花了很多篇幅來討論由篆到隸的演變。七十年代以後，漢語文字學的一些重要理論問題取得了明顯的進展，可以看作漢語文字學的突破期。裘錫圭的《文字學概要》(商務印書館，1988)是這一時期有代表性的著作。裘書不僅對過去的研究有系統的總結，而且對漢字性質、起源、發展演變、結構類型等有獨到的研究。

由於歷史和現實的原因，漢語文字學研究分爲若干具體的領域，如一般性的漢字研究、《説文》及其他字書研究、古文字研究、俗文字研究。下面就從這四個方面對漢語文字學研究作一簡單回顧。

二、一般性的漢字研究

(一) 漢字與漢語的關係

一般説,漢字是記錄漢語的符號,並且從屬於漢語。但研究結果同時表明,漢字對漢語有着積極的一面:1. 漢字作爲表意體系的文字,對維繫漢語的統一發揮了有益的作用;2. 漢字記錄漢語,爲語言的提煉、加工提供了有利的條件;3. 漢字對漢語的健康發展和規範、對漢民族共同語的形成有正面影響;4. 漢字特有的字形特點,從各方面豐富了漢語的詞彙。

漢字也確實存在着與漢語不相適應的一面。如漢字作爲"語素—音節文字",與漢語多音節單純詞不相適應;漢字原則上一字一音的制度,與漢語的"合音"(如"諸"代表"之於"或"之乎")"慢聲"(如"鉦"爲"丁寧")不相適應。漢字有時不能準確地記錄漢語,如普通話中不少有表達作用的口語詞"有音無字"。有些音節在具體語言環境中的一些變化,如輕聲、兒化等,在文字上不能準確表示出來。

五六十年代,受文字改革大環境的影響,一些學者曾片面強調漢字與漢語不相適應的一面。八十年代以後,學術界對這個問題進行了反思,認爲:"漢字從古迄今經過了近六千年的變化,至今還獨一無二地爲今天的漢語服務着,雖有嚴重缺點,但不得不承認仍有基本的適應性。"(李公宜《從文字和語言的關係看漢字改革》,載《語文論叢》1,上海教育出版社,1981)張志公(《漢字與閲讀》,"世界閲讀協會第十一屆年會"(香港)論文,1984。收入《漢語辭章學論集》,人民教育出版社,1996)、蘇培成(《現代漢字學綱要》7 頁,北京大學出版社,1994)、胡雙寶(《漢字與漢語相適應》,載《語文建設通訊》第 51 期,1997)都持這種看法。他們做了許多具體的分析,可以歸納爲以下幾個方面:1. 漢字是音節文字,與漢語非形態性相適應;2. 一個音節,寫成一個漢字,表示一個語素,顯示漢字與漢語是一個和諧的統一體;3. 漢字起了有效區别同音語素的作用;4. 漢字和語素的變化相適應,在不斷地發生變化;5. 漢字具有超越時空的特點,便於漢語古籍的整理閱讀和克服漢語方言造成的障礙。

(二)漢字的性質

漢字的性質問題是從二十世紀三十年代開始提出的。當時,一些學者接受了西方有關文字類型劃分的理論,把漢字稱之爲"象形文字"或"表意文字"(徐銀來《中國文字的特性》,載《夜光》1 卷 2 期,1931;姜亮夫《中國文字的特色及其在學術上的地位》,載《青年界》4 卷 2 期,1933;洪秀芳《關於中國文字的本質問題》,載《教與學月刊》2 卷 3 期,1936)。其後,表意文字説一直比較流行,被寫入權威的辭典。

五十年代以後,有學者結合世界文字發展的一般規律,提出了漢字爲意音文字的説法(周有光《文字演進的一般規律》,載《中國語文》1957 年 7 期;曹伯韓《文字和文字學》,載《中國語文》1958 年 6、7 期合刊)。

七十年代末,吉林大學古文字研究室的同志提出表音文字説。他們認爲:"古代漢字,就其文字符號的來源來説,也就是從其構形原則來説,它已經脱離了表意文字的階段,而進入到了表音文字的階段。"(吉林大學古文字研究室《古文字研究的現狀及其展望》,載《古文字研究》第一輯,中華書局,1979)八十年代初,這個研究室的姚孝遂連續發表文章(《古漢字的形體結構及其發展階段》,載《古文字研究》第四輯,中華書局,1983;《古漢字的符號化問題》,載《古文字學論集》初編,香港中文大學,1983),推闡這一觀點。

表音文字説一出,引起了一場熱烈的討論。王伯熙撰文指出:“漢字也不是什麽‘表音節的表音文字’。漢字字符所記錄的不是單純音節。古老的漢字,其符號體系和形體結構是很有趣、很有特色的。漢字有超方言性,若是表音文字,其超方言的性質就是不可想象的。”他認爲:“古代漢字(小篆以前的漢字)是一種象形拼符表詞文字;現代漢字(漢隸以後的漢字)是一種方塊拼符表詞文字。”漢字是“符號拼合的表詞文字”(王伯熙《文字的分類和漢字的性質——兼與姚孝遂先生商榷》,載《中國語文》1984 年 2 期)。

表詞文字本是布龍菲爾德(Leonard Bloomfield)首先提出來的,他把漢字類型稱爲 Word Writing,即“詞文字”(袁家驊譯《語言論》360 頁,商務印書館,1980)。趙元任進而把漢字稱爲“詞素文字”,或譯爲“語素文字”。趙書在大陸出版後(趙元任《語言問題》114 頁,商務印書館,1980),語素文字説便開始流行起來。有人結合一個漢字表示一個音節的特點,把漢字稱爲“音節—語素文字”(尹斌庸《給漢字“正名”》,載《中國語文通訊》1983 年 6 期)。

1985 年,裘錫圭發表《漢字的性質》(載《中國語文》1 期)一文,指出一種文字的性質是由這種文字所使用的符號的性質決定的。他認爲早期漢字基本上使用意符和音符,後期使用意符、音符和記號。因爲記號來源於意符或音符,所以漢字基本上可以説是一種意音文字。

1986 年,在國家語委召開的“漢字問題學術討論會”上,學者們就漢字的性質問題進行了專門討論,歧見依然嚴重。大致可以歸納爲表意説、意音説、表音説、語素説等意見(《冷静·客觀·嚴謹·寬容——記"漢字問題學術討論會"》,載《語文建設》1986年1期)。

各種不同的意見大體上可以分爲兩類,一類是根據漢字所能起的表意、表音作用來爲它定性的,另一類是根據漢字所能表示的語言結構的層次。裘錫圭指出,要評價這些説法,首先必須分清作爲詞或語素的符號的文字和文字所使用的符號(如拼音文字的字母)這兩個不同的層次。在這個前提下,他對有關漢字性質的各種説法做了精當的評述(裘錫圭《四十年來文字學研究的回顧》,載《語文建設》1989年3期)。

(三)漢字的起源

漢字起源問題關係到古代文明起源的探索,一直成爲人們關注的焦點。

四十年代以前,一些學者利用商周古文字或民俗學的資料,或利用現代語言學理論,對漢字起源問題做過有益的討論。但限於條件,工作未能深入開展。那時學術界普遍接受的仍是"文字起源於圖畫"的傳統觀點。

三十年代以後,新石器時代的遺址裏陸續出土了描繪或刻畫的原始符號。這些符號在許多地點都有出土(徐錫台編著《漢字探源》收集較全,可參看。三秦出版社,1994),包括象形和幾何形的,大多出現在陶器的特定部位上。關於它的性質問題,學術界有兩種不同的意見。一種認爲是記號(裘錫圭《漢字形成問題的初步探索》,載《中國語文》1978年3期),一種認爲是字。認爲是字的有各種不同的措辭。郭沫若説是"中國文字的孑遺"(《古代文字之辯證的發展》,載《考古學報》1972年1期)、于省吾説是"文字起源階段所產生的簡單文字”(《關於古文字研究的若干問題》,載《文物》1973 年 3 期)、李孝定説是“原始文字”(《再論史前陶文和漢字起源問題》,載臺北《“中研院”歷史語言研究所集刊》第 50 本第 3 分,1979)。唐蘭認爲山東大汶口文化陶文屬於文字(《從大汶口文化的陶器文字看我國最早文化的年代》,載《光明日報》1977 年 7 月 14 日《史學》第 69 期)。對這些陶器符號的認識,大大推動了漢字起源的研究。

1972 年,郭沫若指出契刻是古漢字的另一個源頭(《古代文字之辯證的發展》)。1978 年,裘錫圭撰文認爲,漢字大概是以我國原始社會晚期出現的象形符號爲基礎,並吸收改造了原始社會晚期流行的一些記號而發展起來的(《漢字形成問題的初步探索》)。這些新知的獲得,主要是以陶符爲支撑的。

1981 年,汪寧生發表《從原始記事到文字發明》(《考古學報》1 期),把探索漢字起源的途徑進一步拓展。他分析了大量民族學的資料,認爲文字是由記事方法引導出來的。在這類研究的啓發下,陳煒湛、唐鈺明明確提出漢字起源於原始記事方法,特别是圖畫和契刻等記事方法(《古文字學綱要》,中山大學出版社,1988)。

二十世紀中期,受西方“文字一源説”的影響,一些學者認爲漢字也是西方傳來的(陸懋德《中國古文數目名考源》,載《燕京學報》第 40 期,1951)。曾憲通最近通過對文獻學、民俗學、考古學和語言學中的有關材料進行詳細分析,發現它們從多角度、多層次證明漢字是中國本土上土生土長的(《漢字起源探索》,載《中國語言學報》第四期,商務印書館,1991),爲漢字西來説提供了强有力的反證。

關於漢字形成的時代,有人認爲在夏初(孟維智《漢字起源問題淺議》,載《語言研究》1980 年 1 期),有人認爲在夏代(陳煒湛、唐鈺明《古文字學綱要》),有人認爲在夏商之際(裘錫圭《漢字形成問題的初步探索》)。

(四)漢字的字體

漢字在長期演變的過程中,出現了許許多多的字體,主要有甲骨文、金文、大篆、小篆、隸書、楷書、草書等。二三十年代的文字學著作,對此時有論述。1964 年,啓功出版《古代字體論稿》(文物出版社),根據較多的新見資料,把字體研究引向深入。

七十年代以後,由於秦西漢簡帛資料的大量出土,人們得以目睹當時的墨書真跡,對隸書起源有了新的認識。有學者指出,隸書是在戰國晚期秦國文字俗體上形成的(裘錫圭《從馬王堆一號漢墓"遣册"談關於古隸的一些問題》,載《考古》1974 年 1 期;吳白《從出土秦簡帛書看秦漢早期隸書》,載《文物》1978 年 2 期),糾正了過去在這個問題上的誤解。

草書的研究也有所進展。錢玄同(《章草考序》,載《師大國學叢刊》1 卷 1 期)、魏建功(《草書在文字學上之新認識》,載《輔仁學志》14 卷 1、2 期)、裘錫圭(《文字學概要》85—89 頁)、陸錫興(《論漢代草書》,載《漢代簡牘草字編》,上海書畫出版社,1989)做過專門討論。裘氏認爲:"草書的形成至遲不會晚於元成之際,很可能在宣元時代就已經形成了。"陸氏對草書和隸楷的關係做了詳盡的闡述。

楷書是在隸書的基礎上形成的,時間大約在漢魏之際,但進入南北朝以後,楷書才成爲主要字體(裘錫圭《文字學概要》92—96 頁)。有學者認爲,楷書正體的完善要在《五經文字》《九經字樣》之後(陸錫興《唐代的文字規範和楷體正字的形成》,載《語文建設》

1992年6期)。

過去很長一段時間内,一些學者習慣把漢字演進過程描繪成甲骨文—金文—大篆—小篆—隸書。這種模式並不完全符合漢字演進的實際過程。針對這種情況,有人提出應把甲骨文看作當時一種比較特殊的俗體,與之同時代的金文看作當時的正體,並闡述了俗體在字形演變中的推動作用(裘錫圭《文字學概要》42—43頁)。也有人從名實的角度指出這種模式"似是而非",主張應按邏輯關係來排列漢字演進序列(趙平安《漢字字體的名實及其演進序列的再認識》,載《河北大學學報》1993年4期)。

(五)漢字的結構

分析漢字的結構,清代以前都依據所謂"六書"。戴震開始把"六書"分爲"四體二用"。到二十世紀三十年代,唐蘭合併指事,提出"象形、象意、形聲""三書説"(《古文字學導論》)。五十年代,陳夢家把"三書"修訂爲"象形、假借、形聲"(《殷虚卜辭綜述》,科學出版社,1956)。後來,裘錫圭又把陳説中的"象形"改爲"表意"(《文字學概要》106—107頁),使"三書説"趨於完善。新"三書説"解決了各書之間界限不清的問題,比"六書説"有了很大的進步,但仍有少數特殊字不能涵蓋。

對漢字結構的分析還有一些别的嘗試,如戴君仁的"形表法""義表法""形義兼表法""取音法"(《中國文字構造論》,世界書局,1934),張世禄的"寫實法""象徵法""標音法"(《中國文字學概要》,文通書局,1941),林澐的"以形表義""以形記音""兼及音義"(《古文字研究簡論》,吉林大學出版社,1986),龍宇純的"純粹表形""純粹表意""純粹表音""兼表形意""兼表形音""兼表音意""純粹約定"(《中國文字學》,臺灣學生書局,1987),詹鄞鑫的"象形字""指事字”“象事字”“會意字”“形聲字”“變體字”(《漢字説略》,遼寧教育出版社,1991),孫雍長的“繪形象物”“烘托顯物”“標識指物”“借形寓意”“符號示意”“比形象事”“合字象意”“加注意符”“加注聲符”“音義合成”(《漢字構形的思維模式》,載《湖北大學學報》1990年4期)。

由於漢字結構是在長期積澱中形成的,因此有人認爲分析漢字結構應考慮到歷時的因素,漢字結構方法應分爲造字法和改造法這兩個不同的層次(趙平安《隸變研究》50頁,河北大學出版社,1993)。

王寧近年提出了新的“漢字構形學”理論(《漢字構形學講座》,《中國教育報》“語言文字”副刊1995年連載),並指導一些學生,對不同階段的漢字構形系統進行了細緻入微的分析。王説有一套完整的術語,理論比較嚴密,有很強的可操作性。

(六)古書中常見的用字現象

古書中常見的用字現象有通假字、異體字、古今字等。

對通假字存在不同的理解。一般認爲狹義的通假指本有其字的假借,廣義的通假跟古人所説的通用相當。也有人認爲通假應是通用和假借的合稱,通用不包括假借(劉又辛《大型漢語字典中的異體字、通假字問題》,載《中國語文》1979年4期)。在通假字讀音問題上,也有過一些爭論,有人主張讀“自身的音讀”(趙天吏《古音通假的條例以及通假字的讀音問題》,載《開封師院學報》1979年2期),也有人主張有文獻依據的讀同本字,不然就讀原來的音。不過一般傾向於通假字與被通假字讀同一個音(盛九疇《通假字小議》,載《辭書研究》1980年1期;《通假字再議》,載《辭書研究》1982年5期)。

七十年代以後,陸續有文章討論秦漢簡帛通假字。大多是從音韻學角度入手的,也有人側重文字學角度,揭示通假字與被通假字之間形體結構上的諸多聯繫。

不少人做過通假字的輯集工作,《古字通假會典》(高亨,齊魯書社,1989)是其中規模最大的一種。但該書對地下出土的材料仍然反映得不夠充分。

異體字包括全同異體字(音義完全相同)和非全同異體字(音義部分相同)。五十年代以後,一些學者寫過討論文章,也做過收集工作。具體成果有《第一批異體字整理表》(人民教育出版社,1956)、《漢語大字典·異體字表》(四川人民出版社、湖北人民出版社,1990)、《異體字字典》(戴召萃主編,南京大學出版社,1992)、《漢字異體字大字典》(李圃主編,學林出版社,1994)等。

古今字的範圍劃分也有不同的意見。有人主張把古今字與通假字分開,只把有"造字相承的關係"的那些字定爲古今字(洪成玉《古今字概説》,載《中國語文》1981 年 2 期;《古今字概述》,載《北京師院學報》1992 年 3 期。洪氏後來又出版了《古今字》一書,語文出版社,1995),有人認爲古今字應該包括通行時間有古今之别的通假字,形不同但義同的異體字(陸錫興《談古今字》,載《中國語文》1981 年 5 期)。後一種説法比較符合實際情況,得到了廣泛的贊同。

古今字的整理工作還不夠充分,只出版過《古今字小字典》(張振宇,湖南人民出版社,1988)。

(七)字源方面的著作

字源方面,有關著作可分爲兩類:一類偏重於普及,如約齋的《字源》(東方書店,1953),左民安的《漢字例話》(中國青年出版社,

1984)、《漢字例話續編》(中國青年出版社,1994),李樂毅的《漢字演變五百例》(北京語言學院出版社,1992),陳煒湛的《古文字趣談》(花城出版社,1985)、《漢字古今談》(語文出版社,1988)、《漢字古今談續編》(語文出版社,1993)等。一類偏重研究,如林義光的《文源》(中國大學石印,1920)、夏渌的《評康殷文字學》(武漢大學出版社,1991)、何金松的《漢字形義考源》(武漢出版社,1996)、歐陽溱的《簡體字考證》(作者自刊,1937)、易熙吾的《簡體字原》(中華書局,1955)、陳光垚《簡化漢字字體説明》(中華書局,1956)、張書岩等人的《簡化漢字溯源》(語文出版社,1997)等。這些書側重各不相同,水準參差不齊,但都有積極的意義。特别是其中的《文源》,作者頗具卓識,提出了許多新的見解,至今仍具有較大的參考價值。

有些字源方面的精義,散見於古文字和俗文字考釋著作中,這裏就不一一介紹了。

(八)漢字學史方面的著作

對漢字學史進行梳理,是一項很重要的工作。一百年來出版了五部這方面的專著,它們是胡樸安的《中國文字學史》(商務印書館,1937)、黄德寬和陳秉新的《漢語文字學史》(安徽教育出版社,1990)、孫鈞錫的《中國漢字學史》(學苑出版社,1991)、張其昀的《中國文字學史》(江蘇教育出版社,1994)、姚孝遂主編的《中國文字學史》(吉林教育出版社,1995)。胡氏把文字學史分爲四個時期:第一爲文字書時期,自秦漢至於隋止;第二爲文字學前期,自唐至於明止;第三爲文字學後期,有清一代;第四爲古文字學時期,自清末至現在。黄氏和陳氏也分爲四期,但實質大不相同,它們是文字學的創立時期(周秦—兩漢)、文字學的消沉時期(魏晉—元明)、文字學的振興時期(清代)、文字學的拓展時期(近代以來)。姚孝遂把文字學史分爲六期,即濫觴期(先秦)、建立期(漢代)、發展期(魏晉至唐代)、拓展期(宋至明)、興盛期(清代)、全面發展期(近代以來)。張其昀分爲七期:(一)文字學的準備時期:先秦至東漢前期;(二)《説文解字》問世時期:東漢中後期;(三)文字學展開的時期:魏、晉至唐、五代;(四)文字學大發展時期:宋;(五)傳統文字學繼續時期:元、明;(六)傳統文字學極盛時期:清;(七)古文字學最終成立與普通文字學逐步科學化時期:清末至今。

(九)通論性著作

二十世紀初葉以來,漢字通論性著作有幾十種。由於教學方面的需要,近年來呈不斷上升的趨勢。其中較爲重要的有朱宗萊的《文字學形義篇》(北京大學鉛印,1918)、吕思勉的《中國文字變遷考》(商務印書館,1926)、張世禄的《中國文字學概要》、齊佩瑢的《中國文字學概要》(國立華北編譯館,1942)、曹伯韓的《中國文字的演變》(生活書店,1947)、唐蘭的《中國文字學》、梁東漢的《漢字的結構及其流變》、蔣善國的《漢字形體學》(文字改革出版社,1959)和《漢字的組織和性質》(文字改革出版社,1960)、《漢字學》(上海教育出版社,1987)、蔣維崧的《漢字淺説》(山東人民出版社,1959)、林尹的《文字學概説》(臺北正中書局,1971)、潘重規的《中國文字學》(臺北東大圖書公司,1977)、衛聚賢的《文字學》(臺北黎明文化事業公司,1979)、楊五銘的《文字學》(湖南人民出版社,1986)、龍宇純的《中國文字學》、裘錫圭的《文字學概要》、王鳳陽的《漢字學》(吉林文史出版社,1989)、詹鄞鑫的《漢字説略》等。其中有里程碑意義的是唐蘭的《中國文字學》、梁東漢的《漢字的結構及其流變》和裘錫圭的《文字學概要》。

(十) 字典的編纂

編纂字典的水準是文字研究水準的反映。二十世紀漢字字典的編纂取得了很大的成績。最有影響的幾部大字典是《中華大字典》(陸費逵、歐陽溥存等編輯,中華書局,1915)、《中文大字典》(林尹、高明主編,臺灣華岡出版有限公司,1973)、《漢語大字典》(徐中舒主編)。最有影響的小字典是《新華字典》(新華辭書社,人民教育出版社,1953)和《古漢語常用字字典》(《古漢語常用字字典》編寫組,商務印書館,1979)。新近推出的《古代漢語字典》(張雙棣、陳濤主編,北京大學出版社,1998)是中型字典中較好的一部。收字最多的是《中華字海》(冷玉龍、韋一心主編,中華書局、中國友誼出版公司,1994)。

漢字檢索法也取得了重要突破。最爲突出的是王雲五的"四角號碼檢字法"和黄金富的"唯物中文檢索法"。

(十一) 其他方面的研究

漢字研究可以是多角度的。

二十世紀前半葉,有數十位學者在國外從事漢字心理學研究。劉廷芳首開風氣。但他們的成果大多只反映在實驗報告上,只有姜建邦(《識字心理》,正中書局,1948)、艾偉(《漢字問題》,中華書局,1949)等少數幾位有書傳世。這些研究對改進漢字教學、簡化漢字提供了心理依據。齊沖天的《書法文字學》(北京語言文化大學出版社,1997)從書法角度討論漢字。更多的是從歷史文化的角度,這方面著述極多,比較有代表性的是《中國漢字文化大觀》(何九盈、胡雙寶、張猛主編,北京大學出版社,1995)、《漢字文化叢書》(陳海洋主編,江西教育出版社,1995)、《漢字研究新視野叢書》(臧克和主編,廣西教育出版社,1996)等。劉志基的《漢字文化學簡論》(貴州人民出版社,1994)對漢字文化學有關理論問題做了比較系統的闡述,對學科建設有積極的意義。

還有人從比較角度進行研究,華學涑的《國文探索一斑》(天津博物院影印,1921)是這方面較早的著作。周有光的《比較文字學初探》(語文出版社,1999)最爲重要。

三、《説文》及其他字書研究

(一)《説文》研究

二十世紀初,兩位國學大師章太炎、黄侃對《説文》極爲推崇,做了大量研究工作。他們特别注意每字音理、義理的貫通,注重語源的推求,把《説文》研究推到了一個新的高度,對後世影響很大。章氏的代表作是《文始》《小學答問》《説文部首均語》(均收入《章太炎全集》,上海人民出版社,1982—1986),黄氏的研究成果主要有《説文略説》(《制言》第15期,1936)、《説文箋識四種》(上海古籍出版社,1983)。與章黄一路的還有劉賾的《初文述誼》(收入《劉賾小學著作二種》,上海古籍出版社,1983)。這篇長文將初文、準初文分類輯録,逐字闡述其形體旨趣與音義關係,對探索《説文》全書藩奥,可以事半功倍。

系統注釋《説文》的著作近百年來只有四部,它們是馬敘倫的《説文解字六書疏證》(科學出版社,1957)、張舜徽的《説文解字約注》(中州書畫社,1983)、黄綺的《説文解字三索》(河北教育出版社,1994)、湯可敬的《説文解字今釋》(嶽麓書社,1995)。馬書運用比較多的古文字資料來印證校訂《説文》;張書"博采約取""詳於雙聲相衍之跡";黄書"探索許慎對形音義三方面説解的來源";湯書運用新的資料和成果,對原文進行翻譯和解釋。可謂各具特色。

絶大多數的著作致力於《説文》某一方面内容的探索。尤以部首方面的爲多､有代表性的有胡小石《説文部首》(收入《胡小石論文集三編》,上海古籍出版社,1995)､鄒曉麗《基礎漢字形義釋源——説文部首今讀本義》(北京出版社,1990)。王國維的《史籀篇疏證》(收入《王國維遺書》,上海古籍出版社,1983)､舒連景的《説文古文疏證》(商務印書館,1937)､胡小石的《説文中古文考》(收入《胡小石論文集三編》)､商承祚的《説文中之古文考》(上海古籍出版社,1983)､李天虹的《〈説文〉古文校補29則》和《〈説文〉古文新證》(分載《江漢考古》1992年4期和1995年2期),對《説文》籀文､古文進行了考證。吴大澂在《説文古籀補》(自刻本,1885)裏,曾指出《説文》古文爲"周末文字",王國維進一步推闡論證,認爲《説文》古文是戰國時代東方國家的文字,籀文是東周時期的秦國文字。前一種説法已爲大量的出土資料所證實。

石定果的《説文會意字研究》(北京語言學院出版社,1996)､李國英的《小篆形聲字研究》(北京師範大學出版社,1996),分别對《説文》會意字､形聲字做了深入細緻的分析討論。前者還對會意字做了新的界定。在"六書"中,分歧最大的要算是轉注和假借了。近代以來,有關轉注的新説主要有以下幾種:1.黎錦熙的"形聲起源説"。認爲轉注就是形聲的起源:"聲"這一半就是已經行用的"假借"字,"形"這一半就是由"轉注"而來的一種表義的符號(《中國文字之正反合辯證的歷史進展》,收入《中國文字與語言》上,黎錦熙選集之一,五十年代出版社,1953)。陸錫興的"轉注就是通過轉授部首來注釋字義"(《假借轉注再研究》,載《語言研究》1986年1期),孫雍長的轉注"就是對一個'轉注原體字'加注一個'類首'

符號(即意符)"(《轉注論》,嶽麓書社,1991)等説法,與黎説一路,而更爲完善。2. 王伯熙的"注入構件符號説"。王氏指出:"當語言中某個詞經過引申衍化出一個同源的新詞,或某個詞分化出新的義項來時,在文字上人們爲了區别詞義或詞性,便以記録那個舊詞的現成字爲基礎,轉换注入部分構件符號(如義符、聲符等),構成一個新字,用來記録衍化出的同源新詞或分化出的新義項(實際也是一個和舊詞共一個語言形式的新詞)。這種構制新字的構形法,就稱轉注造字法。"(《六書第三耦研究》,載《中國社會科學》1981年4期)3. 戚桂宴的"認字的建字條例説"。他認爲:"不同的字形表示同一的字義,而同一字義又可以注到不同的字形上,這才是轉注。"(《什麽是六書》,載《山西大學學報》1982年4期)4. 楊文傑的"雙音節字爲典型轉注字説"。他指出:"'轉注'結合而爲並列詞組。而且這兩字及其注釋,在今天已發展爲兩個具有一定含義的詞組'轉運'和'灌注'了。'轉運''灌注'結合起來,就有把某某東西轉送對方,使對方接受、採納,並成爲對方某某東西不可分割的一部分的意思。""'轉注'的定義,'建類一首,同意相授',應該説,前一部分是對字形的説明,後一部分是對字義的説明。就是説,轉注字在字形上,都是在同一類形的部首上建立起來的,在字義上相同的意思補充,成爲一個完整的統一的意義。""在漢字中確實存在着這種只有形、音而無獨立意義的所謂'字'。這些字,現在泛泛而論,都歸入雙音節詞,但嚴格説起來,説它們是雙音字則更爲準確。""而這類字與所謂'形通、聲近、義同'的原則也完全相符,應該説,它們是《説文》中,也是古漢字中典型的'轉注字'。"(《"轉注"試探》,載《喀什師範學院學報》1983年1期)5. 陳秉新的"意聲結構説"。認爲"轉注是以意符爲首,配以聲符,用以表示更加複雜、抽象的概念的構字方法。"(《論轉注》,載《安徽師大學報》1984 年 1 期)關於假借,也有不同的理解。"音借説"認爲,"音"是假借的唯一原則,也是鑒定的唯一標準(秦松嶺《假借字拾零》,載《語言文學》1981 年 6 期;徐侃《假借與通假初探》,載《人文雜志》1982 年 4 期)。"引申説"認爲,假借就是詞義引申(陸宗達《説文解字通論》,北京出版社,1981)。"互補説"認爲,許慎定義和字例之間之所以出現抵牾現象,實質體現了作者另含深意,旨在使二者互相補充,説明假借現象的出現同時和字音字義都有關係(章季濤《簡談假借字》,載《中學語文》1981 年 2 期)。

概論性著作有顧藎丞《説文綜合的研究》(世界書局,1931)、陸宗達《説文解字通論》(北京出版社,1981)、姚孝遂《許慎與説文解字》(中華書局,1983)、蔣善國《説文解字講稿》(語文出版社,1988)、余國慶《説文學導論》(安徽教育出版社,1995)、張其昀《"説文學"源流考略》(貴州人民出版社,1998)等。其中陸書密切結合文獻語言,在祖述章黄的基礎上,又能推陳出新。姚書汲取了古文字學和説文學研究的成果,簡明扼要。張書爲我們再現了説文學研究的歷史。

有些學者有意識地編纂了一些普及讀物。1990 年,張舜徽出版了《説文解字導讀》(巴蜀書社)、王夢華出版《説文解字釋要》(吉林教育出版社),1993 年,蘇寶榮出版《説文解字助讀》(陝西人民出版社),1994 年,王寧、董希謙主編的《許慎與〈説文〉小叢書》問世。這些書對《説文》知識的普及起到了積極的作用。

研究《段注》的著作有吕景光的《説文段注指例》(正中書局,1949)、郭在貽的《〈説文段注〉與漢文字學研究》《〈説文段注〉對説文學的貢獻》(載《訓詁叢稿》,上海古籍出版社,1985)、蔣冀騁的

《説文段注改篆評議》(湖南教育出版社,1993)、李傳書的《説文解字注研究》(湖南出版社,1998)、余行達的《説文段注研究》(巴蜀書社,1998)。郭氏用現代語言學的觀點,對《段注》在文字學和説文學方面的貢獻做了深刻而精湛的闡述。蔣書專門討論了《段注》改篆的問題,具有填補空白的性質。余書係對《段注》的專題研究,“題題有主腦,篇篇有創新”。

另外,古敬恒對《説文解字繫傳》做過研究(《徐鍇〈説文繫傳〉研究》,重慶大學出版社,1995)、梁光華爲《唐寫本説文解字木部箋異》做過注評(《唐寫本説文解字木部箋異注評》,貴州人民出版社,1998)。

《説文》方面的重要工具書有丁福保的《説文解字詁林》(上海醫學書局,1928 年出版正編,1932 年出版補遺)、洪文濤等的《〈説文〉八種單字索引》(中華書局,1996)、李行傑的《説文今讀暨五家通檢》(齊魯書社,1997)。丁書將各家意見彙集一起,給研究者提供了極大的方便。但此書不收清以前各家之説,實在是一種偏見。

最後,簡單介紹一下臺灣學者對《説文》的研究。總的説來,臺灣學者對《説文》研究十分重視。林尹、高明、王忠林和應裕康寫有《説文研究》同名著作。李孝定出版過《讀説文記》(臺北“中研院”歷史語言研究所專刊 92,1993)、蔡信發在《國文天地》上發表過有關《説文》的系列論文,後輯爲《説文答問》一書。

(二) 其他字書研究

1.《汗簡》和《古文四聲韵》

中山國文字大量出土後,有人拿它和《汗簡》做比較,發現不少字可以相互印證,於是提出對《汗簡》一書要重新進行估價(張頷《中山王礜器文字編序》,載《中山王礜器文字編》,中華書局,1981)。1983 年,中華書局適時出版了《汗簡・古文四聲韵》(李零、劉新光整理)。1990 年,黄錫全出版《汗簡注釋》(武漢大學出版社),用出土古文字資料對《汗簡》逐字進行分析解釋。

2.《蒼頡篇》

此書早已亡佚,不少學者據文獻佚文和出土資料整理研究。比較重要的著作有王國維《重輯蒼頡篇》(收入《王國維遺書》)、王重民《蒼頡篇輯本述評》(載《輔仁學志》4 卷 1 期,1933)、胡平生和韓自強的《〈蒼頡篇〉的初步研究》(載《文物》1983 年 2 期)、林素清《蒼頡篇研究》(載《漢學研究》5 本 4 分,1987)、胡平生《漢簡〈蒼頡篇〉新資料的研究》(載《簡帛研究》第二輯,法律出版社,1996)。

3.《類篇》

八十年代以後,有幾位對《類篇》研究頗有建樹。首先要提到的是孔仲温,他對《類篇》有全面深入的探論。其博士論文《類篇研究》(臺灣學生書局,1987),介紹了《類篇》的時代背景、成書經過、版本流傳、編次體例,重點研究了《類篇》的字形、字音。他的另一部著作《類篇字義析論》(臺灣學生書局,1994),專門探討《類篇》字義的方方面面。還要提到蔣禮鴻先生,所著《類篇考索》(山東教育出版社,1996)以字形考辨爲要務,解决了不少字形方面的問題。

此外整理研究字書的著作還有很多,王國維《校松江本急就篇》(收入《王國維遺書》)、高二適《新定急就章及考證》(上海古籍出版社,1982)、潘重規《龍龕手鑒新編》(臺灣石門圖書公司,1980)、周祖謨《論〈篆隸萬象名義〉》(載《國學季刊》4 卷 4 期,1935),是其中比較有影響的成果。

四、古文字研究

(一) 甲骨文

甲骨文包括殷墟和西周兩部分。

1. 殷墟甲骨文

大約1898年冬,安陽小屯村民收花生時偶然發現了甲骨。第二年秋天,古董商人携帶百餘片求售於王懿榮。王氏考訂爲商代卜骨,文字爲三代古文。這以後,收藏、著錄、研究甲骨便很快形成風氣。

殷墟甲骨有多少?有兩種不同的估計:一種認爲有16萬片左右(胡厚宣《八十年來甲骨文材料之再統計》,載《史學月刊》1984年5期),一種認爲近10萬片(陳夢家《解放後甲骨的新資料和整理研究》,載《文物參考資料》1954年5期)。由於對"片"的理解不同,加之收藏分散,不斷轉手,要統計出精確的數字是很困難的。

最早著錄甲骨文的書籍是劉鶚的《鐵雲藏龜》(抱殘守缺齋石印,1903)。到目前著錄書總數將近一百種。比較重要的有羅振玉《殷虛書契》前、後、續三編(分别於1913、1916、1933年影印),《殷虛文字甲編》(商務印書館,1948)和《乙編》(中央研究院歷史語言研究所,1948—1949)、《小屯南地甲骨》(中華書局,1980)等。《甲編》《乙編》和《小屯南》所收均爲科學發掘所得,充分反映了考古學的成果。規模最大的著錄書是《甲骨文合集》(中華書局,1978—1983),由郭沫若任主編,胡厚宣任總編輯,收錄甲骨41956片。全書按五期分法編排,同期下按內容分類,不僅收羅最爲完備,而且非常便於利用。作爲《合集》組成部分的釋文及來源表、《合集》的

《補編》也將於近期出版。

劉鶚在《鐵雲藏龜·序》中,已經釋出了許多干支字和一些簡單的字。但最早系統研究甲骨文的著作當推孫詒讓的《契文舉例》(蟫隱廬石印本,1917)。這本書作於1904年。它對文字和卜辭内容做了初步的討論,釋出一百多個字,其中有一些關鍵字。羅振玉第一個弄清了甲骨的真實出土地點,考定甲骨出土之地是殷都故墟,並做出甲骨卜辭爲"殷室王朝之遺物"的重要推斷。1910年,他出版了《殷商貞卜文字考》(玉簡齋石印),在文字考釋、卜辭通讀上都取得了比較大的進展。1914年,羅氏出版《殷虚書契考釋》(石印本),釋出人名、地名外的甲骨文字485個,增訂本增加到571個。這些成績,牢牢奠定了他在甲骨學史上的地位。在羅氏的影響下,王國維開始研究甲骨。王氏不僅最早對甲骨進行綴合,而且有意識地進行甲骨斷代的工作(如提出以稱謂定王世)。在"旬""上甲""報乙""報丙""報丁"等關鍵字的釋讀上也取得了新的突破。有關著作有1916年的《殷禮徵文》、1917年的《殷卜辭中所見先公先王考》及《續考》、《殷周制度論》(均收入《王國維遺書》)、《戩壽堂殷虚文字考釋》,倉聖明智大學,1917)等。

羅王以後,甲骨文研究不斷取得新的成就。分述如下:

(1) 甲骨綴合

甲骨綴合的專書,始於曾毅公1939年的《甲骨叕存》(喆厂叢刊本),該書1950年擴大出版爲《甲骨綴合編》(北京修文堂石印本)。專就抗戰前發掘所獲甲骨綴合的有郭若愚、曾毅公、李學勤的《殷虚文字綴合》(科學出版社,1955)、張秉權《殷虚文字丙編》(臺北"中研院"歷史語言研究所,1959—1972)。七十年代以後有嚴一萍《甲骨綴合新編》(臺灣藝文印書館,1975)和《新編補》(同前,1976)。此外還有一些有關綴合的單篇論文,也值得重視。

(2) 甲骨斷代

董作賓1935年的名文《甲骨文斷代研究例》(載《慶祝蔡元培先生六十五歲論文集》上册,中央研究院歷史語言研究所集刊外編),是對殷墟甲骨文進行系統斷代的開山之作。董氏以發掘材料爲基礎,創立了殷墟甲骨五期學説,後又進行了幾次補充修改。如在《殷虛文字乙編·自序》中提出"文武丁卜辭"之説,在《甲骨學五十年》(藝文印書館,1955)中認爲第一期應包括祖庚。1951年起,陳夢家發表《甲骨斷代學》(後收入《殷虛卜辭綜述》,科學出版社,1956),指出"文武丁卜辭"其實屬於武丁時代,這一看法與日本學者不謀而合(貝塚茂樹、伊藤道治《甲骨文斷代研究法之再檢討》,載《東方學報》第23册,1953),近年已得到考古發掘證據的支持。1977年在討論殷墟5號墓(婦好墓)的年代時,李學勤提出了"歷組卜辭"的概念(相當於董氏的四期卜辭)(《論婦好墓的年代及有關問題》,載《文物》11期),後在《小屯南地與甲骨分期》(載《文物》1984年5期)一文中,明確指出應是武丁晚年至祖庚時代的卜辭。這一見解,得到了裘錫圭(《論"歷組卜辭"的時代》,載《古文字研究》第6輯,中華書局,1981)、林澐(《小屯南地發掘與殷墟甲骨斷代》,載《古文字研究》第9輯,中華書局,1984)的支持和發展。由歷組卜辭的討論,引申到甲骨分期的檢討,李學勤提出了被稱爲"兩系説"的殷墟甲骨分期新説。即一個系統是賓組—出組—何組—黄組,另一個系統是自組—歷組—無名組(《序西周甲骨探論》,載《西周甲骨探論》,中國社會科學出版社,1984)。黄天樹的《殷墟王卜辭的分類與斷代》(文津出版社,1991)、彭裕商的《殷墟甲骨斷代》(中國社會科學出版社,1994)、李學勤和彭裕商的《殷墟甲骨分期研究》(上海古籍出版社,1996)均支持兩系説,同時又有更具體的推闡和改進。

甲骨鑽鑿形態是斷代的重要依據之一,日本學者貝塚茂樹較早地注意到這一點。許進雄的《卜骨上的鑽鑿形態》(藝文印書館,1973)一書,在這方面做了較多的工作。特别要指出的是,"夏商周斷代工程"的專家們,利用先進的加速器質譜測定 C14 方法技術測定甲骨的年代,取得了新的重要成果。

(3) 甲骨文字與語言

郭沫若的《甲骨文字研究》(大東書局,1930)、《卜辭通纂》(日本東京文求堂,1933)和《殷契粹編》(同前,1937),唐蘭的《殷虚文字記》(北京大學石印本,1934)、《天壤閣甲骨文存考釋》(輔仁大學,1939),于省吾的《雙劍誃殷契駢枝初編》(石印本,1940)、《續編》(石印本,1941)、《三編》(石印本,1944)、《四編》(稿本)(後删削修訂爲《甲骨文字釋林》,中華書局,1979),楊樹達的《積微居甲文説・卜辭瑣記》(科學出版社,1954)、《耐林廎甲文説・卜辭求義》(群聯出版社,1954),在文字考釋和卜辭通讀上做出了較大的貢獻。唐蘭和于省吾比較注重考釋古文字的方法,所釋之字得到了比較廣泛的認可。

識字通讀工作越到後來越難,儘管如此,1949 年以後仍有不少新的收穫。如于省吾《釋从天从大从人的一些古文字》(載《古文字學論集初編》,香港中文大學,1983)、《釋兩》(載《古文字研究》第十輯,中華書局,1983),張政烺《釋甲骨文俄、隸、蘊三字》(載《中國語文》1965 年 4 期),姚孝遂《契文考釋辨正舉例》(載《古文字研究》第一輯,中華書局,1979),李學勤《釋郊》(載《文史》第 36 輯,中華書局,1992),裘錫圭《釋柲》(載《古文字研究》第三輯,中華書局,

1980)、《釋蚩》(載《古文字論集初編》)、《釋殷墟甲骨文裏的"遠""㚔"(邇)及有關諸字》(載《古文字研究》第十二輯,中華書局,1985)、《甲骨文中的見與視》(《甲骨文發現一百周年學術研討會論文集》,臺灣師範大學國文系、歷史研究所,1998),林澐《説飄風》(載《于省吾教授誕辰百年紀念文集》,吉林大學出版社,1996)等。裘錫圭有關甲骨文的考釋文章,後來多收入《古文字論集》(中華書局,1992)。

爲便於查找各家的解釋,臺灣學者李孝定曾編撰《甲骨文字集釋》(臺北"中研院"歷史語言研究所,1970),于省吾主編了《甲骨文字詁林》(中華書局,1996)。二書體例略似,所附編者"按語",或評價得失,或提出己見。後者晚出,增加了許多新的内容,特别是七十年代以後的新成果。

甲骨文字典的編纂,當以羅振玉1916年的《殷虛書契待問編》(影印本)爲濫觴。但真正成系統的當以王襄《簠室殷契類纂》(天津博物院石印,1920)爲最早。陸續出版的有商承祚《殷虛文字類編》(決定不移軒刻本,1923)、朱芳圃《甲骨學文字編》(商務印書館,1933)、孫海波《甲骨文編》(哈佛燕京學社,1934)。孫書修訂後1965年由中華書局出版,流傳很廣,影響極大。1959年,臺灣金祥恒出版《續甲骨文編》(藝文印書館),對孫書舊版有所修訂補充。徐中舒主編的《甲骨文字典》(四川辭書出版社,1988)、趙誠《甲骨文簡明詞典——卜辭分類讀本》(中華書局,1988)、崔恒升《簡明甲骨文詞典》(安徽教育出版社,1992),比單純字編更有利用價值。特别是徐氏《甲骨文字典》,廣博精審,卓爾不群。

趙誠的《甲骨文字學綱要》(商務印書館,1993)、李圃的《甲骨文文字學》(學林出版社,1995)是兩部斷代文字學專著,對甲骨文構形系統做了很有意義的探索。

甲骨文語法向來受到研究者的重視。1928 年，胡光煒《甲骨文例》（中山大學語言歷史研究所考古叢書之一，1928）就涉及不少語法問題。管燮初的《殷虛甲骨刻辭的語法研究》（中國科學院出版，1953）、陳夢家的《殷虛卜辭綜述・文法》是系統研究甲骨卜辭語法的重要著作。沈培的《殷墟甲骨卜辭語序研究》（文津出版社，1992）、張玉金的《甲骨文虛詞詞典》（中華書局，1995）分別對語序和虛詞進行探究討論。陳煒湛、唐鈺明、陳初生、張玉金等人的一些論文也很值得注意。

這裏有必要提一下卜辭命辭性質的討論情况。長期以來，學術界把命辭理解爲問句，1972 年，美國加州大學伯克利分校吉德煒（David N. Keightley）在《釋貞——商代貞卜本質的新假設》（太平洋沿岸亞洲研究學會會議論文，加州蒙特利）一文中，否認命辭是疑問句，認爲命辭是“一有關未來的陳述命題”，是宣示某種“意圖”或“預見”，釋“貞”爲“正”，即正之。吉德煒的見解，得到了大多數美國學者的贊同。1987 年，安陽國際商文化學術討論會上對此進行了熱烈的討論。裘錫圭提交了《關於殷墟卜辭的命辭是否問句的考察》（後發表於《中國語文》1988 年 1 期）一文，認爲只有帶疑問語氣的句子才可以確定爲問句，同時指出漢語中常有句末不設疑問語氣詞的問句，而且命辭中可能存在這樣的詞句，但可以確定的不多，同樣可以確定不是問句的也不多。

（4）通論性的甲骨學著作

陳夢家《殷虛卜辭綜述》之後，這方面的著作又出版了多種，如嚴一萍的《甲骨學》（藝文印書館，1978）、王宇信的《建國以來甲骨文研究》（中國社會科學出版社，1981）和《甲骨學通論》（同上，

1989)、吴浩坤和潘悠的《中國甲骨學史》(上海人民出版社,1985)、陳煒湛的《甲骨文簡論》(上海古籍出版社,1987)、張秉權的《甲骨文與甲骨學》(臺北翻譯館,1988)等。

(5) 甲骨文字詞索引

單字索引有島邦男的《殷墟卜辭綜類》(汲古書院,1971)和姚孝遂、肖丁主編的《殷墟甲骨刻辭類纂》(中華書局,1990),均按字形特點分部排字,把辭例附於該字之下。後者還附有釋文和拼音檢索,查找方便。香港饒宗頤主編的《甲骨文通檢》,已出一至四册(香港中文大學出版社,1989—1995),第一册先公、先王、先妣、貞人,第二册地名,第三册天文氣象,第四册職官人物。對甲骨文分類研究,十分有益。

2. 西周甲骨文

五十年代以來,山西、陝西、北京等地陸續出土西周甲骨。至今已出土有字甲骨三百多片,總字數一千多個。其中最重要的一批,1977 年出土於周原鳳雛村甲組宫殿遺址 H11 和 H31 内。西周甲骨的年代多爲武成康時期,也有周文王和帝乙帝辛時期的。

對西周甲骨有一個認識過程,李學勤在《談安陽小屯以外出土的有字甲骨》(載《文物參考資料》1956 年 11 期)一文中,明確指出山西洪趙坊堆村所出有字甲骨"應當是西周的",這才把西周甲骨與殷墟甲骨區别開來。研究西周甲骨的專著至今已有兩部,一部是王宇信的《西周甲骨探論》(中國社會科學出版社,1984)、一部是徐錫臺的《周原甲骨文綜述》(三秦出版社,1987),還有幾十篇對西周甲骨進行考釋、斷代和利用這些資料進行歷史研究的文章。董琨的《周原甲骨文與漢字形體發展》(載《古漢語研究》增刊,1994),通過具體實例的比較,描繪了殷商甲骨文到西周甲骨文的發展演變。

(二) 金文

早在宋代,金文研究已漸漸形成風氣,清代已經取得了可觀的成績。進入二十世紀以後,由於新材料不斷出土,研究方法不斷改進,這方面的研究更是盛況空前。

1. 金文著録

1937 年,羅振玉出版《三代吉金文存》(影印本),成爲當時收録銅器銘文最多的一部書。1957 年,于省吾出版《商周金文録遺》(科學出版社),補充《三代》未收銘拓 616 號,實際是《三代》的補編。六十年代,中國科學院考古研究所出版《美帝國主義掠奪我國殷周青銅器集録》(文物出版社,1963),收銘文 500 多件。1983 年,臺灣嚴一萍出版《金文總集》(藝文印書館),收拓本 8000 多件。1984 年,徐中舒《殷周金文集録》(四川人民出版社)出版,所收絶大多數爲 1949 年至 1980 年發表的銘文摹本。從 1984 年開始,到 1996 年,中國社會科學院考古研究所編輯的《殷周金文集成》(中華書局)18 册陸續出齊。這是迄今爲止收銘文最多的著録書。全書以器類爲綱,同一器類以字數多寡爲序。每册後附有"説明",介紹相關情況,體例十分完備。

由於金文著録書很多,有人編有金文著録目一類的書供查檢之用。如王國維《宋代金文著録表》和《國朝金文著録表》(收入《王國維遺書》)、孫稚雛《金文著録簡目》(中華書局,1981)。

2. 金文斷代和分域

金文斷代和分域是和青銅器斷代分域聯繫在一起的。金文是銅器斷代的標志,反過來,銅器斷代又提高了金文的利用價值。

郭沫若在《兩周金文辭大系》(日本文求堂,1932)裏,借鑒考古類型學的方法，發明了“標準器繫聯法”，即先從銘文入手，以個別有年代可考的銅器爲標準器，再串聯本身無年代的銅器，然後對各期銅器銘文、形制、花紋進行綜合研究，爲標準器斷代奠定了基礎。這一方法在青銅器斷代上具有革命性的意義。陳夢家《西周銅器斷代》（載《考古學報》9—14 期，1955—1956），唐蘭的《西周銅器中的“康宫”問題》（《考古學報》1962 年 1 期）、《論周昭王時代的青銅器銘刻》（載《古文字研究》第二輯，中華書局，1981），《西周青銅器銘文分代史徵》（中華書局，1986），繼承郭沫若的方法又有所改進。此後，一些學者用墓葬和窖藏青銅器進行斷代，具體做法是選擇具有標尺作用的銅器群，通過同群和異群各器間的關係來進行研究。如郭寶鈞《商周銅器群綜合研究》（文物出版社，1981）、李學勤《西周中期青銅器的重要標尺——周原莊白、強村兩處青銅器窖藏的綜合研究》（載《中國歷史博物館館刊》1979 年 1 期）、劉啓益《微氏家族銅器與西周銅器斷代》（《考古》1978 年 5 期）。周代銅器中一部分具有王年、月份、月相和干支記日的銘文，有人結合曆法來推定銘文的年代。但由於“月相”問題和各王在位年數存在爭議，因此這種斷代方法實際所起的作用很小。1981 年，張振林發表長文（《試論銅器銘文形式上的時代標記》，載《古文字研究》第五輯，中華書局，1981），系統歸納了銅器銘文上的時代標記，對金文斷代有一定參考作用。

郭沫若《兩周金文辭大系》將春秋戰國金文分國進行考察，開啓了金文分域研究的先河。八十年代以後，這方面的研究又有新的推進。李零《楚國銅器銘文編年匯釋》（載《古文字研究》第十三輯，中華書局，1986）、《論東周時期的楚國典型銅器群》（載《古文字研究》第十九輯，中華書局，1992），劉彬徽《楚系青銅器研究》（湖北教育出版社,1995),對楚系青銅器及其銘文做了全面收集整理和研究。董楚平《吴越徐舒金文集釋》(浙江古籍出版社,1992)和王輝《秦銅器銘文編年集釋》(三秦出版社,1990),專就吴越徐舒秦的銅器銘文進行考釋,頗有所獲。王書的《續編》也將於近期出版。另外,1992 年以來,隨着山西晉侯墓地的發掘,對晉國銅器銘文的研究也日漸升温了。

還有人對春秋戰國時代的吴越文字做過彙編(施謝捷《吴越文字彙編》,江蘇教育出版社,1998)。

3. 金文考釋與語法研究

承清代餘緒,羅振玉和王國維在金文方面做過許多工作。羅氏主要是收集、整理、刊佈原始資料,王氏主要是利用金文證史。王氏有關著作多收入《觀堂集林》(載《王國維遺書》)。但是,把金文研究提高到一個新水準的是郭沫若。郭沫若 1931 年出版《殷周青銅器銘文研究》(大東書局石印)、1932 年出版《兩周金文辭大系》、《金文叢考》(日本東京文求堂)、《金文餘釋之餘》(同上),1933 年出版《古代銘刻彙考》(同上),1934 年出版《續編》(同上)。其中《兩周金文辭大系》,研究方法系統科學,在考釋文字、利用金文闡發歷史方面有重要貢獻,影響極其深遠。對金文研究比較系統的還有唐蘭和李學勤。唐蘭的著作主要有《西周青銅器銘文分代史徵》、單篇論文多收入《唐蘭先生金文論集》(紫禁城出版社,1995)。李學勤的文章多收入《新出青銅器研究》(文物出版社,1990)。他們在銘文釋讀上提出了許多新的看法。楊樹達的《積微居金文説》(科學出版社,1952)、于省吾的《雙劍誃吉金文選》(石印本,1934)、馬承源的《商周青銅器銘文選》(文物出版社,1985—1990)和張政烺、裘錫圭等人的散篇論文,對銘文考釋也有具體貢獻。

1975年,周法高主編的《金文詁林》(香港中文大學)出版,1982年《金文詁林補》(台北"中研院"歷史語言研究所)出版。這些書彙集了各家考釋金文的成果,很有參考價值。陳初生在此基礎上編撰了《金文常用字典》(陝西人民出版社,1987)。容庚的《金文編》(貽安堂1925年初版,由張振林、馬國權摹補的第四版,1985年由中華書局出版)、戴家祥主編的《金文大字典》(學林出版社,1995)也較好地反映了識字的成果。特別是《金文編》流傳最廣,影響最大。陳漢平(《金文編訂補》,中國社會科學出版社,1993)和董蓮池(《〈金文編〉校補》,東北師範大學出版社,1995)等人爲此書做過校補工作。

從二十世紀初開始,容庚(《周金文中所見代名詞釋例》,載《燕京學報》6期,1929)和沈春暉(《周金文中之"雙賓語句式"》,載《燕京學報》20期,1936)等學者就已關注金文語法。1981年,管燮初出版《西周金文語法研究》(商務印書館),系統描述和分析了西周金文中的語法現象。1991年,崔永東出版《兩周金文虛詞集釋》(中華書局),填補了這方面的空白。楊五銘、唐鈺明、周錫韍、陳初生等對金文句法,馬國權、張振林、陳永正、唐鈺明等對金文中的詞類做過專門研究。

4. 金文通論性著作

容庚的《商周彝器通考》(哈佛燕京學社,1941),是第一部青銅器及其銘文的通論性著作,具有劃時代的意義。1958年,容氏和張維持合作,將此書改編爲《殷周青銅器通論》(科學出版社)。1988年,馬承源主編的《中國古代青銅器》(上海古籍出版社)出版。作爲全國性的文物教材,有着較大的影響。1995年,朱鳳瀚編撰的《古代中國青銅器》(南開大學出版社)問世。該書比較充分地利用考古學和古文字學等方面的成果，反映了近年這方面的研究水準。同年，杜迺松出版《中國青銅器發展史》(紫禁城出版社)，比較系統地反映了我國青銅器從原始社會後期到清代的發展歷程。

5. 金文單字索引

1995年，臺灣師範大學國文系編輯出版《青銅器銘文檢索》，是隸定的金文單字索引。大陸地區早就有人在編《金文辭綜類》，體例與《殷虛卜辭綜類》相似，是摹寫的金文單字索引。中國社會科學院考古所張亞初編有《殷周金文集成引得》，正待出版。

(三) 秦系文字

現在所知道的最早的秦系金文是不其簋(李學勤《秦國文物的新認識》，載《文物》1980年9期)，屬西周晚期，簋上的文字還不具備秦文字的特色。秦文字的特色大約是在春秋早期形成的。因此把秦系文字上限定在春秋是合適的。

二十世紀二十年代，天津學者華學涑有一個研究秦文的全盤計劃，擬著《秦書三種》，後實際完成《秦書八體原委》(世華印書局，1921)、《秦書集存》(天津博物院影印，1922)兩種。由於受到資料限制，華氏想法雖好，成績卻不大。

近年從秦景公大墓出土了一批石磬，銘文經整理發表(王輝、焦南鋒、馬振智《秦公大墓石磬殘銘考釋》，載臺北《"中研院"歷史語言研究所集刊》第67本第2分，1996)，引起研究者的興趣。以往出土的幾種秦石刻資料繼續受到重視。如石鼓文，馬敘倫、楊壽祺、馬衡、唐蘭、張政烺、郭沫若、韓偉、裘錫圭等人做過研究。爭議最多的是時代問題。近來，有人根據形體論證石鼓文的年代應在春秋中晚期之際(徐寶貴《石鼓文年代考辨》，載《國學研究》第4

卷,北京大學出版社,1997),得到一些著名學者的肯定。詛楚文的討論主要集中在真僞問題上。陳煒湛認爲詛楚文爲僞刻(《詛楚文獻疑》,載《古文字研究》第十四輯,中華書局,1986),遭到了多數人的反對(趙平安《詛楚文辨疑》,載《河北大學學報》1992 年 1 期;陳昭容《從秦系文字演變的觀點論〈詛楚文〉的真僞及其相關問題》,載臺北《"中研院"歷史語言研究所集刊》第 62 本第 4 分,1993)。有人還考出詛楚文的形制應是石制的"璋"(趙平安《從"箸者石章"的解釋看詛楚文刻石的形制》,載《學術研究》1992 年 1 期)。1998 年,裘錫圭對詛楚文出於要册一石所告之神的名稱"亞駝"的地望提出了新的見解(《詛楚文"亞駝"考》,載《文物》1998 年 4 期)。容庚對秦泰山刻石有過精闢的考論(《秦泰山刻石考釋》,載《古石刻零拾》,北京琉璃廠來熏閣,1934)。

收集秦金文的專書有羅振玉《秦金石刻辭》(石印本,1914)、容庚《秦漢金文録》(中央研究院歷史語言研究所專刊之五,1931)、王輝《秦銅器銘文編年集釋》。字編有《金文續編》(商務印書館,1935)。1997 年出版的《秦漢金文彙編》(孫慰祖、徐谷甫,上海書店),融拓本和字編爲一體,惜未能説明材料的來源。

輯録陶文的有陳直《關中秦漢陶録》(天津古籍出版社,1994)、袁仲一《秦代陶文》(三秦出版社,1987),另有多種瓦當彙編。秦封宗邑瓦書,自郭子直(《戰國秦封宗邑瓦書銘文新釋》,載《古文字研究》第十四輯)以來,已有多位學者撰文討論。

1997 年,《西北大學學報》和《考古與文物》第 1 期推出一組文章,介紹、研究了陝西新出的秦代封泥。這批封泥多爲官印,品類衆多,十分重要。

秦系文字中最大的一宗是簡牘。七十年代以來,睡虎地、青川、放馬灘、龍崗、王家臺等處有多批出土，書寫年代在戰國晚期至秦代，字體是所謂古隸。其中睡虎地秦簡已有三種字編（張世超、張玉春《秦簡文字編》，日本京都中文出版社，1990；陳振裕、劉信芳《睡虎地秦簡文字編》，湖北人民出版社；張守中《睡虎地秦簡文字編》，文物出版社，1994）出版。馬王堆、銀雀山、阜陽、鳳凰山、張家山出土多起漢初簡帛，字體與秦簡相近。這些墨書真跡，有力推動了隸書和隸變的研究。這方面的著作有裘錫圭的《從馬王堆一號漢墓"遣册"談關於古隸的一些問題》、吴白匋的《從出土秦簡帛書看秦漢早期隸書》、趙平安的《隸變研究》（河北大學出版社，1993）、任平《説隸》（杭州大學出版社，1997）等。

把各類秦文資料收集起來的工具書有《秦漢魏晉篆隸字形表》（漢語大字典字形組編，四川辭書出版社，1985）和袁仲一、劉鈺的《秦文字類編》（陝西人民出版社，1993）。裘錫圭有專文對《字形表》進行校訂（《〈秦漢魏晉篆隸字形表〉讀後記》，收入《古文字論集》），使用該書時可以參考。《類編》摹釋存在一些問題，引用時需加注意。

（四）戰國文字

清末民初，一些學者重視收集戰國文字資料，在文字釋讀上有不少具體貢獻。陳介祺和吴大澂是其中最重要的兩位。五十年代，李學勤發表《戰國時代的秦國銅器》（載《文物參考資料》1957年8期）、《戰國題銘概述》（載《文物》1959年7—9期）一組文章，系統收集整理戰國文字，注重分域斷代和釋讀，第一次提出了"五系説"，在戰國文字研究史上有着特殊的地位。湯餘惠《略論戰國文字形體研究中的幾個問題》（載《古文字研究》第十五輯，中華書局，1986）是分析戰國文字形體結構的代表之作。何琳儀《戰國文字通論》(中華書局,1989)是第一部也是目前僅有的一部戰國文字通論性著作。何氏還有《戰國古文字典——戰國文字聲系》即將出版。

1. 金文

二十世紀出土不少戰國金文,尤以楚國爲多。三十年代安徽壽縣朱家集李三孤堆出土有銘銅器30多件,酓忎諸器器主是楚幽王熊悍。五六十年代,壽縣又出土五件鄂君啓節,都有明確的紀年。1978年,湖北隨縣曾侯乙墓出土一批有銘編鐘、編磬,對探討樂律至關重要。這些器物,唐蘭、郭沫若、劉節、于省吾、商承祚、黄盛璋、朱德熙、李家浩、饒宗頤、曾憲通等做過研究。

1977年,河北平山中山王墓出土一批有銘銅器,其中"中山三器"均爲長銘,内容涉及中山國史,張政烺、朱德熙、裘錫圭、李學勤、李零等有深入探討。張守中專門爲這批銅器做過字編(《中山王礐器文字編》,中華書局,1981)。

1971年,河南新鄭"鄭韓故城"出土二百多件有銘兵器,郝本性、黄盛璋有專文討論。

另外,二十年代出土的魏驫羌鐘、五十年代出土的蔡侯墓諸器,劉節、唐蘭、郭沫若、徐中舒、陳夢家、孫百朋、于省吾、殷滌非、朱德熙、裘錫圭等做過研究。

戰國貨幣多爲金屬,也在這裏做一介紹。

丁福保的《古錢大辭典》(上海醫藥書局,1938)和汪慶正的《中國歷代貨幣大系·先秦貨幣》(上海人民出版社,1988)是兩部大型的貨幣資料書,收羅戰國貨幣十分豐富。商承祚、王貴忱、譚棣華的《先秦貨幣文編》(書目文獻出版社,1983)和張頷《古幣文編》(中華書局,1988)是兩部貨幣文字的字編。前者多收傳世品,後者多收發掘品。中國錢幣學會編印過《中國錢幣論文集》一（中國金融出版社，1985）、二（同上，1992）、三（同上，1998）集，收編了一些有代表性的研究論文。

2. 簡帛文字

五十年代以來，湖南、河南、湖北等地有多批楚簡（包括曾國竹簡）出土，内容包含遣册、文書和古籍等。通過大家的共同努力，研究工作已取得很大的成績。特别是近年來，一些出土古籍（如《郭店楚墓竹簡》，文物出版社，1998）可與傳世文獻對讀，解決了不少長期懸而未決的識字問題。在遣册的考釋中，朱德熙、裘錫圭、李家浩的文章創獲頗多，受到普遍重視。

楚帛書四十年代在長沙子彈庫出土，1944 年蔡季襄發表《晚周繒書考證》（石印本），研究工作才漸漸展開。但獲得重大推進是在六十年代美國大都會博物館拍出紅外綫照片以後，除發表大量論文外，專著有兩種，一是李零《長沙子彈庫戰國楚帛書研究》（中華書局，1985），一是饒宗頤、曾憲通的《楚帛書》（中華書局香港分局，1985）。

戰國簡帛字編已出多種，有的與原始資料並行，如郭若愚《戰國楚簡文字編》（上海書畫出版社，1994）、湖北荆沙鐵路考古隊《包山楚簡・字表》（文物出版社，1991）、商承祚《戰國楚竹簡匯編・字表》（齊魯書社，1995），有的是單純字編，如張守中的《包山楚簡文字編》（文物出版社，1996），葛英會和彭浩的《楚國簡帛文字編》（日本東方書店，1992）、滕壬生的《楚系簡帛文字編》（湖北教育出版社，1995）、張光裕、黄錫全、滕壬生的《曾侯乙墓竹簡文字編》（藝文印書館，1997）。

馬國權《戰國楚竹簡文字略論》（載《古文字研究》第三輯，中華書局，1980）、黄錫全的《楚系文字略説》（載《華夏考古》1990 年 3 期），從總體上論述了楚簡帛文字的特點。李運富的《楚國簡帛文字構形系統研究》（嶽麓書社，1997），利用構形學原理，對幾種重要的楚簡帛文字進行系統的研究，並考釋了一些疑難字。

3. 陶文

吴大澂《説文古籀補》開始收錄陶文。顧廷龍《古陶文孴録》（國立北平研究所石印，1936）是第一部收錄陶文的字編。該書體例適當（附有文例）、識讀水準較高。此後，臺灣金祥恒出版過《陶文編》（藝文印書館，1964），大陸高明出版過《古陶文彙編》（中華書局，1990），他還和葛英會合編過《古陶文字徵》（中華書局，1991）。高書出版後，陳偉武（《古陶文字徵訂補》，載《中山大學學報》1995 年 1 期）、楊澤生（《〈古陶文字徵〉字頭、出處、文例、説明等方面存在的問題》，載《江漢考古》1996 年 4 期）做過訂補的工作。

黄賓虹最早把陶文和古璽結合起來研究（《陶璽文字合證》，國光社印，1930），張政烺首先把陶文和金文聯繫起來考證（《平陵陳得立事歲陶考證》，載《史學論叢》第二册，1935），爲陶文研究開闢了新路。

李學勤《山東陶文的發現和著錄》（載《齊魯學刊》1982 年 5 期）、鄭超《戰國秦漢陶文研究概述》（載《古文字研究》第十四輯），全面介紹了陶文發現、著錄和研究狀況。

4. 璽印文字

羅福頤 1930 年的《古璽文字徵》，是最早的古璽文字字編，1981 年，該書擴充修改爲《古璽文編》（文物出版社），同時配套出版了《古璽彙編》（同上）。吴振武《〈古璽彙編〉釋文訂補及分類修訂》（載《古文字學初集》，香港中文大學中文系，1983）對《彙編》做了專門的訂補工作。近年來,又有多種印譜問世。特别是康殷、任兆鳳的《印典》(國際文化出版公司,1993),羅致古璽較多,值得重視。

概論性著作有《印章概述》(羅福頤、王人聰,三聯書店,1963)、《古璽印概論》(羅福頤,文物出版社,1981)、《古璽通論》(曹錦炎,上海書畫出版社,1995)、《古璽印與古璽印鑒定》(葉其峰,文物出版社,1997)等。王獻唐的《五鐙精舍印話》(齊魯書社,1985)等對古璽印諸方面多有涉及。

馬國權《古璽文字初探》綜述古璽文字的源流和特徵,對前人的研究成果做了系統的總結。

5. 玉石文字

最重要的玉石文字莫過於侯馬盟書和温縣盟書。前者已整理爲專書(《侯馬盟書》,文物出版社,1976)出版,後者有《簡報》(載《文物》1983 年 3 期)發表。

此外,行氣玉銘和中山石刻等,陳邦懷、黄盛璋、李學勤等有專門研究。

(五) 古文字通論性著作

1935 年,唐蘭編印《古文字學導論》,是第一部古文字通論性著作。以後陸續出版的有姜亮夫的《古文字學》(浙江人民出版社,1984)、李學勤的《古文字學初階》(中華書局,1985)、林澐的《古文字研究簡論》(吉林大學出版社,1986)、高明的《中國古文字學通論》(文物出版社,1987)、陳煒湛和唐鈺明的《古文字學綱要》、陳世輝和湯餘惠的《古文字學概要》(吉林大學出版社,1988)。這些著作除了總結前人的研究成果外,還有不少著者個人的研究心得。

(六) 綜合性的古文字字典

綜合性的古文字字典有兩種：一種光收字形，如汪仁壽《金石大字典》(碧梧山莊，1926)、徐中舒主編的《漢語古文字字形表》(四川人民出版社，1981)、高明的《古文字類編》(中華書局，1986)等；另一種收字形而外，稍作解釋，如王延林的《常用古文字字典》(上海書畫出版社，1987)，方述鑫、林小安、常正光、彭裕商的《甲骨金文字典》(巴蜀書社，1993)等。後一種字典較爲有用，但很難編好。

五、俗文字研究

對俗文字的收集工作古已有之。二十世紀以來，又有羅振玉和羅振鋆的《增訂碑別字》(文字改革出版社，1957)、劉復和李家瑞的《宋元以來俗字譜》(中央研究院歷史語言研究所，1930)、潘重規等的《敦煌俗字譜》(臺北石門圖書公司，1978)、秦公的《碑別字新編》(文物出版社，1985)、馬向欣的《六朝別字記新編》(書目文獻出版社，1995)、秦公和劉大新的《廣碑別字》(國際文化出版公司，1995)等。其中《宋元以來俗字譜》根據《古列女傳》、《大唐三藏取經詩話》等12種宋元明清通俗文學作品刻本，收集俗字1600多個。《敦煌俗字譜》以《敦煌卷子》和《敦煌秘籍留真新編》所收敦煌卷子爲底本，共收俗字2546組。《廣碑別字》是在《碑別字新編》的基礎上增輯而成，收字頭3450餘字。這類字編既在辨識俗字上有所貢獻，又爲進一步的研究提供了條件。

一些並非專門針對俗字的校注、考證和論述性著作，也有關於俗字的內容。譬如郭在貽、張涌泉和黃征合著的《敦煌變文集校議》(嶽麓書社，1990)、項楚的《王梵志詩校注》(上海古籍出版社，

1991),在考證俗字方面,頗多不刊之論。蔣禮鴻的《敦煌變文字義通釋》(上海古籍出版社,1988 年第四次增訂本)、曾榮汾的《字樣學研究》(臺北學生書局,1988)、謝世涯的《新中日簡體字研究》(語文出版社,1988),也不時牽涉俗字的辨識。

關於俗文字研究的重要性,實際上早就有人注意到了。唐蘭在《古文字學導論》中提出創立"新文字學",即倡導俗字研究,後來在《中國文字學》裏,明確指出"俗文字在文字學史上應該有重要的地位"。但在八十年代以前,從純文字學角度來討論俗字的著作很少。尚靈的《論漢字的俗體》(載《學思》3 卷 10 期,1943)是其中較早的一篇。而最爲重要的要算是蔣禮鴻的《中國俗文字學研究導言》(載《杭州大學學報》1959 年 3 期《中國語文專號》)了。這篇文章對俗字與正字的關係,俗字研究的現狀、俗字研究的意義以及俗字研究的步驟、方法等做了獨到的分析和闡述。

八十年代以後,這方面的著作漸漸多起來。比較重要的論文有潘重規的《敦煌卷子俗寫文字與俗文學之研究》(載《孔孟月刊》1980 年 7 期)、《敦煌卷子俗寫文字之研究》(載《敦煌學》第 17 輯,1991)、施安昌的《唐代正字學考》(載《故宫博物院院刊》1982 年 3 期)、陳五雲的《俗文字學芻議》(載《上海師範大學學報》1990 年 2 期)、郭在貽和張涌泉合著的《俗字研究與古籍整理》(載《古籍整理與研究》第 5 期,中華書局,1991)、張涌泉的《敦煌寫卷俗字的類型及其考辨方法》(載《九州學刊》1992 年 2 期)等。特别是李榮的《文字問題》(商務印書館,1987)和張涌泉的《漢語俗字研究》(嶽麓書社,1995)、《敦煌俗字研究》(上海教育出版社,1996),標志着俗字研究有了質的飛躍,從此進入一個新的階段。

《文字問題》是一本近代文字研究的專著。書中對許多俗字的源流做了深入的分析，對與俗字相關的字形分化、簡化、繁化、類化、改换偏旁、增減筆畫等問題做了精到的闡述，被稱爲此前"俗字研究方面一部最爲重要的理論著作"。《漢語俗字研究》系統介紹了漢語俗字的基本知識，闡述了研究俗字的方法、俗字研究在漢字學中的地位及其對古籍整理和字典編纂工作的重要性，"所舉例證恰當，論述問題既有廣度又有深度"(裘錫圭語，見該書《序》)。《敦煌俗字研究》分上下兩編，上編爲"敦煌俗字研究導論"，由敦煌俗字概説、敦煌俗字研究的意義、誤校示例、俗字類型、辨識方法、研究敦煌俗字應注意的問題等章節組成，下編爲"敦煌俗字匯考"，由具體的考證組成。既有理論深度，又具有很强的實用性。

六、結語

綜觀現代漢字學研究，成績無疑是巨大的。但同時也存在着明顯的不足：

1."史""論"方面的研究還比較薄弱。至今没有戰國和秦漢文字學史、金文文字學、戰國文字學、秦漢文字學的著作出現。漢字起源和演變等重要理論問題尚需進一步探索。

2.文字資料的整理工作還遠遠不夠。戰國秦漢文字缺乏詳盡的分類輯集，《金文詁林》《説文解字詁林》亟待續修，傳世字書和古文字資料的綜合研究還大有可爲。

3.漢字字源和譜系研究極不充分。雖然也有人做過一些工作，但真正弄清原始形義和分化演變狀況的字還很少。

4.古文字考釋任務仍然相當嚴重。

現代漢字學要在新世紀取得突破性的進展，必須在這幾個方面多多努力。

參考文獻

曹定雲 1997《殷虛甲骨文研究百年回顧與展望》,《社會科學戰綫》第 5 期。
曹錦炎 1995《古璽通論》,上海書畫出版社,上海。
常耀華 1993《許學研究綜述》,《辭書研究》第 4 期。
陳初生 1987《金文常用字典》,陝西人民出版社,西安。
陳夢家 1956《殷虛卜辭綜述》,科學出版社,北京。
陳夢家 1955—1956《西周銅器斷代》,《考古學報》第 9—14 期。
陳世輝、湯餘惠 1988《古文字學概要》,吉林大學出版社,長春。
陳煒湛 1987《甲骨文簡論》,上海古籍出版社,上海。
陳煒湛、唐鈺明 1988《古文字學綱要》,中山大學出版社,廣州。
陳　直 1994《關中秦漢陶錄》,天津古籍出版社,天津。
崔永東 1991《兩周金文虛詞集釋》,中華書局,北京。
戴家祥 1995《金文大字典》,學林出版社,上海。
島邦男 1971《殷墟卜辭綜類》,汲古書院,東京。
丁福保 1928《説文解字詁林》,上海醫學書局,上海。
——— 1938《古錢大辭典》,上海醫學書局,上海。
董楚平 1992《吴越徐舒金文集釋》,浙江古籍出版社,杭州。
董作賓 1935《甲骨文斷代研究例》,《慶祝蔡元培先生六十五歲論文集》上册,中央研究院歷史語言研究所集刊外編,南京。
高　亨 1989《古字通假會典》,齊魯書社,濟南。
高　明 1986《古文字類編》,中華書局,北京。
——— 1987《中國古文字學通論》,文物出版社,北京。
——— 1990《古陶文彙編》,中華書局,北京。
高　明、葛英會 1991《古陶文字徵》,中華書局,北京。
葛英會、彭　浩 1992《楚國簡帛文字編》,日本東方書店,东京。
古敬恒 1995《徐鍇〈説文繫傳〉研究》,重慶大學出版社,重慶。
顧廷龍 1936《古陶文舂録》,國立北平研究所石印。
管燮初 1953《殷虛甲骨刻辭的語法研究》,中國科學院,北京。

——— 1981《西周金文語法研究》,商務印書館,北京。
郭寶鈞 1981《商周銅器群綜合研究》,文物出版社,北京。
郭沫若 1930《甲骨文字研究》,大東書局,上海。
——— 1933《卜辭通纂》,文求堂,東京。
——— 1937《殷契粹編》,文求堂,東京。
——— 1932《金文叢考》,文求堂,東京。
——— 1932《兩周金文辭大系》,文求堂,東京。
——— 1972《古代文字之辯證的發展》,《考古學報》第 1 期。
郭在貽 1985《訓詁叢稿》,上海古籍出版社,上海。
漢語大字典字形組 1985《秦漢魏晉篆隸字形表》,四川辭書出版社,成都。
何　丹 1986《建國以來關於假借理論的討論》,《語文導報》第 8 期。
何九盈、胡雙寶、張　猛 1995《中國漢字文化大觀》,北京大學出版社,北京。
何琳儀 1989《戰國文字通論》,中華書局,北京。
胡朴安 1937《中國文字學史》,商務印書館,上海。
湖北荊沙鐵路考古隊 1991《包山楚簡》,文物出版社,北京。
黄德寬、陳秉新 1990《漢語文字學史》,安徽教育出版社,合肥。
黄天樹 1991《殷墟王卜辭的分類與斷代》,文津出版社,臺北。
黄錫全 1990《汗簡注釋》,武漢大學出版社,武漢。
姜亮夫 1984《古文字學》,浙江人民出版社,杭州。
蔣冀騁 1993《説文段注改篆評議》,湖南教育出版社,長沙。
蔣禮鴻 1959《中國俗文字學研究導言》,《杭州大學學報》第 3 期《中國語文專號》。
——— 1996《類篇考索》,山東教育出版社,濟南。
蔣善國 1959《漢字形體學》,文字改革出版社,北京。
金祥恒 1964《陶文編》,藝文印書館,臺北。
荊州市博物館 1998《郭店楚墓竹簡》,文物出版社,北京。
康　殷、任兆鳳 1993《印典》,國際文化出版公司,北京。
孔仲温 1987《類篇研究》,臺灣學生書局,臺北。
李國英 1996《小篆形聲字研究》,北京師範大學出版社,北京。
李　零 1985《長沙子彈庫戰國楚帛書研究》,中華書局,北京。
——— 1986《楚國銅器銘文編年彙釋》,《古文字研究》第十三輯,中華書局,北京。
——— 1992《論東周時期的楚國典型銅器群》,《古文字研究》第十九輯,中華書局,北京。

李　圃 1995《甲骨文文字學》,學林出版社,上海。
李　榮 1987《文字問題》,商務印書館,北京。
李樹珍、李鏡流 1985《建國前漢字心理研究述評》,《語文導報》第 5 期。
李孝定 1970《甲骨文字集釋》,“中研院”歷史語言研究所,臺北。
李學勤 1959《戰國題銘概述》,《文物》第 7—9 期。
——— 1985《古文字學初階》,中華書局,北京。
——— 1990《新出青銅器研究》,文物出版社,北京。
——— 1998《甲骨文一百年的回顧與前瞻》,《文物》第 1 期。
李學勤、彭裕商 1996《殷墟甲骨分期研究》,上海古籍出版社,上海。
李運富 1997《楚國簡帛文字構形系統研究》,嶽麓書社,長沙。
梁東漢 1959《漢字的結構及其流變》,上海教育出版社,上海。
林　澐 1986《古文字研究簡論》,吉林大學出版社,長春。
林義光 1920《文源》,中國大學石印,北京。
劉彬徽 1995《楚系青銅器研究》,湖北教育出版社,武漢。
劉　復、李家瑞 1930《宋元以來俗字譜》,中央研究院歷史語言研究所,南京。
劉寧生 1987《關於漢字性質的研究》,《語文導報》第 6 期。
龍宇純 1987《中國文字學》,臺灣學生書局,臺北。
陸錫興 1985《近年來關於漢字性質研究的討論》,《語文導報》第 10 期。
——— 1989《漢代簡牘草字編》,上海書畫出版社,上海。
陸宗達 1981《説文解字通論》,北京出版社,北京。
羅福頤 1981《古璽彙編》,文物出版社,北京。
——— 1981《古璽文編》,文物出版社,北京。
——— 1981《古璽印概論》,文物出版社,北京。
——— 1981《近百年來古璽文字之認識及發展》,《古文字研究》第五輯,中華書局,北京。
——— 1985《近百年來對古璽印研究之發展》,西泠印社,杭州。
羅衛東 1997《春秋金文研究概況》,《古漢語研究》第 2 期。
羅振玉 1910《殷商貞卜文字考》,玉簡齋石印。
——— 1914《殷虚書契考釋》,石印本。
——— 1937《三代吉金文存》,影印本。
馬承源 1985—1990《商周青銅器銘文選》,文物出版社,北京。
——— 1988《中國古代青銅器》,上海古籍出版社,上海。
馬敘倫 1957《説文解字六書疏證》,科學出版社,北京。
潘重規等 1978《敦煌俗字譜》,石門圖書公司,臺北。

彭裕商 1994《殷墟甲骨斷代》,中國社會科學出版社,北京。
啓　功 1964《古代字體論稿》,文物出版社,北京。
秦公、劉大新 1995《廣碑別字》,國際文化出版公司,北京。
裘錫圭 1988《文字學概要》,商務印書館,北京。
——— 1989《四十年來文字學研究的回顧》,《語文建設》第 3 期。
——— 1988《關於殷墟卜辭的命辭是否問句的考察》,《中國語文》第 1 期。
——— 1992《古文字論集》,中華書局,北京。
——— 1996《古文字學簡史》,《文史叢稿——上古思想、民俗與古文字學史》,上海遠東出版社,上海。
——— 1996《殷虛甲骨文研究概況》,同上。
裘錫圭、沈　培 1998《二十世紀的漢語文字學》,《二十世紀的中國語言學》,劉堅主編,北京大學出版社,北京。
饒宗頤、曾憲通 1985《楚帛書》,中華書局香港分局,香港。
任　平 1997《説隸》,杭州大學出版社,杭州。
容　庚 1925/1985《金文編》,貽安堂,張振林、馬國權摹補的第四版/中華書局,北京。
——— 1931《秦漢金文錄》,中央研究院歷史語言研究所專刊之五,南京。
——— 1935《金文續編》,商務印書館,上海。
——— 1941《商周彝器通考》,哈佛燕京學社。
容　庚、張維持 1958《殷周青銅器通論》,科學出版社,北京。
山西省文物工作委員會 1976《侯馬盟書》,文物出版社,北京。
商承祚 1995《戰國楚竹簡匯編》,齊魯書社,濟南。
商承祚、王貴忱、譚棣華 1983《先秦貨幣文編》,書目文獻出版社,北京。
沈　培 1992《殷墟甲骨卜辭語序研究》,文津出版社,臺北。
沈　培、裘錫圭 1996《80 年代以來大陸地區漢字學研究狀況調查報告》,《中國語言學現狀與展望》,許嘉璐、王福祥、劉潤清主編,外語教學與研究出版社,北京。
施謝捷 1998《吴越文字彙編》,江蘇教育出版社,南京。
石定果 1996《説文會意字研究》,北京語言學院出版社,北京。
孫稚雛 1981《金文著錄簡目》,中華書局,北京。
臺灣師範大學國文系 1995《青銅器銘文檢索》,臺北。
湯餘惠 1986《略論戰國文字形體研究中的幾個問題》,《古文字研究》第十五輯,中華書局,北京。
唐　蘭 1934《古文字學導論》,北京大學石印,北京。

——— 1949《中國文字學》,開明書店,上海。
——— 1934《殷虛文字記》,北京大學石印,北京。
——— 1939《天壤閣甲骨文存考釋》,輔仁大學,北京。
——— 1962《西周青銅器中的"康宫"問題》,《考古學報》第 1 期。
——— 1986《西周銅器銘文分代史徵》,中華書局,北京。
——— 1995《唐蘭先生金文論集》,紫禁城出版社,北京。
滕壬生 1995《楚系簡帛文字編》,湖北教育出版社,武漢。
涂建國 1993《漢字檢字法研究的最新突破》,《辭書研究》第 2 期。
汪寧生 1981《從原始記事到文字發明》,《考古學報》第 1 期。
汪慶正 1988《中國歷代貨幣大系・先秦貨幣》,上海人民出版社,上海。
王鳳陽 1989《漢字學》,吉林文史出版社,長春。
王國維 1916《史籀篇疏證》,《王國維遺書》,1983,上海古籍出版社,上海。
——— 1916《殷禮徵文》,《王國維遺書》,1983,上海古籍出版社,上海。
——— 1917《殷卜辭中所見先公先王考》及《續考》,《王國維遺書》,1983,上海古籍出版社,上海。
——— 1917《殷周制度論》,《王國維遺書》1983,上海古籍出版社,上海。
——— 1917《戩壽堂殷虛文字考釋》,倉聖明智大學,上海。
王　輝 1990《秦銅器銘文編年集釋》,三秦出版社,西安。
王　寧 1995《漢字構形學講座》,《中國教育報》"語言文字"副刊。
王獻唐 1985《五鐙精舍印話》,齊魯書社,濟南。
王宇信 1984《西周甲骨探論》,中國社會科學出版社,北京。
——— 1989《甲骨學通論》,中國社會科學出版社,北京。
王藴智 1993《六十年來關於漢字性質問題的探討》,《河南大學學報》第 3 期。
吴浩坤、潘　悠 1985《中國甲骨學史》,上海人民出版社,上海。
吴振武 1983《〈古璽彙編〉釋文訂補及分類修訂》,《古文字學初集》,香港中文大學中文系,香港。
徐寶貴 1997《石鼓文年代考辨》,《國學研究》第 4 卷,北京大學出版社,北京。
徐錫臺 1987《周原甲骨文綜述》,三秦出版社,西安。
徐中舒 1981《漢語古文字字形表》,四川人民出版社,成都。
——— 1984《殷周金文集錄》,四川人民出版社,成都。
——— 1988《甲骨文字典》,四川辭書出版社,成都。
許進雄 1973《卜骨上的鑽鑿形態》,藝文印書館,臺北。
楊樹達 1952《積微居金文説》,科學出版社,北京。
——— 1954《積微居甲文説・卜辭瑣記》,科學出版社,北京。

——— 1954《耐林廎甲文説·卜辭求義》,群聯出版社,上海。
姚孝遂 1983《許慎與説文解字》,中華書局,北京。
——— 1995《中國文字學史》,吉林教育出版社,長春。
姚孝遂、肖 丁 1990《殷墟甲骨刻辭類纂》,中華書局,北京。
葉其峰 1997《古璽印與古璽印鑒定》,文物出版社,北京。
于省吾 1934《雙劍誃吉金文選》,石印本。
——— 1957《商周金文錄遺》,科學出版社,北京。
——— 1979《甲骨文字釋林》,中華書局,北京。
——— 1996《甲骨文字詁林》,中華書局,北京。
余行達 1998《説文段注研究》,巴蜀書社,成都。
袁 放 1986《"轉注"研究的新進展》,《語文導報》第 8 期。
曾憲通 1988《建國以來古文字研究概況及展望》,《中國語文》第 1 期。
詹鄞鑫 1991《漢字説略》,遼寧教育出版社,瀋陽。
張秉權 1988《甲骨文與甲骨學》,臺灣翻譯館,臺北。
張光裕、黄錫全、滕壬生 1997《曾侯乙墓竹簡文字編》,藝文印書館,臺北。
張 頷 1988《古幣文編》,中華書局,北京。
張其昀 1998《〈説文〉源流考略》,貴州人民出版社,貴陽。
張守中 1981《中山王嚳器文字編》,中華書局,北京。
張舜徽 1983《説文解字約注》,中州書畫社,鄭州。
張涌泉 1995《漢語俗字研究》,嶽麓書社,長沙。
——— 1996《敦煌俗字研究》,上海教育出版社,上海。
張玉金 1992《甲骨文虚詞詞典》,中華書局,北京。
張振林 1981《試論銅器銘文形式上的時代標記》,《古文字研究》第五輯,中華書局,北京。
章太炎 1906《論語文文字之學》,《國粹學報》2 卷 12、13 號。
趙 誠 1988《甲骨文簡明詞典——卜辭分類讀本》,中華書局,北京。
——— 1993《甲骨文字學綱要》,商務印書館,北京。
趙平安 1993《隸變研究》,河北大學出版社,保定。
中國社會科學院考古研究所 1963《美帝國主義掠奪我國殷周青銅器集錄》,文物出版社,北京。
——— 1965《甲骨文編》,中華書局,北京。
——— 1984—1996《殷周金文集成》,中華書局,北京。
中國社會科學院歷史研究所 1978—1982《甲骨文合集》,中華書局,北京。
周法高 1975《金文詁林》,香港中文大學,香港。

——— 1982《金文詁林補》,"中研院"歷史語言研究所,臺北。
周有光 1999《比較文字學初探》,語文出版社,北京。
朱鳳瀚 1995《古代中國青銅器》,南開大學出版社,天津。
——— 1997《近百年來的殷墟甲骨文研究》,《歷史研究》第 1 期。

(原載《中國語言學百年叢論》,北京語言大學出版社,2004 年)

于豪亮先生與秦漢簡帛研究

二十世紀五十年代末期，以勞榦《居延漢簡・圖版之部》和中國科學院考古研究所《居延漢簡甲編》的出版爲標志，簡牘研究進入了一個新的歷史階段。于豪亮先生就是從這個階段開始研究簡牘的。六十年代初，他發表了第一篇研究簡牘的文章——《〈居延漢簡甲編〉補釋》，釋讀簡文二十餘處，即表現出較高的學術水準。至七十年代，我國大江南北陸續出土新的簡牘帛書，于先生又參與、主持了多批秦漢簡帛的整理工作，並撰寫了一批高質量的論作。可以説，從二十世紀六十年代到八十年代二十餘年的時間裏，于先生一直在從事秦漢簡帛的整理和研究工作，直到病倒在他自己的崗位上。作爲那個時代最前沿、最有代表性的簡帛學者之一，他爲簡帛事業做出了自己的貢獻，他的學術思想至今仍在影響着我們。

今年(2002)正值于豪亮先生逝世二十周年，回顧他研究簡帛的歷程，總結他的學術成就，不僅有裨於簡帛學史的研究，也是對于先生最好的紀念。

一、于先生與秦漢簡帛的整理

二十世紀七十年代是秦漢簡帛大發現的年代。1973 年，湖南長沙馬王堆 3 號漢墓出土了十多萬字的帛書竹簡，河北定州八角廊村西漢中山懷王劉脩墓也發掘出一批漢簡；1972—1974 年，居延考古隊在肩水金關、甲渠候官（破城子）、甲渠塞第四燧三處遺址起獲漢簡 19400 餘枚；1975 年，湖北雲夢睡虎地 11 號秦墓出土秦代木簡 1150 餘枚；1977 年，從安徽阜陽雙古堆 1 號漢墓中又出土一批漢簡。這幾批簡帛包括法律文書、多種古籍以及西北邊塞戍卒的譜籍和公事文書等，内容十分珍貴重要，因此一出土即轟動了國内外學術界，並并引起了我國政府的高度重視。國家立即組織全國這方面的精兵強將，著手進行整理工作。于豪亮先生當時正在四川省博物館供職，已有多篇居延漢簡和漢代考古的文章發表，奠定了他在這方面的地位。在這種背景下，1974 年開始，于先生被借調進京，到國家文物局參加簡帛整理小組，1979 年又正式調入新成立的國家文物局古文獻研究室，仍然從事這項工作，直到辭世。

中國社會科學院歷史研究所前所長李學勤先生長期與于豪亮先生在簡帛整理小組共事，與于先生相知甚深。據李先生介紹：

> 他在整理小組承擔的工作首先是在長沙馬王堆帛書方面。當時帛書的整理注釋，都通過集體討論，豪亮同志在其間提過不少很好的意見。文物出版社印行的《經法》平裝本，其中帛書注釋是豪亮同志在討論的基礎上寫定的。這篇注釋旁徵博引，在考釋上有許多新穎見解。①

最近發表的于先生的遺作《馬王堆漢墓帛書〈周易・系辭〉校注》，對帛書和通行本之間的異同，給予文字、音韵、訓詁方面的詮

---

① 李學勤：《紀念于豪亮同志》，載《于豪亮學術文存》，中華書局，1985 年，第4 頁。

釋，計 441 條。雖係未定之稿，也可見作者在馬王堆帛書整理方面用力之深。

1975 年底，雲夢睡虎地秦簡出土。“此後一年多時間，于豪亮同志參加了秦簡的注釋整理工作。他曾通讀簡文，在注釋的準備工作中有很多貢獻。秦簡裏的兩種《日書》，非常繁複，性質又是數術書，而秦漢數術久已失傳，前人很少研究。于豪亮同志苦心孤詣，爬梳有關典籍，寫成了《日書》的注釋稿，同時還撰有論文，成爲《日書》的第一位研究者。最近即將出版的秦簡精裝本（作者按：此書 1990 年由文物出版社出版），這一部分注釋基本上是豪亮同志執筆的原貌，僅由於全書體例做了不多的更動①。

1975 年春，甘肅省博物館文物隊等單位對新出居延簡進行了初步整理。1978 年起，甘肅省博物館文物隊、國家文物局古文獻研究室、中國社會科學院歷史研究所又聯合對漢簡進行整理。于豪亮先生主持了這項工作，和其他同志一起，對新簡做了通釋，寢饋其間，收穫甚豐②。

1974 年 6 月，河北定州漢簡被送到國家文物局保護整理。1976 年 6 月，文物出版社邀請曾參加整理馬王堆帛書的專家參與定州漢簡的整理工作。于豪亮先生作爲被邀專家之一，參加撰寫釋文，一直工作到是年七月唐山發生大地震，才告一段落。

1980 年，安徽阜陽漢簡運到北京進行剝離，稍後便開始了整理工作。這次整理也是由于豪亮先生負責的。不幸的是，他剛剛做出部分釋文，就被病魔擊倒了。

---

① 李學勤：《紀念于豪亮同志》，載《于豪亮學術文存》，中華書局，1985 年，第4 頁。
② 同上。

參加新出簡帛的整理，使于先生客觀上處於簡帛研究的最前沿。這不僅使他有機會在整理工作中發揮積纍，貢獻才智，也使他豐富了經驗，開闊了眼界，在研究方面如虎添翼。

但是整理工作畢竟是集體勞動，很難從中把個人的工作離析出來。因此下面介紹于先生的貢獻，主要從他的個人著作入手。

二、于先生在簡帛文字研究方面的貢獻

于先生在簡帛文字方面的貢獻首先是釋出了大量的未釋字。他有許多精闢的考釋是在談别的問題時順便提出的。如在《秦簡〈日書〉記時記月諸問題》中，指出睡虎地秦簡《日書》乙組 156 簡“㬥未”的㬥應該是“日失”二字之誤，是把“日失”二字誤抄爲一字，又把下部的失字寫錯了。並引馬王堆帛書《陰陽五行》爲證，結論具有相當的説服力。又如在《居延漢簡叢釋》“傒者”下釋出《甲編》91 的泉、“留遲”下釋出《甲編》767 的務、“詣厶治所”下釋出《甲編》316 的利、“斥免”下釋出《甲編》516 的從、丹，“間田”下釋出《居延漢簡》圖版第二册第 308 頁三、北，都屬此類。此外也有一些專門考字的文章，他提交給古文字研究會第四届年會的論文《釋漢簡中的草書》，是這方面的代表之作。這篇文章釋出《漢晉西陲木簡彙編》《居延漢簡》《居延漢簡甲編》《武威漢代醫簡》《文物》等書刊中未釋或誤釋草書字 40 多個。釋讀手法極其嫻熟，對一些簡單的字如愛、虜、郭、它、侵、禄、歲、曰、具、慎、戒等，徑加指認；對貸、圖、婦、辭等字只説明演變軌跡；對寧、關等字則通過文例和古書加以推勘。更多的是通過字形的分析對比來加以考釋，如引信陽楚簡、碧落碑、漢碑釋出房字，引馬王堆帛書、漢印等釋出倗、葱，引松江

本《急就篇》釋出監、與、賢、謾、獲、辱，引《寶晉齋法帖選》王羲之書法釋出等字，通過偏旁分析釋出煩、其，通過字形對比釋出塞字。作者在文章的結尾説："漢簡中草書不少，以上僅係閲讀《居延漢簡甲篇》和勞榦《居延漢簡》時隨手摘錄所得，只是草書的一部分。以後當陸續摘抄出來，以就正於研究漢簡和書法的同志們。"可見作者在這方面還做了很多工作。惜不久先生逝世，已無法窺其全貌。

于先生考釋的草書，有些是極重要的字。如圖字的破解，使我們知道《居延漢簡甲編》1128 簡的"蓬火圖板"，是繪在木板上的小區域内的烽燧位置地圖，1207 簡的"輿地圖"，是用帛繪製的馬王堆帛書那樣的地圖。過去由於字未釋出，遂使其價值長期沉埋。

于豪亮先生很早就當選爲中國古文字研究會理事。當時的理事會大家雲集，豪亮先生算是比較年輕的一位。這反映了他在古文字研究會的地位，也在一定意義上反映了他在古文字研究方面的地位。豪亮先生大學畢業後一直在博物館工作，老本行是秦漢考古，"因爲秦漢考古工作同古文字有密切關係，因此又從事古文字研究工作"①。由於他諳熟古文字，又精通簡帛，便很自然地運用簡帛文字的資料來考釋古文字中的疑難字。在《釋漢簡中的草書》36 條"艾"下，把《漢印文字徵》卷一釋爲從艸從力的字改釋爲艾，就是其中的一例。最典型的還是《説引字》。文章根據馬王堆漢墓帛書和睡虎地秦簡中引字的寫法，上推甲骨金文中的所謂弘字，認爲古文字中過去釋爲弘的那個字和秦漢簡帛中的引實際上是一個字，應釋爲引。卜辭裏有"引吉"，又有"大吉"，與《周易》的情況頗爲一致。"引吉"是長吉的意思。這篇文章篇幅不大，但是

① 于豪亮：《業務自傳》，載《專業幹部業務技術職稱呈報表》表三，1982 年。

解決了甲骨金文中的癥結問題，對古文字研究有突出貢獻。文章發表以後，雖然也有學者撰文討論，但正如李學勤先生指出的那樣，“豪亮同志的立説還是顛撲不破的”①。

尤爲難能可貴的是，豪亮先生不僅重視解決具體問題，對秦漢簡帛文字也有着比較宏觀的把握。特别是在草書方面，他認爲，從居延漢簡和敦煌漢簡來看，昭、宣時期草書已經流行，草書的得名和漢章帝没有關係，草書是草稿所用的書體，漢簡中的草書和王羲之以後的草書不很相同等等，這些看法，雖然和現在較權威的觀點並不完全相同②，但仍有參考價值。

三、于先生在秦漢簡帛訓詁方面的貢獻

1939—1942 年，豪亮先生在四川廣元太華中學讀初中。據他自己講，那時對讀書已有了興趣，加以學校老師的鼓勵，當時便看完了《史記》，還讀了一些《昭明文選》。1942 年考入成都樹德中學後，又“愛看些《史記》《漢書》和《資治通鑒》之類的書”③。由於少年時代養成了愛讀古書的習慣，加之後來幾十年鍥而不捨的努力，他對古書相當熟悉，特别對《史記》《漢書》爲中心的漢代文獻更是瞭如指掌。這個特點使他在訓釋秦漢簡帛時厚積薄發，勢如破竹。

七十年代末八十年代初，四川省博物館和青川縣文化館在青川縣郝家坪清理了 72 座墓葬，50 號秦墓邊廂之内出土兩件木牘，内容爲秦武王二年王命左丞相更修田律。律文規定田間必須修建

① 李學勤:《紀念于豪亮同志》，載《于豪亮學術文存》，中華書局，1985 年，第 5 頁。
② 參看裘錫圭:《文字學概要》，商務印書館，1988 年，第 85—89 頁。
③ 于豪亮:《我的社會關係》，現存中國文物研究所人事處。

阡陌，並且每年八月必須修治。由於它可以補充雲夢秦簡的不足，一出土便引起了熱烈的討論。豪亮先生撰寫的《釋青川秦墓木牘》，解釋了“畛”“陌”“阡”“封”“埒”“鮮草離”等的含意，爬梳了牘文，廓清了它的基本面貌，並指出：這段律文與《管子·四時》所記相似，説明戰國時期各國的政治措施大體相同；秦孝公十二年“爲田，開阡陌”的“開”應理解爲“創置建立”，不能像朱熹那樣把它理解爲破壞。這可以看作是通釋簡文的例子。但這類文章只是極少數。于先生大多數訓詁作品是就簡帛資料中疑難問題進行探討的。

《秦律叢考》專就秦律中的部分詞句進行解釋。認爲“廷行事”的“廷”指廷尉，“行事”是案例的意思；“辨券”就是“别券”；“盜戒”是足上著木械；“髼園”即漆園；“止其後朔食”的“朔”當月講；“市南街亭”的“街亭”是城内或市鎮的亭；“案行”是視察的意思；“叚門”即賈門，“居”指居作，是在官府服勞役；“作務”指勞動，尤指手工勞動；“收責”的責是求的意思，收責爲兩個動詞連用；“錢十一當布”是一疋布折合十一個錢。

《居延漢簡釋叢》和《居延漢簡叢釋》是豪亮先生針對勞榦《居延漢簡·考釋之部》和《居延漢簡甲編》所存在的問題而做的訓釋工作。《釋叢》認爲《居延漢簡甲編·永元器物譜》第9簡“起繳”即絃繳，起通絃，爲纏束之義；“各大如踈”的踈是疏的異體，通梳；《居延漢簡·圖版之部》321頁168·12簡從門從羔的字是闟的異體；《甲編》19簡“心服丈滿”即“心腹張滿”，“兩胠箭急”箭通憯，意思是兩腋下痛急，“頭痛寒炅”即頭痛寒熱；《甲編》322和2443“曲繕”即曲旃，是一種曲柄的旗；《甲編》1374的“竇此”應即“緰貲”，是質地精細的麻布，“韋沓”的沓通鞜，韋沓就是皮靴；《甲編》765頁“慈其”通茈蓁，是一種“似蕨可食”的東西；《甲編》2030 絝和襲同時出現，絝襲就是袴褶，本來是胡服，後來演變爲軍服；《甲編》916“板檄”是寫在木板上的文書，上面不用木板封蓋，“合檄”是把檔寫在大小相同的兩塊木板上，然後把有字的一面相向重合起來，再纏上繩子，印上封泥；《甲編》91、92 簡“以陰燧取火”，陰燧與陽燧相對，指鑽木取火。《叢釋》指出《甲編》91、《居延漢簡》平裝本圖版第二册 357 頁的“御者”爲侍御之人；《甲編》383、767 兩處的“留進”當釋留遲；《居延漢簡》圖版第二册 390 頁“糴必以”即糴畢已，“知責家中見在者”知是接、繼續的意思；《居延漢簡》圖版第二册 391 頁“褚絮”（褚原釋袿，誤）就是裝棉衣所用的絲棉；《甲編》1571“在所”是所在之處的意思；《甲編》516“斥免”指官吏因不能勝任其職或營私舞弊而被免除職務；《甲編》294“常韋”即裳韋，即現在的圍裙；《居延漢簡》圖版第二册 281、308 頁“間田”是王莽“以擬有功封賜，有罪黜陟”而設，一般設在邊地；《甲編》154“以誤亂爲常官”，誤亂就是謬亂、昏亂；《甲編》45 的冒亂實即《漢書・董仲舒傳》中的貿亂，等等。在《〈居延漢簡甲編〉補釋》《居延漢簡校釋》中還有不少類似的例子。這些考據絶大多數很正確，體現了作者深厚的訓詁功力。

值得一提的是，于先生訓釋簡文，不僅僅停留在面上，而是很注意挖掘深層的文化内涵。如在《秦律叢考》“入皮、入筋革角”下，由秦律的規定，談到古代狩獵、屠宰野獸、屠宰家畜都要交納或徵收此類物質，於“五大夫由人代替訴訟”下，指出這種規定和《周禮・小司寇》“命夫命婦，不躬坐獄訟”精神一致，都是引申挖潛之作。

四、于先生在利用簡帛研究秦漢歷史、地理方面的貢獻

史籍中關於秦代職官的材料不太多。孫楷《秦會要》、徐復《秦會要訂補》以及金少英《秦官考》雖有輯集考證，但没有來得及收集出土資料中的有關資料。《雲夢秦簡所見職官述略》，根據睡虎地秦簡，就前人所不曾涉及或没有充分討論的 18 種職官進行了討論，提出了許多好的見解。如謂秦國主管農業的官員初爲大田，始皇兼併天下後改稱治粟内史；工師不僅要負責製造器物，還要教好工匠；司空負責徭役，領導從事徭役的各色人等，必要時還要從軍作戰；司馬的地位比縣尉低；使用弩機的部隊和使用弩機的士兵統稱發弩，部隊的負責人稱爲發弩嗇夫；"都官"是中央一級機關，"中都官"是在京師的中央一級機關，都很精彩。文章據《金布律》"其金及鐵器入以爲銅，都官輸大内，内受買之"，指出秦的大内似乎是金、鐵、銅等重要金屬的收藏機構，並不是國庫，與漢代的大内或都内不相同。秦中央政府的少内和漢中央政府的少内(王室金庫)不同，似乎説明秦代中央政府的少内才是國庫。又《續漢書·百官志》縣下本注云"尉主盜賊"，但秦律表明縣尉還有其他重要的職責和任務：1. 可以任命他的下級軍官，如果他所任命的軍官不稱職，他要負法律責任；2. 縣尉要保證實際作戰的士兵必須足夠，不允許軍官私自役使士兵；3. 縣尉要對士兵的口糧嚴加管理；4. 要依據《戍律》徵發人戍守。如果不當戍守的人被徵發，縣尉要受處分；5. 戍守的人應修補城墻，縣尉要時常去檢查工作。這些大大增廣了我們的見聞。

雲夢秦簡有不少地方涉及到奴隸的占有、買賣和對奴隸的處

罰,反映了當時還存在着相當數量的奴隸。于豪亮先生專門寫了《秦簡中的奴隸》一文,指出秦代的奴隸分爲官奴和私奴,官奴有兩種成分構成,一是罪犯及其家屬,一是俘虜,他們擔負着相當一部分勞役,爲官府做各種需要做的事情,如種田、牧牛馬、築城、舂米、守門等等。私奴也由兩部分構成,一部分是買賣來的,一部分是債務奴隸,從事家内勞動和生産勞動。奴隸主如果要處死奴隸或對其施加肉刑,必須報告官府。

秦簡中有處理少數民族事務的法律,于先生據此撰《秦王朝關於少數民族的法律及其歷史作用》一文,指出在秦代,少數民族與秦人通婚,子女不能認爲是少數民族。少數民族的上層人士在秦律中享有特權,他們犯了某些律,可以用錢贖買。

《秦簡所反映的軍事制度》是于先生和李均明先生合寫的一篇文章,將秦簡所反映的軍事制度結合文獻進行考察,指出秦代服兵役的年齡是十七至六十歲,有軍功爵的人可以提前到五十六歲退役;服兵役的期限也有規定。但是由於連年戰爭,實際上服兵役的年齡可以在十七歲以下,六十歲以上,服兵役的期限幾乎無限期延長。一個家庭的男丁,不必同時都去服兵役。服兵役要自己準備衣服和費用。秦代還很重視對軍隊的訓練,尤其是對發射弩機、戰馬、駕車的訓練非常嚴格,經過考核,不合格的要受處分。秦代對於戰爭中被敵人俘虜後歸來的人,要没收爲官奴。官奴隸立了軍功可以免除奴隸身份,成爲自由人;立了軍功的自由人可以用軍功贖買淪爲官奴的親戚,使之成爲自由人。

《從雲夢秦簡看西漢對法律的改革》從四個方面考察了西漢對秦代法律的改革,指出:1. 在秦代隸臣妾没有刑滿釋放的規定,但可以按照規定贖免,比隸臣妾判得更重的鬼薪白粲、城旦舂之類根本没有贖免的規定，這種情況到了漢文帝才有了改變，規定了罪犯的刑期。2.秦代和秦代以前，罪犯的家人是要被没收爲奴隸的。漢文帝"除收孥"之法。雖然新莽、東漢恢復收孥法，但在文帝以後相當長的一段時間，確實真正廢除過。3.秦代對罪犯相當殘酷，罪犯的口糧遠比正常人低，而西漢時刑徒的口糧同秦代自由民的口糧一樣多。秦律規定罪犯要戴上刑具服勞役，西漢的情況有所改變，到邊區服勞役的，根據詔書的命令，要解脱刑具。有時爲了防備罪犯解脱刑具逃跑，責令其覓取保人，然後解脱刑具。秦代女子犯罪一律服勞役，西漢後期規定可以出錢雇人代服勞役。4.爲了保護老百姓的生命財産，漢律禁止官吏晚上到人家中逮捕罪犯。由上可以看出，西漢的法律雖然繼承了秦法，卻摒棄了秦律野蠻、殘酷的部分，比秦律更文明，更有人道主義精神。

在《居延漢簡中的"省卒"》中，于先生著重考察了"省卒"的規模、性質和所執行的任務。指出省卒就是從各候、燧抽調出來從事勞動的士卒。類似的情況也見於《漢書・趙充國傳》。文章還探討了《漢書・宣帝紀》中"省卒徒自給者"的含義，認爲當以如淳説爲是，是將省卒留在官府中服役的意思，應劭、張晏和顔師古都把它的意思弄錯了。

《漢書・昭帝紀》注引如淳曰："天下人皆直戍邊三日。"蘇林也有類似的説法。這種説法似乎言之有據，故後人深信不疑。《西漢適齡男子戍邊三日説質疑》對此提出了異議。作者指出，從居延漢簡來看，情況似乎並不如此。居延漢簡的年代多爲昭、宣時期或昭、宣以後，據簡文内容只能得出一個結論，那就是西漢時期每個適齡男子戍邊的日期絶不止三日。再從有關戍邊期限的歷史考察，情況也是如此。西漢高后五年至武帝時規定每個適齡男子戍邊期爲一年，昭、宣以後改爲半年。如淳和蘇林都是曹魏時的人，他們離西漢時已遠，他們所説的戍邊三日不是西漢的制度，只有可能是東漢或東漢後期的制度。

《居延漢簡釋地》就《居延漢簡甲編》和勞榦《居延漢簡》所載郡縣不同於《漢書·地理志》部分，做了一些探討。指出王莽時居成一度爲輔平屬縣，昌邑有西邡、東邡兩縣，東郡有畔縣，袛祤寫作帶羽，所謂濟陶郡應爲濟陰郡，還有廩丘、長平、瑕丘、樊縣所屬與《地理志》所載不同。對於研究當時的行政區劃頗有參考價值。

上文提到雲夢睡虎地秦簡《日書》的釋文注釋是由于豪亮先生執筆完成的。他還寫有研究論文，指的就是《秦簡〈日書〉記時記月諸問題》。指出《日書》乙組中的156號簡不僅是迄今爲止最早的關於十二時的記載，同時又是以子、丑等十二辰表示十二時的最早記載。認爲秦漢時代確實實行着兩種記時制度，一種是將一晝夜分爲十二時，一種是將一晝夜分爲十六時。秦漢民間普遍使用的是十六時制，十二時制只爲曆法家等少數人使用。十二時制在民間普遍流行，大約是在西漢末或新莽之時。又根據甲種《日書》《歲》篇中的一份秦楚月名對照表，指出秦的四月是楚的七月，秦的五月是楚的八月，秦的六月是楚的九月，秦的七月是楚的十月，楚的一月又名冬夕，相當於秦的十月，楚的二月又名屈夕，相當於秦的十一月，楚的三月又名援夕，相當於秦的十二月。楚以亥月爲歲首，與建寅的夏曆、建丑的殷曆、建子的周曆都不同。這些意見都很值得稱道。

從上面的論作看，于先生對秦漢史的探討涉及的面很寬，包括官僚制度、奴隸制度、外交制度、戍役制度、秦漢法制的演變、歷史地理等方面，但總的説來，都屬於拾遺補缺的性質。

五、于先生治簡帛學的特色

（一）以科學的考據爲根本，注重實效，不尚空談

于先生的文章基本上屬於考據類。如果要劃到某個學派的話，可以看作是新歷史考證學派。這一學派受到進化史觀的驅動，還受到地下出土文獻的推動以及西方自然科學方法的啓迪。特點是取地下之實物與紙上之遺文互相釋證，取少數民族之故書與中原王朝之舊籍互相補證，取外來之觀念與固有之材料互相參證。代表人物有王國維、陳寅恪、陳垣、顧頡剛等人。于先生主要是取地下之實物與紙上之遺文互相釋證，可謂承新歷史考證學派之餘緒。他非常重視史料，又不迷信史料。往往通過對相關史料的爬梳，做實事求是的分析論證，以期解決實際存在的一些問題。有一份材料説一份話，絶少穿鑿附會、誇誇其談，具有很高的可信度。

（二）以文字學、文獻學和考古學相結合，相互發明，左右逢源

于先生在文字學、文獻學和考古學方面都具有深厚的功底。在討論問題時能將三者很好地結合起來。如考釋《居延漢簡甲編》1940“棨戟”時[①]，先從文字上糾正《甲編》把棨戟誤釋爲庥戰，然後引《後漢書・杜詩傳》注、《續漢書・禮儀志》指出棨戟是公至縣長等官吏出行時騎吏所持的前驅之器。又引《古今注》説明棨戟源流，指出棨戟是“殳之遺象”，又稱油戟。最後説：“近年來出土的石刻畫像和畫像磚上，常常可以看到棨戟的形制。在石刻畫像和畫像磚描寫官吏出行的部分，常見騎吏手執一種兵器，這種兵器頂部

---

① 《〈居延漢簡甲編〉補釋》，載《于豪亮學術文存》，中華書局，1985 年，第 238 頁。

較粗大,無尖刃,四周有突起的棱,是一種打擊的兵器,這就是棨戟。"這個例子可以看作將三者密切結合的典型事例。又如考釋《居延漢簡甲編》1383"積薪塗堊"時[①],先引《墨子·備城門篇》"五十步積薪,毋下三百石,善蒙塗,毋令外火能傷也",指出積薪上塗堊土,是使不爲火所焚燒。進而指出《備城門篇》"城下州道内,百步一積藉,毋下三千石以上善塗之"的"積藉"應爲積薪之誤。這是據簡文校勘古書的例子。有時候,于先生根據簡文和古書,通過綜合研究,來糾正前人的誤釋。這方面可以釋"史"和"不史"爲代表[②]。作者認爲,《居延漢簡甲編》716 和 215 中的"史"和"不史"和《漢書·兒寬傳》"廷尉府盡用文史法律之吏"的史相同,如顏師古所注,爲"善史書者",史書爲當時流行的隸書。"善史書"就是善於寫這種字。所以稱之爲"史書"是因爲令史、書佐這樣的人草擬、謄寫公文,通常寫這樣的字的緣故。應劭認爲史書爲周宣王太史所作大篆的説法是靠不住的。這篇考釋已得到了學界的公認。

(三)討論問題横向繫聯,務求透徹;上下貫通,考鏡源流

看于先生的文章,給人這樣一個強烈的印象:作者總是想儘量把問題説得更清楚更透徹一些。無論是從横向,還是從縱向。

談到尉這一職官[③],于先生指出睡虎地秦簡中的尉是縣尉,職司比漢代廣泛得多,並舉了許多例證來加以説明。又引《史記》《漢書》《淮南子》《商君書》《墨子》等書,指出國尉、郡尉、都尉、縣尉都可以稱尉,而郡尉、縣尉和軍隊中的都尉又都可以稱郡尉,因而秦

---

① 《〈居延漢簡甲編〉補釋》,載《于豪亮學術文存》,中華書局,1985 年,第 237 頁。

② 《居延漢簡叢釋》,載《于豪亮學術文存》,中華書局,1985 年,第 202 頁。

③ 《雲夢秦簡所見職官述略》,載《于豪亮學術文存》,中華書局,1985 年,第 98—102 頁。

在尉和都尉的稱謂上存在着混亂現象。由於存在這種混亂現象，當古籍中提到尉或都尉時，人們時常不能準確地知道他是那一級的尉或都尉。最後，作者附帶提出，除秦國以外，晉國也以國尉爲高級將領，後來趙國沿襲了這一官稱。就國尉這一官職的稱謂和地位而言，晉和秦是相同的。這樣一來，通過横向繫聯，把尉梳理得清清楚楚。

于先生在討論内史時[①]，引《漢書・百官公卿表》説："内史，周官，秦因之，掌治京師。"從西周金文看，内史的主要職責是宣達王命，而據傳世文獻，到春秋時期，宣達王命時内史已經退居到次要的地位。内史爲什麽會由"宣達王命"變爲"掌治京師"呢？作者有一個精彩的解釋。他指出，根據《周禮・内史》的記載，宣達王命，只是其職責的一部分，而且還不是最主要的部分。他不僅掌握爵禄廢置、生殺予奪之權，還要參加執行"國法"及"國令"，考核政事，審查財政，掌管尊卑的等級制度，同時還要瞭解下級的情況，向王報告，權力非常之大。《周禮・外史》云："外史掌書外令。"鄭注："王令下畿外。"鄭玄認爲，外史掌外令，乃是掌畿外之令，因此，内史之所掌，必然是畿内了。這是從縱向梳理、考源鏡流的範例。

附錄一：于豪亮先生簡歷

1927 年 11 月 13 日生於成都

1933—1937 年成都西城小學讀初小

---

① 《雲夢秦簡所見職官述略》，載《于豪亮學術文存》，中華書局，1985 年，第 88—91 頁。

1937—1939 年成都樹德第三小學讀高小

1939—1942 年廣元太華中學讀初中

1942—1945 年成都樹德中學讀高中

1945—1948 年南京中央大學上學

1948—1949 年成都四川大學上學

1949—1950 年在成都家中賦閑

1951—1955 在重慶西南博物館工作(其中 1952 年參加中國科學院考古研究所、文化部文物局和北京大學聯合舉辦的第一期考古工作人員訓練班)

1955—1957 年在四川省文物管理委員會工作

1957—1979 年在四川省博物館工作(1974 年起借調國家文物局簡帛整理小組)

1979 年 9 月起調國家文物局古文獻研究室

1982 年 6 月 28 日病逝於北京

附錄二：于豪亮先生簡帛著作目錄

《〈居延漢簡甲編〉補釋》,《考古》1961 年第 8 期

《居延漢簡中的“省卒”》,《文物》1963 年第 1 期

《居延漢簡校釋》,《考古》1964 年第 3 期

《雲夢秦簡叢釋》(又名《秦律叢考》),《文物集刊》第 2 期,文物出版社,1980 年

《雲夢秦簡所見職官述略》,《文史》第 8 輯,中華書局,1980 年

《居延漢簡釋叢》,《文史》第 12 輯,中華書局,1981 年

《釋青川秦墓木牘》,《文物》1982 年第 1 期

《居延漢簡釋地》,《考古與文物》1981年第4期

《秦簡中奴的隸》,《雲夢秦簡研究》,中華書局,1981年

《秦王朝關於少數民族的法律及其歷史作用》,同上

《秦簡〈日書〉記時記月諸問題》,同上

《秦簡所反映的軍事制度》(與李均明合作),同上

《西漢對法律的改革》(又名《從雲夢秦簡看西漢對法律的改革》),《中國史研究》1982年第2期

《西漢適齡男子戍邊三日説質疑》,《考古》1982年第4期

《居延漢簡叢釋》,《文史》第17輯,中華書局,1982年

《釋漢簡中的草書》,古文字研究會第四届年會論文,1981年

《馬王堆漢墓帛書〈周易·繫辭〉校注》,《出土文獻研究》第3輯,中華書局,1998年

以上文章除《秦簡所反映的軍事制度》和《馬王堆漢墓帛書〈周易·繫辭〉校注》外,均收入《于豪亮學術文存》(中華書局,1985年)。

(原載《簡帛研究彙刊》第2輯《第二屆簡帛學術討論會論文集》,臺北中國文化大學,2004年)

甲骨學研究的豐碩成果*

——《裘錫圭學術文集·甲骨文卷》評述

歷時六年編纂的《裘錫圭學術文集》(以下簡稱《文集》),在學界同仁的關注和期盼下,終於在2012年6月由復旦大學出版社出版,這是古文字、古文獻乃至古代文史學界的一件大事。全書按照文章的研究物件分爲六卷,分别是《甲骨文卷》《簡牘帛書卷》《金文及其他古文字卷》《語言文字與古文獻卷》《古代歷史、思想、民俗卷》和《雜著卷》。内容博大精深,堪稱當代文史研究領域的標志性成果。對於筆者來説,學習研究《文集》需要一個長時間的過程,這裏僅能就其中《甲骨文卷》做一粗淺評述。

一、關於甲骨分期斷代

斷代和識字是甲骨文研究的基礎工作。《甲骨文卷》關於分期斷代的文章只有一篇,即《論"歷組卜辭"的時代》(收在《文集》92—139頁,以下簡稱《時代》),但比較集中地反映了裘先生對甲骨文斷代的基本觀點。大家知道,歷組卜辭的時代問題至關重要,它不但影響着整個殷墟卜辭斷代體系的最終確定,同時也影響對這批

* 本文與王子楊合作。

卜辭材料的正確使用。從董作賓先生開始，學界一直都把歷組卜辭列爲第四期，認爲是武乙、文丁時代的卜辭。《時代》一文從文例、字體、用字習慣、坑位、考古學地層五個方面對“歷組卜辭爲武乙文丁時期説”予以反駁，然後從親屬稱謂、人名和占卜事項三個方面舉出大量證據詳加論證，最後得出結論：

> 從前面討論過的各方面的情況來看，完全可以肯定歷組卜辭跟賓組和出組早期卜辭是同時代的。也就是説，歷組卜辭應該屬於武丁、祖庚時期。這種卜辭裏的父乙是武丁對小乙的稱呼，父丁是祖庚對武丁的稱呼。①

由於《時代》所舉例證豐富，論證嚴密，所以得到大多數學者的認同，從而使得李學勤先生 1977 年提出的歷組卜辭是“武丁晚年到祖庚時期的卜辭”這一正確論斷深入人心②。

細心的讀者不難發現，《時代》一文除了論定歷組卜辭屬於武丁、祖庚時期以外，還提出了一些重要創見，值得引起我們的重視。

第一，《時代》指出，歷組卜辭跟賓組、出組卜辭同時，但文例、字體卻與賓組、出組卜辭有比較大的差異，這跟時代因素無關，很可能是因爲分屬不同的占卜官署（《文集》119 頁）。又説，歷組卜辭出現晚期的字形，在早期並不是不存在，只不過賓組卜辭不用它

---

① 裘錫圭：《論“歷組卜辭”的時代》，《裘錫圭學術文集》，復旦大學出版社，2012 年，第 118 頁。

② 最早認識到歷組卜辭的父丁是武丁、父乙是小乙的學者是加拿大學者明義士，李學勤先生接受這一觀點，并正式提出歷組卜辭是“武丁晚年到祖庚時期的卜辭”。李説參看《安陽殷墟五號墓座談紀要》，《考古》1977 年第 4 期；又《論“婦好”墓的年代及有關問題》，《文物》1977 年第 11 期。

們罷了(《文集》98 頁)。這些意見現在看來,在解釋卜辭所呈現出來的方方面面的"類組差異"上仍具指導意義。

第二,《時代》討論了"歷、𠂤間組"(即𠂤歷間)卜辭跟𠂤組、歷組卜辭的關係,明確指出三者可能沿着"𠂤組——歷、𠂤間組——歷組父乙類(即歷一)——歷組父丁類(歷二)"這樣途徑而逐漸演變的。同時又認爲,"歷、𠂤間組"卜辭和賓組卜辭都是由𠂤組卜辭發展出來的(《文集》119—127 頁)。這就比較清楚地運用"兩系説"勾勒出不同類組卜辭的先後演變關係,爲後來的學者進行分類斷代工作打下堅實的基礎[①]。趙誠先生評價説:"嚴格講來,後來定型時的兩系説的格局,實際上首先是由裘氏提出。"[②]所言是公允的。

第三,《時代》提出真正的文丁卜辭的問題。《時代》認爲"可能文丁卜辭的重要藴藏地不在殷墟已發掘的範圍之内,也可能已發現的甲骨文裏本來有不少文丁卜辭,但是被我們誤認爲其他時期的卜辭了。"(《時代》在頁下注舉出兩片文丁卜辭)文丁卜辭問題引起其他學者的注意,後來李學勤先生[③]、林澐先生[④]都曾詳加討論。

綜合上述,可以認爲,《時代》在一定程度上體現了裘先生對甲骨分類斷代的總體認識。

---

① 黄天樹:《殷墟王卜辭的分類與斷代》,文津出版社,1991 年;彭裕商:《殷墟甲骨斷代》,中國社會科學出版社,1994 年;李學勤、彭裕商:《殷墟甲骨分期研究》,上海古籍出版社,1996 年。

② 趙誠:《斷代和歷組卜辭討論》,《古籍整理研究學刊》2003 年第 6 期。

③ 李學勤:《小屯南地甲骨與甲骨分期》,《文物》1981 年第 6 期。

④ 林澐:《小屯南地發掘與殷墟甲骨斷代》,《古文字研究》第九輯,中華書局,1984 年;收入《林澐學術文集》,中國大百科全書出版社,1998 年。

二、甲骨文字考釋

裘先生是古文字考釋大家,他所考釋的甲骨文字要麽是出現頻率高的常用字,要麽是困擾學界多年的疑難字。《甲骨文卷》收入甲骨文字考釋的篇章最多。如《甲骨文字考釋(八篇)》《甲骨文字考釋(續)》《殷墟甲骨文字考釋(七篇)》《殷墟甲骨文考釋四篇》《釋殷墟甲骨文裏的“遠”“犾”(邇)及有關諸字》《釋“柲”》《釋“求”》《釋“蚩”》《釋“木月”“林月”》《釋殷墟卜辭中的“卒”和“律”》《釋“衍”“侃”》《釋殷墟卜辭中的“”“”等字》《殷墟甲骨文“彗”字補説》《釋西周甲骨文的“卲”字》《釋“厄”》《釋“尌”》《釋“匽”》《關於殷墟卜辭的“瞽”》《甲骨文中的見與視》這些篇章基本上以文字考釋爲主。

另外,裘先生在利用甲骨卜辭材料研究商史時,也經常考釋一些甲骨文字,如《甲骨文中所見的商代五刑》一文中考定“”“”“”等形體爲“刖刑”之“刖”,釋“”“”爲“剢刑”之“剢”(《文集》1—6頁)。又如《甲骨文中的幾種樂器名稱——釋“庸”“豐”“鞀”》一文考釋出“豐”“鞀”“置”“竽”等字(《文集》36—50頁),《釋殷墟卜辭中與建築有關的兩個詞——“門塾”與“自”》一文考釋了“孰”“自”(堆)二字(《文集》299—304頁),等等。這體現了裘先生以古文字資料研究上古史的治學路數。

裘先生考釋文字一向以“材料全面”“論證嚴謹”著稱,文章結論大多可靠。關於裘先生考釋甲骨文字的具體成果,學者並不陌生。這裏只談談裘先生考釋甲骨文字的一些特點。

第一,重視待考甲骨文字出現的語言環境,即重視卜辭辭例對文字的限制作用。這裏舉兩個例子。先説"鞀""竽"二字的釋出。卜辭常見"奏庸"(有時説"叀庸奏")、"置庸"之語,根據《詩經·商頌·那》毛傳"殷人置鼓,周人縣鼓"的説法,"庸"顯然就是文獻中的樂器"鏞"。卜辭又常見"奏𣪘""置𣪘","𣪘"字出現的語言環境跟"庸"全同,於是裘先生推定"𣪘"也應該是樂器名,聯繫"𣪘"跟"䍃""盄"的關係,裘先生認爲"𣪘"應該讀爲"鞀",文獻也作"鞉""鼗"等形,《詩經·商頌·那》"置我鞀鼓",可證。"竽"字釋讀思路與"鞀"全同。

又如甲骨文"遠""邇"的釋讀。無名組卜辭有"[illegible]""[illegible]"兩個字,其出現的語言環境常處於對貞位置,如《合》30273:"于[illegible]堡。○在[illegible]堡。"根據卜辭"于""在"對舉表示時間、空間有遠近的不同,裘先生推定"[illegible]"跟"[illegible]""當有遠近的不同"。根據這一綫索,並結合二字字形,"斷定'[illegible]'應該釋作'遠','[illegible]'應該釋作西周金文借作'邇'字用的'𤞷'"。

上引兩個例子表明,裘先生在釋讀甲骨文字時,高度重視卜辭辭例對待考文字的限定作用,常常根據待考文字在具體卜辭中的意義來鎖定釋讀方向。正是因爲從辭例出發,大大增加了考釋的可信度。

這種方法,本質上就是語言學的方法。

第二,重視歷史的比較。裘先生考釋一個古文字使用的字形材料,經常是上自甲骨,下至篆隸,上下貫通,力圖把一個古文字的演進序列梳理清晰。因此,在考釋金文、戰國秦漢文字時也時常上溯至甲骨文,連帶考釋甲骨文字。如在《説"玄衣朱襮裣"——兼釋甲骨文"虣"字》一文中考釋出金文"虣"字後,又上溯甲骨卜辭,把甲骨文中的“”“”釋爲“虩”[①]。又如在《史墻盤銘解釋》一文注解 13 下將甲骨文“”字釋爲“姸”[②]。由此可見，裘先生在甲骨文字考釋方面的成果，絶不僅僅局限於《甲骨文卷》，這是讀者需要加以注意的。

第三，重視待考文字所處的類組。裘先生是較早具有甲骨分期分類觀念的代表學者之一，他充分運用分期分類的理論考察處於不同類組卜辭的文字形體，揭示出前人未加注意的文字現象，成功考釋出一批未釋字。

如“黍”字異體的考訂。裘先生在《甲骨文中所見的商代農業》一文中把過去習慣釋爲“粟”“粱”“穧”的“”“”以及釋爲“來”的“”等形都改釋爲“黍”。他在討論這些字的形體和用法後著重指出，確定無疑的“黍”字如“”“”“”“”者皆見於賓組和少量的自賓間組卜辭，“”形主要見於自歷間組卜辭，“”“”之形則般見於歷組卜辭以及字體介於歷組和三、四期之間的卜辭（引者按，即“歷無名間類卜辭”）。據此，裘先生説：“從 1—5 各類字形在各類卜辭裏出現的情況來看，也只能得出它們都是‘黍’字的結論。”現在，“”“”“”等形體皆爲“黍”字已成定論。

又如“罝”字異體的釋讀。他認爲三、四期的“罡”“是從‘网’‘疋’聲的一個形聲字，結合字形和辭義來看，應是一種田獵用網之名（《合》10207 一例似用爲動詞或人名）。這個字跟《爾雅・釋器》‘兔罟謂之罝’的‘罝’字大概是一字的異體。‘且’、‘疋’二字的韻

① 裘錫圭：《説“玄衣朱襮裣”——兼釋甲骨文“虩”字》，《裘錫圭學術文集・金文及其他古文字卷》，復旦大學出版社，2012 年，第 3—5 頁。

② 同上，第 7 頁。

母在上古都屬魚部。‘且’是清母字，‘疋’是生母字，聲母的讀音在上古也相距不遠。‘疋’、‘足’本由一語分化，‘足’是精母字，聲母跟‘且’就很接近了。所以‘罝’跟‘罡’是一字異體的可能性是很大的”。據此，裘先生認爲“罡”與第一期常見從“网”從“兔”的“罝”字是一字異體，表示同一個詞，皆當釋作“罝”。

三、卜辭語言研究

裘先生非常關注卜辭中的語言現象，也解決了卜辭中的一些疑難問題。《甲骨文卷》收入這方面的文章以《説“弜”》《釋“勿”“發”》《説甲骨卜辭中“戠”的一種用法》《卜辭“異”字和詩、書裏的“式”字》《談談殷墟甲骨卜辭中的“于”》《關於殷墟甲骨卜辭的命辭是否問句的考察》等爲代表。

《説“弜”》與《釋“勿”“發”》是密切相關的姊妹篇。在這兩篇文章中，裘先生對卜辭中否定詞的使用和分佈進行了非常深入、細緻的研究，主要解決了如下兩個問題：第一，“勿”“弜(發)”“弜”三個字的造字本義及其相互關係；第二，“勿”“發”“弜”跟“不”“弗”兩組否定詞的用法差異。對於第一個問題，裘先生認爲，“勿”的本義是“分割”“切斷”，是“刎”之初文；“弜”當釋爲“發”之初文。卜辭中用作否定詞的“弜”“勿”是語言裏同一個詞的不同假借字。而“弜”跟“勿”“發”也可能表示同一個詞。但“弜”多出現在第二期後期以後的卜辭，“弜(發)”多見於第一期和第二期前期的卜辭。對於第二個問題，裘先生説過非常重要的一段話：

在四個主要的否定詞裏，“弜”和“弜”的用法很相似，“不”

> 和“弗”的用法也比較接近，而“引”“弜”和“不”“弗”的用法則有明顯的區别。粗略地説，“不”“弗”是表示可能性和事實的，“引”“弜”是表示意願的。如果用現代的話來翻譯，“不……”“弗……”往往可以翻成“不會……”，“引……”“弜……”則跟“勿……”一樣，往往可以翻成“不要……”。[①]

對“不”“弗”跟“勿”“弜”用法差異的揭示，使得我們可以更加深刻地理解相關卜辭，更爲重要的是，根據這個差異可以判斷否定詞後面所接謂詞性成分的意義指向。具體來説，對於一個未釋字，如果它的前面總是出現“不”“弗”一類的否定詞，則這個未釋字所表示的動作或情態應該是占卜主體不能控制的；反之，它的前面出現“勿”“弜”，則表示這個未釋字所表示動作是可以控制的。利用這個方法，可以鎖定未釋字的釋讀範圍，也可以判定一個考釋成果的合理與否。從這個角度看，裘先生對卜辭這組否定詞的研究成果，意義重大。

《説甲骨卜辭中“戠”的一種用法》（以下簡稱《戠》）跟《卜辭“異”字和詩、書裏的“式”字》（以下簡稱《異》）二文也是運用語言學觀念成功進行卜辭語言研究的範例。

《戠》文先是歸納出有一種“戠”字總是出現在“勿/弜＋VP”後面，也有“戠”用在“勿/弜＋VP”前面的例子，於是斷言“戠”當自成一讀，並且“戠”應該跟“勿/弜”後面的動詞含義相對。最後裘先生説：“我們的任務就是要根據‘戠’的字音，在古漢語裏找出一個在

---

① 裘錫圭：《説“弜”》，《裘錫圭學術文集・甲骨文卷》，復旦大學出版社，2012年，第15頁。

語義上可以跟上列這些詞處在正反相對的地位的動詞。看來這個動詞只能是須待的‘待’。”[①]《異》文思路相類。《異》文首先確定“異”的語法位置，即位於主語之後，語氣詞“其”之前。然後分析處於這種語法地位的詞可以有哪些，通過逐一比較後推斷卜辭裏的這種“異”字，應該是語法性質跟“唯”“允”很相近的一個虛詞。進而聯繫《尚書》《詩經》等周代文獻中的“式”字用法，發現此種“式”字用法跟商代甲骨卜辭“異”相同。最後得出結論，“異”跟“式”有可能是同一個詞在兩個不同歷史階段的體現。

我們從《哉》《異》二文得到有益的啓示是，研究卜辭中具體一個詞的用法時，應該仔細歸納該詞在全部甲骨卜辭中的用例，著重分析它的語法功能，進而推求它在卜辭中顯示的語義指向，然後再根據語音綫索指認相當於文獻中的哪個詞。

《談談殷墟甲骨卜辭中的“于”》一文運用詳實的卜辭材料對古漢語中極爲重要的介詞“于”進行了全面的總結研究，討論了如下問題：一、卜辭中有没有用爲動詞的“于”；二、“位移動詞＋于＋處所詞”結構中“于”是動詞還是介詞；三、卜辭所見介詞“于”的虛化程度；四、卜辭中介詞“于”可加可不加現象的解釋。這幾個問題裘先生解決得都很好。尤其是介詞“于”可加可不加現象的解釋，更是圓通精彩。裘先生指出：“在介詞‘于’産生之前，後來可以用‘于’引介的、表示行爲的物件或處所的詞語，無疑有很多是可以直接跟所從屬的動詞相結合的。加介詞‘于’的格式産生後，舊的格式也仍然使用，就形成了‘于’字可加可不加的現象。”

---

① 裘錫圭：《説甲骨卜辭中“哉”的一種用法》，《裘錫圭學術文集·甲骨文卷》，復旦大學出版社，2012年，第160—166頁。

四、以卜辭材料研究商史

以古文字材料研究上古史一直都是裘先生的志趣所在。《甲骨文卷》收錄這方面的文章也不少。如《甲骨文所見的商代五刑——並釋“刖”“剢”二字》《甲骨文中的幾種樂器名稱——釋“庸”“豐”“鞀”》《説卜辭的焚巫尪與作土龍》《甲骨文中所見的商代農業》《甲骨卜辭中所見的逆祀》《從殷墟甲骨卜辭看殷人對白馬的重視》《從一組卜辭看殷曆月的長度和大小月的配置》等。上述文章涉及商代社會的法制、音樂、曆法、農業、祭祀等諸多方面,或可與傳世文獻對應,或可補充文獻之失,是研究商代社會史必須參考的重要文獻。

舉個例子。根據《尚書·吕刑》《周禮·秋官·司刑》等傳世文獻,周代存在墨、劓、宫、刖、殺五刑是非常明確的,商代是否有五刑,這是研究法律史的學者非常關心的問題。裘先生《甲骨文所見的商代五刑——並釋“刖”“剢”二字》運用甲骨文材料,明確指出商代確實存在這五刑,“用刑的主要對象,似乎仍是異族的俘虜和奴隸。但是商代國家已經形成,本族人降爲奴隸的情況也已出現,‘五刑’無疑也已經是統治階級對付本族人民的一種手段了”(《文集》1—5頁)。這就用甲骨卜辭材料將五刑的存在年代上提到殷商。

又如《禮記·郊特牲》説“殷人尚聲”,《詩經·商頌·那》描寫了商王祭祀先祖時使用了各種樂器演奏。然甲骨卜辭中除了鼓、磬、龠就没有其他樂器了,不禁令人疑惑。在《甲骨文中的幾種樂器名稱——釋“庸”“豐”“鞀”》一文中,裘先生在卜辭材料中找到

"庸(大鐘)""豐(大鼓)""鞀""竽""熹"等樂器名稱,大大豐富了商代樂器的品類,爲研究上古音樂史提供了重要史料①。

再如商代是農業社會,商人種植什麽作物?使用什麽農具?生産過程跟今天有什麽不同?這些都是擺在學者面前的問題,尤其是治上古農業史的學者,對上述問題更是感興趣。《甲骨文所見的商代農業》一文運用大量甲骨卜辭材料,從農作物的品類、農業生産工具和生産過程三個方面描寫了商代農業生産的基本面貌,大大豐富了對商代農業的認識。裘先生在文章最後總結説:

> 商代農業主要種植禾(穀子)和黍。禾是一般的糧食,黍主要爲貴族階級所享用。生産工具主要是木制的耒、力(耜)和石、蚌等製作的鏟、耨、刈(鐮)、銍等物。清除荒地上的樹木,除了用焚燒等方法外,主要靠石制的辰和斧、斤。耕作制度大概主要採取撂荒制。肥料主要是"以水火變之"的草木和禾稈。殷人相當注意整理土地的工作,他們的撂荒耕作制已經超越了種縵田的階段,土地撂荒的時間可能多數已經比較短了。當時已經耕種了不少低下潮濕的隰田,防水澇和排水的措施應該已有一定的水準。……(《文集》269 頁)

這段總結已經把商代農業現狀的方方面面都點到了。

必須指出的是,《古代歷史、思想、民俗卷》收錄的《甲骨卜辭中關於俘虜和奴隸逃亡的史料》《關於商代的宗族組織與貴族和平民兩個階級的初步研究》《甲骨卜辭中所見的"田""牧""衛"等職官的研究——兼論"侯""甸""男""衛"等幾種諸侯的起源》《説殷墟卜辭

① 宋鎮豪先生後來又找出一些樂器名稱,參《殷墟甲骨文中的樂器與音樂歌舞》,《古文字與古代史》第二輯,臺北"中研院"歷史語言研究所,2009 年,第 39—70 頁。

的"奠"——試論商人處置服屬者的一種方法》諸文也是利用卜辭材料研究商史的傑作，諸文對商代社會的性質、階級組成、職官制度等重大問題進行了深入的探討，提出了很多值得重視的意見。

裘先生利用甲骨材料研究殷商史，最大的特點就是實事求是，有多少材料説多少話。絶不在材料不足的情形下做過多推闡，決不爲了迎合已有觀點摒棄或曲解對自己看法不利的材料[①]。正是秉持這一治學原則，裘先生發表的有關古史文章大都材料翔實，論證周密，觀點可信。

以上從四個方面對《甲骨文卷》進行了簡單的評述，限於學力，可能並不到位，甚或有理解上的錯誤，請裘先生和廣大讀者朋友們批評指正。

（原載《中國典籍與文化》2013 年第 4 期）

① 顏維琦：《裘錫圭：治學三精神》，《中華讀書報》2012 年 12 月 26 日第 17 版。

漢字——我們的精神家園

一、漢字是土生土長的文字

在古人的心目中，文字的創制是一件很神奇的事情。“倉頡四目”(《論衡·骨相篇》)，“産而能書”(《淮南子·脩務訓》)，是説造字的人長了四隻眼睛，從娘肚子裏一出來就會寫字。造字時“天雨粟，鬼夜哭”(《淮南子·本經訓》)——天上掉穀子，鬼神夜哭嚎。試想，那是怎樣驚天動地的事件啊！這些秦漢時代留下來的文字，至今仍閃爍着神異的光芒。讓人肅然起敬，怦然動容。大家知道，甲骨文是現在所能見到的最早的成體系的文字，已有三千多年的歷史。然而，甲骨文已相當發達，離文字起源已十分久遠。甲骨文以前的文字面貌如何？由於資料匱乏，特别是缺少正確的理論和途徑獲得令人信服的證據，長期得不到合理的解釋。無數學者孜孜以求，爲此傾注了巨大的心力。

近代漢字起源的探索，是從古文獻、民俗學、考古學等方面著手的。古文獻的記載零星不成系統，時代也比較晚出，但其中一部分，如“上古結繩而治，後世聖人易之以書契”(《周易·繫辭傳》)，“倉頡作書”(《荀子·解蔽》)，“惟殷先人有册有典”(《尚書·多士》)等，包含了很有價值的歷史信息。民俗學的角度是從没有文字或文字不發達的民族那裏,去考察他們的意識和活動對文字產生的作用,用外民族在相同文明階段的相似性來佐證漢字。考古學是從尋找古人類遺物方面去探索漢字的源頭。已經發現了刻畫符號和象形符號兩個系統。刻畫符號在全國各地都有發現,以陝西西安半坡和臨潼姜寨最爲典型,是距今六七千年的新石器時代晚期遺存,呈幾何形,數量不多,前後變化不大,往往有特殊用途。象形符號以大汶口文化爲代表,距今四千五百年左右。大汶口文化的象形符號以山東莒縣陵陽河遺址最爲集中。有的在不同地點重複出現,有的是複合型的,一般認爲已屬於原始文字的範疇。如果把上述三個方面的材料綜合起來看,便可以得出初步的結論:

漢字形成之前,漢族祖先經歷了長期用實物記事的時期。

漢字大體來源於兩個系統:一是刻畫系統,一是圖畫系統。以圖畫系統爲主,刻畫系統爲輔。

漢字的產生與國家形成同時,大約在夏代。

在漢字形成的過程中,個别人可能發揮了特殊重要的作用。

這些結論已經獲得了廣泛的認同。因此可以肯定,漢字是土生土長的自源文字。西方學者提出的漢字是從近東兩河流域成熟文明傳播過來的説法,可以拋到九霄雲外去了。

漢字就像先民播下的一顆希望的種子,在中原文化肥沃的土壤裏生根、發芽,茁壯成長。最終成爲一棵參天的大樹,枝繁葉茂,風華獨絶。在世界文字之林,可謂"風景這邊獨好"。

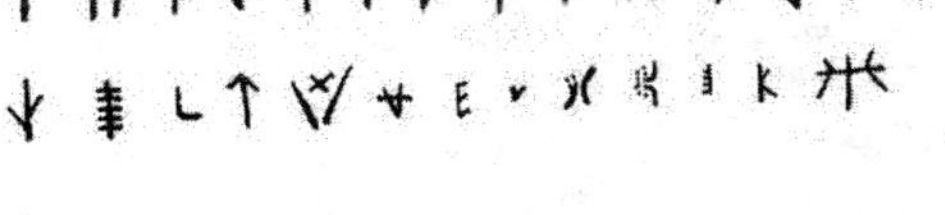

圖1　半坡刻畫符號

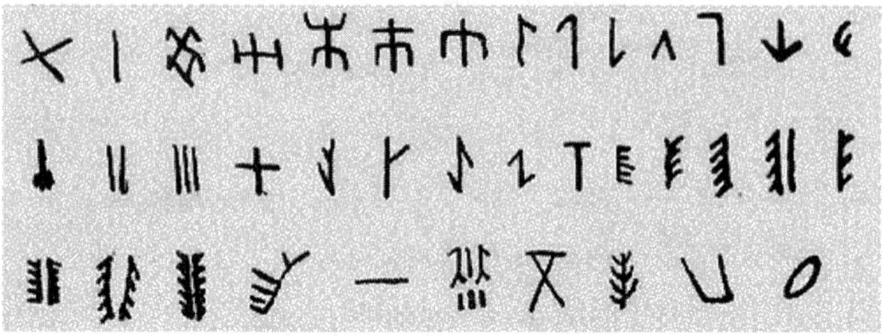

圖 2　姜寨刻畫符號

二、漢字是民族文化的結晶

大汶口文化的象形符號(圖 3),(1)爲一團雲氣托着一輪紅日,(2)在(1)下加山形,(3)像斧鉞,(4)像錛子。(1)和(2)是自然界的景象,(3)和(4)是人類發明的工具。這些原始文字的取象都是當地先民所熟悉的事物。在近代流行的“三書”架構裏(唐蘭、陳夢家、裘錫圭都有系統的界説),這些原始文字屬於表意字範疇,所描繪的或者是具體事物的形象,或者是生活當中的場景,或者是生活當中的事件,都是“近取諸身,遠取諸物”(《説文解字・敘》)的。

《説文解字》解釋“象”字説:長耳長鼻,南越一帶的大野獸,每三年産子一次,像耳朵、牙齒、四隻脚的樣子。《説文》是漢代人的著作,説明至少在漢代,大象已經南遷到今廣東一帶。從考古發掘看,商代中原地區氣候温暖,適宜大象生存。商人對象的馴化蔚然成風,達到了很高的水準。《吕氏春秋・古樂篇》説“殷人服象,爲虐於東夷”。甲骨文的“爲”像以手牽象,正是服象之形,表示“作爲”的意思大約是從服象引申出來的。象是先民相當熟悉的動物,服象是先民相當熟悉的行爲。兩字的創制都是基於先民熟悉的生活。試想,在當時交通不便、交流很少的情況下,没有見過大象怎麽會知道象有長鼻,並造出長鼻的象字呢!没有見過用象勞作,又怎麽能造出表示服象的爲字呢!

由於先民所處的環境不同,生活方式不同,反映出的文字面貌客觀上是很不一樣的。同樣是爲山造字,兩河流域的丁頭字用三個不連屬的山丘表示,埃及聖書字用兩個連屬的山丘表示,甲骨文用三個連屬的山峰表示。丁頭字和聖書字山的寫法和甲骨文丘相似。在古漢語裏,山和丘是有區别的,山指石頭大山,丘指"似山而低"的小土山。這大概和兩河流域、古代埃及地勢平緩、山峰不高,黄河流域到處崇山峻嶺有關。同樣是爲老造字,聖書字和甲骨文都用老人拄杖這一形象表示,甲骨文老人是長髮,聖書字老人和一般人形無别。它們在反映老人不良於行這一點上是共同的,反映的蓄髮習俗卻是不同的。漢族祖先很早就有蓄髮的傳統,取象長髮的表意字就有老、髟、長等,由它們構成的形聲字就更多了。飲字,丁頭字從人頭從水,是飲水的寫照。甲骨文像人抱着酒罈子,是飲酒的寫照。大概和兩地酒文化的差異有關。漢族祖先很早就發明了酒,漢字裏從西(酒)的字非常發達。當時飲酒成風,致有君王飲酒無度,荒廢國政,祀絶國亡的記載。用飲酒表示飲,正是這種强勢酒文化的反映。

不同民族思維方式不同,觀念形態不同,反映在文字上的差異更大。都是爲男女造字,兩河流域的丁頭字分别用男女生殖器來表示,甲骨文用犁田表示男,用雙手放在胸前坐着的女子形象表示女。丁頭字著眼男女生理特徵,甲骨文著眼社會特徵。前者比較直接,後者比較委婉,似乎隱約折射出不同的民族性格。

上面所説的都是造字時的情形。實際上對漢字形體改造也是如此。表示土地神的社，從示從土。到了東周時期，出現了從“木”的寫法(《説文》古文，中山王鼎)。爲什麽社會從木呢？周朝的禮制，二十五家立一個社，各種植那裏土地所適宜生長的樹木。魯哀公問社於宰我，宰我説，夏代用松木，殷代用柏木，周代用栗木。原來社旁要種植樹，神主要用樹木製作。社字從木，反映了社和木之間種種内在的聯繫。

(1) (2) (3) (4)

圖3 大汶口文化圖畫符號

單字字目 / 文字類型	象	爲	山	老	飲	男	女	往
丁頭字								
聖書								
甲骨文								

圖4 字表

三、漢字獨特的發展道路

在漢字創立的時候，漢語的詞是以單音節爲主的，聲母、韻母相同的很多。根據這個特點，先民造字著眼單音節詞，一個單音詞配置一個字。這樣就形成了一詞一字，字詞對應的局面。配置的字可以是表意字，也可以是假借字和形聲字。按照裘錫圭先生的解釋，表意字只在意義上和它所記錄的詞有聯繫。傳統六書中的象形字、指事字、會意字都可以歸入這一類型。假借字只和它所記錄的詞發生語音關係。形聲字和它所記錄的詞既有語音關係，又有意義聯繫。這三類字中，表意字在表現極相似、極複雜的事物或者極抽象的概念時往往力不從心。假借字借音同音近的字來記錄另一個詞，理論上講是可以擴展開去的，但假借太多會造成大量同音字，給識讀帶來困難。因此假借字也有明顯的局限。只有形聲字幾乎可以爲任何詞造字，是最能產的造字方法。形聲字兼具表意字、假借字的優點，聲旁表義，形旁表音，字形和詞的音義同時聯繫起來。譬如甲骨文往字，從止王聲。往要動腳，用止（趾）做形旁，往王讀音相近，用王作聲旁。這樣甲骨文往字便用兩條紐帶緊緊地和往這個詞聯繫在一起。比起單純表意和表音的字來，形聲字與語言的關係更緊密，更能夠多方位的表現語言。這樣，形聲字便從表意字和假借字裏脱穎而出，一躍而成爲漢字主流的構形方式。

在漢字自身調節過程中，形聲字也有明顯的優勢。有些表意字廢掉換成新的形聲字，有些通過加形旁或聲旁的方式改造成新的形聲字。假借字的情況類似，有些新造了表意字或形聲字，多數是通過加形旁的方式改造成形聲字。

我們向來主張造字和對字的改造應當加以區别。當語言的詞已經有了自己的書寫符號時，其加工的方法便是改造法，還没有書寫符號時，爲了記錄語詞的需要，給它造一個或借一個書寫符號，都屬於造字，其方法便是造字法。對於某個特定的詞的書寫符號來説，造字在先，改造在後。改造法和造字法都屬於漢字結構的方法,改造法是造字法的繼承和發展。漢字自身的調節過程,主要是漢字自身的改造過程。

一部漢字發展的歷史,可以説是形聲字不斷壯大的歷史。在商代甲骨文裏,形聲字的比例佔到百分之二十以上。在《説文》小篆裏,形聲字佔到百分之八十以上,在現代漢字中佔到百分之九十以上。由於統計的範圍、角度、方法不同,統計者掌握的寬嚴度不同,統計得出的結論會存在一定的差異,但它們反映形聲字壯大的趨勢確是高度一致的。

漢字適應漢語,走上了一條以形聲字爲主體的發展道路。這是漢字自覺的選擇。直到今天,漢字仍然能夠很好地記録漢語,適應語言新的發展變化,這是一件非常了不起的事情。

漢字所走的路,是一條獨特的發展道路。民族文化決定了它的走向,賦予了它無窮的生命力。雖然西方的拼音文字曾無情地衝擊它,許多人躍躍欲試,要把它改成拼音文字,但它至今仍然活躍着,成爲世界上唯一活着的古老文字,不能不説是一個奇跡。

四、漢字承載之重

漢語和其他有聲語言一樣,受到時間和空間的限制,話説完就消失了。在録音機發明以前,這是很無奈的事情。於是當社會發展到人們要把話記録下來,或者傳播遠方的時候,文字作爲一種交流思想的語言的輔助工具,就適應着這種要求而産生了。自從有了文字,就有了書面語言,我們今天瞭解古代語言,只能從書面語入手。大家知道,古代書面語言是我們認識古代歷史文化的最直接最豐富的資料。西方學者根據聖書字,進入了古代埃及的世界,

中國文字發源地——殷墟

認識了偉大的埃及文明。我們要瞭解中原古代的文明，也必須從古代書面語言入手。

譬如要瞭解西周春秋的詩歌，不能不看《詩經》；瞭解夏商周三代的政事，不能不看《尚書》；瞭解古代禮制，不能不讀三禮（《周禮》《儀禮》《禮記》）；瞭解古代卜筮，不能不讀《易經》；瞭解西周春秋的歷史，不能不讀《國語》《春秋左氏傳》。漢字通過記錄漢語所承載的歷史文化信息十分厚重，是古代文化的核心部分、主體部分，沒有漢字，繼承傳統文化就會成爲一句空話。由此看來，漢字與文化的關係實際包括兩個層面，一是漢字形體結構本身所蘊涵的，一是漢字通過記錄漢語這種方式來實現的。後者比前者要豐富得多。

二十世紀八十年代，形成了一波漢字研究的熱潮，越過世紀，至今不衰。但是回過頭來看，這場研究有一個明顯的缺陷，就是未能很好地區別文字與語言，把文字結構中的文化現象和文字所記錄的語言所反映的文化現象混爲一談了。在我們今後的工作中,希望能夠汲取教訓,避免犯類似的錯誤。

五、漢字——文化傳播的使者

土生土長的漢字,不僅能夠出色地記錄漢語,而且承載着燦爛的中原文明,對周邊民族産生了廣泛深遠的影響。大約從夏商時期開始,漢字就從中原向四周傳播。影響所及,南邊有楚、吴越、閩越、南越、西甌、駱越、壯族、苗族、瑶族、侗族、傈僳族、水族和越南,北邊有白狄、匈奴、西夏,東邊有朝鮮、日本、琉球。西南有古代巴蜀、彝族、南昭和大理,東北有高句麗、渤海國、契丹、女真。漢字在外族的傳播有一個基本模式:第一階段,當地人説漢語、用漢字,把漢字作爲記錄漢語的工具和盤接受;第二階段,用漢字假借字或者自造漢式字來標記本民族語言;第三階段創制民族文字,全面標記本民族語言。比較典型的例子是越南、朝鮮和日本。在經歷了漫長的第一階段以後,越南把現成的漢字或漢字偏旁重新組合來記錄越南語,創造了喃字。經過喃字、漢字並用,漢字、喃字、拉丁文並用,二十世紀中期開始,漢字和喃字被廢,拉丁文成爲越南的通用文字。在日本,爲了使漢字適應記錄日語的需要,用漢字音來記錄日語音,用漢字字義來表示日語中的同義或近義詞,形成了所謂"音讀"和"訓讀"。後來又利用漢字單字或半字創造了純表音的片假名和平假名。在朝鮮則是用漢字或漢字變體來標記朝鮮語,出現了所謂"吏讀""鄉札""口訣",又利用古篆字形和反切原理創造了純表音的"諺文"。越南、朝鮮、日本從没有文字,到引進漢字,改造漢字,最終都確立了適合自己的拼音文字。越南用拉丁文,朝鮮和日本用脱胎於漢字的自創字母。但除越南語完全不用漢字之外,日語中至今還保留着兩千個左右的“常用漢字”,韓語中一些特定場合也在使用漢字。

回溯漢字傳播的歷史,總是以中原文化爲先導,中原的政治制度,禮儀風俗,生活方式,物質文明先行進入,然後才是漢語漢字跟進。漢語漢字的傳播,使得中原文化的傳播更加廣泛,更加深入,更加牢固。長期浸潤的結果,在受漢字影響的地區,形成了一個巨大的漢字文化圈。在這個圈子裏,對我國中原文化有着很強烈的認同感。

改革開放以後,出於經貿的需要,學習漢語漢字的外國人越來越多。國内的許多大學辦起了以教授漢語漢字爲主的留學班,在國外辦起了越來越多的孔子學院,即便這樣,仍然不能滿足外國人學習漢語漢字的需要。在經濟全球化的過程中,作爲傳播文化的使者,漢字承續光榮傳統,正在發揮新的更大的作用,令我們感到無比驕傲和自豪。

需要注意的是,漢字也在傳播的過程中不斷地充實壯大自己。據俞敏先生研究,漢字中的“歹”就是來源於藏文的。

我們知道,世界文字可以分爲表意文字和表音文字,漢字屬於表意體系的文字。現在世界上絕大多數文字都是表音文字,只有漢字的根本性質没有改變,仍然屬於表意文字。漢字的這個特點,是由漢語決定的,是由民族文化決定的。通過上面的講解,相信大家對此會有比較深刻的認識。

關於漢字與文化,今天就講到這裏。不對的地方,請批評指正。謝謝大家。

北京奧運會開幕式上的中國文字表演

（原載《光明日報》2010年3月11日第10版）

後 記

2008年,我從自己歷年的論文中選編過一本集子,取名《新出簡帛與古文字古文獻研究》,次年由商務印書館出版發行。現在這本集子,時間上與前集相接續,除少數幾篇外,主要是從2008年以後的論文中選編的,主題也相同,故名爲《續集》。

《續集》的内容多與清華簡有關,其中包含了一個國家社科基金項目的結項報告。2008年以後,我的中心工作是參加清華簡的整理,故這一時期的科研,多圍繞清華簡展開。2010年,我申報了國家社科基金項目"新出簡帛與古文字疑難字考證"(批准號:10BYY053),2014年結項(結項號:20141106),結項等級:優秀。結項報告已收入本集。

《續集》的編法和第一輯相同。形式上力求統一,内容方面,除糾正排印錯誤外,基本保持原貌,有需要補充説明的地方,則加"編按"予以區别。

本集蒙李學勤師和劉釗先生賜序勉勵,深感榮幸。周洪波總編輯親自安排出版,包詩林編審慨然擔任責編,確保了小書的出版品質。對於諸位先生的支持和厚愛,我謹在此表示衷心的感謝。

作者

2017年10月10日